HISTOIRE PARLEMENTAIRE

DE LA

RÉVOLUTION FRANÇAISE,

OU

JOURNAL DES ASSEMBLÉES NATIONALES,
DEPUIS 1789 JUSQU'EN 1815.

PARIS. — TYPOGRAPHIE D'ÉVERAT,
Rue du Cadran, n 16

HISTOIRE PARLEMENTAIRE

DE LA

RÉVOLUTION

FRANÇAISE,

OU

JOURNAL DES ASSEMBLÉES NATIONALES,

DEPUIS 1789 JUSQU'EN 1815,

CONTENANT

La Narration des événemens; les Débats des Assemblées: les Discussions des principales Sociétés populaires, et particulièrement de la Société des Jacobins; les Procès-Verbaux de la commune de Paris, les Séances du Tribunal révolutionnaire; le Compte-Rendu des principaux procès politiques; le Détail des budgets annuels; le Tableau du mouvement moral, extrait des journaux de chaque époque, etc.; précédée d'une Introduction sur l'histoire de France jusqu'à la convocation des Etats-Généraux,

PAR P.-J.-B. BUCHEZ ET P.-C. ROUX.

TOME DIX-SEPTIÈME.

PARIS.

PAULIN, LIBRAIRE,
RUE DE SEINE, N° 6, HÔTEL MIRABEAU.
—
M. DCCC.XXXV.

PRÉFACE.

Plusieurs de nos lecteurs de Bruxelles nous prient de consacrer l'une de nos préfaces à l'examen de cette question : *L'humanité est-elle progressive?*

Nous accueillons cette demande avec d'autant plus d'empressement, qu'elle annonce des intentions sérieuses chez ceux qui nous l'adressent. Elle prouve en effet qu'ils ne se sont pas laissé étonner par tout le bruit que l'on fait aujourd'hui du mot progrès, qu'ils ont creusé les applications et les usages multipliés qu'en font les Éclectiques modernes, et les Saint-Simoniens, élèves de M. Enfantin, et qu'ils en ont apprécié le vide. Nous traiterons la question aussi sérieusement qu'on nous l'a fait, aussi sérieusement qu'elle doit l'être. Nous sommes heureux d'en trouver l'occasion, et surtout d'y être provoqués par nos lecteurs. Mais nous réclamons toute leur attention et principalement cette volonté intelligente qui fait comprendre le sens caché sous la parole, et supplée à toutes les imperfections du langage.

Définition du mot progrès.

Nous commencerons par la définition des mots, c'est-à-dire par établir leur signification usuelle dans la langue française. C'est, on le sait, par cette opération que doit commencer toute discussion philosophique; mais jamais cela ne fut plus nécessaire que de nos jours. L'abus du langage a été poussé jusqu'à sa dernière limite. Il est tel que les idées les plus contradictoires, celles du bien et du mal, sont confondues. Sous l'influence de l'école, qui, depuis une quinzaine d'années, manie ou plutôt gâte notre langue nationale, le français a perdu sa netteté et sa précision, et plus tard, certainement, si cette école devait durer, il perdrait jusqu'à la qualité propre aux langues les moins parfaites, celle de posséder des mots pour affirmer et pour nier. Voyez en effet ce qui arrive, et nous n'en citerons qu'un exemple, le plus grave, il est vrai, de tous ceux que l'on puisse choisir. Le mot *Dieu*, le mot *religion*, le mot *dévouement*, ont eu autrefois un sens positif. Tout le peuple leur conserve encore cette signification. Mais qu'on les voie écrits dans un de nos livres modernes, qu'on les entende prononcer par un de nos parleurs du jour, on ne sait plus ce qu'ils signifient. *Dieu* est devenu équivalent à celui de nature, de matière, équivalant à sa négation, l'athéisme. Ré-

PRÉFACE.

ligion ne veut plus dire une croyance en Dieu, mais une communauté quelconque de doctrines ou d'intérêts. On a déclaré que le mot *dévouement* ne signifiait plus le sacrifice de soi-même à la loi de Dieu ou à la volonté d'un autre; mais que c'était une forme de l'égoïsme, une sympathie. Par ce moyen on trompe les étrangers, on trompe le peuple; on s'ouvre leurs oreilles, et on leur fait écouter des choses qu'ils eussent refusé d'entendre, si l'on s'était présenté franchement à eux, tout repoussant d'incrédulité et d'égoïsme. Nous pourrions citer mille autres exemples d'un abus semblable; car il est arrivé à ce point qu'il semble qu'aujourd'hui nos littérateurs considèrent les mots, indépendamment de leur sens comme expression de l'activité spirituelle, et seulement comme valeurs de sonorité.

S'il est vrai, comme nous le croyons, qu'une langue soit une méthode, qu'elle soit la représentation de la force logique ou rationnelle d'une nation, il est certain que ceux dont nous venons de parler font le plus grand mal possible à la France. Mieux vaudrait une invasion de Barbares. Mais aussi, tous ceux qui font œuvre de philosophie sérieuse, tous ceux-là ont le devoir de séparer le bien du mal. Il faut chasser les marchands du Temple, il faut arracher aux faussaires le masque dont ils se couvrent.

Ils ont fait le même fatal emploi des mots *progrès* et *humanité*. Ils les ont appliqués aux idées mêmes dont ils sont la négation la plus positive. Ils ont exposé sous ces titres leurs systèmes de matérialisme ou de panthéisme (1). Et il résulte de là que, lorsque des hommes graves cherchent dans le système la signification qu'ils attribuent à juste raison, et avec tout le peuple, aux mots, ils trouvent une contradiction manifeste et continuelle; et de là ils concluent que le progrès, que l'humanité n'existent pas. Ainsi, ces hommes tuent ou souillent tout ce qu'ils touchent.

Nous allons rétablir le sens réel; mais nous n'espérons pas changer ceux qui l'ont obscurci : nous ne l'espererons jamais. La fausse logique qui se montre dans leurs écrits, existe dans leur propre intelligence. Pour eux les mots ont changé de signification. Ils se sont fait une langue qui leur est propre, et qui résout, dans leur cerveau, le problème que tout égoïste cherche aujourd'hui, le problème de la confusion du vrai et du faux, du bien et du mal.

Le mot *progrès*, entendu dans son sens le plus matériel, veut dire l'avancement de quelque chose, mesuré par quelque chose. Ainsi voyez ces phrases : *Le progrès des eaux, le progrès du feu fut si rapide, que,* etc. Il y a par le mot progrès rapport établi entre un mouvement et quelque chose que ce mouvement va couvrir, atteindre, envahir. Il y a quelque chose qui avance, quelque chose qui mesure, et enfin un résultat. Voyez cette autre phrase : *Le progrès des idées est tel,* etc. Ici il y a indication d'abord de trois existences différentes, savoir: l'être qui produit des idées, l'idée elle-même, et enfin l'être dans lequel elles s'accumulent; et, de plus, il y a rapport établi entre un *minimum* et un *maximum*. En un mot, supposition d'une activité qui produit, d'une *réceptivité* qui reçoit, de quelque chose de reçu et d'un résultat.

Supposez maintenant un système qui établisse, dans le premier cas, que l'être qui avance, et celui sur lequel il avance ou qui le mesure, et le résultat soient choses unes et identiques; vous ne pourrez plus comprendre ce que signifie le mot progrès; et si vous êtes raisonnable, vous devrez dire qu'il n'existe pas. Supposez encore une doctrine qui établisse dans le second cas que, soit l'activité productrice, soit l'idée produite, soit la réceptivité, soit le *minimum* et le *maximum*, que tout cela est un et identique; vous ne pourrez non plus rien comprendre, et vous devrez prononcer encore que toutes ces choses ne sont que des folies. Voilà cependant ce qu'ont fait les élèves de M. Enfantin; car ils écrivent aujourd'hui partout; ils remplissent de leur prose les

---

(1) Voyez, quant à ces systèmes et leur opposition avec l'idée *progrès*, nos préfaces précédentes.

feuilletons des journaux de tous les partis ; ils jugent, ils font des livres ; ils rédigent des revues. Partout enfin ils font grand bruit du mot *progrès*; mais entendu et exposé ainsi que nous venons de le voir, c'est-à-dire sous forme panthéiste.

Aux yeux du panthéiste en effet, Dieu et le monde, l'esprit et la matière, le producteur et le produit, vous et moi, oui et non, tout, en un mot, est un seul et même être, une seule et même substance. Ce système est absurde sans doute; mais il est le leur, et leur philosophe est Spinosa. Nous y renvoyons nos lecteurs afin qu'ils y prennent une connaissance complète de la doctrine.

Le mot progrès n'est pas moins inintelligible dans la bouche d'un matérialiste que dans celle d'un panthéiste. Il y constitue une contradiction de la même force. En effet, selon le matérialiste, il y a dans le monde une certaine quantité de matière et de propriétés, une quantité fixe; car admettre qu'une matière ou une propriété nouvelle peut être créée de rien, c'est nier le principe du système, c'est reconnaître Dieu. Or, comment rationnellement ose-t-on inscrire le mot *progrès*, et ses synonymes, avancement, augmentation, accroissement, sur un monde où toutes choses sont fixes dans leur quantité et leur qualité? Évidemment c'est se déclarer absurde. Diront-ils que les qualités changent de place, et s'accumulent dans de certains momens, en certains lieux; mais c'est là décrire le mouvement circulaire et non le mouvement progressif, etc.

Ainsi, il suffit d'un simple examen grammatical pour reconnaître l'erreur des faux systèmes, et la raison qui a tenu tant de gens en défiance vis-à-vis d'une doctrine du progrès si horriblement défigurée.

Le mot progrès, appliqué à l'humanité, et toujours entendu dans sa plus vulgaire signification, suppose l'existence, 1° d'une activité douée de volonté, de liberté et d'intelligence; 2° d'un but qui mesure le mouvement de cette activité; 3° d'un milieu qui fait obstacle, et contre lequel l'activité lutte pour atteindre le but; 4° d'une réceptivité conservatrice du résultat de tous les efforts; 5° enfin, la réalisation du but. Il faut que toutes ces existences soient séparées, indépendantes, n'ayant que des relations entre elles; autrement il en serait comme si aucune d'elles n'existait point, le progrès ne serait pas.

En effet, s'il n'y a une activité douée de la volonté et de l'intelligence du but, c'est comme s'il n'y avait point de but, car alors que pourrait-on engendrer dans le sens du but. — S'il n'y avait pas de but, on ne saurait dire humainement qu'il y a progrès, car on n'aurait pas de terme pour mesurer. — S'il n'y avait pas un milieu résistant entre l'activité qui veut, et le but qu'elle désire, il n'y aurait pas progrès, car il n'y aurait pas d'espace entre eux, et le but serait aussitôt atteint que voulu. — S'il n'y avait pas une réceptivité conservatrice des efforts successivement opérés, il n'y aurait pas possibilité de succession dans les mouvemens, puisque chaque mouvement particulier ne peut être plus qu'une portion de ce qui est contenu dans le but; et chaque effort étant perdu aussitôt que produit, le but ne serait jamais atteint. — Enfin, s'il n'y avait pas réalisation, jamais la réceptivité ne serait transformée; jamais le but ne serait atteint.

Ce que nous venons de dire est difficile à comprendre, mais cela est exact; et la suite de cette préface le rendra simple et clair. Nous n'avons ici voulu parler que de la signification du mot *progrès* appliqué à l'humanité; et nos paroles ne seront entièrement intelligibles qu'au moment où nous aurons parlé du progrès comme loi générale du monde, comme produit par la volonté de Dieu. Mais, telles qu'elles sont, elles suffisent pour juger toute doctrine qui se présente avec le mot nouveau sur ses livres; si elle ne fait que remplir les conditions que nous venons de fixer, elle peut encore être fausse; mais elle approche de la vérité.

Quant à savoir si cette espèce de progrès existe, rien n'est plus facile, puisqu'il ne faut que vérifier par l'histoire, si les hommes, si les sociétés agissent pour atteindre un but, si, dans cette fin, ils sont obligés à des efforts, si chaque effort produit un résultat qui est conservé; si, enfin, ils finissent par réaliser complétement le but. Aussi, nous ne nous occuperons pas en ce moment de cette démonstration.

Maintenant nous allons nous appliquer à définir le mot *humanité*. Nous commencerons par en consigner ici l'histoire, afin de montrer quels droits nous donne la philologie, quels usages elle autorise.

Ce mot est la traduction française de celui d'*humanitas*. Sous sa forme latine, il a été employé dans des acceptions bien différentes. Cicéron s'en sert dans le sens de nature humaine. « Multa est vis humanitatis, multum valet communio sanguinis naturâ ipsâ » Et, parce que l'étude des belles-lettres constitue une autre espèce de communion presque équivalente à celle du sang, il applique ce mot pour désigner la littérature. Notre expression *humanités* tire de là son origine. Sénèque indique par ce mot le type humain : « Homines quidem pereunt; ipsa humanitas ad quam homo effingitur permanet. » Dans la basse latinité il reçoit divers sens : l'un, emprunté à Varron, le fait synonyme de cette expression usitée de nos jours, *la suffisante vie*, synonyme de *cibus atque potus sufficiens*. Dans *Sanctus Maximus Taurinensis*, dans les lois des Visigoths; dans les formules de Marculfe, dans un Capitulaire de Charles-le-Chauve, pour le monastère de Sainte-Marie de Soissons, *humanitatem tribuere* signifie fournir les nécessités de la vie. Au contraire, Grégoire de Tours l'emploie comme synonyme de *stature* (humanitatis exiguæ). Mais ce sont là les sens variables et passagers du mot. Le christianisme lui donna une acception positive, et qui ne changea plus. Il se servit du terme *humanitas* pour désigner la nature humaine en Jésus-Christ; et l'on sait que l'Eglise catholique entend par *humanitas Jesus-Christi*, non pas seulement que le Verbe possédait un corps d'homme, mais une âme humaine. Dès ce moment, on pouvait prévoir que ce mot allait devenir synonyme d'église, et plus général encore. En effet, il fut admis de foi que l'Eglise, c'est-à-dire tous les fidèles, et ceux qui sont, et ceux qui ne sont plus, et ceux qui viendront, il fut admis, disons-nous, que l'Eglise était le corps de Jésus-Christ, en ce sens que Jésus-Christ était présent dans leur esprit, en ce sens qu'ils ne pensaient qu'en Jésus-Christ et par lui. Mais ce langage, un peu mystique, est peut-être peu intelligible pour des oreilles de notre temps. Nous allons l'éclaircir par une anecdote que raconte d'elle-même sainte Catherine de Sienne. Dans une de ses visions, elle se plaignit, dit-elle, à Jésus, qu'elle ne fût pas soustraite aux pensées impures, et que, malgré tous ses efforts pour les écarter, ces tentatrices vinssent se présenter toujours. Vous m'abandonnez, Seigneur, s'écria-t-elle. — Ma fille, lui répondit Jésus, ne leur résistez-vous pas, et ne les nommez-vous pas de leur nom, c'est-à-dire, mal? — Oui, Seigneur, répondit sainte Catherine. — Eh bien! je suis donc toujours avec vous, puisque sans moi vous ne pourriez ni les écarter, ni les maudire.

De l'idée que la succession des fidèles était ainsi le corps de Jésus-Christ, en ce sens que le Verbe était vivant spirituellement dans l'âme de chacun d'eux, on s'éleva à l'expression d'Eglise comme désignant tous les chrétiens envisagés dans les siècles; et de là on s'éleva au mot *humanité* comme désignant l'unité de but et d'esprit de tous les hommes, soit antérieurs au christianisme, soit ses contemporains. On trouve l'expression humanité déjà employée en ce sens, dans une charte que renferme le cartulaire de Saint-Denis : « Noverit omnium tam præsentium quam futurorum generalis humanitas, etc. » (*Charta Henrici æduensis episcopi.*) En français, la signification générale du mot est celle-là; et c'est par amoindrissement qu'il a été employé dans le sens de bonté et de douceur.

L'histoire des mots est chose importante lorsqu'elle a pour résultat d'en fixer le sens. Et, en vérité, de quel droit des individus viennent-ils les détourner de leur acception et les fausser? S'ils croient avoir une idée nouvelle à exprimer, qu'ils lui créent un signe nouveau; mais qu'ils respectent ceux qui existent, qu'ils respectent le moyen de communion intellectuelle entre les hommes.

Les mêmes écrivains qui ont cherché à changer l'acception des termes

Dieu, dévouement, progrès, ont tenté un semblable sacrilége à l'égard de celui d'*humanité*. Ils ont voulu en faire un seul être. Ils ont supposé qu'il existait toujours un même nombre d'hommes sur la terre; et ils ont commandé même des recherches sérieuses pour prouver cette singulière assertion. Ils ont supposé ensuite que, lorsqu'un individu, une des formes finies de cet être infini, venait à se dissoudre, ses parties composantes étaient versées, soit dans une forme naissante, soit dans une forme déjà vivante. Ces choses, sans doute, forment un système bien ridicule. Cependant il a eu, il a encore des partisans. C'est là le fond de la doctrine qui s'appelle elle-même du nom de *progrès continu*, qui assure que nous sommes la *tradition vivante*, à l'imitation de M. Enfantin qui se disait aussi, en vertu de la même théorie, la *loi vivante*, etc., etc. Ces gens n'ont pas pensé à une bien simple objection; c'est celle-ci : Si les hommes actuels sont, ainsi que vous le dites, la somme matérielle de tous les âges antérieurs, le vase où sont déposés et vivans tous les siècles passés, expliquez-nous nos oublis, s'il vous plaît; expliquez nos mémoires perdues; expliquez-nous comment nous ne parlons pas toutes les langues; comment, en France, on ne parle que français, et non pas un peu algonquin ou un peu iroquois; beaucoup, celte, haut allemand, etc.? Mais passons sur cette doctrine, dont la réfutation est inutile dans l'intérêt humanitaire, car le sens commun a suffi pour la tuer.

On entend par *humanité* tout ce qu'il y a de commun entre les hommes; or, qu'y a-t-il de commun si ce n'est, avant tout, ce lien d'efforts et de dévouemens à une série de buts tous unis entre eux, ainsi que nous allons le voir. Les méchans ne font pas partie de l'humanité, et ce qui les constitue méchans, en effet, c'est qu'ils résistent aux moyens, aux méthodes, par lesquels les bons accomplissent leur fin morale.

Définition de l'idée progrès.

Le mot *progrès*, en métaphysique, désigne le rapport qui existe entre les termes d'une série croissante, et qui peut être décroissante si on l'envisage dans une direction inverse. On peut prendre pour exemple ce que l'on entend en mathématiques, par progression arithmétique. Ainsi, soient 24, 27, 30, 33. Selon que l'on examinera cette série de termes dans une direction ou dans une autre, elle est croissante ou décroissante. Mais, puisque nous avons posé cet exemple, nous allons nous en servir pour rendre facilement appréciable tout ce que nous avons à dire de la progression spirituelle.

Il faut remarquer d'abord que pour reconnaître qu'une série est progressive, il est complétement inutile d'en savoir le commencement ou la fin. Il suffit de voir que la série existe.

Il faut remarquer ensuite que toute série de ce genre est de l'ordre infini. La succession des termes peut être éternelle, soit qu'on l'envisage dans une direction ou dans l'autre.

Il faut remarquer encore qu'il n'y a aucun lien de continuité entre les termes de cette série, en sorte que l'on peut supposer qu'elle commence ou qu'elle finit où l'on voudra. Il n'y a de rigoureux que le rapport des termes qui existent.

Il faut conclure, enfin, que les termes étant sans lien de continuité entre eux, ne peuvent être les produits que d'une spontanéité spirituelle ; que leur rapport de continuité étant purement spirituel, il n'existe que par la continuité dans la même volonté de la part de l'esprit qui les a produits ; et que ces termes, pouvant être infinis, ils ne peuvent l'être que par la volonté d'une activité spirituelle infinie. Or, l'homme est incapable de produire une série infinie de termes, car il est lui-même fini.

Le progrès, envisagé comme acte spirituel, ne peut donc être un fait humain ; c'est un fait de Dieu.

Nous n'avons pas, je le pense, nécessité de répéter ce que nous avons dit dans le paragraphe précédent, et de faire observer encore une fois, que l'activité qui crée le terme de la série, ce terme lui-même, et la réceptivité qui le conserve, sont des existences différentes et indépendantes les unes des autres, et l'on sait que le nom de Dieu n'est invoqué par nous que dans l'acception admise par tout le genre humain. Au reste, ce que nous allons dire ne laissera point de doutes.

L'humanité, pas plus que l'homme, ne peut créer les termes d'une progression semblable à celle dont nous venons de parler. Ce n'est pas seulement parce que la progression est sans fin, tandis que l'humanité a commencé et finira, mais c'est parce que son existence, même comme humanité, implique contradiction avec la puissance de créer une pareille progression.

En effet, l'humanité n'existe, les hommes ne font corps que par la communauté de doctrines, la similitude de but et d'activité vers ce but. Aussitôt que le but est atteint, s'il n'en vient pas un autre, l'activité cessant d'être commune, il n'y plus d'actes sociaux et plus de société : nous avons assez développé ces principes dans nos préfaces précédentes, pour être autorisés à les poser ici seulement comme axiômes. Or, il résulte de là que le but existe toujours avant la société, que c'est par lui, uniquement par lui et pour lui, que l'humanité est faite. Comment donc serait-il possible de concevoir que l'humanité créât son but? Ce sont des propositions contradictoires, et sur lesquelles on ne peut hésiter.

Or, théologiquement parlant, et selon la doctrine que nous professons, le mot progrès n'est applicable à autre chose qu'à la série de buts proposés aux hommes, et qui les font et maintiennent en société humanitaire : c'est la série des actes de Dieu et la série des révélations qui nous sont connues.

Mais, ces buts proposés aux hommes, ces révélations, offrent-elles entre elles des rapports tels qu'on puisse y reconnaître une loi de progression? C'est ce que nous prouverons plus bas par l'histoire et par la Bible elle-même. Examinons maintenant quelle est l'œuvre de l'homme vis-à-vis de la loi du progrès, et comment il en est, il peut en être ouvrier.

Si l'humanité, envisagée depuis son commencement jusqu'à sa fin, n'était qu'un seul et même être, comme intelligence et comme corps, elle n'eût été capable que d'un seul but; encore il eût été réalisé aussitôt que produit, sans résistance; car le grand effort, dans l'état actuel, est pour transformer nos semblables. Elle n'eût pas été libre d'accepter ou de refuser ce but; elle eût agi comme le monde brut, qui est soumis à une seule loi, et, depuis le commencement, l'a répétée circulairement toujours la même. Ce n'eût plus été l'humanité. Que si vous la supposez douée de liberté, alors elle eût pu refuser le but qui lui était présenté; et, dans ce cas, il eût fallu l'anéantir. Enfin, si vous la supposez un être unique, telle seulement que la font les élèves de M. Enfantin, ou les matérialistes, il eût fallu, pour y introduire un but nouveau, la changer matériellement, ainsi que Dieu changea la nature brute toutes les fois qu'il lui imposa une nouvelle fonction.

Dans une telle hypothèse, *l'humanité n'eût pas été progressive*, c'est-à-dire susceptible de progrès, parce qu'elle n'eût pas été capable d'être ouvrière de plusieurs buts.

Il fallait donc que l'humanité fût composée d'une succession d'individus, tous indépendans les uns des autres et ne formant continuité que par leurs rapports matériels de père à fils, et leurs rapports spirituels ou d'éducation.

Pour qu'un but nouveau pût être introduit, sans qu'il y eût nécessité d'un changement matériel, il fallait que chaque individu fût libre de suivre ou de pas suivre la règle de conduite qui lui avait été donnée par l'éducation, qu'il pût en choisir un autre

Pour que le but ne fût pas atteint aussitôt que présenté, il fallait qu'il contint en lui ou commandât une réalisation destinée à le représenter sans être lui-même; une réalisation difficile, parce qu'elle devait être en partie matérielle; difficile, parce qu'elle ne pouvait s'opérer que par une succession d'efforts produits par une succession d'hommes tous libres, tous appelés chacun à leur tour à choisir entre l'activité vers le but, l'indifférence ou le repos; il fallait, en un mot, que cette réalisation exigeât une suite d'efforts physiques et une suite d'accessions individuelles, c'est-à-dire d'actes spirituels. Et cela a été fait ainsi. Tous les hommes sont, les uns après les autres, appelés à accepter ou à refuser le but d'activité qui forme la société; l'acceptation du but commande trois espèces d'efforts, savoir: ceux qui se proposent de le conserver lui-même par l'éducation, ceux qui se proposent de transformer le monde social, ceux qui se proposent de transformer la nature brute. On appelle bien, tous les actes conformes au but; mal, tous ceux qui lui sont contraires.

Enfin, pour que l'homme individuel pût pousser au but, agir dans le sens du progrès, dans le sens de son choix, il fallait que cet homme eût une ame douée de la puissance d'activité et de transmission, douée de spontanéité; que, spirituellement, enfin, selon la figure employée dans les anciennes écritures, il fût fait à l'image de Dieu; et, pour agir sur la matière, il fallait qu'il eût un instrument, et ce fut son corps.

D'un autre côté, afin que nul effort ne fût perdu, il était nécessaire qu'il fût recueilli et dans l'organisation sociale et dans le développement de l'organisme individuel, c'est-à-dire dans les deux instrumens de l'activité humanitaire. Ce a a été fait ainsi. Les organisations sociales changent en effet par la volonté des hommes et subissent une suite de révolutions telle que la commande la tendance vers le but; et les organismes individuels subissent aussi des modifications qui, après des siècles écoulés, sont assez considérables pour donner à des sociétés d'hommes ces caractères physiques extérieurs que l'on désigne sous le nom de *race*. Il a déjà été plusieurs fois question de ces choses dans les préfaces précédentes.

Nous pourrions pousser beaucoup plus loin cette définition de l'idée progrès appliqué à l'homme; telle qu'elle est, elle ne présente en effet que les généralités dont la connaissance est indispensable. Mais, une énumération plus étendue ne serait pas ici à sa place, et, ce que nous avons dit, suffit pour montrer que la loi du progrès rend parfaitement compte de tout ce qui constitue l'existence actuelle du genre humain; or, s'il est vrai, ainsi qu'on l'admet dans les sciences modernes les plus positives, que la démonstration d'une théorie se tire de la facilité avec laquelle elle saisit les faits, de sa fécondité encyclopédique, de sa puissance explicative, on ne peut nier que jamais théorie ne fut plus exacte que celle dont il s'agit.

Pour terminer, il nous reste à examiner comment les hommes pris collectivement, envisagés dans la continuité de leurs efforts et la communauté de leur but, c'est-à-dire comment l'humanité est ouvrière du progrès.

Si l'homme individuel peut être considéré quelquefois comme opérant une succession d'actes spirituels qui sont susceptibles d'être rangés en séries, bien qu'ils soient tous moins généraux que le but même qui les a suscités, il n'en est pas de même de l'humanité; celle-ci ne fait jamais autre chose que suivre la logique même commandée par le but qui forme sa condition d'existence actuelle, en d'autres termes, elle ne fait que procéder du général au particulier. Ainsi, dans l'espace quelconque des siècles nécessaires à une réalisation, chaque temps est successivement employé à une œuvre de moins en moins générale et toute spéciale: car, le mode logique est rigoureusement l'inverse du mode par progression; la progression en effet est le résultat d'un rapport de termes qui vont croissant, et dont le dernier venu comprend toujours tous ceux qui lui sont antérieurs et au-delà. Au contraire, la logique est une action qui conduit un principe de sa généralité à ses détails, et cependant, c'est par ce dernier mode que le progrès descend de l'ordre de l'esprit dans l'ordre de la réalisation humanitaire, dans l'ordre des faits.

Par exemple, la série progressive restant toujours 24, 27, 30, 33, il s'agit aujourd'hui pour nous autres modernes, fils du christianisme, de passer du terme 30, qui représente le but d'activité qui gouvernait les nations antiques, et dont le judaïsme et le système social romain sont les derniers produits, il s'agit de passer au terme 33, qui est le mot apporté par Jésus-Christ. Nous ne serons arrivés à ce terme, que lorsqu'il sera réalisé dans tous ses sens et partout, en morale, en politique, en science, en esprit, en chair, etc. Aucun de nous ne connaît sa fécondité ; mais nous en possédons la généralité, c'est-à-dire les saints livres que nous désignons ici par le chiffre 33 ; eh bien, que font les chrétiens, que fait l'Eglise, c'est-à-dire l'humanité nouvelle depuis dix-huit cents ans ? elle cherche toutes les particularités contenues dans ce terme, elle le définit en procédant du général au particulier ; et, à cause de cela, en chaque temps de son travail, elle fait œuvre de particularisation, œuvre de détail; l'œuvre du logicien qui descend degrés par degrés l'échelle des distances qui séparent l'*a priori* le plus élevé de l'analyse la plus petite.

Ce mouvement, tout différent du mouvement progressif, et qui est cependant fonction du progrès, nous le désignons dans notre école sous le nom de mouvement logique, loi de tendance, méthode logique.

Ce mouvement a été pris par quelques personnes de nos jours, et dans le siècle dernier, pour le mouvement progressif lui-même. Il en est résulté d'abord qu'ils ont décrit, comme progressif, ce qui serait une série de décadences, si l'on négligeait, ainsi qu'ils le font, le but moral qui lie et explique les détails. Il en est résulté ensuite qu'ils ont tiré un voile sur toute l'histoire antique, et que, sous ce rapport, ils ont fait preuve d'une ignorance capable d'éloigner tout homme instruit, de l'étude d'une doctrine qui, avec la prétention d'être fondée sur l'histoire, commence par nier le savoir même des historiens. Mais concluons.

Nous avons dit ce que l'on doit entendre par progression et par mouvement logique ; or, pour savoir si la progression existe comme réalité, il suffira de chercher dans l'histoire de l'humanité si les révélations consignées dans cette histoire sont ou ne sont pas en série ; voilà toute la question, elle sera facilement résolue, car il suffit de comparer les révélations entre elles. Quant à la réalité du mouvement logique, la question n'est pas moins nette ; le moyen de vérification est le même ; mais celle-ci est moins facile à obtenir, parce qu'elle est plus longue et ne peut résulter que de l'énonciation d'un plus grand nombre de faits.

De la conformité de l'idée progrès avec la doctrine chrétienne et les dogmes catholiques.

Nous avons dit mille fois que l'idée progrès était d'origine chrétienne. Nous avons montré sa filiation et nous l'avons prouvée par l'interprétation du sens moral des Evangiles. Mais ce mode de démonstration exige trop de temps pour être employé ici ; nous nous bornerons à montrer que Jésus-Christ et les apôtres parlaient comme en vue de cette loi, en un mot, ainsi que, dans un style et un sujet moins élevés, nous parlerions nous-même. Ensuite nous exposerons dans quels textes de l'Evangile et dans quel dogme catholique se trouve le fondement scientifique de l'idée elle-même.

Qu'on se rappelle le discours de Jésus-Christ sur la montagne ; la forme employée est continuellement celle-ci : « les anciens vous ont dit... et moi je vous dis... » Et quel est le rapport exprimé sous ces formules ? celui de progression entre des termes moraux. (Voyez Saint-Matthieu, chap. V et suivans.) Qu'on se rappelle encore le discours de Saint-Paul dans l'aréopage à Athènes, qui est rapporté dans les Actes des apôtres, chap. XVII, versets 26 à 32. C'est presque la même forme ; elle exprime des rapports semblables. Nous pourrions citer plusieurs autres passages ; mais ils sont moins clairs, et il faudrait les interpréter ; les deux que nous venons d'indiquer suffisent d'ailleurs, et ils ont d'autant plus de valeur que l'un et l'autre se rapportent aux circonstances les plus graves, car le premier est l'un des fondemens de la morale nouvelle.

Quant au principe d'où émane l'idée progrès, il est tout entier dans les paroles de Jésus sur le Saint-Esprit, et dans le dogme de l'Eglise orthodoxe sur cette troisième personne de la Trinité. Il faut lire sur ce sujet les chapitres XIII, XIV, XV, XVI et XVII de l'évangile de Saint-Jean. Il y a entre les paroles positives du Christ et les généralités que nous venons d'exposer, une conformité qui ne pourra échapper à personne. Jésus vient d'annoncer qu'il va retourner vers son père; « et je prierai mon Père, dit-il, et il vous donnera un autre consolateur, afin qu'il demeure éternellement avec vous. — L'esprit de vérité, que personne ne peut recevoir, parce qu'il ne le voit point, et qu'il ne le connaît point ; mais pour vous, vous le connaîtrez, parce qu'il demeurera avec vous, et qu'il sera dans vous. » (Chap. XIV, vers. 16 et 17.) — « J'ai encore beaucoup d'autres choses à vous dire ; mais vous ne pouvez pas les porter présentement. — Quand l'esprit de vérité sera venu, il vous enseignera toute vérité, car il ne parlera pas de lui-même ; mais il dira tout ce qu'il aura entendu, et il vous annoncera les choses à venir. » (Chap. XVI, vers. 12 et 14.)

Ainsi voilà annoncé ce dogme social que nous désignons, nous autres, dans notre langage profane, par le mot but commun d'activité, dont personne aujourd'hui, pas même les incrédules, ne récuse ni la valeur et la réalité. Or, la connaissance de la signification du mot but est une découverte nouvelle ; elle est d'hier, nous nous en glorifions. Le dix-septième le dix-huitième siècle, si vantés pour leur philosophie, ne s'étaient pas douté de ce principe sur lequel nous basons notre nouvelle science sociale et l'espoir d'une réorganisation à venir, et, cependant, il y a dix-huit cents ans que cela fut dit par Jésus-Christ. Que de fécondité encore est enfermée dans les paroles de l'Évangile, fécondité ignorée aujourd'hui, mais pour être aperçue dans l'avenir !

Les discours contenus dans les chapitres que nous avons désignés ne se rapportent directement qu'au développement dont l'œuvre est réservée à l'esprit de vérité après Jésus-Christ, c'est-à-dire au développement du christianisme; mais il est d'autres passages où l'on trouve indiqué clairement le rapport entre le passé et la nouvelle époque qui commence. Aussi voyons comment les catholiques décidèrent, à l'occasion de la grande hérésie qui s'éleva sur l'origine du Saint-Esprit, ou, en langage théologique, sur la procession du Saint-Esprit. Nous voulons parler de celle qui a formé le schisme grec et qui sépare encore, à cette heure, les Russes et les Grecs de l'Église romaine.

Ceux-ci avancèrent que le Saint-Esprit ne procédait que du Fils. Nous allons traduire cette assertion en style moderne, et la rendre claire en montrant ses conséquences.

"Cette opinion sépare complètement tout ce qui est postérieur à Jésus-Christ de ce qui lui est antérieur ; elle établit que tous les actes humanitaires qui ont précédé la venue du Sauveur, se sont faits hors de l'œil et de la permission de Dieu; elle rompt tout lien entre les temps modernes et l'histoire des âges anciens; car, en d'autres termes, elle considère les efforts, les dévouemens, les sociétés mêmes antérieures, comme n'ayant pas été menés dans un esprit de préparation pour la venue du Messie; en un mot, elle permet d'admettre qu'il y ait une Eglise, mais non une humanité. Si cette opinion eût triomphé et fût restée seule vivante, seule enseignée, il eût été à tout jamais impossible de concevoir l'idée de progression, car il eût été défendu de chercher à reconnaître le moindre lien entre les révélations antiques et la parole du Christ, et il eût été par suite impossible de reconnaître la continuité spirituelle qui unit les divers termes de la série morale que les hommes ont parcourue et poursuivent encore.

Loin de là, la doctrine catholique ordonne en principe de considérer ce lien ; elle l'établit comme article de foi. Elle a décidé en effet que l'Esprit saint procède du Père et du Fils ; et par-là, elle a rattaché tout ce qui précéda l'apparition du Messie, et la prépara à tout ce qui est, à tout ce qui sera conséquence de sa venue, conséquence de sa parole.

Tel est l'ordre des considérations par lesquelles nos lecteurs pourront entrer dans les recherches nécessaires pour vérifier à quel point la doctrine du progrès est conforme aux dogmes chrétiens et catholiques. Nous sommes d'avance certains qu'ils retireront de cette étude les mêmes convictions que nous.

Vérification historique de la doctrine du progrès.

Nous sommes obligés de nous borner à quelques généralités ; mais nous croyons cependant que, pour les esprits sérieux auxquels nous nous adressons, elles suffiront ; peut-être même, ainsi qu'à nous, leur paraîtront-elles plus démonstratives que de longs détails.

Nous avons exposé ce que nous entendions par série progressive. Pour prouver l'existence du progrès, il ne faut plus que montrer, dans l'histoire, quelques termes de la progression morale auxquels l'humanité a obéi ; ces termes ne sont pas nombreux, et la tradition nous les a tous conservés précieusement.

Pour ne point hésiter dans cette recherche, et afin d'arriver, du premier coup, à la formule qui les exprime, il suffit de savoir que le principe premier parmi les hommes, le principe moteur de leur activité, est le principe moral, et que toute la morale repose sur la définition du bien et du mal. Or voici, à l'aide de ce guide, ce que nous trouverons de suite.

Jésus-Christ a dit qu'il venait racheter les hommes du péché originel. Quel avait été l'enseignement qui nous a été conservé de la révélation directement antérieure, quel était le principe de la morale en Egypte ? quel était-il dans les Indes ? et dans ce dernier pays les livres sont restés et la foi primitive a encore des sectateurs. Cette révélation avait dit que les hommes étaient des anges déchus qui expiaient sur la terre la faute qu'ils avaient commise dans le ciel. — Quelle doctrine révelée avait précédé celle-ci, et lui avait préparé le sol ? Ici l'obscurité devient grande, car on ne savait pas encore écrire lorsque cette parole descendit du ciel. La tradition fut long-temps purement orale, et certainement elle s'altéra et s'amoindrit en traversant les siècles ; cependant les écrits des derniers temps de l'âge logique engendré par cette révélation, nous en ont conservé le sens ; nous en trouvons des traces dans les livres qui nous racontent les temps héroïques de la Grèce, dans les livres chinois, dans ceux des Mexicains, dans ceux de Berose, enfin dans les livres de Moïse eux-mêmes. Que nous apprennent-ils ? qu'il y avait sur la terre deux races, l'une de dieux mortels engendrés par les dieux, qui étaient les âmes des phénomènes qui se rapportent à notre globe terrestre, esprits immortels incarnés pour accomplir chacun dans l'ordre assigné par leur origine la mission de combattre le mal ; l'autre de humaines sans âme, enfans du péché, faits pour obéir et cesser d'être ; la morale des sociétés nées sous cette foi était de combattre, de conquérir et de peupler. — Il y a un âge antérieur ; il y a eu une révélation primitive ; mais nous n'en parlerons pas parce qu'il faudrait entrer dans des considérations trop longues pour en démontrer la formule générale.

Il faudrait être aveugle et avoir l'œil couvert d'une triple taie pour ne pas voir que ces formules se succèdent et se répondent comme les termes d'une progression. Aussi nous ne nous y arrêterons pas plus long-temps.

Mais, quelques personnes se demanderont peut-être si nos citations sont bien orthodoxes vis-à-vis le catholicisme, c'est-à-dire vis-à-vis l'histoire que les catholiques ont faite jusqu'à ce jour ? A cette observation, nous répondrons d'abord que nos citations sont positives, authentiques, conformes à la tradition d'une grande partie de l'humanité. On nous opposera les livres de Moïse. Nous ferons observer, en premier lieu, qu'il ne faut pas oublier cette parole de l'Evangile que « la lettre tue et l'esprit vivifie, » ensuite nous ferons remarquer que Moïse cite la révélation faite à Adam, celle faite à Noé, celle faite à Abraham, celle qui lui fut faite enfin ; nous ferons remarquer que Moïse est un réformateur, qu'il a abrégé les traditions en ne gardant que ce qui était nécessaire pour constituer un seul peuple, le peuple juif ; et si nous avions l'espace, nous trouverions chez lui plus d'une preuve qu'il entendit désigner des pensées morales et des faits analogues à ceux que les autres traditions nous ont conservés en entier ; passons donc. Ceux de nos lecteurs qui voudront étudier la question feront ce travail aussi bien que nous, et, si parmi eux il se trouve quelques membres du clergé, nous leur rappellerons que nul Concile n'a encore porté de décision sur les questions que nous soulevons aujourd'hui pour la première fois ; qu'ils examinent nos doctrines, qu'ils voient si elles sont conformes au christianisme, et qu'ils ne nous demandent pas, à nous chrétiens, de judaïser.

Il nous reste maintenant à rechercher si le mouvement logique, qui part d'un principe révélé, marche, en effet, selon la loi que nous avons exposée plus haut. Ici il s'agit de faits de détails ; il est difficile dans le court espace auquel nous sommes astreints de les exposer peut-être d'une manière suffisamment démonstrative ; nous allons le tenter cependant, mais, nous ne parlerons que d'un seul âge, car ce qui est vrai pour un, doit être considéré comme exact pour tous, et nous choisirons l'âge chrétien comme le mieux connu et celui qui nous permet de ne parler qu'en général.

Il s'agit de savoir si chaque terme du mouvement logique est successivement de plus en plus particulier, si, en un mot, l'humanité procède à la réalisation d'un principe en partant du général pour descendre au particulier, c'est ce que nous prouve en effet l'histoire du christianisme.

Un premier temps fut occupé à la fondation de la foi, à donner la connaissance du but, c'est-à-dire du principe lui même ; un peu plus de trois siècles furent consommés à ce travail dont on peut fixer le terme au Concile de Nicée. — Un second temps fut employé à la fondation des nations diverses qui devaient concourir chacune pour une part différente à l'œuvre nouvelle ; cette œuvre dura tout le temps occupé dans l'histoire par nos deux premières races royales de France. Ce second temps peut être divisé en deux périodes, l'une depuis Clovis jusqu'à Charlemagne, l'autre depuis Charlemagne. Dans cette dernière période, l'Église romaine ajouta à sa souveraineté spirituelle les titres d'une principauté temporelle : certainement les actes de réalisation opérés dans ces six derniers siècles ne peuvent être considérés comme étant d'une généralité égale à celui qui occupa les trois premiers. — Dans le troisième temps on s'efforça d'introduire dans des particularités de mœurs, de législation civi et et administrative les commandemens de la morale chrétienne. Dans cet œuvre, les papes donnèrent le signal, puis chaque nation chez elle, et en quelque sorte chaque communauté suivit. Ce temps, qui commence vers la fin du onzième siècle, finit au quinzième ; il est signalé par une révolution complète dans l'état de l'Égl se, celui des communes et celui des personnes. — Enfin le dernier temps avant le nôtre, le temps qui commence avec le seizième siècle, est certainement celui de l'individualisation croissante ; son caractère général, sans doute, peut être défini, une discussion pour trouver le meilleur système pour réaliser la doctrine de Jésus ; mais, dans cette discussion, chacun a la parole ; on ne procède plus d'ensemble ; chacun fait son expérience à sa guise, comme si chacun s'était donné le mot pour essayer au profit de tous. Il est vrai que nous, qui arrivons à la fin de ce temps, nous nous occupons de rechercher un système de réorganisation de la société européenne en procédant directement du principe lui-même pour en déduire une réalisation universelle comme lui ; mais ce n'est encore qu'un système de réforme que nous cherchons, et nous aurons beau tenter, nous ne poursuivrons jamais qu'une conséquence moins large que toutes celles qui nous furent antérieures.

Si les faits que nous venons de citer sont vrais, le progrès est démontré, et dans sa cause, la progression qui vient de Dieu, et dans son mode de réalisation, le mouvement logique.

Du progrès considéré comme loi de l'univers brut.

La géologie nous apprend aujourd'hui que le globe a subi, à sa surface, plusieurs révolutions générales, séparées entre elles par des périodes de calme plus ou moins longues. Chacune de ces périodes phénoménales a déposé sur la superficie de la terre ses ossemens, ses produits de toutes sortes, et maintenant nous les trouvons formant des terrains couchés les uns par-dessus les autres, comme pour rendre un témoignage de leur succession et de la constante volonté de Dieu.

Or, l'on sait que chacune de ces périodes fut caractérisée par des productions minérales, végétales, animales, d'une nature particulière. Nous appelons force de formation le principe brut créé qui entretient la conservation d'un système spécial de formes animales ou végétales pendant la durée d'une époque phénoménale.

Cependant, d'une période à l'autre, et en venant à celle que nous occupons, le système des formes varie comme les termes d'une progression ; de sorte que l'on est obligé d'admettre qu'à chaque révolution du globe, Dieu vint ajouter une puissance de plus à la force de formation, de manière que, non-seulement elle conserva les analogues de toutes les créations antérieures, mais elle en soutint une nouvelle.

Ainsi, avançant par jour génésiaque, le système des formes a été élevé jusqu'à celle de l'homme, et c'est ici que nous pouvons faire toucher au doigt la vérité de l'axiôme que nous avons présenté plus haut; savoir, que, dans la progression, le dernier terme contient tous les termes qui l'ont précédé, et quelque chose de plus. En effet, si nous envisageons d'abord notre état phénoménal actuel, le dernier dans la série des actes divins accomplis dans l'ordre brut, nous voyons qu'il contient des exemplaires de toutes les périodes antérieures, plus l'homme ; et si nous considérons l'homme lui-même, nous trouvons qu'il enferme en lui tout ce qui est dans les autres animaux, plus ce qui lui est propre. Ce dernier fait est, de nos jours, l'objet de deux sciences ; l'une est l'anatomie comparée, elle part de l'homme comme type, et de ce point elle descend dans l'ordre de la dégradation des formes à la limite de la nature animale ; l'autre est l'embryogénie. Celle-ci nous apprend que le fœtus humain subit, dans le sein maternel, une succession d'évolutions, et que, dans chacune d'elles, il répète une des phases du développement que l'animalité a offert dans la succession des transformations géologiques, passant ainsi pour arriver à l'état qui le fait homme, par tous les termes de la série animale.

Ainsi, la progression que nous avons reconnue dans l'ordre spirituel, nous la reconnaissons dans l'ordre des formations matérielles ; et toutes ces choses ne sont autres que les signes visibles de l'activité infinie et incessante de Dieu.

Quelle plus grande vérification peut-on demander de l'existence de la loi du progrès, que cette concordance de tous les faits vers une même démonstration.

Il nous reste à vérifier la doctrine du progrès vis-à-vis de la morale ; il nous reste enfin à conclure. Nous aurions voulu pouvoir achever dans cette préface ; mais l'espace nous manque, et nous sommes obligés de nous ajourner à un prochain volume.

Qu'on nous permette, en terminant cette première partie, de nous excuser de l'aridité, de la sécheresse et de la brièveté de notre argumentation. Pour répondre à peu près à la question qui nous avait été faite, il fallait esquisser les considérations les plus générales relatives au mot progrès. Nous avons donc serré notre rédaction, afin qu'elle contînt le plus de matière possible. Et cependant nous nous apercevons que nous sommes encore superficiels et très-incomplets. Nous avons, il est vrai, publié un ouvrage (1) auquel nous pouvons renvoyer nos lecteurs de Bruxelles. Mais, bien que très-étendu, il ne contient pas tout encore. Il est cependant à consulter.

(1) *Introduction à la science de l'histoire*, par Buchez, chez Paulin, libraire; un vol in-8°.

HISTOIRE PARLEMENTAIRE

DE LA

RÉVOLUTION

FRANÇAISE.

AOUT 1792. — (suite.)

Dans le précédent volume nous avons raconté l'histoire des événemens qui ont préparé l'insurrection du 10 août. Nous avons vu quels sentimens présidèrent à ce mouvement ; quelle part y prirent le club des Jacobins et les sections de Paris. Nos lecteurs se rappellent la description stratégique que nous avons faite de l'attaque du Château, et les récits de Pétion et de Rœderer qui la suivent. — La municipalité nouvelle, la liste de ses membres, leurs pouvoirs, leurs premières délibérations, nous sont connus. Maintenant il nous reste à examiner ce qui se passa au corps législatif, à donner nos propres observations sur les détails de la journée, sur le rôle qu'y ont joué les principaux personnages révolutionnaires, et enfin à raconter les suites de cette grande commotion qui renversa la royauté et changea la face administrative et militaire de la France. Nous commençons par les travaux de l'assemblée nationale.

ASSEMBLÉE NATIONALE.

Séance permanente de la nuit du 9 au 10 août.
Extrait du procès-verbal (1).

« Plusieurs membres ayant entendu battre un rappel précipité, se sont rendus au lieu des séances de l'assemblée nationale ; ils se sont mis en séance vers l'heure de minuit : en l'absence de M. le président, M. Pastoret, ex-président, a occupé le fauteuil.

» Des députés de la section des Lombards ont été introduits ; ils ont annoncé que des citoyens persistaient dans le projet qui avait été formé de sonner le toesin et de tirer le canon d'alarme, que ces citoyens voulaient se porter au Château, où l'on préparait une forte résistance.

» Sur ces détails, une discussion allait s'ouvrir ; un membre a observé qu'on n'était pas en nombre suffisant pour délibérer ; il y a eu une interruption, après laquelle un membre du comité de l'ordinaire des finances a fait la seconde lecture d'un projet de décret sur les dettes arriérées des ci-devant provinces. La troisième lecture est ajournée à huitaine.

» M. Merlet, président, occupe le fauteuil. Deux gardes nationaux, admis à la barre, apprennent à l'assemblée que deux ci-devant gardes du roi, vêtus de l'uniforme de gardes nationaux, se sont trouvés au rassemblement du bataillon du Palais-Royal, duquel ils ont été renvoyés.

» Un membre du comité de l'ordinaire des finances fait une seconde lecture du projet de décret sur les dégrèvemens demandés par les départemens. La troisième lecture est ajournée à huitaine.

(1) Nous avons préféré à toute autre narration le procès-verbal même de cette séance, parce que, tout abrégé que soit ce compte-rendu, il n'en est pas moins ce que nous connaissons de plus complet sur l'histoire parlementaire de cette nuit fameuse. — Nous ne nous servirons du *Moniteur* qu'à partir du moment où le roi se réfugie dans l'assemblée. (*Note des auteurs.*)

» Un membre annonce que, dans le district de Châlons-sur-Saône, les recrutemens se font avec une rapidité prodigieuse; l'assemblée décrète la mention honorable..... (Suivent plusieurs propositions de décrets d'intérêt local, qui sont toujours ajournées à huitaine.)

» Des officiers municipaux sont admis à la barre ; ils annoncent que le tocsin a sonné et sonne encore dans plusieurs faubourgs de Paris ; qu'il se forme des rassemblemens nombreux de tous côtés. Ils disent qu'ils ne peuvent pas donner des détails et des renseignemens bien précis, parce que des membres du conseil général de la commune, envoyés dans les différens quartiers pour connaître l'état des choses, ont été arrêtés ; ils ajoutent qu'un député, M. Roujoux, a été amené à une des sections (1) ; mais qu'un instant après il a été relâché.

» On observe que les députés en séance ne sont pas assez nombreux ; un membre demande que M. le président soit chargé de faire avertir les absens, pour qu'ils aient à se rendre à leur poste. Un autre propose que ceux qui sont actuellement en séance s'inscrivent au bureau, pour qu'on n'aille pas inutilement chez eux. Ces deux propositions sont adoptées.

» Une nouvelle députation de la municipalité est introduite à la barre ; elle annonce que deux sections, celle des Lombards et celle des Arcis, ont envoyé à l'hôtel de la commune, pour témoigner l'inquiétude qu'on avait sur M. le maire, qui n'avait pas paru depuis deux heures, que le conseil-général avait pensé qu'il devait envoyer quelques-uns de ses membres pour accompagner les députés des sections à la barre de l'assemblée.

» La députation est admise aux honneurs de la séance.

» Plusieurs membres prennent la parole : les uns assurent que depuis deux heures ils ont vu plusieurs fois M. le maire autour de la salle de l'assemblée nationale ; d'autres rapportent qu'il leur a dit qu'il resterait auprès du corps législatif et du roi, tant que sa présence y serait nécessaire pour maintenir la tranquillité publique et assurer le bon ordre.

(1) A la section des Quinze-Vingts. (*Note des auteurs.*)

» A cet instant on fait passer au bureau une liste signée des administrateurs de la police.

» L'assemblée en ordonne la lecture. Les administrateurs de la police annoncent qu'à chaque instant on vient à la commune pour leur demander le maire de Paris, *qu'il est allé au Château, où il est environné d'hommes qui paraissent avoir des vues perfides contre lui.* Ils disent que l'assemblée nationale peut seule le tirer du danger.

» Aussitôt après la lecture de cette lettre, un membre propose, et l'assemblée décrète, que le maire de Paris se rende à l'instant même à la barre, pour rendre compte de ce qui se passe; elle décrète en outre que son décret sera porté sur-le-champ à M. le maire, et remis à lui-même par un huissier de l'assemblée, qui se fera accompagner par deux gendarmes nationaux.

» Un des secrétaires délivre sur-le-champ une expédition du décret..... (Lecture d'un projet sur les patentes, qui est ajourné à huitaine.)

» Le maire de Paris se rend à la barre en exécution du décret; on lui donne communication de la lettre des administrateurs de la police; il dit qu'il reconnaît parfaitement les signatures. Le président l'invite à s'expliquer pour qu'on sache si les inquiétudes qu'on a eues sur son compte sont fondées : il répond, qu'occupé tout entier de la chose publique, il oublie facilement ce qui ne lui est que personnel; qu'il est vrai que, lorsqu'il a été au Château, on l'a assez mal accueilli; qu'il a entendu tenir contre lui les propos les plus forts, des propos qui auraient été propres à déconcerter un homme qui aurait cru ne pas avoir d'ennemis; mais que lui, qui sait bien qu'il en a un grand nombre, que son amour pour le bien public lui a mérités, n'en a point été effrayé. Il ajoute qu'on a pris toutes les précautions que les circonstances pouvaient permettre pour assurer la tranquillité publique, et, qu'autant qu'on pouvait le prévoir, l'ordre pourrait être maintenu.

» Le président l'invite à profiter des honneurs de la séance, si l'exercice de ses fonctions peut le lui permettre. Il traverse seulement une partie de la salle, et, sentinelle vigilante, il retourne à son poste.

» Un membre annonce que, dans la nuit, tout était tranquille jusqu'au moment où le coup de canon d'alarme s'est fait entendre, et a excité le rassemblement des citoyens du faubourg Saint-Antoine et des autres quartiers de Paris; que ce n'est qu'après ce coup de canon que le tocsin a été sonné; qu'il s'est trouvé au milieu des citoyens du faubourg Saint-Antoine, qui lui ont paru ignorer eux-mêmes les motifs et le but du rassemblement.

» Un membre propose un projet de décret pour abolir la prime accordée pour la traite des Nègres. La discussion est entamée : un membre demande le renvoi au comité de commerce, qui doit faire un rapport sur l'abolition de la traite : on insiste pour que ce projet soit décrété sur-le-champ.

» L'assemblée suspend la discussion jusqu'au moment où l'assemblée sera composée du nombre de députés nécessaire pour délibérer.

» M. le président cède le fauteuil à M. Tardiveau, ex-président..... (Quelques lectures de nouvelles insignifiantes et quelques rapports, occupent la séance.)

» Un membre annonce que les attroupemens deviennent de plus en plus nombreux, que la tranquillité publique paraît menacée ; il demande que la municipalité rende compte, d'heure en heure, de l'état où se trouvera la ville de Paris. L'assemblée décrète cette proposition, et l'extrait du procès-verbal est expédié sur-le-champ.

» Le ministre de l'intérieur se présente, et obtient la parole ; il dit que le roi l'a chargé d'informer l'assemblée nationale qu'il a ordonné qu'honneur et respect fussent portés aux magistrats du peuple ; il ajoute que le roi est fort agité, qu'il y a un rassemblement au faubourg Saint-Antoine, qu'il n'a point de renseignemens précis sur ce qui s'y passe ; il atteste que l'autorité publique n'est pour rien dans ce qui se fait. Il finit par demander que l'assemblée veuille bien prendre de promptes mesures.

» Sur cette demande, un membre (M. François de Neuf-Château) observe que le corps législatif n'est chargé que de faire des lois et non de les faire exécuter ; que c'est au pouvoir exécutif à veiller au maintien de l'ordre. Un autre observe que d'un instant à l'autre les nouvelles deviennent plus tranquillisantes.

» L'assemblée passe à l'ordre du jour, motivé sur ce que c'est aux magistrats du peuple et au pouvoir exécutif à veiller à la sûreté publique.... (Suivent quelques rapports sur des questions d'intérêt particulier ou local.)

» Une troisième députation des officiers municipaux est introduite à la barre. Un d'eux rend compte de toutes les démarches qu'ont faites les membres de la municipalité et du conseil général, pour que la tranquillité fût maintenue ; il présente le tableau de la disposition des esprits dans les diverses sections : Partout, dit-il, le peuple est disposé à entendre la voix de la justice et de la raison ; partout il est prêt à faire le bien, lorsque ce seront des patriotes qui se présenteront pour le diriger. Il a ajouté : Mes collègues et moi nous avions déjà parcouru tous les quartiers de Paris, et nous sortions du faubourg Saint-Antoine ; nous étions autorisés à croire que les craintes qu'on avoit eues s'évanouiraient, et que le calme renaîtrait bientôt ; quel a été notre étonnement d'entendre, en rentrant, battre la générale et sonner le tocsin ! Nous avons vu en ce moment une grande fermentation ; nous avons couru à un tambour, à qui nous avons demandé par l'ordre de qui il battait la générale ; nous avons demandé à être menés au commandant du premier poste : là, nous avons appris que c'était le commandant Mandat, qui, des Tuileries, avait donné l'ordre de battre la générale et de sonner le tocsin. Nous avons été effrayés des suites terribles et funestes que pourrait entraîner un ordre pareil. Nous nous sommes promptement rendus à la maison commune, où, sur notre rapport, le conseil général a, par un arrêté, cassé et annulé les ordres donnés par le commandant Mandat ; nous l'avons mandé au conseil, et là il a été justement réprimandé et vertement sermonné.

» Nous ne devons pas négliger de vous dire, ont-ils ajouté, que nous avons appris qu'au Château, le maire de Paris n'a dû son salut qu'à quelques grenadiers qui ont pris sa défense. Les officiers municipaux, députés vers l'assemblée, ont encore dit qu'ils avaient vu les Marseillais avant que le tocsin eût sonné, que leurs intentions étaient des plus pacifiques, et qu'ils ne voulaient marcher que sous les drapeaux de la garde nationale. Après ce rapport, les députés de la municipalité sont invités aux honneurs de la séance; mais ils se rendent sur-le-champ où leurs fonctions les appellent..... (Suivent diverses lectures pour occuper la séance.)

» Les ministres de la justice et de l'intérieur (1) se rendent à l'assemblée. Ils disent que les mouvemens vont croissant, que les attroupemens s'avancent vers le Château; qu'il est très-instant de prendre sans délai une mesure efficace: Le roi, ajoutent-ils, nous a chargés de témoigner à l'assemblée nationale qu'il désirerait qu'elle envoyât près de lui une députation.

» Un membre (Bigot-Préameneu) convertit en motion la demande exprimée par les ministres, et propose que la députation soit nommée à l'instant. On observe qu'il n'y a pas deux cents membres, que par conséquent on ne peut pas adopter une mesure telle que celle qui est proposée, et qui est infiniment délicate dans la circonstance. Un autre dit qu'en général les députations du corps législatif auprès du roi sont de très-fausses mesures : il propose d'inviter le roi à se rendre au sein du corps législatif (2). On combat cette proposition, par cette raison que jamais il ne fut plus nécessaire de délibérer, et que la Constitution défend de le faire en présence du roi.

» A ce point de la discussion, on annonce une députation du conseil général de la commune; elle est introduite à l'instant.

» Les ministres se retirent. Les députés de la commune annoncent que leur autorité est méconnue; qu'il vient de se former une nouvelle municipalité, composée des commissaires de la majorité des sections de Paris, qui arrête de suspendre provisoire-

---

(1) MM. Champion et Dejoly, tous les noms placés entre paranthèse sont intercalés par nous. Nous les avons pris dans les journaux. (*Note des auteurs.*)

(2) Ce membre s'appelait Boirot. (*Note des auteurs.*)

ment de ses fonctions le conseil général; et que, cependant, le maire, le procureur de la commune et les seize administrateurs continueraient leurs fonctions administratives. Ils déposent sur le bureau l'arrêté qui leur a été signifié.

» Ils disent que ce nouveau conseil général a décerné un mandat d'arrêt contre le commandant Mandat, qui a été saisi et arrêté comme il sortait de la municipalité; ils ajoutent que le commandant au poste de l'Arsenal leur a fait dire qu'il est pressé de toutes parts, et qu'il ne pourrait pas contenir le peuple, si on ne lui envoyait pas trois mille hommes.

» L'assemblée leur accorde les honneurs de la séance.

Depuis sept heures du matin jusqu'à neuf heures du soir.

» M. Vergniaud occupe le fauteuil.

» Deux officiers municipaux et un substitut du procureur de la commune sont introduits à la barre. L'orateur annonce que les sections ont nommé des commissaires, que ces commissaires exercent tous les pouvoirs, et qu'ils ont pris un arrêté portant suspension du conseil général de la commune.

» Un membre demande que l'assemblée prononce la nullité de la nomination des commissaires et de leur arrêté.

» Un autre observe qu'on éclaire le peuple par la persuasion, non par des mesures violentes; que dans les dangers qui menacent la chose publique, il serait imprudent d'écarter des hommes qui pourront la servir utilement. Il propose d'attendre des éclaircissemens ultérieurs.

» Dans ce moment, on instruit l'assemblée que la fausse patrouille, armée d'espingoles, arrêtée la nuit aux Champs-Élysées, et détenue au corps-de-garde des Feuillans, est environnée par un grand rassemblement de peuple.

» Aussitôt l'assemblée décrète que les personnes détenues sont sous la sauvegarde de la loi, et elle envoie des commissaires pour engager le peuple à remettre à la loi seule le soin de punir les coupables.

» On reprend la discussion sur la proposition d'envoyer une

députation chez le roi, ou de l'inviter à se rendre, avec sa famille, dans le sein de l'assemblée nationale.

» On observe que la Constitution laisse au roi la faculté de se rendre, quand il le juge convenable, au milieu des représentans du peuple.

» L'assemblée passe à l'ordre du jour motivé sur cette observation.

» Le commandant du corps-de-garde des Feuillans vient dire que son poste a été forcé, et qu'il y a tout à craindre pour la vie des prisonniers. Le président donne de nouveaux ordres pour leur sûreté.

» Un juge de paix, à la barre, annonce que le roi et sa famille, les membres du département et ceux de la municipalité, qui sont actuellement aux Tuileries, vont se présenter à l'assemblée nationale.

» Un officier municipal demande que l'assemblée permette que le roi vienne, accompagné de sa garde, ou du moins que celle-ci puisse être employée pour conserver la liberté des avenues de la salle.

» L'assemblée, considérant qu'elle n'a besoin d'autre garde que de l'amour du peuple, charge seulement les commissaires-inspecteurs de la salle de redoubler d'attention pour maintenir l'ordre dans son enceinte; et considérant que, hors de son enceinte, la police appartient aux corps administratifs, elle passe à l'ordre du jour sur la demande de l'officier municipal.

» On annonce l'arrivée du roi : conformément à la Constitution, une députation de vingt-quatre membres va le recevoir.

» Il entre avec sa famille et les ministres : plusieurs hommes de sa garde se précipitent pour le suivre (1); ils présentent leurs baïonnettes, ils veulent forcer le passage : des membres de l'assemblée les arrêtent et leur ordonnent, avec la plus vive énergie, de respecter le temple de la liberté. La troupe armée se retire.

(1) L'escorte, avec laquelle le roi traversa le jardin et arriva à l'assemblée, se composait de Suisses et de trois cents gardes nationaux. (*Note des auteurs.*)

» Le roi prend sa place à côté du président ; il communique les craintes qui l'ont conduit à l'assemblée.

» Le président répond que l'assemblée ne craint aucun danger, et qu'au surplus elle saura, s'il le faut, mourir à son poste.

» Un membre dit que les circonstances ne permettent pas à l'assemblée de rester dans l'inaction ; que cependant la Constitution lui défend de délibérer tant que le roi est présent. Il propose qu'il soit indiqué un local où le roi puisse se retirer.

» La loge du *logographe*, qui est à droite du président, communique, par une porte, à la salle de l'assemblée : elle est désignée ; le roi y passe avec sa famille. »

— Nous terminons ici la citation du procès-verbal, et nous laissons parler le *Moniteur* qui offre, dès ce moment, une narration étendue et assez fidèle. Il nous suffira, pour la compléter, d'y insérer quelques additions, ou quelques rectifications extraites du procès-verbal dont nous venons de transcrire le commencement.

[Le roi, la famille royale, accompagnés de deux ministres, entrent dans la salle, et se placent aux siéges destinés aux ministres.

Le roi. Je suis venu ici pour éviter un grand crime, et je pense que je ne saurais être plus en sûreté qu'au milieu de vous, messieurs.

M. le président, au roi. Vous pouvez, sire, compter sur la fermeté de l'assemblée nationale ; ses membres ont juré de mourir en soutenant les droits du peuple et les autorités constituées.

Le roi s'assied à côté du président.

On observe que la Constitution interdit au corps législatif toute délibération en sa présence.

L'assemblée décide que le roi et sa famille se placeront dans une loge particulière située derrière le fauteuil du président.

(Le roi et sa famille sont restés dans cette tribune jusqu'au lendemain à deux heures et demie du matin, époque de la suspension de la séance.)

Après quelques débats, l'assemblée, pour ne point interrompre ses délibérations, les invite à se placer dans la loge du logotachigraphe.

Des membres du conseil du département, le procureur-général et deux officiers municipaux, sont introduits à la barre.

M. Rœderer, procureur-général-syndic. Nous venons vous rendre compte de ce qui se passe actuellement dans Paris. A minuit, M. le maire, prévenu qu'il se formait des rassemblemens dans plusieurs sections, et qu'on y sonnait le tocsin, s'est rendu au château des Tuileries. Un devoir, commun avec M. le maire, m'appelait pareillement au Château. M. le Maire a rendu compte au roi de l'état des choses, il est descendu dans les cours. Je suis ensuite allé dans le jardin. Alors, l'assemblée ayant ordonné à M. le maire de se rendre à la séance, je suis remonté au Château. Depuis ce moment, la municipalité n'y a plus eu que deux membres, MM. Borie et J. J. Leroux. Depuis ce temps, nous n'avons plus eu de nouvelles de ce qui se passait dans les sections. M. le commandant-général s'était transporté au conseil de la commune. Depuis ce moment encore, nous n'avons eu aucune relation avec le commandant-général. On nous a rapporté seulement qu'il avait couru de grands risques, que le peuple avait demandé sa tête, et qu'il était en état d'arrestation à la commune. Nous avons appris qu'un ordre particulier d'un membre de la municipalité avait dégarni le Pont-Neuf de la force publique, destinée à empêcher la communication des rassemblemens d'au-delà et d'en-deçà de la rivière. Nous avons appris que dès le 4 août il avait été délivré plus de quatre mille cartouches à balles à des fédérés, en se présentant sous ce nom seul de fédérés. Nous avons appris encore qu'il y a une heure que la municipalité se trouve déconstituée, désorganisée; qu'il y a de nouveaux représentans de la commune envoyés par les sections. Nous venions d'être instruits de ces détails affligeans, lorsqu'un grand rassemblement s'est formé sur la place du Carrousel; des canons y ont été portés et tournés sur le Château.

Nous nous sommes avancés vers le rassemblement, et nous avons représenté qu'une si grande multitude ne pouvait avoir accès auprès du roi ni de l'assemblée nationale. Nous les avons invités à nommer vingt députés pour présenter leur pétition. Nous avons cru de notre devoir de parler aux troupes. Je leur ai lu l'article 15 de la loi du 3 octobre 1790. « Nous ne demandons point, leur ai-je dit, à Dieu ne plaise, nous ne demandons point que vous dirigiez vos canons contre vos concitoyens, que vous trempiez vos armes dans leur sang ; mais nous demandons votre juste défense : je la requiers, au nom de la loi, au nom de la sûreté que la loi garantit à la maison devant laquelle vous êtes placés. La loi vous autorise à maintenir votre poste, quand vous serez attaqués. Vous ne serez pas assaillans, à Dieu ne plaise ! vous ne serez que sur la défensive. » Une partie de la garde nationale, peu nombreuse, il est vrai, m'a bien entendu. Mais les canonniers à qui nous demandions de faire bonne contenance, pour toute réponse, ont déchargé leurs canons. (On applaudit.) Alors nous sommes retournés vers le Château. L'effervescence était si grande qu'un homme a dit que le rassemblement tout entier voulait rester autour de l'assemblée nationale jusqu'à ce qu'elle eût prononcé la déchéance du roi. (Les tribunes applaudissent. — M. le président leur ordonne de respecter l'assemblée.) Des bataillons marchaient du côté du faubourg Saint-Antoine, où nous apprenions que les citoyens sortaient en armes de leurs maisons pour venir à la suite du rassemblement du Carrousel. Vous voyez que, la municipalité étant désorganisée, le commandant de la garde nationale n'existant plus pour nous, nous ne nous sommes plus sentis en état de garder le dépôt qui nous était confié. Nous avons conseillé au roi de se transporter avec sa famille dans l'assemblée nationale. L'assemblée a été elle-même au-devant de ce que nous demandions, puisqu'elle a envoyé une députation pour le chercher et accompagner le cortége.

Ici finit le compte que nous devons à l'assemblée. Nous n'avons rien à ajouter, sinon que notre force étant paralysée, inexistante, nous ne pouvons plus en avoir d'autre que celle qu'il plaira à l'assemblée de nous donner. Nous désirons rester auprès d'elle, afin d'être plus à portée de recevoir ses ordres. — On m'informe en ce moment que le Château vient d'être forcé, et que le rassemblement se propose de le faire tomber à coups de canon.

La députation est invitée aux honneurs de la séance.

Le commandant chargé de la garde du Château se présente à la barre, et prie l'assemblée de lui indiquer la marche qu'il doit tenir.

M. Lamarque. Je demande que l'assemblée choisisse dix membres pris dans son sein, pour aller s'exposer aux premiers coups. Je m'offre à marcher à leur tête.

M. Lejosne. Je propose le projet de décret suivant :

« L'assemblée nationale met les propriétés et les personnes sous la sauvegarde du peuple de Paris, et décrète que vingt-cinq députés seront nommés pour aller porter cette déclaration. »

Cette proposition est adoptée.

M. le président nomme la députation.

On entend une décharge de canons.

L'agitation, le trouble, la consternation s'emparent de l'assemblée et des spectateurs.

Le président y ramène le calme, en avertissant les députés qu'ils sont à leur poste.

Le roi avertit M. le président qu'il vient de faire donner ordre aux Suisses de ne point tirer.

Les coups de canon redoublent ; ils sont accompagnés du bruit de la mousqueterie.

M. Lamarque revient avec la députation, et annonce qu'au bout de la cour du manége, les commissaires de l'assemblée ont été dispersés par la foule, et qu'ils ont cru devoir revenir au sein de l'assemblée.

On aperçoit à l'une des entrées de la salle des citoyens armés qui veulent s'y introduire.

Plusieurs députés s'y opposent, se jettent au-devant d'eux, et leur représentent que nul ne doit entrer en armes dans l'assemblée.

M. le président se couvre. Le calme se rétablit, les députés crient tous : *Vive la nation!* Les citoyens armés se retirent.]

En ce moment, selon le procès-verbal, il fut question de nommer un commandant général de la garde nationale ; mais cette motion fut écartée par l'observation que certainement la commune avait dû faire cette élection. L'assemblée se borna à inviter la commune à mettre le maire en liberté. Elle adopta ensuite une adresse au peuple, conçue en ces termes :

« Au nom de la nation, au nom de la liberté, au nom de l'égalité, tous les citoyens sont invités à respecter les droits de l'homme, la liberté et l'égalité. »

Il fut décrété que cette adresse serait aussitôt imprimée et placardée dans toute la ville.

Ici, l'assemblée se leva une seconde fois tout entière ; et aux acclamations des citoyens présens à la séance, elle jura de périr, s'il le fallait, pour la défense de la liberté et de l'égalité.

M. Guadet occupe le fauteuil.

[Une députation de la section des Thermes de Julien, introduite à la barre, présente la pétition suivante :

« Tous les citoyens de la capitale sont unis par les mêmes sentimens. Tous ont juré de maintenir la liberté, l'égalité. Tous sont fatigués des crimes de la cour. (On applaudit.) Des citoyens de cette section ont protesté contre la pétition présentée par M. le maire. La section nous charge de ratifier cette pétition. Osez jurer que vous sauverez l'empire, et l'empire est sauvé. » (Tous les députés simultanément lèvent la main, en s'écriant : *Nous le jurons !*)

L'assemblée ordonne l'impression de cette pétition.

M. le président. J'invite les citoyens de la section des Thermes de Julien à se charger du décret que l'assemblée vient de rendre, et à en recommander l'exécution.

Une députation des nouveaux représentans de la commune (1) se présente à la barre, accompagnée de trois bannières portant ces mots : « Patrie, égalité, liberté. » Ils présentent à l'assemblée l'expression de leur vœu pour la déchéance du roi. Ils deman-

---

(1) Cette députation était composée de MM. Huguenin, Léonard Bourdon, Tronchon, Deriem, Vigand et Bullier. (*Procès-verbal de l'assemblée législative.*)

dent la permission d'apporter demain sur le bureau le procès-verbal de cette journée à jamais mémorable, afin qu'il soit envoyé aux quarante-quatre mille municipalités. Ils annoncent que MM. Pétion, Manuel et Danton sont toujours leurs collègues, et que M. Santerre est à la tête de la force armée. (On applaudit.)

M. le président. Vous nous avez parlé de Pétion : mais Pétion est retenu dans sa maison. Il ne peut parler au peuple. Vous savez s'il en a le désir. Nous vous invitons à faire lever la consigne qui l'empêche de se montrer à ses concitoyens.

M. Bazire. Il vient d'arriver des dépêches de M. La Fayette. Je demande qu'à l'instant la commission extraordinaire se retire pour les examiner et en rendre compte à l'assemblée.

Cette proposition est adoptée.

Sur la proposition de M. Montaut, du Gers, l'assemblée décrète qu'il sera fait un appel nominal, et que chaque membre montera à la tribune pour y jurer, au nom de la nation, de maintenir la liberté, l'égalité, ou de mourir à son poste.

M. le président annonce qu'on vient de remettre sur le bureau une boîte de bijoux trouvée dans l'appartement de la reine, et que le peuple a chargé un citoyen d'apporter à l'assemblée.

L'assemblée décrète que tous les effets seront remis à la maison commune.

On procède à un appel nominal.

Sur la proposition de M. Bazire, l'assemblée décrète que les Suisses et autres étrangers sont sous la sauvegarde de la loi et des vertus hospitalières du peuple.

Une députation apporte un paquet de lettres trouvées au Château, et annonce que si l'assemblée les eût eues ces jours passés, elle n'aurait pas, sans doute, innocenté M. La Fayette.

On en demande le renvoi au comité de surveillance.

Le renvoi est d'abord décrété, mais sur les réclamations de quelques membres et des tribunes, l'assemblée en ordonne la lecture.

Des citoyens admis à la barre viennent déposer sur le bureau de l'assemblée plusieurs boîtes trouvées dans les appartemens des

Tuileries. Une de ces boîtes s'était trouvée ouverte ; les pétitionnaires protestent qu'ils l'ont refermée, et qu'ils la déposent telle qu'ils l'ont trouvée.

M. *Lacroix*. Comme l'assemblée n'a pas d'endroit désigné pour y déposer ces objets, je demande qu'ils soient transférés à la maison commune par les pétitionnaires eux-mêmes.

Cette proposition est adoptée.

On fait lecture d'une lettre du juge de paix de la section des Quinze-Vingts ainsi conçue :

« Monsieur le président, le peuple s'est porté en foule à la maison de M. d'Affry, qui demeure dans ma section. Des soldats-citoyens se sont empressés de le protéger. Je l'ai fait transférer dans les prisons de l'Abbaye, pour le mettre à l'abri des violences. Je me suis fait remettre les clefs de ses appartemens. J'ai fait apposer partout les scellés. Je vous prie, monsieur le président, de me faire part des intentions de l'assemblée à cet égard. »

Cette lettre est renvoyée à la commission extraordinaire.

M. *Lamarque*. La commission extraordinaire a pensé qu'il était nécessaire de suspendre le départ des courriers, pour empêcher que des écrits mensongers ne jettent l'alarme dans les départemens. Pour cela, j'ai cru que l'assemblée devait rédiger une adresse par laquelle elle assurât au peuple français que ses représentans, fidèles à leur serment, ne négligeraient rien pour sauver la patrie, pour faire connaître à tous les habitans des campagnes que l'insurrection de cette journée n'a été que l'effet de la lassitude du peuple et de la certitude où il était que, depuis le commencement de la révolution, des intrigans s'agitaient pour le perdre ; qu'enfin, le plus sûr moyen de sauver la France dans cette terrible catastrophe est l'union de tous les Français.

L'assemblée charge M. Lamarque de rédiger cette adresse.

M. *Duhem*. Pour rassurer la France, je pense qu'il est nécessaire que l'assemblée nationale déclare que les six ministres actuellement en fonction n'ont point la confiance de la nation, et que, jusqu'à ce qu'il en ait été nommé d'autres, le ministre de la justice soit provisoirement responsable des actes relatifs à tous les autres départemens du ministère.

Des citoyens se présentent à la barre. — L'un d'eux porte la parole.

« Législateurs, un grand attentat vient d'être commis contre des citoyens français. Les fils pleurent la perte de leurs pères, à qui nous en prendrons-nous? Au pouvoir exécutif. Nous nous sommes présentés à la porte du Château, les Suisses, qui étaient aux fenêtres, baissent leurs armes, jettent leurs cartouches et nous invitent à approcher avec confiance; à peine sommes-nous sous les fenêtres du palais, que ces mêmes Suisses nous assaillent de coups de fusil, et moi-même je ne sais pas comment j'existe encore; est-ce là comme des citoyens français doivent être reçus au palais de leur roi? Le peuple, depuis long-temps, vous demande sa déchéance, et vous n'avez pas même encore prononcé sa suspension. Apprenez que le feu est aux Tuileries, et que nous ne l'arrêterons qu'après que la vengeance du peuple sera satisfaite. Je suis chargé encore une fois, au nom de ce peuple, de vous demander la déchéance du pouvoir exécutif; c'est une justice que nous réclamons, nous l'attendons de vous. »

M. le président. l'assemblée nationale veille au salut de l'empire, et vous pouvez assurer au peuple qu'elle va prendre à l'instant de grandes mesures qu'exige son salut. L'assemblée nationale vous invite à assister à sa séance, ou plutôt à retourner parmi vos concitoyens, et à les inviter à rentrer dans le calme.

Les pétitionnaires sortent de la salle.

D'autres citoyens apportent dans l'assemblée une malle brisée; ils ont fait, disent-ils, tous leurs efforts pour empêcher que rien de ce qu'elle contenait ne fût égaré.

L'assemblée ordonne la déposition de cette malle aux archives.

Les mêmes citoyens déposent sur le bureau plusieurs lettres trouvées dans les appartemens de la reine. — Elles sont renvoyées au comité de surveillance.

Un citoyen dépose sur le bureau une montre et un portefeuille trouvés sur un Suisse mort.]

Guadet cède le fauteuil à Gensonné.

[M. *Vergniaud.* Je viens, au nom de la commission extraordinaire, vous présenter une mesure bien rigoureuse, mais je m'en rapporte à la douleur dont vous êtes pénétrés, pour juger combien il importe au salut de la patrie que vous l'adoptiez sur-le-champ.

L'assemblée nationale, considérant que les dangers de la patrie sont parvenus à leur comble ;

Que c'est pour le corps législatif le plus saint des devoirs d'employer tous les moyens de la sauver ;

Qu'il est impossible d'en trouver d'efficaces, tant qu'on ne s'occupera pas de tarir la source de ses maux ;

Considérant que ses maux dérivent principalement des défiances qu'a inspirées la conduite du chef du pouvoir exécutif dans une guerre entreprise en son nom contre la Constitution et l'indépendance nationale ;

Que ces défiances ont provoqué, des diverses parties de l'empire, un vœu tendant à la révocation de l'autorité déléguée à Louis XVI ;

Considérant néanmoins que le corps législatif ne doit et ne veut agrandir la sienne par aucunes usurpations, que dans les circonstances où l'ont placé des événemens imprévus par toutes les lois, il ne peut concilier ce qu'il doit à sa fidélité inébranlable à la Constitution, avec sa ferme résolution de s'ensevelir sous les ruines du temple de la Liberté, plutôt que de la laisser périr, qu'en recourant à la souveraineté du peuple, et prenant en même temps les précautions indispensables pour que ce recours ne soit pas rendu illusoire par des trahisons, décrète ce qui suit :

Art. Ier. Le peuple français est invité à former une convention nationale. La commission extraordinaire présentera demain un projet pour indiquer le mode et l'époque de cette convention.

II. Le chef du pouvoir exécutif est provisoirement suspendu de ses fonctions, jusqu'à ce que la convention nationale ait prononcé sur les mesures qu'elle croira devoir adopter pour assurer la souveraineté du peuple, et le règne de la liberté et de l'égalité.

III. La commission extraordinaire présentera dans le jour un mode d'organiser un nouveau ministère.

IV. Les ministres actuellement en activité continueront provisoirement l'exercice de leurs fonctions.

V. La commission extraordinaire présentera également dans le jour, un projet de décret sur la nomination du gouverneur du prince royal.

VI. Le paiement de la liste civile demeurera suspendu jusqu'à la décision de la convention nationale. La commission extraordinaire présentera dans vingt-quatre heures un projet de décret sur le traitement à accorder au roi pendant la suspension.

VII. Les registres de la liste civile seront déposés sur le bureau de l'assemblée nationale, après avoir été cotés et paraphés par deux commissaires de l'assemblée, qui se transporteront à cet effet chez l'intendant de la liste civile.

VIII. Le roi et sa famille demeureront dans l'enceinte du corps législatif jusqu'à ce que le calme soit rétabli dans Paris.

IX. Le département donnera des ordres pour lui faire préparer dans le jour un logement au Luxembourg où ils seront mis sous la garde des citoyens et de la loi.

X. Tout fonctionnaire public, tout soldat, sous-officier, officier, de tels grades qu'ils soient, et général d'armées, qui, dans ces jours d'alarmes, abandonnera son poste, est déclaré infâme et traître à la patrie.

XI. Le département et la municipalité de Paris feront proclamer sur-le-champ et solennellement le présent décret.

XII. Il sera envoyé par des courriers extraordinaires aux quatre-vingt-trois départemens, qui seront tenus de le faire parvenir dans les vingt-quatre heures aux municipalités de leur ressort pour y être proclamé avec la même solennité.

M. Guadet propose, au nom de la commission extraordinaire, un projet de décret pour l'organisation du nouveau ministère, dont voici la substance :

Art Ier. Les ministres seront nommés provisoirement par l'assemblée nationale au scrutin individuel.

II. Ils seront nommés dans l'ordre suivant.

III. Le ministre de l'intérieur, le ministre de la guerre, le ministre des contributions publiques, le ministre de la marine, le ministre des affaires étrangères.

IV. Celui qui sera nommé le premier aura la signature de tous les actes qui regardent les cinq autres départemens, tant qu'ils seront vacans.

V. Chaque membre nommera à haute voix un sujet.

VI. Celui qui aura obtenu plus de voix sera proclamé ministre.

VII. Si personne n'a la majorité absolue, l'assemblée déterminera le choix par assis et levé, et par appel nominal s'il y a du doute.

VIII. Le secrétaire du conseil et le gouverneur du prince royal, seront nommés de la même manière.

M. Brissot. Je ne crois pas que vous puissiez décréter une nouvelle organisation du ministère, sans avoir décrété préalablement que ceux qui sont actuellement en activité n'ont pas la confiance de la nation. Je demande donc qu'ils soient à l'instant mis hors de fonctions et que les scellés soient mis sur leurs papiers.

Cette proposition est adoptée.

M. Calon. D'après le décret qui vient d'être rendu par l'assemblée nationale, les pompiers se sont rendus au Château pour éteindre le feu, qui, s'il n'est bientôt arrêté, gagnera peut-être jusqu'à la galerie des plans ; mais malgré leur zèle et leur activité, ils ne peuvent arrêter ses progrès. Ils se plaignent de la confusion qui interrompt la marche de leur travail. Ils demandent que vous leur envoyiez des commissaires pour y établir l'ordre.

On observe que c'est à la municipalité à se charger de ce soin.

Des citoyens sont admis à la barre.

Un d'eux portant la parole. Le cœur navré de douleur, tout couverts de sang et de poussière, nous venons déposer dans votre sein notre indignation. Depuis long-temps une cour perfide se joue du peuple français ; depuis long-temps elle prépare la catastrophe qui vient d'éclater aujourd'hui. C'est elle que nous en accusons ; c'est elle qui a fait couler notre sang. Nous n'avons pénétré dans ce palais qu'en marchant sur les cadavres de nos frères massacrés ; nous avons fait prisonniers plusieurs de ces malheureux instrumens de la trahison d'un roi perfide. Plusieurs ont mis bas les armes, et nous ne voulons employer contre eux que celles de la générosité. Nous voulons les traiter comme nos frères. (Il embrasse avec effusion un Suisse qu'il tenait par la main ; l'émotion qu'il éprouve, jointe aux fatigues qu'il a essuyées, achevant sans doute de l'affaiblir, il s'évanouit. Un grand nombre de députés le transportent dans l'intérieur de la salle, et s'empressent de le secourir. — Après quelques minutes, il se relève et retourne à la barre.) Je sens renaître mes forces..... Je prie l'assemblée que ce malheureux Suisse demeure chez moi, et que j'aie l'honneur de l'alimenter. Voilà la manière dont je veux me venger de lui. (On applaudit.)

L'assemblée décrète que le nom de ce citoyen sera inscrit au procès-verbal, et qu'il sera fait mention honorable de ce trait de générosité.

M. Thuriot. Je demande que les secrétaires soient chargés de recueillir tous les actes qui caractérisent le vrai civisme.

Cette proposition est adoptée.

M. Jean Debry, au nom de la commission extraordinaire, propose le décret suivant.

Art. Ier. Les décrets déjà rendus, qui n'ont pas encore été sanctionnés, auront force de loi.

II. Il sera enjoint au ministre de la justice d'y apposer le sceau de l'État, sans qu'il soit besoin de la sanction du roi, et de signer les minutes et expéditions qui doivent être envoyés aux tribunaux.

III. Les ministres arrêteront et signeront ensemble les adresses et proclamations, et autres actes de même espèce.

Ce projet de décret est adopté.

M. Duhem, qui avait été envoyé avec M. Laporte, au café Bocquay pour y rétablir le calme, annonce qu'aussitôt que les citoyens, même ceux qui paraissaient les plus animés, ont eu connaissance des décrets rendus par l'assemblée, ils se sont calmés à l'instant, et ont juré fidélité, tranquillité et soumission.

M. *Kersaint.* L'agitation règne encore dans plusieurs quartiers de la ville. Cela vient de ce que le décret qui prononce la suspension du roi n'est pas encore connu. Je prie l'assemblée de faire venir de simples citoyens, et de les charger d'annoncer eux-mêmes le décret dans toute la ville.

M. *Chabot.* Je propose à l'assemblée de conférer cette mission au pétitionnaire qui vient de se présenter à la barre ; il se nomme Clément, ce nom est fait pour inspirer la confiance, et convient à celui qui porte des paroles de paix. J'espère que le calme renaîtra du trouble même, si vous vous en reposez sur le patriotisme de M. Clément et de ceux qui l'accompagnent.

Cette proposition est adoptée.

Des pétitionnaires se présentent à la barre, témoignent leur indignation contre le chef du pouvoir exécutif, et en demandent la déchéance.

M. *Vergniaud.* Je suis bien aise de pouvoir m'expliquer devant les citoyens qui sont à la barre ; comme je ne doute pas de la pureté de leurs sentimens et de leur respect pour les lois, je suis sûr qu'ils seront faciles à détromper. Les représentans du peuple ont fait tout ce que leur permettaient de faire les pouvoirs qui leur ont été délégués quand ils ont arrêté qu'il serait nommé une convention nationale pour prononcer sur la question de la déchéance. En attendant, l'assemblée vient de prononcer la suspension, et cette même mesure doit suffire au peuple pour le rassurer contre les trahisons du pouvoir exécutif. En effet, de quoi se plaint-on ? On se plaint que par sa marche lente il a entravé les mesures qui pouvaient seules sauver l'empire ; or, la suspension ne l'empêche-t-elle pas d'arrêter encore l'efficacité des lois ? La suspension ne le réduit-elle pas à l'impossibilité de nuire, de quelque manière que ce soit. D'après cette explication j'espère que le peuple voudra bien entendre et connaître la vérité : et comme les pétitionnaires ont la confiance des citoyens, ils iront au milieu d'eux et les instruiront de ce qu'a fait l'assemblée. Ils leur assureront que nous ferons tout pour les sauver et que nous sommes prêts à mourir pour le peuple et pour la liberté. (On applaudit.)

Les pétitionnaires traversent la salle et paraissent satisfaits de l'explication de M. Vergniaud.

M. Choudieu. Je demande, comme mesures de sûreté générale,

1° Qu'il soit fait un camp sous les murs de Paris ; camp qui sera composé des citoyens de Paris qui voudront s'y enrôler, et des autres citoyens qui y viendront ;

2° Que les canonniers de Paris puissent faire, comme ils l'avaient demandé, des esplanades d'artillerie sur les hauteurs de Montmartre ;

3° Que, dès à présent, l'assemblée soit en séance permanente.

L'assemblée adopte ces trois propositions.

Plusieurs députations apportent à l'assemblée des bijoux, des papiers, et autres effets trouvés dans les appartemens des Tuileries.

On lit une lettre de la municipalité de Versailles, qui prie M. le président de l'instruire de la situation actuelle de Paris, et fait hommage à l'assemblée de son zèle et de ses dispositions à secourir la capitale.

M. Lacroix. Je demande que l'assemblée procède dès ce moment à la nomination des commissaires à l'armée, afin qu'ils puissent partir aujourd'hui (1).

Cette proposition est adoptée.

Sur la proposition d'un de ses membres, l'assemblée décrète que le président interrogera les ministres pour savoir s'il a été envoyé une proclamation à l'armée.

Les ministres interrogés répondent successivement par la négative, et déposent leurs déclarations signées sur le bureau.

Des citoyens apportent un paquet volumineux d'assignats trouvés au Château ; ils annoncent que des particuliers de la sec-

(1) Les commissaires nommés furent : MM. Lacombe-Saint-Michel, Carnot, l'aîné, Gasparin, Delmas, Dubois, Dubay, Bellegarde, Antonelle, Kersaint, Coustard, Prieur, Peraldi, Rouger.

tion des Tuileries ont été arrêtés, et que le peuple veut s'en emparer; ils prient l'assemblée d'envoyer des commissaires pour les mettre sous la sauvegarde de la loi.

L'assemblée envoie deux commissaires.

M. Dussaulx. Les commissaires que vous avez nommés pour proclamer le décret que vous avez rendu ce matin sur la sûreté publique ont rempli leur mission.

Vous auriez été touchés de la manière dont le peuple en a écouté la lecture. Nous espérons qu'il va promptement calmer toutes les inquiétudes et qu'il produira les plus heureux effets.

M. Debry propose, au nom de la commission extraordinaire, un projet de décret qui est unanimement adopté ainsi qu'il suit :

« L'assemblée nationale voulant, au moment où elle a juré solennellement la liberté et l'égalité, consacrer un principe aussi solennel; décrète qu'à l'avenir, et pour la prochaine convention, tout citoyen étant âgé de vingt-cinq ans, et vivant du produit de son travail, sera admis à voter, sans aucune distinction, dans les assemblées primaires. »

Des citoyens de Paris, introduits à la barre, prient l'assemblée de prendre des mesures pour faire arrêter l'incendie des bâtimens adjacens au château des Tuileries.

M. Chabot. MM. Goupilleau, Duhem et moi nous nous sommes rendus dans toutes les places publiques, pour faire connaître au peuple vos décrets. Ils nous ont répondu que Louis XVI et sa famille seront plus en sûreté à Paris que partout ailleurs.

Nous pouvons attester que telles étaient les dispositions de plus de deux cent mille hommes répandus dans les différens lieux que nous avons parcourus; ils nous ont chargés de les transmettre à l'assemblée nationale. Après avoir rempli notre mission, nous nous sommes transportés au Château pour examiner l'incendie, qui est véritablement malheureux; car les Français se feraient la guerre à eux-mêmes, s'il ne respectaient pas les propriétés publiques. On peut en arrêter les progrès; mais pour cette opération, il faut un homme de confiance, et j'indique à l'assemblée le patiote Paloy qui nous a accompagnés, et qui est très-propre par ses talens et par son civisme à nous rendre des services dans cette partie.

L'assemblée charge M. Paloy de donner tous les ordres, et de prendre toutes mesures nécessaires pour arrêter l'incendie des bâtimens adjacens au château.

M. Isnard. Il est instant que l'assemblée s'occupe de la nomination des ministres. Puisque trois des anciens avaient emporté les regrets de la nation, nous devons à l'opinion publique de les réintégrer sur-le-champ (On applaudit.); et comme je ne crois pas qu'il puisse se manifester aucune opposition dans l'assemblée, je demande que l'on mette sur-le-champ aux voix par assis et levé le rappel de ces trois ministres.

L'assemblée décide unanimement que MM. Roland, Clavière et Servan reprendront leurs fonctions dans le ministère.

M. Brissot. Les papiers des affaires étrangères sont chez M. Bonnecarère. Je demande qu'on mette les scellés chez cet homme, qui est plus que suspect, et qui, malgré la détestable réputation dont il était porteur, s'est fait nommer ambassadeur auprès des États-Unis de l'Amérique.

M. Thuriot. Ce n'est pas un pareil homme qu'il nous convient d'envoyer auprès des États-Unis; il ne ferait qu'y porter la peste de l'aristocratie. Je demande que l'assemblée révoque ses pouvoirs.

Les propositions de MM. Brissot et Thuriot sont adoptées.

Des canonniers du bataillon de Saint-Méry sont introduits à la barre.

L'orateur de la députation. Nos camarades nous ont chargés de vous déclarer, que s'étant portés ce matin au château des Tuileries pour y protéger la sûreté du premier fonctionnaire public, ils n'ont employé leurs armes qu'après avoir été fusillés de la manière la plus indigne par les mêmes fenêtres d'où un roi fanatique fusillait lui-même son peuple. Ce jour est le plus beau de notre vie, puisque nous l'avons exposée pour le salut public. Représentans, soyez fermes à votre poste, vous avez l'empire à sauver; nous jurons dans cette enceinte que nous sommes prêts à périr pour le salut de vos personnes, pour le maintien de vos décrets, pour l'extermination de tous les contre-révolutionnaires intérieurs ou extérieurs du royaume.

M. Montau. L'attestation de ces citoyens vous fait voir que ce sont les gardes suisses qui ont provoqué la vengeance du peuple, qui ont traîtreusement assassiné les citoyens. Comme il est bon que l'on sache que le peuple de Paris n'a fait que repousser la force par la force, je demande que l'assemblée ordonne l'impression de l'adresse qui vient de lui être lue.

L'impression est décrétée.

M. Caillasson rend compte du résultat de la mission des commissaires chargés de la vérification des caisses publiques, il annonce que tous les journaux et les registres ont été trouvés en très-bon état, et que les caisses sont en sûreté.

M. Laporte dépose sur le bureau les registres de la liste civile.

Sur la proposition de M. Thuriot, il est décrété que les scellés seront à l'instant mis sur tous les papiers de cet administrateur en présence de deux commissaires de l'assemblée.

Une députation des trois corps administratifs de Versailles annonce que toutes les gardes nationales du département sont mises en état de réquisition, et qu'un très-gros rassemblement est formé à Meudon.

Une députation de la section des Quatre-Nations annonce que le Luxembourg ayant été désigné pour la demeure du roi, les souterrains qui se trouvent dessous ce bâtiment, inspirent des inquiétudes aux citoyens.

L'assemblée charge le comité de cette section de vérifier les faits et de prendre les mesures convenables pour faire cesser toutes les inquiétudes relativement à sûreté du roi.

M. Carnot le jeune, au nom de la commission extraordinaire et du comité militaire réunis, présente une rédaction du décret qui ordonne l'envoi des commissaires à l'armée.

Cette rédaction est adoptée ainsi que l'instruction qui doit diriger leur conduite, chacun dans le ressort qui lui est assigné.

M. Gensonné. Je crois qu'il est nécessaire d'investir les commissaires du pouvoir de destituer les généraux et même tous les fonctionnaires civils et militaires, de les faire mettre en état d'arrestation, en avertissant le corps législatif.

Cette proposition est décrétée.

L'assemblée procède (Il était alors neuf heures du soir.) par appel nominal au choix des trois ministres qui restent à nommer. Le résultat de l'appel pour le choix des ministres, sur 284 votans, donne 222 voix à M. Danton, pour le ministère de la justice; 150 à M. Monge, pour la marine. (On applaudit.) Les suffrages se trouvent partagés, pour les affaires étrangères, entre M. Lebrun qui a 109 voix, et M. Grouvelle 91.

On demande que le choix entre ces deux candidats soit décidé par assis et levé.

M. Brival. Je demande que celui qui ne sera pas ministre, soit secrétaire du conseil.

Cette proposition est adoptée.

L'assemblée nomme M. Lebrun ministre des affaires étrangères; et M. Grouvelle est proclamé secrétaire du conseil. (On applaudit.)

Un membre du comité de secours publics présente, et l'assemblée adopte un projet de décret pour des secours à accorder aux hôpitaux de divers départemens.

Un membre du comité de division fait décréter plusieurs projets de décrets pour des circonscriptions de paroisses.

M. Thuriot. Comme le ministre de la guerre a été en partie cause des malheurs de cette journée, pour n'avoir pas obéi au décret de l'assemblée, relatif à l'éloignement des Suisses, je demande contre lui le décret d'accusation.

L'assemblée porte le décret d'accusation contre M. d'Abancourt, ex-ministre de la guerre.

Un officier d'un des deux bataillons de volontaires nationaux, en garnison à Noyon, se plaint à la barre de la municipalité de cette ville, qui ne leur donne ni logemens, ni lits, ni linges. Ils sont sans armes, sans habits, et obligés de monter la garde avec des bâtons.

Sa pétition est renvoyée au comité militaire.

M. *Thuriot*. Il n'est pas douteux que nous soyons en guerre avec une partie des citoyens du royaume. Il faut prendre toutes les mesures pour assurer le triomphe du patriotisme. Je demande que les corps administratifs et municipaux soient autorisés à faire chez les particuliers, même en cas de déclaration, des visites domiciliaires, pour savoir si les gens suspects n'ont pas de la poudre et des armes cachées, et qu'ils soient autorisés à la faire enlever, en dressant procès-verbal et laissant reconnaissance des objets.

Cette proposition est décrétée.

M. *Choudieu*. Vous avez décrété ce matin la formation d'un camp pour Paris. Je demande que pour l'accélérer il soit ouvert un registre où pourront s'inscrire tous les fédérés et autres citoyens qui voudront y être employés. Je demande que les fédérés qui sont accourus de leurs départemens pour nous défendre, et qui nous ont bien défendus aujourd'hui, soient payés des frais de leur voyage, et reçoivent leur solde à compter du jour de leur arrivée à Paris.

Ces propositions sont adoptées.

Une députation du conseil provisoire et permanent de la commune se présente à la barre, et annonce que le calme le plus profond règne dans la capitale. Des patrouilles nombreuses veillent à la sûreté des citoyens et des représentans du peuple. Le commandant général a donné ordre de faire marcher vers l'assemblée vingt hommes par bataillons. Quant au feu du Château, il n'en peut résulter aucun danger. Des pompiers y sont établis.

M. Louvel, au nom du comité de législation, fait un rapport relatif à M. Saint-Huruge, détenu depuis un mois en vertu d'un mandat d'arrêt du juge de paix de Péronne, pour avoir dit que le maréchal Luckner se laissait mener par des intrigans qui trompaient aussi M. La Fayette, et que la Constitution ne pouvait aller six semaines encore avec le *veto*. Il propose de décréter, et l'assemblée décrète qu'il n'y a pas lieu à accusation contre M. Saint-Huruge, et renvoie au comité de législation l'examen de la conduite du juge de paix de Péronne.

M. Thuriot Nous ne pouvons nous dissimuler la coalition incivique formée entre les juges de paix de Paris. Je demande que l'assemblée, considérant que la plupart d'entre eux n'ont pas la confiance du peuple, décrète que les sections procéderont à l'élection de nouveaux juges de paix, avec la faculté de réélire ceux qui n'ont pas démérité.

Cette proposition est adoptée avec l'amendement de faire concourir tous les citoyens à cette élection.

Sur la proposition de M. Romme, l'assemblée met à la disposition de la nation et sous la surveillance de la municipalité, les six cents chevaux de la ci-devant garde du roi, qui sont à l'École militaire.

M. Thuriot. Je demande que pour hâter la formation du camp décrété ce matin, formation qui devrait, s'il était possible, être faite en quarante-huit heures, vous nommiez quatre commissaires pris dans le sein de l'assemblée.

L'assemblée charge la commission de nommer demain ces quatre commissaires.

Une députation des pompiers, introduite à la barre, demande du secours. Il y a neuf cents toises en feu. On tire sur eux. On les menace de les jeter dans l'incendie. En vain MM. Merlin et Lecointre ont représenté au peuple que le Château était une propriété nationale. Malgré cette mauvaise réception, comme ils ne peuvent voir de feu sans chercher à l'éteindre, ils s'y sont portés quatre fois. Si la garde nationale ne manœuvre pas avec eux, ils ne répondent de rien ; et si le feu continue, et gagne les pavillons de Flore et de l'Infante, il fera dans la rue Saint-Honoré les plus affreux ravages.

L'assemblée applaudit au zèle des pompiers, en ordonne mention honorable, et décrète qu'il leur sera délivré un extrait du procès-verbal pour montrer au peuple.

M. Sautayra, au nom du comité des secours publics, fait un

rapport relatif à la veuve et aux enfans de M. Jauger, assassiné à Ruffec, dans une émeute populaire, en exerçant les fonctions municipales. Il propose de décréter que M. Jauger a bien mérité de la patrie, et qu'il sera accordé 1000 livres à sa veuve, et 500 livres à chacun de ses six enfans.

Ce projet de décret est adopté.

La séance est suspendue.

Il est trois heures et demie.]

— La séance ne fut suspendue que pendant quelques heures. Nous profitons de ce moment d'interruption pour placer un extrait des délibérations qui eurent lieu aux Jacobins le soir du 10 août. Elles contiennent les premiers indices de la marche qu'ont suivie les pouvoirs révolutionnaires.

Club des Jacobins. 10 août.

Les événemens importans de cette journée mémorable dans les fastes de la liberté, ayant permis à peu de citoyens de quitter les postes où le salut public les avait placés, la société se trouve très-peu nombreuse, et, en l'absence de MM. les présidens et vice-président, M. Antoine, maire de Metz, occupe le fauteuil... (Suivent divers rapports, mais sans intérêt et sans détails, sur la journée.)

M. Robespierre propose quelques réflexions sur les événemens du jour. Pour en tirer tout l'avantage possible, il recommande au peuple de mettre ses mandataires dans l'impossibilité absolue de nuire à sa liberté; de demander la convocation d'une convention nationale, d'obtenir un décret qui frappe La Fayette et le déclare traître à la patrie; il démontre combien il serait imprudent au peuple de mettre bas les armes avant d'avoir assuré sa liberté. La commune, ajoute-t-il, doit prendre comme mesure importante, celle d'envoyer des commissaires dans les quatre-vingt-trois départemens pour leur exposer notre vraie situation; les fédérés doivent commencer en écrivant chacun dans son département respectif.

M. Robespierre invite les citoyens à engager leurs sections à faire connaître à l'assemblée nationale le véritable vœu du peuple, et, pour le connaître, de former et d'entretenir des relations avec les sociétés populaires, d'admettre dans leurs assemblées tous les citoyens sans distinction. Enfin, il rappelle au souvenir de la société les bons citoyens détenus dans cet instant pour cause de patriotisme et l'engage à s'occuper promptement des moyens légaux de leur faire recouvrer leur liberté.

N... invite les citoyens à proposer dans les sections de faire une députation à l'assemblée nationale à l'effet de demander 1° des honneurs funèbres pour ceux qui sont morts en combattant aujourd'hui pour la liberté; 2° que la nation prenne soin de leurs veuves et de leurs enfans ainsi que des blessés; 3° qu'il soit pourvu à la subsistance des fédérés.

M. le président propose d'y ajouter comme quatrième article, de demander le rapport du décret qui blanchit La Fayette et d'obtenir un décret d'accusation contre lui.

A Soissons, dit un fédéré, on a refusé de loger plusieurs bataillons; ils ont été obligés de coucher dans la rue; ils n'ont pas d'armes et sont obligés de faire leurs factions avec des bâtons. — La séance est levée à six heures et demie. (*Journal du club*, n. CCXXXXVII.)

ASSEMBLÉE NATIONALE.

Du samedi 11 août, à sept heures du matin.

Le roi et sa famille reprennent leurs places dans la loge qui leur avait été désignée la veille.

M. le président lit une lettre du comité de la section des Tuileries, qui annonce que les soixante soldats suisses recueillis dans le bâtiment des Feuillans, adjacent au local de l'assemblée, courent risque d'être enlevés par le peuple.

L'assemblée appelle à la barre M. Santerre, commandant-général provisoire de la garde nationale parisienne, pour se faire rendre compte des mesures prises pour la sûreté de ces individus.

Le maire de la commune de Chaillot annonce que deux Suisses, arrêtés par des patrouilles, dans le bois, ont été transférés dans les prisons du lieu, mais qu'ils risquent d'être sacrifiés à la vengeance du peuple.

L'assemblée fait remettre à ce député une expédition du décret qui met les soldats suisses sous la protection de la loi.

M. Sers. Le peuple s'occupe en ce moment d'abattre toutes les statues qui se trouvent dans les différentes places publiques. Ces opérations, confiées à des mains inhabiles, peuvent occasioner les plus grands malheurs. Je demande que les commissaires de sections soient chargés d'envoyer des ingénieurs ou des architectes pour présider à ces travaux.

N..... Je demande que l'on passe à l'ordre du jour, attendu que l'assemblée ne peut pas autoriser la destruction de ces monumens.

M. Fauchet. Je m'oppose à l'ordre du jour. Il faut que l'assemblée règle les mouvemens du peuple, si elle veut prévenir les plus grands malheurs.

M. Thuriot. Comme il est impossible d'empêcher le renversement de ces statues, je crois qu'il est d'autant plus important de charger des hommes de confiance de présider à ces travaux, qu'une partie de ces monumens peuvent servir aux arts, et que les autres peuvent être très-utiles pour fondre, soit de la monnaie, soit des canons. Il faut que l'assemblée montre dans ces circonstances un grand caractère, et qu'elle ne craigne pas d'ordonner la suppression de tous ces monumens élevés à l'orgueil et au despotisme.

M. Albite. Il faut enfin déraciner tous les préjugés royaux. Je demande que l'assemblée prouve au peuple qu'elle s'occupe de sa liberté, et que la statue de la Liberté soit élevée sur les mêmes piédestaux.

Les propositions de MM. Sers et Albite sont adoptées.

Des commissaires de la commune de Paris sont admis à la barre; ils rendent compte des renseignemens qu'ils viennent de recueillir sur l'état actuel de la capitale, le samedi 11, vers les neuf heures du matin.

L'agitation diminue; cependant elle est encore inquiétante. Les représentans provisoires de la commune ont suspendu les juges de paix de leurs fonctions, et en ont revêtu les assemblées générales des sections. Cette disposition est fondée sur la méfiance du peuple envers la plupart des officiers de police; méfiance qui venait de le porter à se faire justice lui-même de plusieurs accusés traduits devant eux. La sortie de la ville est provisoirement interdite. Le commandant-général et les commissaires se sont concertés pour assurer l'emprisonnement des Suisses qui sont détenus dans plusieurs corps-de-garde.

Un citoyen introduit à la barre. Monsieur le président, vous savez que, par ordre même de l'assemblée, des Suisses ont été recueillis hier matin dans le bâtiment des Feuillans où est placée une partie de vos comités. Ils y sont restés jusqu'à ce matin. Le peuple, instruit de leur retraite et les croyant coupables, craint qu'ils échappent à la vengeance des lois; il demande même leurs têtes. Moi, qui ai été témoin de la conduite de ces soldats, je puis attester qu'ils sont très-innocens, et qu'ils sont dignes de la sollicitude de l'assemblée. Hier, avant que le feu commençât, pénétrant les projets perfides de la cour, ils se séparèrent du gros de la troupe, et se formèrent en peloton vis-à-vis la terrasse des Feuillans. Il ne tenait qu'à eux de fusiller trois mille hommes, femmes et enfans qui s'y trouvaient; mais ils tirèrent en l'air, en criant: *Vive la nation!* Tous les membres de l'assemblée pourront attester ce que je dis; car ils ont sans doute entendu la décharge. Pour sauver ces braves gens, j'ai imaginé un moyen dont j'augure le plus grand succès. Je vous prie, monsieur le président, d'inviter les tribunes, qui viennent d'entendre ces faits et l'attestation qu'en donnent les membres de l'assemblée, d'inviter, dis-je, ces braves sans-culottes, dont je me fais honneur de faire partie, de venir avec moi parler au peuple; il aura confiance en eux; nous lui ferons entendre le langage de la raison, bien plus puissant que celui des baïonnettes. Oui, mes amis, suivez-moi ; nous allons faire une bonne action. (Il s'élève des applaudissemens unanimes dans l'assemblée et dans les tribunes. La plus vive émotion est peinte sur tous les visages.)

L'assemblée autorise, par un décret, la mission du pétitionnaire, et lui en fait délivrer une expédition, en ordonnant que son nom sera honorablement mentionné au procès-verbal. Elle charge en même temps MM. Mailhe et Chabot de se rendre au lieu du rassemblement.

Quelques instans après, ce citoyen revient à la barre, à la tête des Suisses qu'il a délivrés des mains de la multitude, et sous l'escorte des citoyens des tribunes. — Ces soldats témoignent à leurs libérateurs, par les démonstrations les plus attendrissantes, la reconnaissance qu'ils éprouvent. Ils lèvent aussitôt leurs mains vers le ciel, pour se lier, par un serment solennel, à la cause du peuple. — L'assemblée les fait placer dans l'intérieur de la salle.

M. Chabot. Nous venons, M. Mailhe et moi, de haranguer le peuple. Nous l'avons trouvé très-irrité contre les perfidies de la cour, et contre les soldats qu'il croyait être les complices de sa scélératesse. Cependant, quand nous lui avons eu fait entendre le langage de la raison, celui de son intérêt, de l'intérêt de l'honneur français et de celui de l'assemblée nationale, par laquelle seule il jure aujourd'hui, le peuple entier, même ceux qui étaient le plus irrités, et qui criaient d'abord : *à bas l'orateur !* ont juré de mettre sous la sauvegarde de la loi les mêmes soldats dont ils venaient de demander les têtes. Il ne voyait plus que des frères et des amis dans ceux qui, par égarement, avaient servi d'instrument à leur malheur. Il ne demande justice que des grands coupables, et je la demande moi-même au nom du peuple outragé. Mais comme la loi ne connaît aucune distinction de personnes, comme dans la terre de l'égalité la loi doit raser toutes les têtes coupables, même celles qui sont assises sur le trône, je demande que tous ces soldats soient conduits à l'Abbaye, où ont déjà été transférés les officiers par le peuple lui-même, qui demande à les garder. Je les conduirai moi-même ; et je suis si certain des bonnes dispositions du peuple, que je réponds, sur ma tête, de toute égratignure qui pourrait leur être faite.

La proposition de M. Chabot est décrétée.

M. Chabot. Il est bon d'ajouter que ces Suisses dénoncent eux-mêmes leurs officiers.

M. Lacroix. Je demande qu'il soit formé dans le jour une cour martiale pour juger tous les Suisses, quel que soit leur grade; et pour calmer les inquiétudes du peuple, en l'assurant que justice lui sera faite, je demande que cette cour martiale soit tenue de les juger sans désemparer, et qu'elle soit nommée par le commandant-général provisoire de la garde nationale.

Cette proposition est adoptée.

M. Mailhe. J'ai continué à haranguer le peuple, et ce n'est pas de la parole du peuple que je me méfie; mais des malveillans répandus parmi lui lui font quelquefois perdre l'effet des meilleures instructions. Nous avons vu des aristocrates déguisés qui travaillaient à égarer le peuple. Je demande donc que les Suisses qui sont dans votre enceinte soient retenus ici jusqu'à ce que le décret que vous venez de rendre étant généralement connu, ils puissent être transférés en sûreté.

Le commandant-général provisoire de la garde nationale rend compte des mesures prises pour le rétablissement de la tranquillité publique. Il ne dissimule pas qu'il n'y ait encore une grande fermentation, et qu'il est convenable que le roi reste encore dans le sein de l'assemblée.

Des gendarmes nationaux, introduits à la barre, déclarent que la plupart de leurs chefs étant gangrénés d'aristocratie, et ayant tenu la conduite la plus suspecte dans la journée d'hier, ils ne peuvent plus leur obéir sans compromettre la sûreté publique. Ils demandent le licenciement de leur état-major.

Sur la proposition de M. Delaunay et de plusieurs autres membres, qui attestent la justice de cette pétition, elle est renvoyée au comité militaire pour en être fait un rapport dans le jour.

Les représentans provisoires de la commune annoncent qu'ils ont suspendu tous les comités de sections ; qu'ils ont également suspendu le directoire et le conseil du département de Paris, en ce qui concerne la ville de Paris. Ils ont envoyé des forces au château de Meudon, où ils ont été avertis qu'il en fallait pour empêcher des malheurs. Ils déclarent que si jusqu'à présent M. Pétion, maire de Paris, a été retenu, consigné chez lui, c'est que la commune a la certitude qu'il existait une ligue d'assassins qui en voulait à ses jours. Ces assassins s'étaient réunis à Meudon. Ils ont aussi tenu leurs conciliabules en divers autres endroits, qui étaient leurs points de ralliement. Ils promettent que dans peu d'instans M. Pétion sera rendu à son entière liberté.

La commune fait passer à M. le président l'état de l'argenterie du Château qui lui a été apportée ; elle avertit en même temps qu'il existe sous le scellé des papiers du ministre des affaires étrangères, onze dépêches des ambassadeurs.

Des citoyens amènent deux Suisses qu'ils sont parvenus à sauver. L'assemblée applaudit à leur courage et à leur humanité.

MM. Roland, Clavière, Monge et Danton viennent prêter le serment de maintenir la liberté et l'égalité, ou de mourir à leur poste.

M. Danton. La nation française, lasse du despotisme, avait fait une révolution ; mais trop généreuse, elle a transigé avec les tyrans. L'expérience lui a prouvé qu'il n'est aucun retour à espérer des anciens oppresseurs du peuple. Elle va rentrer dans ses droits..... Mais dans tous les temps, et surtout dans les délits particuliers, là où commence l'action de la justice, là doivent cesser les vengeances populaires. Je prends, devant l'assemblée nationale, l'engagement de protéger les hommes qui sont dans son enceinte, je marcherai à leur tête, et je réponds d'eux. (On applaudit.)

L'assemblée décide que des officiers municipaux monteront à l'instant à cheval pour promulguer les décrets qu'elle vient de rendre.

Sur la demande de M. Roland, elle décrète que les ministres

sont autorisés à faire, chacun dans son département, tous les changemens convenables.

M. Monge est autorisé à remplir, tout à la fois, le ministère de la marine, et par intérim celui de la guerre, jusqu'à l'arrivée de M. Servan.

M. Pétion, introduit à la barre, annonce qu'il saisit le premier moment de liberté pour venir témoigner à l'assemblée sa reconnaissance. Il atteste que l'effervescence du peuple est grande, mais que ses plus grands mouvemens sont pour qu'on ne manque point à sa dignité. Il fait main-basse sur les filous qui se glissent dans les groupes. M. le maire vient d'en arracher un à la mort la plus certaine, pour le mettre sous le coup de la loi. Il l'a fait mettre dans sa voiture. Le peuple a respecté son magistrat. M. Pétion désirerait, maintenant qu'il est libre, exercer sa surveillance plus particulièrement autour de l'assemblée.

Elle lui accorde, pour résidence, la salle du comité de surveillance.

Les fédérés de Marseille ne considérant plus les Suisses comme ennemis depuis qu'ils les ont vaincus, demandent la permission d'escorter ceux qui se trouvent dans l'enceinte de l'assemblée, et de leur faire un rempart de leurs corps.

L'assemblée accueille par de nombreux applaudissemens l'offre généreuse et magnanime de ces citoyens.

M. Bazire. Le comité de surveillance est dépositaire d'une foule de lettres qui attestent les efforts des officiers pour engager les soldats à émigrer. D'autres intrigans, qui commandent dans l'armée de M. La Fayette, ne cessent d'inspirer à la troupe la résolution de marcher sur Paris. Dans ce moment de crise, toute demi-mesure serait dangereuse. Vous avez la nation pour vous; vous devez frapper de grands coups. Votre comité de surveillance vous invite à n'être pas effrayés sur les conséquences d'un avis aussi salutaire en principe, et qui, loin de désorganiser ou de mécontenter l'armée, rangera infailliblement de votre côté tous les soldats. Il vous propose d'ordonner le licenciement de tous les officiers de l'armée, en autorisant les soldats à nommer sur-le-champ, dans chaque compagnie, ceux qui auront leur confiance.

La proposition de M. Bazire est renvoyée à la commission extraordinaire.

Les commissaires nommés pour aller aux armées demandent une escorte de gendarmerie nationale pour les accompagner jusqu'à leur sortie de Paris, et empêcher que leur voiture ne soit arrêtée.

L'assemblée décrète qu'il leur sera accordé un gendarme qui annoncera leur mission.

Un pétitionnaire, introduit à la barre, prie l'assemblée de vouloir bien entendre des soldats suisses qui sont dans la salle, et de leur demander quels sont ceux qui leur ont conseillé ou ordonné de tirer sur le peuple.

Plusieurs Suisses viennent à la barre. Tous accusent leurs officiers de leur avoir donné ces ordres. C'est leur état-major, disent-ils, qui sera cause des maux qui retombent sur eux et sur la brave nation française, qui n'a aucun tort.

L'un d'eux représente qu'un détachement de leurs camarades a été envoyé ces jours derniers dans le département de l'Eure; lorsqu'on y apprendra ce qui s'est passé à Paris, peut-être seront-ils traités comme des traîtres. Il supplie l'assemblée de donner des ordres pour que leurs frères ne soient pas égorgés. (On applaudit.)

M. Aréna. Il est du plus grand intérêt pour la nation française que l'assemblée fasse constater les causes des massacres qui ont eu lieu hier. Tandis que le roi et sa famille étaient en sûreté dans le sein de l'assemblée; tandis que le capitaine des gardes fédérés s'était avancé au Château pour y porter des paroles de paix; tandis qu'il invitait les soldats à reconnaître la souveraineté du peuple, un malheureux, qui voulait voir naître la guerre civile, déchargeait un coup de sabre sur le commandant marseillais, les coups de fusils portaient la mort dans sa troupe. Je demande au peuple français de respecter la vie de ces soldats et des officiers mêmes, parce que la vengeance qu'il pourrait exercer sur eux ne serait rien en comparaison de la punition des lois. Je demande qu'on donne des vivres à ces malheureux qui n'ont pas mangé depuis trente heures. (On applaudit.)

Un officier de la garde nationale de Neuilly annonce que la municipalité de ce lieu demande à être autorisée à faire transférer à Paris, sous bonne et sûre garde, quelques Suisses qu'elle a fait arrêter pour les sauver.

Cette autorisation est accordée.

On demande qu'à l'instant extrait du procès-verbal qui contient le décret pour la formation d'une cour martiale, soit porté au ministre faisant les fonctions de ministre de la guerre, pour rendre compte, séance tenante, de l'exécution du décret.

Cette proposition est adoptée.

Une lettre des administrateurs du département de Seine-et-Oise annonce que les Suisses qui étaient chargés de la garde des châteaux de Versailles et de Saint-Cloud, sont, au nombre de quarante-huit, renfermés dans la maison des ci-devant gardes-du-corps. Ils n'ont point pris part aux événemens d'hier ; ils ont remis leurs armes à la municipalité. Les vingt-deux Suisses de Ruel ont fait la même chose. (On applaudit.)

M. Rœderer écrit à l'assemblée pour être autorisé à faire lever le scellé apposé au Luxembourg sur les effets de *Monsieur*, frère du roi, et faire préparer pour le roi et sa famille le logement que l'assemblée a décrété hier.

Cette autorisation est accordée.

On lit une lettre de M. Clavière, faisant par intérim les fonctions de ministre de la guerre, par laquelle il informe l'assemblée qu'il vient d'ordonner au commissaire-auditeur des guerres, de former dans le jour et sans désemparer une cour martiale pour juger les Suisses.

Sur le rapport de M. Guyton-Morveau, au nom de la commission extraordinaire, l'assemblée décrète ce qui suit :

Art. 1ᵉʳ Les quarante-huit sections de Paris nommeront chacune un de leurs membres pour remplir provisoirement les fonctions d'administrateurs du département.

II. Les assemblées primaires seront convoquées demain dans deux districts ruraux du département, et chaque assemblée de canton nommera un administrateur.

III. Lorsqu'il y aura vingt membres élus, ils rempliront les fonctions des administrateurs actuels, qui cesseront les leurs. Ils choisiront un président, un procureur-général-syndic, un suppléant du procureur-général-syndic, un secrétaire-général.

Une députation de gendarmes nationaux paraît à la barre; ils dénoncent leurs officiers, qui leur ont ordonné de tirer sur le peuple. Mais ils ont répondu qu'ils tenaient pour la nation, et s'ils ont suspendu leur vengeance, c'était pour dévoiler leurs complots. (On applaudit.)

Sur la proposition de M. Charlier, l'assemblée autorise la gendarmerie nationale de Paris à se nommer des officiers.

M. Pétion, accompagné de plusieurs officiers municipaux, est admis à la barre. (On applaudit.)

Un officier municipal. Législateurs, les amis du peuple viennent rendre aux amis du peuple l'ami du peuple.

M. Pétion. Législateurs, nous venons exprimer à l'assemblée nationale la vive satisfaction que nous avons éprouvée en parcourant la capitale. Partout on vous bénit, partout on bénit vos décrets. Partout, c'est au nom de l'assemblée que nous avons maintenu l'ordre. Les citoyens sentent maintenant la nécessité de se reposer sur les lois et d'attendre d'elles leur vengeance; ils savent que les magistrats leur rendront justice, et ils viennent de donner une preuve de la confiance qu'ils ont en eux. Le peuple s'était saisi d'un individu qui lui avait paru coupable; il l'a emmené à l'hôtel de la maison commune, et a dit aux magistrats: Nous savons que la justice punira le coupable. Eh bien! remettez entre ses mains l'individu que nous vous amenons.....

On est venu nous dénoncer qu'un grand concours de peuple se formait autour de l'Abbaye; nous nous y sommes transportés, et, pour le dissiper, il a suffi de dire: L'assemblée nationale vient de rendre au peuple un service important; elle a effacé la ligne de démarcation qui distinguait les citoyens; la loi va frapper indistinctement tous les coupables ; vous pouvez compter sur elle, et vous devez lui obéir. Aussitôt ce peuple, toujours bon, toujours juste, a déclaré qu'il avait confiance en ses magistrats, et qu'il ne souffrirait pas qu'ils fussent calomniés.

Ainsi nous espérons que les Suisses pourront être conduits en sûreté dans le lieu qu'il plaira à l'assemblée d'indiquer. Je réponds qu'on ne se portera contre eux à aucune violence ; car le peuple nous l'a promis, et le peuple tiendra sa promesse. Je pense que l'assemblée peut se dispenser de les faire accompagner par quelques-uns de ses membres, comme elle en avait le dessein : le peuple lui-même leur servira de garde. (On applaudit.)

Un officier municipal. C'est à l'ami du peuple, c'est à la pleine confiance que les citoyens ont en lui que nous devons la tranquillité publique. Le peuple sait que la justice, qui auparavant était boiteuse, marche aujourd'hui sur ses deux jambes.

Demain, les Suisses en garnison à Versailles amèneront leurs officiers à Paris pour les livrer au glaive de la justice. Ils seront mis en sûreté, et les coupables seront punis.

M. le président. Honorés de la confiance du peuple, justifiez-la en rappelant ce peuple essentiellement bon au règne des lois. Quel homme de bien n'a pas gémi des désordres qui nous affligent? puissent toutes les volontés se réunir en une seule, l'amour de la liberté être éclairé par l'amour des lois ! L'assemblée vous invite à assister à sa séance. (On applaudit.)

Un officier municipal. Le peuple demande à conduire lui-même les Suisses dans le lieu indiqué, et il regarderait comme une injure qu'ils fussent conduits par cinquante membres de l'assemblée, parce qu'il croirait que vous vous défiez de son honnêteté... Mais nous prions l'assemblée de ne pas faire transférer les Suisses dans les prisons de l'Abbaye, parce que leurs officiers y sont renfermés, et d'indiquer en conséquence un autre lieu. Je proposerais, par exemple, le palais Bourbon.

Cette proposition, convertie en motion, est décrétée.

Aussitôt les Suisses placés sur les bancs des députés se lèvent. M. le maire, les officiers municipaux et un grand nombre de gardes nationaux se joignent à eux, et sortent ensemble de la salle.

Sur le rapport fait par M. Lafond-Ladebat, l'assemblée décrète un réglement pour l'approvisionnement en poudre de toutes les villes de guerre, et particulièrement de la ville de Paris.

Sur le rapport fait par le même membre, au nom du comité des finances, l'assemblée décrète qu'à compter du 1er janvier dernier, la trésorerie nationale versera une somme de 850,000 livres par mois dans la caisse de la municipalité de Paris, pour les frais de la police militaire établie près de ses bureaux.

Sur le rapport fait par M. Quinette, au nom de la commission extraordinaire, l'assemblée nationale décrète que M. Antoine, maire de la ville de Metz, contre lequel il avait été lancé un mandat d'arrêt par le département de la Moselle, sera rendu à ses fonctions.

Un officier municipal à la barre. Le conseil-général de la commune de Paris s'est occupé des mesures à prendre pour la sûreté des personnes du roi et de sa famille; il a cru que le bâtiment du Luxembourg, que l'assemblée lui a destiné pour son logement, n'était pas un lieu sûr, qu'il y avait plusieurs issues dérobées, que les murs qui environnent le jardin étaient trop bas, et qu'il serait difficile aux citoyens auxquels serait confiée la garde du roi et de sa famille de répondre de leur sûreté; le conseil-général a cru que la maison du Temple serait beaucoup plus commode et plus facile à garder, et que le roi y serait beaucoup plus en sûreté que partout ailleurs.

M. Brissot. J'observe à l'assemblée que la commission extraordinaire fera demain un rapport relatif au bâtiment qui doit servir de logement au roi et à sa famille, et aux moyens de veiller à sa sûreté. Je demande donc que la proposition du pétitionnaire soit renvoyée à la commission extraordinaire.

Cette proposition est adoptée.

N..... Nous venons d'accompagner les Suisses jusqu'au palais Bourbon. Au milieu d'un grand concours de peuple, aucune insulte ne leur a été faite, aucun propos menaçant n'a été tenu; et nous n'avons entendu autour de nous que les cris de *vive la nation! vive la liberté!* (On applaudit.)

M. Lebrun, nouvellement nommé au ministère des affaires étrangères, se présente à l'assemblée, et prête le serment de maintenir la liberté et l'égalité, ou de mourir à son poste. (On applaudit à plusieurs reprises.)

M. Guadet, au nom de la commission extraordinaire, présente un projet d'instruction pour la convention nationale. Il est adopté en ces termes :

L'assemblée nationale, considérant qu'elle n'a pas le droit de soumettre à des règles impératives l'exercice de la souveraineté, dans la formation d'une convention nationale, et que cependant il importe au salut public que les assemblées primaires et électorales se forment en même temps, agissent avec uniformité, et que la convention nationale soit promptement formée,

Invite les citoyens, au nom de la liberté, de l'égalité et de la patrie, à se conformer aux règles suivantes :

Art. Ier Les assemblées primaires nommeront le même nombre d'électeurs qu'elles ont nommés dans les dernières élections.

II. La distinction des Français en citoyens actifs et non-actifs sera supprimée, et pour y être admis, il suffira d'être Français, âgé de vingt-un ans, domicilié depuis un an, vivant de son revenu ou du produit de son travail, et n'étant pas en état de domesticité. Quant à ceux qui, réunissant les conventions d'activité, étaient appelés par la loi à prêter le serment civique, ils devront, pour être admis, justifier de la prestation de ce serment.

III. les conditions d'éligibilité exigées pour les électeurs ou pour les représentans n'étant point applicables à une convention nationale, il suffira, pour être éligible comme député ou comme électeur, d'être âgé de vingt-cinq ans, et de réunir les conditions exigées par l'article précédent.

IV. Chaque département nommera le nombre de députés et de suppléans qu'il a nommés pour la législature actuelle.

V. Les élections se feront suivant le même mode que pour les assemblées législatives.

VI. Les assemblées primaires sont invitées à revêtir leurs représentans d'une confiance illimitée.

VII. Les assemblées primaires se réuniront le dimanche 26 août pour nommer les électeurs.

VIII. Les électeurs nommés par les assemblées primaires se rassembleront le dimanche 2 septembre, pour procéder à l'élection des députés à la convention nationale.

IX. Les assemblées électorales se tiendront dans les lieux indiqués par le tableau qui sera annexé au présent décret.

X. Attendu la nécessité d'accélérer les élections, les présidens, secrétaires et scrutateurs, tant dans les assemblées primaires que dans les assemblées électorales, seront choisis à la pluralité relative et par un seul scrutin.

XI. Le choix des assemblées primaires et des assemblées électorales pourra porter sur tout citoyen réunissant les conditions ci-dessus rappelées, quelles que soient les fonctions publiques qu'il exerce, ou qu'il ait ci-devant exercées.

XII. Les citoyens prêteront dans les assemblées primaires, et les électeurs dans les assemblées électorales, le serment de maintenir la liberté et l'égalité, ou de mourir en les défendant.

XIII. Les députés se rendront à Paris le 20 septembre, et ils se feront inscrire aux archives de l'assemblée nationale. Dès qu'ils seront au nombre de deux cents, l'assemblée nationale indiquera le jour de l'ouverture de leurs séances.

XIV. L'assemblée nationale, après avoir bien indiqué aux citoyens français les règles auxquelles elle a cru devoir les inviter à se conformer, considérant que les circonstances et la justice sollicitent également une indemnité en faveur des électeurs, décrète qu'il y a urgence.

L'assemblée nationale, après avoir décrété l'urgence, décrète que les électeurs qui seront obligés de s'éloigner de leur domicile recevront vingt sous par lieue et trois livres par jour de séjour.

L'administration principale du lieu où se rassembleront les assemblées électorales est autorisée à délivrer les ordonnances nécessaires pour l'acquittement de l'indemnité due aux électeurs, sauf à faire le remplacement dans les caisses du district, sur le produit des sous additionnels du département.

L'instruction et le décret ci-dessus seront, pour plus prompte expédition, adressés directement, tant aux administrations de district qu'aux administrations de département; il en sera envoyé à chaque administration de district un nombre suffisant d'exemplaires pour qu'elle le transmette, sans délai, à chaque municipalité.

La séance est suspendue à trois heures du matin.

Séance de la commune, du 11 août.

A huit heures un quart, l'assemblée générale a repris le cours de ses délibérations.

Lecture faite d'une lettre de l'assemblée générale, relative à la défense de l'Abbaye, où sont renfermés les officiers suisses dont le peuple veut tirer vengeance, l'assemblée générale arrête que M. le commandant-général donnera les ordres nécessaires pour y envoyer une force suffisante.

Il a été également fait lecture d'une autre lettre du président de l'assemblée nationale, par laquelle il prévient que des soldats et officiers suisses se sont retirés dans l'enceinte des Feuillans.

Il a été proposé de faire conduire ces hommes à l'Abbaye, sous une forte et sûre garde.

Le conseil général a ordonné que le commandant-général prendrait des mesures convenables pour faire respecter les lois, en conduisant les Suisses, tant officiers que soldats, à la prison de l'Abbaye.

Il a été dénoncé que deux cent soixante gardes sont arrivés hier à midi.

Il est fait lecture d'une lettre de la garde nationale de Versailles, dans laquelle elle annonce qu'elle a envoyé quinze cents hommes à Saint-Cloud, où l'on prétend qu'il y a un rassemblement d'aristocrates, et proteste de son dévouement à la ville de Paris. M. Chaumette est chargé de faire réponse à cette lettre au nom de la commune.

Sur le bruit qui s'est répandu que le peuple voulait se porter sur tous les Suisses des portes,

L'assemblée générale a ordonné qu'il serait fait aussitôt une proclamation : cette proclamation est conçue en ces termes :

« Peuple souverain, suspens ta vengeance, la justice endor-
» mie reprendra aujourd'hui ses droits; tous les coupables vont
» périr sur l'échafaud. »

L'assemblée a arrêté que la liste des commissaires réunis serait imprimée.

On a amené un homme prévenu d'avoir volé un habit du roi. M. le maire invite le peuple qui l'a amené à le conduire devant la loi, en l'excitant à ne plus souiller ses mains du sang impur des scélérats. Tout le monde applaudit à sa proposition.

L'assemblée générale ordonne qu'il sera donné cinquante louis de la cassette de la reine aux fédérés.

Il a été proposé des remercîmens aux fédérés de Marseille; l'assemblée a adopté cette proposition, et a nommé pour commissaires MM...

M. le maire vient de rendre compte de la proclamation et du triomphe de la raison sur l'esprit du peuple, de ses transports de joie et de sa protestation de ne plus faire d'exécution, de les abandonner à la loi; le discours a été fort applaudi.

L'assemblée a donné la distribution du ruban et de la cocarde nationaux, pour être portés en sautoir par les commissaires de section.

Sur la demande d'un de ses membres, l'assemblée a ordonné l'ouverture d'un portefeuille de la reine, et la lecture des pièces qu'il contient.

On y trouve une liste d'officiers de la garde nationale; l'assemblée en ordonne l'impression.

M. Rafrou du Trouillet a fait une pétition relativement à M. Mandat et aux quatre prisonniers que le peuple a exterminés dans sa juste vengeance ; M. le président l'a invité à la séance.

L'assemblée générale arrête la mention honorable au procès-verbal de la conduite noble, vigoureuse et fidèle de la gendarmerie nationale.

L'assemblée nomme deux membres, MM. Cheradam et Gagneur, à l'effet de visiter les prisons ; ils se feront accompagner par la force publique, s'ils le jugent nécessaire.

L'assemblée générale a arrêté que les nommés Fortin et Hache seraient traduits devant la cour martiale, pour y être jugés selon la rigueur des lois. (Divers arrêtés, portant règlement de passe-port pour les envois d'argent aux armées. — Commissaires nommés pour veiller à la sûreté des prisons. — Demande aux sections de trois nouveaux commissaires qui devront faire partie du comité des prisons. — Ordre de renouveler les comités de section dans la journée. — Levée des consignes dans plusieurs ministères.)

L'assemblée générale arrête qu'il sera fait sur-le-champ une visite des tours du Temple, pour y conduire le roi, et nomme pour commissaires, MM. Palloy, Paris, Lefebvre et Martin, auxquels l'assemblée donne tous pouvoirs.

Le conseil général arrête qu'il sera nommé par les sections qui avoisinent les barrières, un commissaire civil pour chaque barrière, qui recevra la déclaration des particuliers qui entreront, s'ils entendent rester dans Paris, revenir le même jour, ou s'ils n'ont intention que de traverser Paris ; que chacun desdits particuliers sera tenu de représenter, en sortant, le certificat qui lui sera délivré en entrant.

Sur les réclamations de plusieurs détenus qui demandent leur élargissement, le conseil nomme pour ses commissaires MM. Chaumette et Martin, auxquels il confère les pouvoirs les plus absolus, même de faire arrêter toutes les personnes qui leurs seraient suspectes et désignées.

L'assemblée a arrêté que les comités permanens des sections qui ne sont point en activité se rassembleront à l'instant, et que les présidens seront autorisés à faire fermer les boutiques ; qu'il sera à l'instant battu le rappel, afin que les forces se rassemblent dans les corps-de-garde en cas de besoin.

(Ordre d'arrestation de divers individus, parmi lesquels un voleur. — Nomination de commissaires pour en interroger quelques-uns. — On dénonce un dépôt d'armes à Meudon. — Renvoyé à Santerre, commandant général.)

Sur des observations faites sur le local que doit occuper le roi au Temple, et sur le danger qu'il y aurait à l'y loger à cause des souterrains et aquéducs qui s'y trouvent, le conseil ajourne à demain pour statuer sur cet objet important.

M. Thuriot, député, vient, au nom de l'assemblée nationale, faire part que l'on veut enlever le roi; qu'il n'a pas assez de garde; il demande que l'on prenne le plus promptement possible les mesures nécessaires pour éviter ce danger.

M. Santerre arrive au conseil et lui fait part que la diversité des opinions est cause qu'il n'a pas à sa disposition autant de forces qu'il en pourrait désirer. M. Santerre est invité à donner les noms des deux adjudans qui ont refusé le service. M. Santerre déclare que la prudence ne lui permet pas de les nommer. Il instruit l'assemblée qu'il n'y a que douze hommes à Meudon; que le château est rempli de gardes du roi et d'ennemis. L'assemblée, avant de rien statuer, arrête que l'on se rendra certain des faits avancés.

L'assemblée renvoie au commandant général la dénonciation qui lui a été faite, que de fausses patrouilles sont aux environs des Feuillans; que MM. De Poix et Narbonne sont auprès du roi, et que des gardes nationales, ayant pompon blanc, sont dans l'intention d'enlever le roi cette nuit; on demande que M. Narbonne soit mis en état d'arrestation, comme ayant abandonné ses drapeaux.

Des députés de Meudon instruisent l'assemblée que des étrangers séjournent au château, et qu'il s'y est déjà fait différens vols.

Sur la dénonciation faite que beaucoup d'aristocrates séjournent à Choisy, et qu'il y en a un si grand rassemblement que les loyers sont à des prix excessifs, l'assemblée nomme des commissaires pour se rendre à Choisy et dans les environs, pour s'assurer des faits ci-dessus rapportés.

Sur la motion d'un membre, l'assemblée déclare que M. Duport a perdu la confiance de la nation.

L'assemblée, persuadée que les dangers où se trouve la patrie proviennent du choix qu'on a fait des *électeurs de la Sainte-Chapelle*, a arrêté que leurs noms seront imprimés et qu'ils seront déclarés indignes de remplir aucune fonction.

L'assemblée a entendu la dénonciation qui lui a été faite que les grenadiers du bataillon des Filles-Saint-Thomas doivent s'assembler demain dans la salle de la Loterie royale pour y délibérer. (Nous avons trouvé dans les brouillons l'ordre de dissiper ce rassemblement par la force.)

L'assemblée considérant qu'une partie des maux de la France doit être attribuée au décret de la constituante qui porte que l'argent monnoyé est un objet de commerce, a arrêté qu'il serait demandé à l'assemblée nationale un décret qui ordonne que les vendeurs d'argent seront punis de mort.

M. le président lit une lettre du président de l'assemblée qui invite la commune à prendre les mesures les plus efficaces et les plus sûres, pour faire transporter à l'Abbaye, des Suisses qui se trouvent dans l'enceinte de l'assemblée nationale; l'assemblée a arrêté le renvoi de cette lettre au commandant général.

Sur la demande d'hommes nécessaires pour enlever les corps morts des Tuileries, et empêcher le pillage, renvoyé au commandant général.

Le conseil général arrête, sur la proposition d'un membre, de suspendre les juges de paix, les secrétaires-greffiers et les commissaires de police de toutes fonctions, et de confier leurs fonctions aux sections assemblées qui seront autorisées à apposer les scellés.

On arrête que chaque section nommera des commissaires pour visiter les prisons; pour connaître et faire connaître au peuple tous les prisonniers, même par affiches aux portes des prisons.

Le conseil général arrête que le département est suspendu pour la ville de Paris.

M. Santerre vient dire que depuis une heure il avait pourvu à la garde du roi; qu'il avait ordonné à trois cents Marseillais d'aller relever le poste des Tuileries, et trois cents hommes pour protéger le transport des prisonniers avec cent hommes à cheval, et qu'il venait de donner l'ordre du rappel général.

Un officier de la garde nationale de la section des Blancs-Manteaux, envoyé par le commandant général, rend compte de sa mission aux Tuileries. Il rapporte les différens effets saisis sur un particulier nanti de vols faits au Château; le conseil vote des remercîmens à cet officier généreux, avec d'autant plus de plaisir que c'est lui qui a dénoncé la lettre infâme du plus infâme mandat.

Le conseil ordonne que le Château soit illuminé de terrines, et charge le comité de police d'y pourvoir.

Sur le rapport fait au conseil de l'arrestation d'un particulier innocent, le conseil arrête qu'il sera mis en liberté.

Le conseil général arrête en outre que des commissaires seront nommés pour visiter les prisons, et délivrer tous les citoyens qui seraient arrêtés pour propos sur le roi, la reine et La Fayette, et de plus, qu'il sera formé un tableau de tous les ennemis de la révolution, pour être présenté au jury, commissaires, MM. Poulnot, Gomé, Bonhommet et Destroit, adjoint au comité de surveillance.

On annonce que deux aides de champ de La Fayette sont à Paris; renvoyé au comité de surveillance.

Le conseil général arrête que ceux qui n'obéiront pas au commandant général seront punis suivant la rigueur des lois.

Arrêté que l'exposé historique de tout ce qui a été décrété dans la journée du 10 août serait imprimé et envoyé à toutes les communes du département.

On ordonne l'ouverture des boutiques.

Le conseil général arrête qu'il n'y a pas lieu à délibérer sur la demande faite par MM. Berthier et Archambal, de voir leurs amis avant que préalablement ils n'aient subi un interrogatoire,

(Nous n'avons pu rapporter textuellement que le plus petit nombre des arrêtés pris par centaines dans cette séance. Nous n'avons pu même les mentionner tous à leur place. Il suffira de dire en passant que de nombreuses mesures d'arrestation, et de même des mesures de sûreté pour une maison particulière menacée de destruction, furent prises. — Santerre reçut l'ordre de marcher sur Meudon. Un garde du roi vint dénoncer qu'il avait été invité à se trouver en armes, le 9 août, aux Tuileries. — On prononça la suspension momentanée des passe-ports. — Ordre de faire un dépôt de poudre dans chaque section, etc. — La commune agissait complétement en souveraine et comme pouvoir social.)

SÉANCE DU 12 AOUT.

« Sur la proposition d'un de ses membres, le conseil général a arrêté que les empoisonneurs de l'opinion publique, tels que les auteurs des divers journaux, seraient arrêtés, et que leurs presses, caractères et instrumens seraient distribués entre les imprimeurs patriotes qui seront mandés à cet effet (1). »

Nous terminerons par cette citation d'un procès-verbal de la commune, notre exposition de la journée du 10 août, et nous procéderons de suite à la narration des faits qui occupèrent la se-

(1) L'arrêté de la commune, relatif aux journalistes, fut mis à exécution. Nous empruntons à la narration de Peltier (*Histoire de la révolution du 10 août. Londres*, 1797), la liste des écrits périodiques sur lesquels il frappa. Ce furent : — La *Gazette de Paris*, par Durosoi ; cet écrivain fut arrêté et peu de temps après guillotiné : la *Feuille du Jour*, journal qui n'avait prétendu être qu'impartial : — le *Spectateur* et le *Modérateur national*, par Charnois, gendre de l'acteur Prévil ; cet acteur périt en septembre, à l'Abbaye : le *Journal de la cour et de la ville*, connu sous le nom du Petit Gauthier, écrit rempli de calembours orduriers, selon l'expression de Peltier lui-même ; Jauruiac de Saint-Méard était l'un de ses rédacteurs : — le *Journal de Paris* ; cependant ce journal continua, mais il ne fut long-temps rempli que d'annonces : — la *Gazette universelle*, de Cérisier; elle avait 11,000 abonnés : les *Annales monarchiques* ; le *Bulletin de m'nuit* ; — le *Journal ecclésiastique* ; — le *Logographe*, que Peltier comprend dans cette liste, fut supprimé par arrêt du corps législatif, en punition de son inexactitude. Tel est au moins le motif par lequel le *Patriote Français* justifie l'arrêt qui lui retira sa tribune dans la salle des séances de l'assemblée nationale. (*Note des auteurs*.)

conde partie du mois. Nos lecteurs nous permettront cependant d'ajouter encore quelques mots et quelques réflexions que nous n'avons point placés plus haut pour ne pas interrompre la continuité qui nous était commandée par les faits. Ce que nous avons à dire d'ailleurs n'a point le caractère d'authenticité officielle que possède tout ce qui précède, et, par ce motif, nous devions l'en séparer.

Nous n'avons encore vu nulle part l'histoire de cette fameuse journée racontée ainsi que les pièces du temps nous l'ont montrée. Les documens dont nous nous sommes servis étaient restés jusqu'à ce jour enfouis dans quelques bibliothèques, et les plus importans étaient encore inédits. Il est évident, d'après nos citations, que l'insurrection fut voulue par la majorité de la population parisienne, et que l'opinion monarchique était en minorité même dans la garde nationale. Les bataillons sur lesquels le commandant général, Mandat, comptait le plus, et qu'il avait réunis, à cause de cela, autour du Château, désertèrent, au moment de l'attaque, la cause qu'ils avaient été appelés à défendre; quelques-uns restèrent indifférens; quelques autres, ceux qui étaient postés du côté du jardin, finirent par faire le coup de fusil contre les Suisses. Très-peu de gardes nationaux prirent part à la défense des Tuileries; quelques écrivains assurent qu'il n'y en eut pas plus d'une trentaine.

Il est clair, en outre, que l'influence des conspirations patriotes qui pouvaient exister fut à peu près nulle. La vraie conspiration avait lieu au grand jour dans le club des Jacobins, dans les sections, dans les réunions des fédérés; elle s'étendait et devenait plus menaçante au fur et à mesure des dangers qui croissaient vers les frontières et avec la faiblesse du corps législatif. Le terme de la patience publique fut fixé, par la majorité des sections, à un jour et à une heure déterminés; et l'insurrection fut faite ainsi qu'il avait été dit, parce que les corps constitués étant impuissans pour sauver la patrie, la nation devait prendre elle-même soin de son salut.

Mais comment cette unanimité fut-elle produite? comment de si grandes masses furent-elles remuées avec l'ensemble et l'ordre que l'on est habitué seulement à trouver dans les corps disciplinés ? L'association des sentimens nationaux en est, selon nous, la seule et vraie cause.

Le parti révolutionnaire avait la majorité dans la nation ; mais il était en minorité dans le corps législatif; ses représentans étaient tout au plus assez nombreux pour garnir les bancs les plus élevés du côté gauche; ce fut même à cette circonstance que le parti patriote dut le nom de parti de *la Montagne*, qu'il portait déjà depuis long-temps. Cependant toute l'activité révolutionnaire semblait s'être réfugiée dans cette opposition. Tandis que la majorité des députés ne voulait que conserver le *statu quo*, ou intriguait pour des passions et des intérêts particuliers; lui seul exprimait le sentiment national. Il se trouva donc uni avec toutes les sociétés populaires que ce sentiment avait fait surgir de tous les points de la France. Il s'affilia avec le club des Jacobins de Paris, qui formait comme le centre de toute la correspondance patriotique, et prit appui sur lui.

La Montagne donnait le mot aux Jacobins ; ceux-ci délibéraient et donnaient des avis; de là, ils étaient transmis dans toute la France, par la voie des journaux, par voie de correspondance, et ils devenaient l'occasion de motions dans les sections de Paris. Ce fut ainsi que, malgré le ministère, invitation fut donnée à des fédérés de venir à Paris; puis invitation leur fut donnée d'y rester en armes jusqu'à ce que le salut de la patrie fût assuré. Lorsqu'il était nécessaire qu'un magistrat ou un député appuyât de son autorité l'invitation donnée par le club, Manuel ou quelque député prenait la parole. La société des Jacobins préluda aux mouvemens des sections par de nombreux discours ; elle donna, autant qu'il lui était possible, l'ordre de l'insurrection en la montrant indispensable. Les membres du corps législatif appuyèrent cette opinion de toute leur autorité. Les journaux parlèrent dans le même sens; et les membres des Jacobins allèrent, dans leurs sections, convertir ces invitations en motions directes. Le club, d'ailleurs, avait sa petite armée composée de fédérés; ceux-ci assistaient à ses séances et s'y exaltaient. Ils avaient un comité central qui ensuite leur donnait une direction ; et elle n'était pas autre que d'aller appuyer dans les sections les opinions qu'ils avaient applaudies aux Jacobins. Ainsi il se forma, par des moyens nullement médités, mais improvisés en quelque sorte par les circonstances et par l'unanimité de sentimens, un faisceau de colères qui alla se serrant et croissant chaque jour. Encore l'orage n'éclata qu'à l'occasion d'une affaire qui touchait au vif la sensibilité nationale ; nous voulons parler de l'affaire La Fayette, tant ajournée, et jugée, en définitive, si contrairement à l'attente publique.

Selon Peltier (ouvrage cité) les centres d'où partaient les ordres qui dirigeaient les sections armées, dans la nuit du 9 au 10 août, étaient la caserne des Marseillais, pour le faubourg Saint-Marceau, et l'Hôtel-de-Ville pour le faubourg Saint-Antoine. Les chefs du premier poste étaient Barbaroux, Fournier, et Alexandre, commandant du bataillon des Gobelins. Les chefs de l'Hôtel-de-Ville étaient le comité secret des nouveaux municipaux, Manuel, Danton, Camille Desmoulins, Fabre d'Églantine, Huguénin, Panis, Osselin ; Marat, Fréron, Tallien, Duplain ; Billaud-Varennes, Robespierre, Durfort, Cailly, Jourdeuil, Desforgues, Lenfant, Leclerc, Collot-d'Herbois, M.-J. Chénier, Destournelles et Legendre. *Toulougeon*, dans son *Histoire de la Révolution*, place à la tête du mouvement, Danton, Robespierre, Barbaroux, Fabre d'Églantine, Collot-d'Herbois, Manuel, Marat, Chabot et Bazire ; il est assez difficile de savoir quelle part active prirent à l'événement les différens personnages que nous avons nommés. Les deux auteurs cités, bien que contemporains, n'ont écrit que sur des ouï-dire. Nous avons vainement cherché quelque pièce qui pût nous donner des renseignemens positifs sur le rôle de chacun d'eux. Nous dirons seulement qu'il nous paraît tout simple de trouver Barbaroux et Fournier avec leur bataillon de Marseillais aux Cordeliers ; et tout naturel encore de trouver Manuel, Danton, Camille Desmoulins, Panis, Sergent, Osselin, M.-J. Chénier, Fréron, Duplain, etc., siégeant à la commune de Paris dont ils étaient membres. C'était leur place comme magistrats, et c'était aussi le lieu où ils pouvaient être le plus utiles au mouvement qui se faisait dans les sections; il s'agissait en effet de déterminer les municipaux à céder sans résistance leurs siéges aux commissaires des sections ; c'était l'acte le premier et le plus important de l'insurrection, et certainement aussi le moins facile, car, l'Hôtel-de-Ville avait une garde nombreuse et prévenue, et il suffisait d'un mot pour qu'elle chassât les commissaires. La présence de ces personnages à l'Hôtel-de-Ville nous paraît donc très-probable; mais nous ne savons à quel titre et comment Marat pouvait s'y trouver.

Quelques historiens ont dit que Danton et Camille Desmoulins étaient aux Cordeliers, et que le premier présidait le club. Nous avons vu le procès-verbal de la séance de ce club dans la nuit du 9 au 10. Le club était présidé par un M. Leroy père ; il n'y est question ni de Danton ni de Desmoulins. Il est vrai que la séance est levée au moment où le tocsin sonne et où les citoyens courent à leurs sections ; quant à Robespierre, nos recherches ont été vaines.

Au reste, il arriva alors ce que l'on observe d'ordinaire après les grands événemens. Beaucoup de gens s'attribuèrent un rôle qu'ils n'avaient pas joué; beaucoup d'autres dédaignèrent de parler de leurs services. Nous aurons, plus tard, plus d'une fois occasion de revenir sur ce que chacun des grands personnages révolutionnaires fit au 10 août.

Quant au rôle de Danton, dans cette nuit fameuse, nous aurons occasion d'y revenir lorsqu'il s'agira de son procès devant le tribunal révolutionnaire. Nous dirons seulement, par avance, qu'à moins de le supposer doué du pouvoir de l'ubiquité, il est difficile d'expliquer comment il a fait tout ce qu'il s'attribue dans sa défense.

Quant à l'assemblée nationale, elle fut purement passive ; elle montra néanmoins un calme et une dignité que l'on ne devait peut-être pas attendre d'elle d'après les antécédens. Mais il est un fait qui nous explique cette tranquillité extraordinaire ; il n'y eut à la séance que deux cent quatre-vingt-quatre membres présens, c'est-à-dire que le côté gauche presque seul composait l'assemblée.

Nous ne terminerons pas ces notes sur le 10 août, sans rappeler que les mémoires de Sainte-Hélène nous apprennent que Napoléon Bonaparte assista à l'attaque des Tuileries; il était, dit-il, en curieux parmi les assaillans. Notre célèbre empereur partageait d'ailleurs alors l'opinion des plus purs Jacobins; il était de la nuance à laquelle appartenait Robespierre. Voici une pièce qui en fait foi.

C'est une lettre dont nous devons la communication à la complaisance de M. Besson neveu, membre de la chambre de commerce de Paris, chef de bataillon dans la 8ᵉ légion. L'original est resté entre les mains des héritiers de madame veuve Naudin. M. Besson l'a copiée en respectant toutes les fautes que la rapidité de la rédaction a laissé échapper à la plume de Napoléon.

M. Naudin (1).

Monsieur,

Tranquil sur le sort de mon pays et la gloire de mon ami, je n'ai plus de sollicitude que pour la mère-patrie : c'est à en conférer avec vous que je vais employer les momens qui me restent de la journée. S'endormir la cervelle pleine de la grande chose publique et le cœur ému des personnes que l'on estime et que l'on a un regret sincer d'avoir quittés ; c'est une volupté que les grands épicuriens seuls connaissent.

Aura-t-on guerre ?... se demande-t-on depuis plusieurs mois. J'ai toujours été pour la négative. Jugez mes raisons.

L'Europe est partagée par des souvrains qui commandent à des hommes, et par des souvrains qui commandent à des beufs ou à des chevaux.

Les premiers comprennent parfaitement la révolution, ils en sont épouvantés, ils feraient volontiers des sacrifices pécuniaires pour contribuer à l'anéantir; mais ils n'oseront jamais lever le masque, de peur que le feu ne prenne pas chez eux... Voilà l'histoire de l'Angleterre, de la Holande, etc.

Quant au souvrains qui commandent à des chevaux, ils ne

(1) M. Naudin était commissaire des guerres.

peuvent saisir l'ensemble de la Consistution, ils la méprise, ils croyent que ce cahos d'idée incohérentes entrainera la ruine de l'empire franc... A leur dire vous croyriez que nos braves patriotes vont s'entregorger, de leur sang purifier cette terre des crimes commis contre les rois et ensuite plyer la tête plus bas que jamais sous le despot mitré, sous le fakir cloitré et surtout sous le brigand à parchemins; ceux-ci ne feront donc aucun mouvement, ils attendent le moment de la guerre civile, qui, selon eux et leur plat-ministres, est infallible.

Ce pays est plein de zèle et de feu... dans une assemblée composée de vingt-deux sociétés des trois départemens l'on fit il y a quinze jours la pétition que le roi fut jugé.

Mes respect à madame Renaud à monsieur et madame de Goy (1). *J'ai porté un toste au patriotes d'Auxonne lors du banquet du 14. Ce régiment-ci est très-sûr les soldats et sergent et la moitié des officiers. Il y a deux places vacantes de capitaine.*

Respect et amitié.

V. S.
Buonapartre.

Le sang méridional qui coule dans mes veines va avec la rapidité du Rhône, pardonnez donc si vous prenez de la peine à lire mon griffonage.

Valence, le 27 juillet.

HISTOIRE DU MOUVEMENT RÉVOLUTIONNAIRE, DU 11 AOUT AU 1ᵉʳ SEPTEMBRE 1792.

Le décret qui ordonne la réunion de la Convention peut être considéré comme le dernier acte gouvernemental de l'assemblée législative; encore ne fut-il pas le fait de sa libre volonté; il lui fut commandé par les circonstances et comme mesure de salut pour lui-même. En effet, l'insurrection du 10 s'adressait autant à l'assemblée qu'à la monarchie; et si elle ne dissipa pas l'une, comme elle renversa l'autre, c'est que le parti jacobin voulut,

(1) M. de Goy était quartier-maître-trésorier du régiment.

en conservant la première, garder le moyen de généraliser son action sur toute la France, et de donner le caractère légal à ses projets. Aussi la commune prit des mesures pour empêcher les députés de quitter Paris, et de se disperser dans les départemens ; et le côté gauche fit sanctionner ces mesures par l'assemblée elle-même. Celle-ci chercha à diverses reprises à ressaisir le pouvoir ; mais ce fut toujours en vain ; le ministère créé par l'insurrection, et surtout la municipalité de Paris, étaient plus puissans qu'elle, et la firent toujours reculer. On ne peut donc chercher dans l'histoire des derniers jours d'août aucun enseignement parlementaire. On n'y trouve autre chose que la concurrence de deux pouvoirs, l'un légal, l'autre de fait. Le premier cherche à reprendre la souveraineté qu'il a perdue, tantôt par des tentatives directes, auxquelles il est un instant après obligé de renoncer, tantôt en essayant de dépasser son antagoniste de vitesse dans les satisfactions qui sont à accorder à l'opinion publique. On voit souvent l'assemblée sans doute chercher à régulariser et commander le mouvement révolutionnaire sur toute la surface de l'empire ; mais il faut remarquer que cette direction lui est imprimée par l'ancienne minorité, c'est-à-dire par le côté gauche et la Montagne.

Nous passerons donc rapidement sur cette période. Nous diviserons notre narration de la manière suivante. Nous nous occuperons d'abord du mouvement parlementaire ; nous dirons ensuite quelques mots de la position de la famille royale. Enfin, nous ferons l'histoire de Paris, et nous parlerons de la situation des armées.

Mouvement parlementaire.

La séance du 12, que nous empruntons au *Moniteur*, est un monument trop remarquable de l'infériorisation du corps législatif vis-à-vis des événemens, pour que nous la passions sous silence. C'est un tableau vivant de l'époque. D'ailleurs, nous devons la conserver, et parce qu'elle contient quelques renseignemens précieux sur le 10 août, et parce qu'elle fut celle où l'assemblée vota une loi fédérative, depuis long-temps en projet, depuis long-temps présentée par les Girondins, et qui, par conséquent, est sa dernière œuvre personnelle en quelque sorte.

SÉANCE DU 12. — *Huit heures du matin.*

[Un citoyen de la section de Grenelle, nommé Pierre Leprieur, fait, à la barre, la déclaration suivante : « Étant de faction la journée du 9 au soir, au Château, j'ai vu plusieurs officiers de gendarmerie et de gardes nationales, venir au château. Il est venu ensuite un jeune homme en habit bourgeois, auquel on a demandé s'il n'y avait point de rassemblement au faubourg St-Antoine. Il a répondu que non. A dix heures je suis descendu de faction. Dans la cour royale j'ai entendu dire qu'on venait de donner l'ordre de battre la générale. Le roi a été porté en triomphe. On a crié partout : Vive le roi ! et point : Vive la nation ! C'est du château qu'est venu l'ordre de sonner le tocsin ; c'est le Château qui a assiégé la nation, et non la nation qui a assiégé le Château. »

Déclaration de M. Loyal, caporal de garde nationale : « Jeudi 9 du courant, je me suis transporté à mon bataillon aussitôt que la générale a battu. On a envoyé un courrier à M. Mandat, commandant général, qui a répondu qu'il ferait parvenir ses ordres par un cavalier d'ordonnance. L'ordre arriva ; nous demandâmes ce qu'il portait. Nos officiers nous ont dit que nous étions réservés à attaquer la queue. »

Une députation de la commune de Paris demande que l'assemblée autorise la section des Gobelins à donner dès l'instant même une escorte à deux commissaires de la cour martiale pour aller à Orléans mettre à exécution le jugement que l'assemblée a porté contre les criminels de lèse-nation en prononçant contre eux le décret d'accusation.

Cette pétition est renvoyée à la commission extraordinaire pour en faire aujourd'hui le rapport.

Sur diverses propositions faites d'inscrire honorablement au procès-verbal le nom des membres présens à la séance du vendredi au matin, lors du serment, l'assemblée passe à l'ordre du jour.

Une députation de fédérés accompagnés de citoyens de Paris, vient faire hommage à l'assemblée du drapeau des Suisses conquis par M. Lange, jeune fédéré de Nanci, aidé des grenadiers du bataillon de Saint-Laurent.

Cette députation défile dans la salle, au milieu des applaudissemens et des cris de *Vive la liberté, l'égalité! vive la nation!*

L'assemblée décrète que ce drapeau sera suspendu aux voûtes du temple de la Liberté; que les fédérés feront le service conjointement avec la garde nationale, et que les noms de M. Lange et des grenadiers de Saint-Laurent seront inscrits au procès-verbal.

Une députation du conseil de la commune vient annoncer que l'ordre le plus parfait règne dans Paris, qui ne sera plus empoisonné par les incendiaires. (On applaudit.)

Sur la proposition de M. Ducos, M. le président recommande à la vigilance et à la sollicitude de la commune, les repaires d'aristocratie connus sous le nom de maisons de jeux.

Des pétitionnaires sont introduits à la barre.

L'orateur de la députation. Législateurs, il existe parmi vous un député qui trahit la patrie. Nous apportons la preuve de sa trahison. M. Blancgilly, de Marseille, se disait l'ami du peuple. Nommé député, il entretenait une correspondance avec ses concitoyens en démagogue, plutôt qu'en patriote éclairé. Il a pris la livrée de l'aristocratie. Il circule, depuis le 20 juin, un ouvrage de lui, qu'on attribuerait plutôt au ministre Terrier. Cet ouvrage est plein de calomnie contre les Marseillais : « Voici les choses, écrivait-il le 21 juillet, sur lesquelles vous pouvez compter. Des armées formidables par le nombre et la discipline s'avancent contre nous. Il ne sera pas plus possible de les arrêter que de faire marcher les montagnes. La journée du 20 juin a gagné tous les cœurs au roi. Hâtez-vous de prévenir les honnêtes gens que, s'ils ne se pressent de quitter la société des conspirateurs, ils seront confondus avec eux. Le complot d'assassiner le roi déshonore les fédérés de cette ville. » Il n'a donc pas connu, cet homme, le charme d'avoir une patrie! ses mains sont donc façonnées à porter des chaînes! Législateurs, chassez de votre sein un traître, un infâme! Le temps apprendra quels sont les vrais régicides, ou de ceux qui voulaient un roi constitutionnel, ou de ceux qui, voulant rendre au roi le despotisme, l'ont exposé à la vengeance d'un peuple qui veut vivre libre ou mourir. Il est vrai que Marseille regarde les rois comme les fléaux de la terre. Mais si elle désire s'en délivrer, ce n'est pas par un crime, c'est par la volonté souveraine du peuple. Louis XVI a creusé le tombeau de la royauté; c'est le seul bien qu'il ait pu faire à la France. (On applaudit à plusieurs reprises.)

N... Je suis membre de la députation de Marseille, et je sais que M. Blancgilly a tellement su se masquer, qu'au commencement de la révolution, il fut tenu six ou sept mois en prison à Marseille comme un incendiaire.

M. Granet de Marseille. Un administrateur des Bouches-du-Rhône vient de m'envoyer une copie imprimée d'une lettre écrite par M. Blancgilly à Boyer, le chef de la conjuration qui devait égorger tous les corps administratifs de notre ville.

Plusieurs voix. Lisez cette lettre. — « Les Jacobins ne réussiront pas à établir le républicanisme; ni les Feuillans, la monarchie. Jamais rien ne fut plus grand que le courage de notre bon roi et de son auguste épouse. Le 20 juin, on a volé chez eux une somme considérable en argenterie et en bijoux. Nos armées sont battues partout. Le roi de Prusse sera à Coblentz le 15. Tout ira bien. Il viendra passer l'automne à Paris. Fin de juillet ou mi-août, *Monsieur* sera nommé régent du royaume, et Louis XVI, véritablement roi de France, ne sera plus roi constitutionnel des Français. (Des murmures d'indignation s'élèvent de toutes parts.)

M. Lacroix. Je demandais le décret d'accusation contre M. Blancgilly, parce que je croyais que cette copie était collationnée par un administrateur. Mais comme elle n'est qu'imprimée, il faut le mander pour l'interroger à la tribune. (*Plusieurs voix* : Non, à la barre.) A la tribune; car tant qu'un représentant du peuple n'est pas décrété d'accusation, il est inviolable.

Je demande donc que l'assemblée décrète qu'un des huissiers se rendra à son domicile pour lui ordonner de paraître sur-le-champ à l'assemblée.

Cette proposition est adoptée.

M. Lasource. Je demande que sur-le-champ on mette le scellé sur ses papiers.

M. Lacroix. Cette mesure serait précipitée. Ce serait une atteinte à l'inviolabilité. J'aimerais mieux, et j'en fais la motion, que deux gendarmes accompagnassent l'huissier, et restassent chez le député jusqu'à son retour.

L'assemblée décrète cette dernière proposition.

MM. Bazire, Goupilleau et Merlin, commissaires envoyés pour faire l'inventaire des papiers du roi, annoncent qu'ils ont trouvé dans son secrétaire des lettres adressées par la société de Marseille à celle des Jacobins de Paris, sous le couvert de M. Blancgilly, parce qu'elle se défiait de la poste. Au lieu de rendre ces lettres à la société, M. Blancgilly les a portées au roi, avec des notes où il envenime les intentions et désigne les personnes. (Nouveaux signes d'indignation.)

M. Anacharsis Cloots, orateur du genre humain, introduit à la barre, prononce le discours suivant :

« Législateurs, il n'y aurait plus d'esclaves sur la terre, si le texte de vos lois était compris par les troupeaux d'hommes qui gémissent sous la verge de quelques individus appelés *rois*. Les trônes des monarques sont de misérables tréteaux aux yeux de l'homme qui a lu les dix-sept articles de la *Déclaration des Droits*. Un porte-couronne, un pouvoir exécutif couronné fut toujours un pouvoir désorganisateur.

» Le délire des tyrans nous oblige de répandre la lumière les armes à la main. Vous avez sagement conçu le projet de former différentes légions étrangères. Ces phalanges d'interprètes, ces drogmans belliqueux donneront la mort aux oppresseurs, et la vie aux opprimés : traducteurs de la loi universelle, ils dissiperont les ténèbres qui dérobent aux nations la vue des impostures royales. Les pétitionnaires qui fixent dans ce moment votre attention, ont juré la délivrance de leurs pénates ; Prussiens, ils se promettent d'attirer à eux les satellites d'un Sardanapale brandebourgeois. Législateurs, nous vous offrons une *légion prussienne*.

» Ce brave vandale que vous voyez couvert de cicatrices honorables, est un colonel dont Frédéric-le-Grand a su distinguer le mérite dans ses guerres longues et fameuses. L'insouciance et l'ingratitude de Frédéric-Guillaume, la haine que nous portons héréditairement à la maison d'Autriche, l'amour que nous avons héréditairement pour les Français, l'horreur naturelle du despotisme inspirent la plus juste des vengeances à ce guerrier, dont le nom est cher aux conquérans de la Silésie.

» Tous les Prussiens éclairés partagent les sentimens du prince Henri, des généraux Mollendorff, Kalkreuth et Slieffen. L'opinion du ministre Hertzberg, d'abord flottante, est décidément favorable à la France. Berlin et Paris s'accordent parfaitement dans l'aversion des tyrans lorrains. A mesure que le trésor de la Sprée s'épuisera, l'opinion publique se fortifiera, et l'héroïsme du peuple français triomphera de l'idiotisme de la cour de Potsdam.

» La philosophie de Voltaire et de Rousseau a jeté de trop profondes racines sous un règne glorieux de quarante-six années, pour que la patrie de Copernic, le chef-lieu et le refuge des réformateurs de l'Allemagne et de la France, s'alliât cordialement avec l'Autriche, pour le rétablissement du papisme et du machiavélisme sur les rives de la Seine. Un murmure sourd se fait entendre dans toutes les contrées protestantes. Le duc de Brunswick lui-même est accablé de pensées sinistres sur le sort de sa religion et de sa principauté.

» Le roi de Prusse, plus galant que son prédécesseur, persistera-t-il à se ruiner pour deux femmes, pour Antoinette de Lorraine et Catherine de Russie ? Les officiers prussiens sont trop raisonnables et trop instruits pour ignorer le véritable intérêt du Brandebourg ; ils déplorent l'ineptie d'un roi illuminé, en invoquant les mânes d'un roi philosophe et en tournant leurs regards vers l'héritier présomptif qui proteste franchement contre l'absurde ligue de Pilnitz. Le soldat prussien combattra mollement pour des impériaux qu'il abhorre, et pour des émigrés qu'il méprise. Il n'y a pas une seule famille en Prusse qui n'ait à se venger de la politique barbare de Vienne, de Versailles et de Pétersbourg.

» Deux grandes erreurs enfantent la plupart de nos maux : la souveraineté frauduleuse des princes et la souveraineté partielle des peuples. Voici le moment de rapatrier tous les membres de la famille humaine, par la promulgation du principe éternel de la souveraineté indivisible du genre humain. Les *droits de l'homme* sont les mêmes partout; loi unique, souverain unique. Sans ce principe salutaire, le moindre hameau pourrait s'ériger en souverain, s'isoler tristement, et semer la zizanie sur la terre; mais avec ce principe lumineux et fécond, avec ce premier commandement de la nature, une harmonie inaltérable couvrira le globe de tous les bienfaits de la paix perpétuelle.

» Législateurs, les fédérés prussiens vous demandent un régime militaire. Nous connaissons les détours et les issues de la forêt d'Hercinie; nous serons plus heureux que Varus : vous ne nous redemanderez jamais une légion, invincible par l'ascendant de la vérité sur le mensonge, de la liberté sur l'esclavage. Dites, et nous partons. »

Ce discours est fréquemment interrompu par de vifs applaudissemens.

L'assemblée renvoie l'objet de la pétition au comité militaire.

M. Quinette, au nom de la commission extraordinaire, expose que les mêmes reproches faits à l'emplacement du Luxembourg, pour le logement du roi, ont eu lieu pour le Temple; en conséquence, il propose un projet de décret que l'assemblée adopte en ces termes :

1° L'hôtel du ministre de la justice est réservé pour l'habitation du roi et de sa famille.

2° Il sera donné une garde au roi sous les ordres et la surveillance du maire de Paris et du commandant général de la garde nationale; elle garantira la sûreté du roi et de sa famille, et en demeurera responsable.

3° Il sera accordé au roi, pour la dépense de sa maison, une somme de 500,000 livres jusqu'au jour de la réunion de la convention nationale.

4° Elle sera délivrée par la trésorerie nationale, sur les quittances de la personne que le roi commettra pour la recevoir.

5° Elle sera payée par semaine, et par portions égales.

6° Les meubles et effets nécessaires pour l'usage du roi et de sa famille, seront transportés dans ce jour à l'hôtel du ministre de la justice.

7° Le ministre des contributions publiques est chargé de l'administration des domaines du département de la liste civile; il est autorisé à y faire les réparations nécessaires, les revenus en provenans seront versés dans la caisse de la trésorerie nationale.

8° Nul ne pourra entrer chez le roi, sans un bon de la municipalité.

M. Gensonné reproduit à la délibération son décret sur la police de sûreté. — Il est adopté en ces termes:

L'assemblée nationale, considérant que la répression des délits qui troublent la société exige le concours de l'action de la police de sûreté, et de celle de la justice;

Que l'action de cette police doit être d'autant plus prompte, et d'autant plus active, que la recherche des délits auxquels elle s'applique, intéresse plus essentiellement la sûreté générale;

Qu'il importe de déterminer quels seront les mandataires chargés d'exercer cette police, à l'égard des crimes qui compromettent la sûreté extérieure ou intérieure de l'État, et dont la connaissance est réservée à l'assemblée nationale;

Considérant, enfin, que la tranquillité publique exige que les corps administratifs prennent des mesures de police sévères contre cette foule de personnes suspectes et non domiciliées, dont l'affluence se porte dans les principales villes du royaume, et qui affichent l'incivisme, l'amour du désordre, et la haine de la Constitution;

Décrète qu'il y a urgence.

L'assemblée nationale après avoir décrété l'urgence décrète ce qui suit :

Art. Ier. Les directoires de département, ceux de districts, et les municipalités des villes au-dessus de vingt mille ames de population, seront, à l'avenir, chargés des fonctions de la police de sûreté générale, pour la recherche des crimes qui compromettent la sûreté extérieure ou intérieure de l'État, et dont la connaissance est réservée à l'assemblée nationale.

II. Tous ceux qui auront connaissance d'un délit de la qualité portée en l'article précédent, seront tenus d'en donner avis sur-le-champ à la municipalité ou au directoire de district, et de faire au greffe de la municipalité, ou au secrétariat du district, la remise de toutes les pièces et renseignemens qui y seraient relatifs, et qu'ils auraient en leur possession.

III. La municipalité, dans le cas prévu par l'article premier, et, à son défaut, le directoire de district, fera sans délai toutes les informations nécessaires pour s'assurer du corps de délit et de la personne des prévenus, s'il y a lieu.

IV. Dans le cas où le résultat des informations déterminerait un mandat d'arrêt contre un ou plusieurs prévenus, la municipalité fera passer, dans les vingt-quatre heures, au directoire du district, une expédition des procès-verbaux et des interrogatoires. Le secrétaire du district sera tenu d'en donner sans frais un récépissé.

V. Dans les vingt-quatre heures suivantes, le directoire du district fera passer le tout, avec son avis, au directoire de département, et il en sera délivré de même un récépissé sans frais par le secrétaire du département.

VI. Dans les vingt-quatre heures suivantes, le directoire de département sera tenu de décider s'il y a lieu ou non de confirmer les mandats d'arrêts ; il pourra ordonner de nouvelles informations, y procéder lui-même, et décerner de son chef de nouveaux mandats d'arrêts contre d'autres prévenus.

VII. Dans le cas où il y aurait eu un ou plusieurs mandats d'arrêts prononcés ou confirmés par le directoire, il sera tenu, dans le plus bref délai, d'adresser à l'assemblée nationale une expédition de toutes les pièces qui auront motivé sa délibération.

VIII. Les municipalités et directoires de district et de département pourront agir d'office et sans dénonciation.

IX. Les dispositions de la loi du 29 septembre, concernant l'exercice de la police de sûreté, et les formes à observer par les juges de paix, seront suivies par les corps administratifs, en tout ce qui n'est pas contraire aux dispositions du présent décret.

X. Dans le cas où on porterait devant un juge de paix la dénonciation d'un crime de la qualité portée au premier article, ou devant la municipalité et le district celle d'un délit de la compétence des tribunaux ordinaires, ils seront tenus d'en prononcer respectivement le renvoi, et de faire remettre à leurs greffes respectifs les pièces dont la dénonciation pourrait être appuyée, le tout dans les vingt-quatre heures, et il leur sera délivré sans frais un récépissé desdites pièces et de la délibération en renvoi.

XI. Le comité actuel de surveillance de l'assemblée nationale sera à l'avenir désigné sous le nom de comité de police de sûreté générale.

XII. Ce comité sera expressément chargé d'entretenir une correspondance suivie avec les directoires de département; il pourra leur adresser directement des notes instructives, leur demander des renseignemens et de nouvelles informations sur les faits dont la vérification lui paraîtra utile ou convenable, et recueillir toutes les pièces qui lui seront adressées ou qui lui auront été renvoyées par l'assemblée nationale, pour en faire son rapport dans le plus bref délai.

XIII. S'il y a eu des arrestations prononcées par les corps administratifs, immédiatement après la réception des pièces, et dans les vingt-quatre heures suivantes, le comité sera tenu d'en faire son rapport.

XIV. Toutes personnes qui se trouveraient nanties de pièces relatives, soit à des accusations déjà portées, soit à des dénonciations déjà faites, ou à la poursuite de quelque délit de la qualité mentionnée dans le premier article, seront tenues, dans les trois jours qui suivront la publication de la loi, d'en faire la remise au greffe de leur municipalité, ou de les adresser directement au comité de police de sûreté générale.

XV. Provisoirement, et jusqu'à ce qu'il en ait été autrement ordonné dans tout le royaume, les gardes nationales seront en état de réquisition permanente, et l'exécution du décret qui permet aux citoyens de se faire remplacer pour le service de la garde nationale, demeurera suspendue.

XVI. Les municipalités dans les villes au-dessus de vingt mille ames de population, sont autorisées à faire, lorsque les circonstances l'exigeront, et après avoir obtenu l'approbation du directoire de département, sur l'avis du directoire de district, tel réglement de police qu'elles jugeront convenable, soit pour faire procéder au recensement particulier des personnes suspectes et non domiciliées, soit pour réprimer les propos injurieux tenus par elles dans les lieux publics contre la nation et la Constitution française, soit pour défendre toute autre cocarde et tout autre signe de ralliement que la cocarde aux couleurs nationales, soit pour interdire tout rassemblement de personnes suspectes; et en ordonner, s'il y a lieu, le désarmement, à la charge que les peines portées par lesdits réglemens ne pourront excéder une détention pour l'espace d'une année.

XVII. Soit que le directoire du département approuve ou suspende les arrêtés du corps municipal en exécution de l'article précédent, il sera tenu d'adresser, dans la huitaine, au ministre de l'intérieur une copie de sa délibération, avec les motifs qui l'auront déterminé; et le ministre de l'intérieur en rendra compte à l'assemblée nationale dans la huitaine suivante.

XVIII. En cas de troubles, les membres composant les corps municipaux, les directoires de district et de département seront personnellement responsables de l'inexécution des dispositions du présent décret.

M. Thuriot demande que tous les corps de gendarmerie nationale quelconques aient le droit de nommer eux-mêmes leurs officiers; il observe que la gendarmerie à cheval a rendu les plus grands services, et que c'est elle, peut-être, qui a sauvé la chose publique.

Cette proposition est décrétée.

Quelques officiers municipaux se présentent à la barre; M. Manuel, l'un d'eux, prend la parole.

Législateurs, la France est libre; parce que le roi est enfin soumis à la loi; c'était à vous à donner ce grand exemple à tous les peuples; il ne reste plus à Louis XVI que le droit de se justifier devant le souverain, et ce droit seul le met sous la sauvegarde de la nation. Le Temple peut servir de demeure au roi et à sa famille. Il sera gardé par vingt hommes que fourniront chacune des quarante-huit sections. Si vous confiez à la nation le roi, sa femme et leur sœur; ils y seront conduits demain avec tout le respect dû au malheur. On leur interceptera toute correspondance; car ils n'ont que des traîtres pour amis. Les rues qu'ils traverseront seront bordées de tous ces soldats de la révolution qui les feront rougir d'avoir cru qu'il y avait parmi eux des esclaves prêts à soutenir le despotisme; et leur plus grand supplice sera d'entendre crier *vive la nation! vive la liberté!*

M. le président prévient M. Manuel que l'assemblée a décrété que l'hôtel du ministre de la justice était fixé pour la demeure du roi.

La municipalité, dit M. Manuel, qui se proposait de répondre de la personne du roi, d'après le décret que vous avez rendu ne peut le faire. Cet hôtel est environné d'un grand nombre de maisons par lesquelles il est très-facile de s'échapper; au lieu que le Temple est isolé et environné de hautes murailles.

L'assemblée laisse à la commune de Paris le soin de fixer la demeure du roi, et lui en confie la garde.

M. le Cointre. Le ministre, qui aujourd'hui est le meilleur patriote, demain peut changer de principes et faire les plus mauvais choix. Je demande que tous les officiers soient nommés par les soldats. (On applaudit.)

Après quelques discussions, cette motion est décrétée.

Une députation du conseil général de la commune se présente à la barre.

L'orateur de la députation. Le conseil général de la commune nous envoie vers vous pour un objet qui intéresse le salut public. Après le grand acte par lequel le peuple souverain vient de reconquérir sa liberté et vous-mêmes, il ne peut plus exister d'intermédiaire entre le peuple et vous. Vous savez que c'est de la communication des lumières que naîtra la liberté publique. Ainsi donc, toujours guidés par le même sentiment de patriotisme qui a élevé le peuple de Paris et de la France entière au point de grandeur où il est, vous pouvez, vous devez même entendre le langage de la vérité qu'il va vous parler par la bouche de ses délégués.

Nous venons vous parler du décret que vous avez rendu ce matin relatif à l'organisation d'un nouveau directoire de département. Le peuple, forcé de veiller lui-même à son propre salut, a pourvu à sa sûreté par des délégués. Obligés à déployer les mesures les plus vigoureuses pour sauver l'état, il faut que ceux qu'il a choisis lui-même pour ses magistrats aient toute la plénitude de pouvoir qui convient au souverain; si vous créez un autre pouvoir qui domine ou balance l'autorité des délégués immédiats du peuple, alors la force populaire ne sera plus une, et il existera dans la machine de votre gouvernement un germe éternel de division, qui fera encore concevoir aux ennemis de la liberté de coupables espérances. Il faudra que le peuple, pour se délivrer de cette puissance destructrice de sa souveraineté, s'arme encore une fois de sa vengeance. Dans cette nouvelle organisation, le peuple voit entre lui et vous une autorité supérieure, qui, comme auparavant, ne ferait qu'embarrasser la marche de la commune. Quand le peuple a sauvé la patrie, quand vous avez ordonné une convention nationale qui doit vous remplacer, qu'avez-vous autre chose à faire qu'à satisfaire son vœu? Craignez-vous de vous reposer sur la sagesse du peuple qui veille pour le salut de la patrie, qui ne peut être sauvée que par lui? C'est en établissant des autorités contradictoires qu'on a perdu la liberté, ce n'est que par l'union, la communication directe des représentans avec le peuple qu'on pourra la maintenir. Daignez nous rassurer contre les dangers d'une mesure qui détruirait ce que le peuple a fait; daignez nous conserver les moyens de sauver la liberté. C'est ainsi que vous partagerez la gloire des héros conjurés pour le bonheur de l'humanité; c'est ainsi que près de finir votre carrière, vous emporterez avec vous les bénédictions d'un peuple libre.

Nous vous conjurons de prendre en grande considération, et de confirmer l'arrêté pris par le conseil général de la commune de Paris, afin qu'il ne soit pas procédé à la formation d'un nouveau directoire de département. (On applaudit.)

M. Thuriot. Nous sommes convaincus que dans les circonstances actuelles, il faut que l'harmonie règne entre les représentans du peuple et la commune de Paris; que c'est de cette union que doit résulter la liberté publique. Il faut, surtout dans ce moment, simplifier la machine du gouvernement; car plus la machine est simple, plus les effets en sont heureux. Et c'est dans ce moment surtout qu'il ne doit y avoir entre le peuple et vous aucun intermédiaire, et que ses magistrats doivent communiquer directement avec le corps législatif. J'appuie donc la demande des pétitionnaires, et je demande que le décret rendu ce matin soit rapporté.

M. Lacroix. Il suffit que le directoire de département n'ait pas la surveillance sur les opérations de la commune... Mais je pense qu'il faut le laisser subsister, au moins la section qui est chargée du recouvrement des contributions. Je demande donc qu'à l'avenir le directoire du département n'exerce sa surveillance sur les actes de la municipalité qu'en tout ce qui concerne les contributions publiques.

Cette proposition est adoptée.

Un pétitionnaire admis à la barre offre à l'assemblée une boîte en or, qu'il a trouvée dans la chambre d'un officier suisse, en place de laquelle il demande un fusil, dont il promet de faire usage jusqu'à la mort contre les ennemis de la France. (On applaudit.)

D'autres pétitionnaires demandent que le prince royal soit séparé de sa famille, et qu'on lui donne une garde particulière, attendu les tentatives que l'on fait pour l'enlever.

M. Guérin. Je demande que le gouverneur du prince royal soit nommé le plus tôt possible.

Cette proposition est ajournée.

Sur la proposition de M. Thuriot, l'assemblée décrète que le décret qui porte que les soldats de la gendarmerie nationale de Paris nommeront leurs officiers, s'étend aux gendarmeries de tous les départemens.

Des citoyens sont admis à la barre, et annoncent à l'assemblée qu'on a entendu des décharges réitérées du côté de Meudon; ils demandent qu'on envoie sur-le-champ à la découverte.

L'assemblée décide qu'elle y enverra quelques gendarmes nationaux.

Plusieurs gardes nationaux, qui se trouvent dans la salle, s'empressent de les accompagner.

D'autres citoyens, assurent à l'assemblée, que la décharge qu'on a entendue, a été faite en l'honneur des fédérés Marseillais, morts dans la journée du 10, dont l'enterrement se fait à Chaillot.

Un de MM. les secrétaires fait lecture d'une adresse de MM. Percier et Blondel, Prieur et Doyen, Haubourg et Contat, exerçant la profession de restaurateurs dans les maisons situées près le Pont-Tournant, cul-de-sac de l'Orangerie. Ils se plaignent d'avoir été assimilés aux Suisses dans la journée du 10; leurs maisons ont été pillées, et eux-mêmes ont été obligés de fuir. Ils invoquent l'humanité de l'assemblée et attendent d'elle sûreté et liberté.

M. Merlin. Il est important pour ces malheureux que leur adresse soit connue, afin de détromper le public. Je demande donc que l'adresse soit imprimée et affichée.

Cette proposition est adoptée.

Des citoyens admis à la barre : l'un d'eux portant la parole. Législateurs, ce n'est pas la suspension, mais la déchéance du roi que nous venons vous demander. Louis XVI a trahi le peuple.

Vous ne pouvez plus balancer à le destituer sans compromettre la tranquillité nationale... Nous appelons en même temps votre attention sur les accapareurs de l'argent, sur la détresse où se trouve réduite la nation par ces infâmes agioteurs.

Cette pétition est renvoyée au comité des assignats et monnaies.

Des citoyens de la section de Mirabeau protestent de leur adhésion aux décrets de l'assemblée, jurent de les faire exécuter, et de mourir, s'il le faut, pour les maintenir. (On applaudit dans toutes les parties de la salle et dans les tribunes.)

L'impression de ce discours est décrétée.

Un membre observe que les voitures ne peuvent pas sortir de Paris. Il demande que ces obstacles soient levés.

L'assemblée déclare que cette mesure regarde la commune de Paris.

La séance est suspendue ; il est une heure du matin.]

— Le lendemain, 13, au milieu de plusieurs adresses par lesquelles des départemens, des districts, des municipalités, des sections de Paris, adhéraient à la déchéance du roi, la commune prit deux fois la parole.

Les premiers commissaires commencèrent par annoncer, que sous peu de jours le comité de surveillance des représentans de la commune prouverait la vérité de la conspiration des royalistes. « La ville de Paris est, ajoutèrent-ils, tranquille, grace à l'infatigable activité des citoyens dont plusieurs n'ont pris encore aucun repos depuis l'heureux moment de notre régénération. Cette nuit, soixante suisses ont été conduits au palais Bourbon. Toutes les presses contre-révolutionnaires sont dispersées ou servent à l'instruction du peuple. (On applaudit.) La mort de ces folliculaires n'a été hâtée que de peu de jours, car la suppression de la liste civile allait les faire mourir. Les gendarmes nationaux ont apporté ce matin une dénonciation générale et sans exception de tous leurs officiers nominativement. Le conseil de la commune a cru devoir les mettre en état d'arrestation. (On applaudit.) Les nouvelles alarmes conçues hier sur la sûreté du père, de l'ami des citoyens, étaient trop fondées. Tous les assassins sont dans les fers. (Nouveaux applaudissemens.) Une garde de deux personnes veillera sans cesse sur ses jours. Les maisons de jeu et de débauche, toutes les retraites des chevaliers du poignard dont la plupart n'existent plus, sont détruites. La commune est occupée à former le nouveau tribunal martial. Elle doit se concerter, à cet effet, avec le comité de législation de l'assemblée. »

L'assemblée accorda les honneurs de la séance aux deux représentans de la commune qui traversèrent la salle au milieu des applaudissemens.

La seconde députation, après avoir encore une fois rassuré l'assemblée sur la situation de la ville, vint proposer de former, au lieu de cour martiale, deux jurys, l'un d'accusation, l'autre de jugement, composés chacun de quarante-huit jurés nommés par les quarante-huit sections, et de quarante-huit autres élus par les fédérés. Ces deux hautes cours, présidées par des membres de l'assemblée nationale, seraient chargées de prononcer sur les nombreux coupables que le 10 août avait livrés à la justice nationale.

Ce projet, dont la rapide exécution eût peut-être évité les journées de septembre, fut renvoyé à l'examen du comité de sûreté générale, et pendant que la commune prenait ainsi une utile initiative, l'assemblée, au lieu de saisir avec ardeur le moyen d'ordre qu'elle lui présenta, se piqua d'une lettre assez sèche du directoire de la Seine-Inférieure, qui accusait trop simplement la réception de l'acte de suspension du roi, et annonçait sa publication. A cette occasion, on répéta divers ouï-dire sur le projet d'une contre révolution à Rouen, d'une revue passée le 11 par M. Liancourt, et où l'on n'avait crié que *vive le roi*. On se détermina enfin à citer le procureur syndic du département ; ensuite on écouta un long rapport de Vergniaud qui proposait d'établir la salle de la convention nationale dans les bâtimens de la Magdeleine. Ce projet fut ajourné indéfiniment.

— Le 14, l'assemblée reçut dès le matin une lettre des commissaires qu'elle avait envoyés à l'armée du centre ; elle était datée de Reims. Ils annonçaient que partout ils avaient trouvé la population dans les dispositions les plus favorables ; ils étaient arrivés à Reims le jour où la suspension du roi avait été proclamée ; ils avaient trouvé la ville en fête, les maisons illuminées, des feux de joie dans les rues, et les habitans sur la place publique ; ils allaient partir pour Sedan. — Le reste de la séance fut occupé par la lecture de quelques adresses et de quelques réclamations individuelles. Mais, à la reprise du soir, les communications de la commune vinrent jeter quelque animation sur les bancs des législateurs. D'abord, des commissaires, après avoir annoncé qu'un rassemblement qui s'était porté à la maison de La Fayette, pour la mettre au pillage, avait renoncé à ses projets sur un mot d'eux, et s'était même chargé de la garder, après avoir rappelé ainsi quel était leur empire sur le peuple, demandèrent qu'on revînt aux mesures prises par la municipalité sur les passeports, que l'assemblée cassât le décret qui en autorisait la délivrance, qu'il n'en fût accordé qu'aux gens qui approvisionnaient Paris, et aux négocians sur présentation de leur patente, qu'il fût assigné une maison de détention particulière aux fabricateurs de faux assignats, qui même de leur prison en inondaient Paris, que les officiers, partant pour l'armée, ne pussent emmener de domestiques. « L'objet de la loi que nous demandons, dirent-ils en terminant, est de retenir à Paris cette foule de scélérats qui cherchent maintenant à se soustraire au châtiment dû à leur trahison. » Cette adresse fut renvoyée au comité de surveillance qui proposa le lendemain de s'en rapporter à cet égard à la commune de Paris. L'assemblée approuva cet avis.

Quelques instans après, une députation de fédérés vint demander la formation d'une cour martiale *pour venger le sang de leurs frères.* Elle fut presque immédiatement suivie d'une députation de la commune qui sollicitait le même décret, afin que les assassins du peuple soient jugés, dit-elle. L'une et l'autre ne reçurent point de réponse ; alors une troisième députation de la commune parut à la barre et s'exprima en ces termes :

Députation de la commune. Le conseil général de la commune nous députe vers vous pour demander le décret sur la cour martiale. S'il n'est pas rendu, notre mission est de l'attendre.

M. *Gaston.* Les commissaires de la nouvelle commune ignorent sans doute les mesures que l'assemblée nationale a prises relativement à la formation d'une cour martiale ; ces expressions : *Notre mission est de l'attendre*, est une espèce d'ordre indirect. Les commissaires devraient mieux mesurer leurs termes, et se souvenir qu'ils parlent aux représentans d'une grande nation.]

Après ces mots de M. Gaston, on se remit à parcourir des adresses d'adhésion. Parmi celles-ci, dont la lecture semblait destinée à combler toutes les lacunes que laissaient dans la séance les communications actives de la municipalité, et à dispenser d'y répondre, nous en remarquons une que nous croyons devoir conserver ; elle fut apportée par une députation des citoyens de la section de la place Vendôme.

[*Robespierre, orateur de la députation.* Les citoyens de la section de la place Vendôme nous envoient vers vous pour présenter à vos délibérations un objet digne de vous. Nous avons vu tomber la statue d'un despote, et notre première idée a été d'ériger à sa place un monument à la liberté. Les citoyens qui meurent en défendant la patrie sont au second rang. Ceux-là sont au premier, qui meurent pour l'affranchir. Les héros dont je parle ne valent-ils pas ceux d'Athènes et de Rome ? Sachons nous estimer ce que nous valons. Hâtez-vous d'honorer les vertus dont nous avons besoin, en immortalisant les martyrs de la liberté. Ce ne sont pas des honneurs seulement, c'est une apothéose que nous leur devons. Peuple, quand la tyrannie est couchée par terre, gardez-vous de lui laisser le temps de se relever. (On applaudit.) Nous vous proposons de décréter qu'au lieu où était la statue de Louis XIV à la place Vendôme, il sera élevé une pyramide aux citoyens morts le 10 en combattant pour la liberté. Les citoyens de la section voulaient élever, à leurs frais, ce monument ; mais ils ont pensé qu'à la nation seule il appartenait de le consacrer.

Les pétitionnaires obtinrent les honneurs de la séance, et traversèrent la salle au milieu des applaudissemens.

Cette pétition fut renvoyée au comité d'instruction publique.

— Le 15, au matin, on reçut une lettre des commissaires envoyés à l'armée. Elle était datée de Cambrai. Ils n'avaient encore trouvé que des dispositions favorables.

On écouta ensuite quelques nouvelles adhésions que Bazire interrompit par la lecture de pièces accusatrices contre Louis XVI.

[Bazire fait lecture de pièces trouvées dans un secrétaire qu'il a fallu rompre pour voir ce qu'il contenait. Ces pièces contenaient l'état des dépenses de la maison du roi de France à Coblentz.

« Sire, j'ai l'honneur de remettre à votre majesté les états de recettes et dépenses de ses quatre compagnies des gardes du corps, du 1er avril 1788, au 1er juillet 1791. Votre majesté verra avec quelle économie et quelle fidélité elle a toujours été servie, sous tous les rapports, par cette troupe, si cruellement traitée. C'est faire saigner le cœur de votre majesté que de lui en parler. Ces comptes ont été huit jours entre les mains de M. de la Porte : quand votre majesté les aura examinés, je la supplie de mettre son approbation aux états signés de nous.

» Je joins ici un mémoire à peu près semblable au premier que j'ai remis à votre majesté : je la supplie d'écrire ses ordres à côté. Je crois que M. de Collinot mérite bien une gratification de 8,000 liv.

» Il reste encore deux gardes au plus de chaque compagnie : je les ai retenus afin de ne pas laisser dégrader les effets précieux du corps. M. de Flomont est dans l'intention de partir, et M. de Collinot le suivrait s'il ne venait de rendre . . . . . . ce qui retarde son départ.

» Quant à M. d'Aguesseau et à moi, Sire, nous croyons que notre devoir nous enchaîne à sa personne, et nous ne la quitterons que par ordre de votre majesté.

» Je suis, avec l'attachement et le respect le plus profond, Sire, de votre majesté, le très-humble, très-soumis et fidèle sujet,

» Philippe de Noailles de Poix. »

« Votre majesté trouvera aussi ci-joint un mémoire explicatif des dépenses du corps, et une lettre que j'ai reçue de Coblentz. »

« Coblentz, ce 7 octobre 1791.

» Vous m'avez comblé de vos bontés et de votre intérêt, et, en votre absence, je me fais un devoir de reconnaissance de vous prévenir de tout ce qui pourrait être agréable et utile au corps. Il appartient à une personne telle que vous de n'attendre aucune sollicitation, et de vous mettre en avant de la manière la plus marquée, en disant à M. Desfontaines de déposer chez MM. Tourton et Ravel, banquiers à Paris, tous les fonds de la caisse du corps en assignats, et de lui demander des lettres de crédit pour pareille somme, sur des banquiers les plus connus de l'Angleterre et de la Hollande, et de les apporter à Coblentz, où, en présence d'un conseil d'administration, il fera constater l'état de la caisse de la manière la plus positive, en recevra décharge du corps, qui se chargera en totalité des fonds, s'en rendra responsable, et en donnera décharge valable à tous ceux qui auront coopéré à cette opération. Il sera rendu compte au roi, dans la forme ordinaire, de l'emploi de ces fonds, auxquels il ne sera touché que dans des cas urgens et de la première nécessité, pour le soutien et les opérations du corps. Au cas que, par des circonstances imprévues, les princes fussent gênés pour subvenir aux frais nécessaires du corps, la solde continuera à être reçue par M. Descontré, et envoyée sur-le-champ au corps, mois par mois, en déposant la somme chez MM. Tourton et Ravel, qui donneraient des lettres de crédit pour pareille somme, sur la Hollande ou sur Francfort. Au surplus, le conseil d'administration aviserait à cette opération dont il dirigerait le succès. Ce serait compromettre le roi que de s'autoriser de son approbation. C'est au corps à se charger de tous les événemens, et à s'en rendre responsable. Vous seul êtes capable de lui rendre un pareil service, qui achèvera de vous obtenir le suffrage entier du corps, et dont je ne cesse de m'occuper.

» J'ai l'honneur de soumettre à votre majesté, de nouveau, les propositions ci-après, sur lesquelles je la supplie de me donner ses ordres.

» M. de Collinot a travaillé, sans aucune gratification quelconque, à tous les comptes des compagnies : votre majesté veut-elle bien fixer celle à lui accorder ?

» Votre majesté veut-elle réunir les chevaux et effets des gardes du corps à Compiégne, Fontainebleau, Versailles ou Rambouillet ?

» Les habits et housses, chaperons, appartiennent aux gardes du corps, ainsi que les chevaux aux officiers : votre majesté ordonne-t-elle qu'ils soient remis à ceux auxquels ils appartiennent ?

» L'intention de votre majesté n'est-elle pas que le corps soit payé jusqu'au 1er janvier 1792, sauf, d'ici à ce temps, à prendre de nouveaux ordres de votre majesté ?

» Il faut un ordre par écrit de votre majesté, pour que M. Desfontaines, homme d'un rare mérite, se charge de tout le détail du corps, pour en rendre compte à M. l'intendant de la liste civile ; je demande les ordres de votre majesté, dans le cas où cette proposition ne conviendrait pas à votre majesté, que tout fonds soit remis à celui qui sera indiqué par M. de la Porte. »

L'impression et l'envoi de ces pièces aux armées et aux quatre-vingt-trois départemens, sont décrétés.

Du mercredi 15 août à sept heures du soir.

M. Duquesnoy. Je demande que tous les particuliers, connus par leur incivisme, soient mis en état d'arrestation, et gardés jusqu'à la fin de la guerre.

L'assemblée passe à l'ordre du jour.

Une députation de la commune est admise à la barre.

M. Robespierre, orateur de la députation. Si la tranquillité publique, et surtout la liberté, tient à la punition des coupables, vous devez en désirer la promptitude, vous devez en assurer les moyens. Depuis le 10, la juste vengeance du peuple n'a pas encore été satisfaite. Je ne sais quels obstacles invincibles semblent s'y opposer. Le décret que vous avez rendu nous semble insuffisant; et, m'arrêtant au préambule, je trouve qu'il ne contient point, qu'il n'explique point la nature, l'étendue des crimes que le peuple doit punir. Il n'y est parlé encore que des crimes commis dans la journée du 10 août, et c'est trop restreindre la vengeance du peuple; car ces crimes remontent bien au-delà. Les plus coupables des conspirateurs n'ont point paru dans la journée du 10, et d'après la loi il serait impossible de les punir. Ces hommes qui se sont couverts du masque du patriotisme pour tuer le patriotisme; ces hommes qui affectaient le langage des lois pour renverser toutes les lois; ce La Fayette, qui n'était peut-être pas à Paris, mais qui pouvoit y être; ils échapperaient donc à la vengeance nationale! (On applaudit.) Ne confondons plus les temps. Voyons les principes, voyons la nécessité publique, voyons les efforts que le peuple a faits pour être libre. Il faut au peuple un gouvernement digne de lui; il lui faut de nouveaux juges, créés pour les circonstances; car si vous redonniez les juges anciens, vous rétabliriez des juges prévaricateurs, et nous rentrerions dans ce chaos qui a failli perdre la nation. Le peuple vous environne de sa confiance. Conservez-la cette confiance, et ne repoussez point la gloire de sauver la liberté pour prolonger, sans fruit pour vous-mêmes, aux dépens de l'égalité, au mépris de la justice, un état d'orgueil et d'iniquité. Le peuple se repose, mais il ne dort pas. Il veut la punition des coupables, il a raison. Vous ne devez pas lui donner des lois contraires à son vœu unanime. Nous vous prions de nous débarrasser des autorités constituées en qui nous n'avons point confiance, d'effacer ce double degré de juridiction, qui, en établissant des lenteurs, assure l'impunité; nous demandons que les coupables soient jugés par des commissaires pris dans chaque section, souverainement et en dernier ressort. (On applaudit.)

La députation obtient les honneurs de la séance.

Sur la proposition de M. Chabot, l'assemblée décrète le principe qu'une cour populaire jugera les coupables, et renvoie pour le mode d'exécution à la commission extraordinaire, qui en fera le rapport séance tenante.

M. Merlin. J'annonce à l'assemblée que peut-être en ce moment la tranchée s'ouvre devant Thionville. Les Prussiens et les Autrichiens sont maîtres du poste de Rodemack. Mon père me mande que tous ses concitoyens laisseront leur vie sur les remparts plutôt que de livrer la ville. (On applaudit.) Le comité de surveillance a plus de quatre cents lettres qui prouvent que le plan et l'époque de cette attaque étaient connus à Paris; que c'est à Paris qu'est le foyer de la conspiration de Coblentz. Je demande que les femmes et les enfans des émigrés, ainsi que Louis XVI, soient pour nous des otages.

Cette proposition est décrétée.

M. Huguet, évêque de la Creuze. J'avais dit, il y a quelque temps à l'assemblée, que le conseil du roi était composé de plus de trois cents membres; que les ministres démissionnaires y étaient admis; que même plusieurs députés.....

Un grand nombre de voix. Nommez-les.

N..... Je demande que M. Huguet nomme ces membres prévaricateurs, ou qu'il soit envoyé à l'Abbaye. (On applaudit.)

M. Lecointre-Puyravaux. Si dans les circonstances ordinaires on doit plutôt relâcher vingt coupables, que de faire périr un innocent; dans les circonstances comme les nôtres, on ne doit pas même négliger des soupçons. L'assemblée a déjà donné un exemple de sévérité sur un de ses membres, en décrétant d'accusation A. Blancgilly. Sans doute elle ne sera pas plus indulgente pour ceux qui auront imité sa trahison. Ainsi je demande qu'à l'instant même M. Huguet aille déclarer au comité de surveillance tous les renseignemens qu'il peut avoir, ou qu'il soit envoyé à l'Abbaye. (On applaudit.)

L'assemblée renvoie au comité de surveillance.

M. Choudieu. Je viens offrir de la cavalerie au nom des émigrés. Je demande que tous les chevaux des maisons d'émigrés, dans tous les départemens, soient employés, comme ceux du roi, à monter les compagnies franches. (On applaudit.)

L'assemblée décrète cette proposition.

M. Gohier. Si Louis XVI vient encore d'apprendre combien peu il devait compter sur les hommes vils qui rampaient au pied du trône, la nation vient de se convaincre combien peu elle devait se confier à une royauté, même constitutionnelle. Il semble pourtant, par toutes les prérogatives dont elle était entourée, que l'assemblée constituante eût voulu faire envier ce trône à tous les potentats de l'Europe. Il est trop vrai que le chef des ennemis des Français, était celui-là même qui devait nous défendre. La liste civile est devenue, dans les mains de ses agens, la source de la corruption et du crime. Voici des états de fournisseurs, avec les prix, qui prouvent que tous les papiers séditieux, tous les affiches contre-révolutionnaires, je n'en excepte pas même ceux publiés par les émigrans, et tous les écrivains des affiches destinées à discréditer les assignats; tous étaient payés par la liste civile. Voici un mémoire dans ce genre, de 2,117 liv., écrit de la main de M. Pouteau, secrétaire de l'intendant de la liste civile, qui l'a lui-même reconnu. M. Pouteau est évadé. Voici des gravures avec des boîtes d'écailles et de racines, avec le mémoire du nombre de ces boîtes et de ces gravures, intitulées : La France sauvée de la rage des Jacobins. Il paraît que ces gravures et ces boîtes devaient servir de signal de reconnaissance aux chevaliers du poignard. Au reste, ce n'est qu'une conjecture, mais elle est probable.

M. Gohier lit ensuite sept à huit lettres écrites de la main du même correspondant. Elles ont pour objet différens projets de contre-révolution, et principalement l'éloignement du roi de la capitale, sous l'escorte des gardes suisses, de l'ancienne garde royale et d'une partie de la garde nationale de Paris. L'auteur entre dans de longs développemens sur les moyens de rétablir la noblesse et les parlemens. Il porte même son attention sur les spectacles de nouvelle création, dont il propose la clôture. La plupart de ces lettres sont terminées par un récépissé d'appointemens.

M. Larivière. La pièce que je vais vous lire est de la main de M. Delessart; le titre qui s'y trouve est écrit, en marge de l'original, de la propre main du roi.

Projet du comité des ministres, concerté avec MM. Alexandre Lameth et Barnave.

« 1° Refuser la sanction.

» 2° Écrire une nouvelle lettre aux princes, d'un ton fraternel et royal.

» 3° Nouvelle proclamation sur les émigrans, d'un style ferme, et marquant bien l'intention de maintenir la Constitution.

» 4° Réquisition motivée aux puissances, de ne souffrir sur leur territoire aucun rassemblement, armement, ni préparatifs hostiles.

» 5° Établir trois cours martiales, et faire, s'il est nécessaire, de nouvelles dispositions relativement aux démissions, désertions, remplacemens, etc.

» Le ministre de la justice portera à l'assemblée, et remettra lui-même au président, le décret revêtu de la formule: *Le roi examinera.*

» Il exposera ensuite, en parlant en son propre nom, que le roi aurait accueilli quelques dispositions de la loi; mais que la sanction étant indivisible, etc. Il dira que le roi n'a jamais perdu de vue cet objet; il rappellera d'une manière générale ce qui a été fait, telle que la proclamation sur les émigrations, la lettre que le roi a déjà écrite aux princes ses frères; il lira la nouvelle lettre qui sera écrite: il annoncera les dispositions tant anciennes que nouvelles, dont chaque ministre rendra *immédiatement* compte.

» Le ministre des affaires étrangères rappellera les précédentes dispositions, et fera valoir le bon effet qu'elles ont produit auprès de l'empereur, en faisant connaître les ordres qu'il a donnés dans les Pays-Bas. Il fera *part* de la nouvelle réquisition.

» Le ministre de la guerre rendra *compte* de ce qui le concerne.

» Le ministre de l'intérieur dira que les décrets déjà rendus relativement aux paiemens des pensions, traitemens, etc., sont soigneusement exécutés.

» On estime qu'ensuite le roi ferait une chose extrêmement utile, en demandant à chaque département un certain nombre d'hommes pour être placés dans sa garde. »

M. Cambon. Cette pièce convaincra, sans doute, les plus incrédules de l'existence du foyer de conjuration qu'on vous a déjà dénoncé sous le nom de comité autrichien. La cour croyait que le jour des vengeances était arrivé pour elle. Ces jours doivent au contraire être ceux de la justice du peuple. Je demande que les deux ex-constituans soient décrétés d'accusation.

L'assemblée décide unanimement qu'il y a lieu à accusation contre MM. Alexandre Lameth et Barnave.

M. Fauchet. L'assemblée ne serait pas conséquente à elle-même, si elle décrétait d'accusation MM. Barnave et Lameth, sans rendre le même décret contre le comité entier des ministres.

L'assemblée décrète qu'il y a lieu à accusation contre MM. Duportail, Duport-Dutertre, Bertrand, Montmorin et Tarbé.

M. Gohier fait lecture de plusieurs autres pièces, parmi lesquelles on remarque les deux suivantes :

Billet des princes enfermé dans un porte-feuille trouvé dans les appartemens du roi.

« Je vous ai écrit, mais c'était par la poste. Je n'ai rien pu dire. Nous sommes ici deux qui n'en font qu'un ; mêmes sentimens, mêmes principes, même ardeur pour vous servir. Nous gardons le silence ; mais c'est qu'en le rompant trop tôt, nous vous compromettrions ; mais nous parlerons dès que nous serons sûrs de l'appui général, et ce moment est proche. Si l'on nous parle de la part de ces gens-là, nous n'écouterons rien. Si c'est de la vôtre, nous écouterons, mais nous irons droit notre chemin. Ainsi, si l'on veut que vous nous fassiez dire quelque chose, ne vous gênez pas. Soyez tranquille sur votre sûreté. Nous n'existons que pour vous servir ; nous y travaillons avec ardeur, et tout va bien. Nos ennemis même ont trop d'intérêt à votre conservation, pour commettre un crime inutile et qui acheverait de les perdre. Adieu. *Signé,* L. S. X., Ch. P. »

Notes trouvées avec des lettres adressées à M. de Montmorin, ex-ministre, dans son appartement aux Tuileries.

« 1° Si l'on fait partir les gardes suisses, il y a lieu de le craindre.

» 2° La déchéance doit avoir lieu, ce que l'on pourra savoir à l'avance.

» 3° Si un mouvement populaire fait craindre pour les jours du roi, que son inviolabilité ne serait plus autant respectée par le peuple.

» 4° Si la garde nationale, toujours insouciante et timide, ne laissait espérer aucun secours réel.

» Voilà quatre questions probables sur l'affirmative, et qui déterminent la nécessité d'aviser à un parti.

» Le roi continuerait-il à demeurer exposé à tant de dangers, ou bien profiterait-il de l'assistance encore possible des gardes-suisses qui, une fois parties, ne pourraient être remplacées par aucun corps armé?

» On peut croire que dans le cas où le roi se déterminerait à quitter Paris pour ne pas dépasser la distance prescrite par la Constitution, il serait suivi par la minorité de l'assemblée. Les proclamations nécessaires pour la sûreté du roi et de sa famille et l'ordre public pourraient être faites par cette section de l'assemblée, de concert avec le roi.

» Les constitutionnels désirent que le roi se conduise par eux. Il ne faut cependant pas les confondre tous ensemble. Une conversation que j'aie eue ce matin avec deux députés ne m'a pas rendu plus tranquille sur la suite des événemens.

» Les questions ci-contre ont été le principal objet de cette conversation ; ils sont disposés à quitter l'assemblée ; mais ils veulent attendre les derniers événemens, afin d'être utiles jusqu'au dernier moment. Un des deux, avec qui j'ai eu une conversation, désirerait que le roi partît avec un détachement de gardes nationales de Paris, dans l'arrondissement fixé par la Constitution. Il n'a pas pu cependant disconvenir qu'il y avait de grands inconvéniens et de grands dangers à partir ou à rester. On prétend qu'une grande partie de la garde nationale suivrait le roi. Je ne le pense pas ; et on croit en effet difficilement que les mêmes personnes, qui ont laissé entrer dans le Château à main armée, puissent quitter leurs foyers, qu'ils livrent au pillage pour suivre le roi.

» Je serai instruit à l'avance du parti que prendra l'assemblée sur le projet de déchéance, parce qu'on est maintenant par députation à recenser les opinions pour le oui ou pour le non ; on cherche même à faire prendre un engagement par écrit à ceux qui sont pour s'y opposer, afin de les forcer à tenir leur opinion. »

M. Brissot fait, au nom de la commission extraordinaire, un rapport dans lequel il expose les inconvéniens multipliés qui résulteraient de la création d'un nouveau tribunal suprême demandé par les commissaires de la commune de Paris. Il résume les motifs de ce rapport dans un projet d'adresse aux citoyens de Paris.

Ce projet est unanimement adopté, ainsi qu'il suit :

Adresse de l'assemblée nationale aux citoyens de Paris.

Citoyens, la France doit une seconde fois à votre courage sa liberté qu'on voulait lui ravir ; c'est par l'ordre et par le respect pour les principes que vous pourrez la conserver.

Vos ennemis sont vaincus, les uns ont expié leurs crimes, d'autres sont dans les fers. Sans doute, il faut, pour ceux-ci, donner un grand exemple de sévérité ; mais encore le donner avec fruit. Il faut bien se garder de les frapper avec le glaive du despotisme.

Une convention solennelle va prononcer sur le sort de votre Constitution ; jusqu'à ce moment elle doit vous servir de guide.

Or, la Constitution porte que tout accusé ne peut être jugé que par un double juré d'accusation et de jugement, et par des juges qui appliquent la peine. L'assemblée nationale n'aurait pu s'écarter de cette loi sans violer tous les principes. Elle n'a pas cru pouvoir instituer une cour martiale, parce que le délit n'est pas simplement militaire, parce que tous les individus accusés ne sont pas militaires, parce que cette forme eût été bien plus lente que la forme ordinaire et peut-être impraticable; car au terme de la loi, le juré doit être composé de deux tiers d'officiers de ligne, et il n'existe point à Paris de ces troupes, il eût fallu en faire venir de très-loin; et des jurés composés aux deux tiers d'officiers, n'auraient-ils pas réveillé des soupçons?

Enfin, la cour martiale n'aurait pu prononcer de peine, car il n'en existe point dans le Code pénal militaire pour le crime dont on accuse ceux qui ont pris part au complot du 10 août.

Qu'a dû faire l'assemblée nationale dans cette circonstance? renvoyer la connaissance de ce procès au tribunal criminel ordinaire. Mais on suspectait quelques membres des deux jurés, de jugement et d'accusation. L'assemblée a cru pouvoir écarter ces soupçons, et devoir se prêter à d'autres circonstances qui chargent ces jurés actuels d'affaires immenses, en créant un double juré propre à inspirer une confiance entière au peuple : elle a donc ordonné que les sections nommeraient chacune quatre jurés. Le sort des accusés est donc maintenant remis dans les mains d'hommes choisis par leurs concitoyens, d'hommes qui ne peuvent manquer d'accélérer l'expédition de ces procès, et de rendre la justice la plus impartiale.

Cette forme, commandée par les principes, offre toute la célérité que des hommes justes peuvent désirer. Le juré d'accusation est nommé; il doit commencer dès aujourd'hui l'information; cette information peut être terminée en peu de jours. Elle doit être faite sous les yeux du peuple même. Le directeur de juré d'accusation est forcé de prononcer suivant l'avis du juré.

Quant aux juges, la loi leur trace leur route, ils ne peuvent s'en écarter; ils ne peuvent que prononcer la peine, et le juré de jugement prononce souverainement sur le fait.

Il restait un dernier moyen d'accélérer le jugement des coupables, sans violer les principes ; déjà l'assemblée nationale l'avait employé dans les accusations élevées contre les traîtres de Mons et de Tournay. La multitude des coupables, et la nécessité d'un prompt jugement l'y avait déterminée. Ici les mêmes motifs se représentent ; l'assemblée a donc pu employer le même moyen ; elle l'a fait ; elle a supprimé le recours des accusés au tribunal de cassation.

Il ne reste donc rien à désirer, ni pour la célérité ni pour la justice.

Sans doute on aurait pu trouver des formes encore plus rapides ; mais elles appartiennent au despotisme seul ; lui seul peut les employer, parce qu'il ne craint point de se déshonorer par des cruautés ; mais un peuple libre veut et doit être juste jusque dans ses vengeances. On vous dit que les tyrans érigent des commissions et des chambres ardentes, et c'est précisément parce qu'ils se conduisent ainsi, que vous devez abhorrer ces formes arbitraires.

Citoyens, soyez sur vos gardes ; l'aristocratie, furieuse de la révolution du 10 août, veut la souiller en vous portant à des excès, en cherchant à vous faire violer la loi, à établir une lutte entre les vrais amis de la liberté. Vos représentans doivent observer la loi, ou ils ne seraient pas dignes de vous ni de la liberté. Vous avez vaincu : soyez donc dans le calme ; attendez en silence le jugement de la loi ; il frappera, et promptement ; car vos jurés sont vos représentans, et le triomphe de la liberté leur est aussi cher qu'à vous-mêmes. Les circonstances qui nous environnent sont périlleuses, vous les surmonterez toutes, en respectant invariablement l'ordre et la loi, en vous unissant, en vous serrant les uns contre les autres, en mettant une confiance entière dans vos représentans qui vous chérissent, qui ont fait serment de défendre votre liberté ou de périr, et qui tiendront ce serment.

Il se fait un appel nominal pour vérifier la liste des membres qui ont prêté le serment du 10 août.

La séance est suspendue.

Il est jeudi, deux heures du matin.

— Pendant la journée du 16, l'assemblée s'occupa d'interroger le procureur-syndic du département de la Seine-Inférieure, qu'elle avait cité à sa barre. Le tout roulait sur des ouï-dire sans portée; il fut facile d'en faire voir le peu de fondement. Aussi ce fut plutôt une conversation qu'un interrogatoire. Elle ne présente rien qui mérite d'être accueilli par l'histoire. Ensuite l'assemblée ordonna que le ministère s'entendrait avec la municipalité pour l'organisation du camp de quarante mille hommes sous Paris. Puis elle décréta, sans discussion, que la grande majorité était fixée à vingt et un ans. Elle consacra enfin une grande partie de la séance à entendre une longue déclamation de *Gonchon*, orateur des hommes du 14 juillet et du 10 août. En voici la péroraison :

« Non, législateurs, non, ne coiffons plus la liberté d'une couronne, elle est si bien avec son bonnet de laine ! *République ou monarchie, président ou roi..... Eh! peuple enfant, que vous* importent les mots, pourvu que nous ayons un gouvernement à l'ombre duquel nous puissions vivre heureux et libres, pourvu que l'émulation prenne la place de l'intrigue, l'amour du bien général celle du royalisme; pourvu que la nation, source unique de toutes les graces, soit l'unique objet de toutes les affections; pourvu que nous ayons enfin deux pouvoirs divisés par leurs droits, mais unis. Législateurs, les hommes du 14 juillet et du 10 août en ont fait le serment... Qu'ils viennent relever les murs de la Bastille, ces brigands du Nord, ces antropophages couronnés! Ils ont promis à leurs soldats le sang et le bien des Français, qu'ils entrent dans les sections de la capitale; si la victoire trahit notre cause, les torches sont prêtes...... Ils ne trouveront que des cendres à recueillir et des ossemens à dévorer. »

SÉANCE PERMANENTE, *17 août, dix heures du matin.*

Cette séance commença par une communication de la municipalité de Paris. Nous n'avons point trouvé, dans les journaux du temps, le nom de l'orateur de la députation. Plus tard on assura que Robespierre avait porté la parole. On en fit même un sujet d'accusation contre ce conventionnel. A cause de cela nous avons dû examiner avec quelque attention si les mots attribués à Robespierre furent réellement prononcés; nous ne les avons trouvés que dans le *Moniteur*. La version du *Patriote français*, journal qui n'était cependant rien moins que favorable au parti jacobin, en diffère complétement. Néanmoins il est probable qu'elle est exacte. Le discours paraît avoir été imprimé, par extrait seulement il est vrai, sur le manuscrit même de l'orateur; car, contre l'usage du *Patriote*, il est guillemetté. Voici, au reste, le commencement de la séance d'après le *Patriote français* :

— « Le peuple, dit ce journal en débutant, avait remis à la loi le soin de sa vengeance, et, après huit jours d'attente, le peuple n'était pas vengé. La fermentation commençait à renaître; on parlait même de tocsin, d'insurrection : on pouvait craindre que la hache populaire, qui s'était reposée à la voix de l'assemblée nationale, n'immolât les coupables sur lesquels le glaive de la justice demeurait trop long-temps suspendu. Un magistrat du peuple est venu informer ses représentans de ces dispositions.

« Si le tyran eût été vainqueur, a-t-il dit, déja douze cents échafauds auraient été dressés dans la capitale, et plus de trois mille citoyens auraient payé de leur tête le crime, énorme aux yeux des despotes, d'avoir osé devenir libres; et le peuple français, victorieux de la plus horrible conspiration, vainqueur de la plus noire trahison, n'est pas encore vengé ! les principes de la justice sont-ils donc différens pour un peuple souverain, que pour un peuple esclave ?

» Les jurés d'accusation et de jugement que vous avez décrétés sont organisés; ils sont tout prêts ; mais il n'y a point de juges pour faire l'application de la loi. Le tribunal criminel a perdu la confiance du peuple ; je demande que vous décrétiez qu'il sera choisi dans chaque section un citoyen pour renouveler les six tribunaux criminels du département de Paris, qui nommeront chacun un accusateur public; ils s'organiseront enfin et seront environnés de la confiance publique. Messieurs, reportez-vous à la matinée du 10 août; voyez le peuple français joué, trahi, égorgé ; voyez-le presque au même instant vainqueur, maître du champ de bataille, poursuivant son ennemi. Voyez ce peuple tout calomnié poser à votre voix seule les armes ; mais il ne les a posées que parce que vous lui avez promis justice ; vous la lui rendrez... »

— La modération de ce langage contraste singulièrement avec la violence du discours rapporté dans le *Moniteur*. Mais quel est de ces deux journaux celui qui mérite le plus de foi en cette circonstance ? Nous laissons à nos lecteurs à décider la question. Quoi qu'il en soit, nous trouvons dans les procès-verbaux de la commune un passage qui rend très-probable l'opinion que Robespierre ne faisait point partie de la députation du 17, et par conséquent ne porta point la parole. Voici ce passage :

« 16 *août*. Le conseil général considérant que le tribunal criminel du département de Paris a perdu la confiance du peuple ;

» Qu'il est indispensable, pour le rétablissement de la tranquillité publique, que ceux qui ont versé le sang du peuple soient jugés au plus tôt ;

« Arrête qu'il sera fait sur-le-champ une adresse à l'assemblée nationale pour lui demander la suspension du tribunal criminel du département de Paris, et demander à l'assemblée de fixer le mode de remplacement le plus prompt.

« Commissaires à cet effet : MM. Truchon, Dervieux, Lullier, Pepin et Bourdon. »

— Revenons maintenant à la narration du *Moniteur*.

Un représentant provisoire de la commune, admis à la barre. Comme citoyen, comme magistrat du peuple, je viens vous annoncer que ce soir, à minuit, le tocsin sonnera, la générale battra. Le peuple est las de n'être point vengé. Craignez qu'il ne fasse justice lui-même. Je demande que sans désemparer vous décrétiez qu'il sera nommé un citoyen par chaque section pour former un tribunal criminel. Je demande qu'au château des Tuileries soit établi ce tribunal. Je demande que Louis XVI et Marie-Antoinette, si avides du sang du peuple, soient rassasiés en voyant couler celui de leurs infâmes satellites.

M. Choudieu. Il y a une proclamation faite. Elle est suffisante. Tous ceux qui viennent crier ici ne sont pas les amis du peuple; je veux qu'on l'éclaire et non qu'on le flatte; si l'on ne veut pas obéir aux décrets de l'assemblée nationale, elle n'a pas besoin d'en rendre. On veut établir un tribunal inquisitorial : je m'y opposerai de toutes mes forces. Et moi aussi je me suis montré l'ami du peuple, le défenseur de la liberté. Ici, j'ai fait preuve de courage; mais je m'opposerai toujours à un tribunal qui disposerait arbitrairement de la vie des citoyens.

M. Thuriot. Il ne faut pas que quelques hommes qui ne connaissent pas les vrais principes, qui ne connaissent pas la loi, qui n'ont pas étudié la Constitution, viennent substituer ici leur volonté particulière à la volonté générale. Il faut que tous les habitans de Paris sachent que nous ne devons pas concentrer tout notre intérêt dans les murs de Paris; il faut qu'il n'y ait pas un acte du corps législatif qui ne porte le cachet de l'intérêt général, de l'amour de la loi. Puisque dans ce moment on cherche à vous persuader qu'il se prépare un mouvement, une nouvelle insurrection; puisque dans ce moment où l'on devrait sentir que le besoin le plus pressant est celui de la réunion, on cherche encore à agiter le peuple, je demande que le corps législatif se montre décidé à mourir plutôt qu'à souffrir la moindre atteinte à la loi, et décrète qu'il sera envoyé des commissaires dans les sections, pour les rappeler au respect de la loi. Il ne faut pas de magistrats qui cèdent à la première impulsion du peuple, lorsqu'on le trompe. Il faut des magistrats que le feu sacré de l'amour de la patrie embrase, qu'anime le saint respect de la loi. J'aime la liberté, j'aime la révolution; mais s'il fallait un crime pour l'assurer, j'aimerais mieux me poignarder. Nous n'avons qu'une mesure à prendre, c'est de nous rallier, c'est de présenter partout l'amour de la loi, l'amour du bien public. La révolution n'est pas seulement pour la France, nous en sommes comptables à l'humanité. Il faut qu'un jour tous les peuples puissent bénir la révolution française. Je persiste dans la proposition que j'ai faite. (On applaudit.)

M. Merlin. Si le peuple est soumis à la loi, pourquoi lui envoyer des commissaires? Je demande l'ajournement de la proposition de M. Thuriot.

M. Thuriot. En ce cas, je demande que M. le président écrive aux représentans de la commune, pour savoir si le directeur du juré est nommé, si le juré de jugement est institué.

Cette proposition est adoptée.

Une députation des citoyens nommés pour former les jury d'accusation et de jugement dans la poursuite des délits du 10 août est introduite.

L'orateur. Je suis député par le juré d'accusation dont je suis membre, pour venir éclairer votre religion, car vous paraissez être dans les ténèbres sur ce qui se passe à Paris. Un très-petit nombre des juges du tribunal criminel jouit de la confiance du peuple, et ceux-là ne sont presque pas connus. Si avant deux ou trois heures le directeur du juré n'est pas nommé, si les jurés ne sont pas en état d'agir, de grands malheurs se promèneront dans Paris. Nous vous invitons à ne pas vous traîner sur les traces de l'ancienne jurisprudence. C'est à force de ménagemens que vous avez mis le peuple dans la nécessité de se lever ; car, législateurs, c'est par sa seule énergie que le peuple s'est sauvé. Levez-vous, représentans, soyez grands comme le peuple, pour mériter sa confiance.

On observe que M. Hérault a un rapport prêt sur l'objet de cette pétition.

L'assemblée décide que ce rapport lui sera fait à l'instant.

M. Hérault, au nom de la commission extraordinaire. Votre commission extraordinaire a pensé qu'il était indispensable de nommer de nouveaux juges, mais elle a pensé aussi que le seul moyen d'éviter une commission, et de maintenir le respect que nous devons à la Constitution et à la déclaration des droits, était de faire nommer ces nouveaux juges dans les formes que les lois ont déterminées pour l'élection des juges en général. Pour y parvenir, il suffirait d'assembler sur-le-champ, par des moyens que rendent facile le zèle de la commune, et la circonscription resserrée du territoire du département, un corps électoral dont la réunion fondée sur les bases habituelles peut seule empêcher que des circonstances impérieuses ne portent atteinte à la vigueur des principes et aux droits éternellement sacrés de la liberté.

En conséquence, votre commission me charge de vous proposer le projet de décret suivant :

Art. Ier. Il sera procédé à la formation d'un corps électoral pour nommer les membres d'un tribunal criminel destinés à juger les crimes commis dans la journée du 10 août courant, et autres crimes y relatifs, circonstances et dépendances.

II. Ce tribunal sera composé de huit juges, huit suppléans; deux accusateurs publics, quatre greffiers, huit commis-greffiers; de deux commissaires nationaux, nommés par le pouvoir exécutif provisoire.

Le tribunal sera divisé en deux sections, composées chacune de quatre juges, quatre suppléans, un accusateur public, deux greffiers, quatre commis-greffiers, et d'un commissaire national.

Les deux juges qui auront été élus les premiers présideront chacun une des sections.

Les greffiers de chaque section présenteront quatre commis qui, après avoir été agréés par les juges de chaque section, prêteront le serment devant le tribunal.

III. Les fonctions des juges, des accusateurs publics et des commissaires nationaux, ainsi que celles des directeurs de jurés, dont il sera parlé ci-après, seront les mêmes que celles des juges du tribunal criminel, du directeur de juré, de l'accusateur public et du commissaire du roi, dont il est question à la loi du 29 septembre 1791, sur les jurés.

Les juges prononceront en dernier ressort, sans qu'il puisse y avoir lieu à recours au tribunal de cassation.

IV. Le corps électoral sera composé d'un électeur nommé par chaque section de Paris, à la pluralité relative des suffrages.

Le doyen d'âge sera président du corps électoral ; les plus âgés après lui seront scrutateurs, et le président et les scrutateurs nommeront le secrétaire.

V. Le procureur de la commune convoquera sur-le-champ, pour la nomination des électeurs, les assemblées des sections de Paris.

Chaque section enverra à l'instant à la commune l'électeur par elle nommé, avec expédition du procès-verbal de son élection.

Aussitôt la réunion à la maison commune de trente-six électeurs, dont les pouvoirs seront vérifiés par le procureur de la commune, l'assemblée électorale se formera et commencera les élections.

VI. Le corps électoral nommera sept directeurs de juré.

Quatre directeurs de juré formeront un tribunal qui remplira les fonctions assignées aux tribunaux ordinaires, dans les cas où les directeurs du juré sont obligés d'y référer.

Les quatre premiers directeurs nommés formeront ce tribunal.

Les qualités nécessaires pour être nommé juge suppléant, directeur du juré, accusateur public, et commissaire national, sont d'être âgé de vingt-cinq ans, et d'avoir exercé les fonctions de juge, d'homme de loi ou d'avoué, au moins pendant un an, auprès d'un tribunal.

VII. Les nominations des juges, des suppléans, des accusateurs publics, se feront à la pluralité absolue des suffrages du corps électoral; celles des greffiers se feront à la pluralité relative.

VIII. Les juges, les suppléans, les directeurs de juré et les accusateurs publics, prêteront, en présence des représentans de la commune chargés de choisir le lieu de leur séance, de les installer, le serment d'être fidèles à la nation, de maintenir la liberté, l'égalité et l'exécution des lois, ou de mourir à leur poste.

Les commissaires nationaux et les greffiers prêteront, après l'installation, le même serment entre les mains des juges.

IX. Les deux sections du tribunal criminel seront en activité sans intervalle de session; et les délais pour la convocation et la réunion des jurés d'accusation et de jugement, ne pourront jamais excéder vingt-quatre heures.

X. Le costume et le traitement des membres composant le tribunal créé par le présent décret seront les mêmes que ceux attribués aux membres du tribunal criminel du département de Paris.

XI. Le présent décret sera proclamé solennellement, dans le jour, par les représentans de la commune, dans les places publiques de la ville de Paris, lu, publié et affiché dans chaque assemblée de section, et certificat desdites proclamations, lecture et affiche, sera envoyé sans délai à l'assemblée nationale, par les comités de section et par le procureur de la commune.

Ce projet de décret est adopté à l'unanimité.

M. Gohier, au nom des commissaires de l'assemblée, chargés d'assister, conjointement avec ceux de la commune, à l'inventaire des papiers de la liste civile, fait lecture de diverses pièces trouvées chez le roi ; entre autres, d'une lettre de Milan, en date du 27 avril, adressée sans signature, à M. Pouteau, secrétaire de l'intendant de la liste civile, où on le félicite de la bonne nouvelle apportée par un courrier extraordinaire envoyé de Paris à Turin, de Turin à Milan ; c'est-à-dire, de la déclaration de guerre contre le roi de Bohême et de Hongrie. On le charge de remercier *Nos imbéciles législateurs, de ce qu'en donnant dans le panneau, ils se sont mis la corde au cou.* « Si votre assemblée nationale, ajoute le correspondant, eût été plus modérée, elle aurait eu encore quelque temps de répit ; *car les puissances ne devaient attaquer qu'après l'élection de l'empereur* ; mais elle a voulu avancer la punition des Jacobins ; nous en ferons justice : l'exemple en sera terrible. J'ai parcouru toute la Suisse, elle a horreur des Jacobins et de leur assemblée nationale ; l'Espagne a promis de prendre à sa solde les Suisses catholiques qui servent en France ; et la Sardaigne se charge de la solde des régimens calvinistes. Le roi de Sardaigne a fait arrêter le sieur Semonville, ambassadeur de l'assemblée nationale, et Jacobin : il allait demander une explication définitive et catégorique ; mais nous pensons qu'il était chargé de tuer le roi de Sardaigne. De quoi n'est pas capable un jacobin! Le roi de Prusse est malade; on dit que l'impératrice l'est aussi : les Jacobins ont juré la mort de tous les rois. Nous aurons bientôt un concile national qui chassera les intrus, et nous les mettrons à Bicêtre... — On termine cette lettre par ces mots : « Guerre aux assignats ; la banqueroute commencera par-là. On rétablira le clergé ; les parlemens... *Tant pis pour ceux qui ont acheté les biens du clergé.* »

M. Gohier lit une autre lettre dans laquelle on invite le secrétaire de la liste civile à faire publier, par les journaux, une anecdocte que l'on regarde comme propre à réveiller le fanatisme. — Dans une autre, un anonyme écrit au même secrétaire qu'il n'y a pas un moment à perdre, que les émigrés entreront sous peu en France. Il faut, dit-il, faire sentir à la bourgeoisie que le roi seul peut la sauver. J'attends des nouvelles du succès de la démarche de la reine à l'Opéra. On assure qu'il sera complet.

Enfin, on lit un mémoire d'imprimeur, contenant une trèslongue nomenclature de libelles et affiches imprimés aux dépens de la liste civile, contre l'assemblée nationale et les Jacobins. — Plusieurs de ces libelles avaient pour objet de provoquer la rixe qui eut lieu aux Champs-Élysées le jour de l'arrivée des fédérés de Marseille. Dans une affiche intitulée : *Conseils à la garde nationale parisienne,* mais que les événemens du 10 n'avaient pas permis de placarder, on invitait la garde nationale à égorger les Marseillais, à écraser tous ceux qui voudraient attenter au respect dû à la personne sacrée du roi.

L'assemblée ordonne l'impression de ces lettres, et l'envoi aux départemens et aux armées. — Elle décrète que toutes les pièces qui seront à l'avenir envoyées aux armées, seront lues à la tête des compagnies et dans toutes les chambrées, et que les chefs justifieront de la réception des envois ; que, de leur côté, les administrateurs seront tenus de les faire publier au prône, dans chaque paroisse.

M. Gohier. Nous avons ici plusieurs lettres que nous ne croyons pas prudent de publier en ce moment, parce que cette publicité nous ferait perdre le fil des complots, et faciliterait l'évasion des coupables. Nous en demandons le renvoi au comité de surveillance. Toutes ces pièces jettent une lumière terrible sur les perfidies de la cour. Elles prouvent évidemment que le peuple, long-temps fatigué, n'avait que trop raison de regarder la cour des Tuileries comme le foyer de la conjuration de Coblentz. Nous avons entre les mains des lettres à l'adresse des généraux autrichiens, et des réponses de ceux-ci qui font voir que nos ennemis étaient mieux instruits des plans de campagne futurs que nos propres généraux. C'est ainsi que cette nation généreuse et confiante devait périr par la main de ceux qu'elle avait comblés de ses bienfaits.

— L'assemblée ordonne le renvoi des pièces annoncées par M. Gohier au comité de surveillance.

Les fédérés des quatre-vingt-trois départemens qui se trouvent à Paris se présentent à la barre par députation, ils témoignent leurs inquiétudes sur le bruit qui se répand que les trois commissaires envoyés à l'armée du centre ont été arrêtés à Sedan. Ils demandent à se rendre dans cette ville pour venger sur les administrateurs du département des Ardennes cet attentat à la souveraineté nationale et à l'inviolabilité des représentans du peuple. (On applaudit.)

L'assemblée décrète que la commission extraordinaire fera sur-le-champ le rapport des lettres qu'elle peut avoir reçues sur cet événement.]

— Le reste de cette journée fut occupé par des nouvelles et des mesures relatives aux frontières. — On reçut d'abord une lettre de Dumourier, adressée du camp de Mould au président. Il jurait de *mourir à son poste*, il promettait *de concourir, par des succès et par une fidélité à toute épreuve, au salut de la patrie*; il transmettait enfin une copie d'une lettre qu'il avait écrite à Arthur Dillon, commandant le camp de Pont-sur-Sambre, pour l'engager à cesser d'obéir à La Fayette. Ces communications furent accueillies avec de vifs applaudissemens. Vint bientôt une dépêche de Luckner, moins rassurante ; le vieux maréchal écrivait au ministre ; il promettait seulement de faire ce que *son honneur et sa conscience lui inspireraient.* Ce langage vague était d'autant moins rassurant, que l'on recevait en même temps, par voie particulière, l'ordre du jour du 13 août, adressé par La Fayette à l'armée ; il l'engageait à se joindre à lui pour rétablir la constitution. — C'était, pour l'assemblée, le moment d'agir avec énergie. Sur la proposition de Vergniaud, elle décréta la nomination, avec pleins pouvoirs, de trois nouveaux commissaires dans le département des Ardennes, et rendit ses administrateurs personnellement responsables de la liberté de ces commissaires, déclarant infâmes et traîtres à la patrie tous ceux qui leur opposeraient résistance. Enfin, apprenant que le directoire du département de la Somme avait suspendu la transcription sur ses registres des lois portées depuis le 10, elle le décréta d'accusation et le renvoya devant le tribunal criminel. Il fut aussi question de mettre La Fayette hors de la loi ; mais, sur l'avis de Thuriot, cette proposition fut ajournée jusqu'au rapport de la commission extraordinaire, afin que la condamnation fût plus solennelle.

— Cependant la loi sur l'organisation du nouveau tribunal criminel s'exécutait aussitôt que rendue. Dès le lendemain, 18, Robespierre avait été nommé président, et il avait immédiatement donné sa démission. Ce fait fit d'autant plus de sensation, qu'il avait paru être l'un des plus ardens provocateurs de la mesure elle-même. Mais revenons à l'histoire de l'assemblée.

L'époque était venue où le 10 août devait rencontrer les plus grands obstacles qu'il dût attendre, celui même du contact avec les armées que semblait dominer l'influence du général La Fayette. A la séance du 18, le ministère, qu'on appelait alors le conseil exécutif, fit savoir qu'il avait rappelé La Fayette et donné le commandement général à Dumourier. Ensuite, sur une dénonciation particulière contre Arthur Dillon, l'assemblée décréta que cet officier avait perdu la confiance de la nation. Puis, réfléchissant sur le défaut de pièces officielles, elle suspendit l'envoi du décret. Elle reçut communication du procès-verbal de la séance où la commune de Sedan prononçait l'arrestation de Kersaint, Peraldy et Antonelle, commissaires de l'assemblée, ainsi qu'une proclamation du conseil général. Elle ordonna l'arrestation des auteurs de ces deux actes d'insurrection. — Le 19, on devait présenter à l'assemblée un projet d'adresse aux Français; en attendant, elle prononça sur l'initiative prise par les administrateurs du Var contre les prêtres insermentés, en généralisant pour toute la France la déportation de cette partie du clergé. Elle écouta ensuite un rapport de Merlin sur la conduite de l'ancienne cour. L'orateur mit sous les yeux de l'assemblée deux quittances de M. Septeuil, trésorier de la liste civile, sur le bon du roi et de l'intendant de cette liste, qui prouvaient que le 6 de ce mois le roi payait encore les dépenses des maisons des princes émigrés. La première de ces quittances est pour les six premiers mois de 1792, des gages des personnes qui ont servi au berceau les enfans de M. d'Artois; l'autre d'une somme de 18,240 livres pour les six premiers mois de 1792, des dépenses de la chambre de madame Adélaïde, tante du roi.

Arriva enfin la lecture de l'adresse aux Français. Elle justifiait la suspension du roi, en rappelant toutes les pièces saisies au Château et rendues publiques depuis le 10 août. Elle engageait chacun à se rallier à l'espérance qu'offrait la prochaine Convention. Cette adresse fut votée sans discussion. Alors parut une députation. « Législateurs, dit l'orateur, nous désertons le camp de La Fayette; » et il remit une lettre provocatrice qui circulait dans le camp, et l'ordre du jour du général. Puis Merlin, puis Lasource, lurent des lettres non moins accusatrices, et l'assemblée décréta enfin le général La Fayette d'accusation. Ensuite, après s'être arrêté quelque instans à régler le mode de procédure à suivre devant le nouveau tribunal criminel, qu'on appelait déjà tribunal du 10 août, elle vota une adresse à l'armée du Nord, celle même que commandait La Fayette. La séance fut close par des nouvelles assez rassurantes de l'armée du Rhin et du camp de La Fayette. Sur le Rhin, les commissaires Carnot, Coustard, Prieur et Billair, avaient trouvé soumission pure et simple de la part des généraux Kellermann et Briou; ils avaient suspendu Caffarelli, Victor Broglie et Brige. Au camp de Sedan, La Fayette avait passé le 16 une revue générale pour tâter l'opinion de l'armée. Il parcourut d'abord ses lignes, et y fut reçu avec une froideur désespérante; ensuite il commanda le défilé, et fit approcher successivement chaque bataillon en lui demandant son serment; et, dans chacun d'eux, on répondit par des cris de *vive la nation! vive l'assemblée nationale!* Dans quelques bataillons, par ceux de *vive l'égalité! vive la liberté!* dans quelques autres on se plaignit à lui de l'adresse qui circulait. Le général en récusa la responsabilité. Ainsi tout obéissait aux vœux de l'assemblée législative, ou plutôt du côté gauche.

Dans cette séance, qui se termina fort tard, on vota l'organisation de la garde nationale de Paris, des bataillons de fédérés, d'une cavalerie nationale volontaire. Nous croyons intéressant de faire connaître la première de ces lois, car ce fut elle qui fonda la force révolutionnaire qui gouverna bientôt Paris.

Organisation de la garde nationale de Paris.

« L'assemblée nationale, considérant la nécessité de diriger, de la manière la plus utile, le zèle et les efforts des citoyens armés pour le maintien de la liberté et de l'égalité;

» Considérant qu'il importe d'imprimer à toutes les parties de la force publique un mouvement régulier, et de procurer aux sections armées de Paris une organisation telle que tous les citoyens, quelles que soient leurs armes, puissent utilement servir la patrie, décrète qu'il y a urgence.

» L'assemblée nationale, après avoir entendu le rapport de sa commission militaire et décrété l'urgence, décrète ce qui suit :

» Art. Ier. La garde nationale de Paris sera divisée en quarante-huit sections, sous la dénomination de sections armées, qui seront organisées ainsi qu'il suit :

» II. Chaque section armée, quel que soit le nombre de citoyens armés de toutes armes qu'elle renferme, sera composée du nombre de compagnies proportionné à sa population.

» III. Chaque compagnie sera composée d'un capitaine, un lieutenant, deux sous-lieutenans, un sergent-major; quatre sergens, huit caporaux, deux tambours, cent sept citoyens.

» Total, cent vingt-six citoyens, y compris les officiers et sous-officiers.

» IV. Chacune des sections armées aura un commandant en chef, un commandant en second, un adjudant et un porte-drapeau.

» V. Tous les citoyens composant chaque section armée concourront à la nomination de leurs commandans, officiers et sous-officiers.

» VI. Il y aura un commandant général élu pour trois mois par tous les citoyens composant les sections armées.

» VII. Ledit commandant général sera susceptible d'être réélu de trois mois en trois mois, sans néanmoins pouvoir conserver son commandement plus d'une année, après laquelle il ne pourra être réélu qu'après trois mois d'intervalle.

» Deux compagnies de chaque section armée formeront une division.

» La division sera toujours commandée par le capitaine le plus ancien d'âge des deux compagnies qui la composeront.

» En l'absence des deux commandans de la section armée, le commandement sera dévolu, dans tous les cas, au doyen d'âge de tous les capitaines.

» IX. Il sera attaché à chaque section armée une ou plusieurs compagnies d'artillerie, et le conseil de la commune présentera ses vues à l'assemblée nationale sur la répartition et formation du corps d'artillerie parisienne, nécessitée par la réduction des bataillons et l'augmentation qu'exigent les circonstances.

» X. Il sera attaché à chaque compagnie d'artillerie un certain nombre d'ouvriers pris parmi les citoyens armés de piques, pour être employés dans les manœuvres et à la défense des retranchemens.

» XI. Il y aura un seul drapeau aux couleurs de la nation

entre les deux divisions du centre de chaque section armée, avec cette inscription : *Liberté et égalité.*

» XII. Toutes les lois antérieures, contraires aux dispositions du présent décret, sont abrogées. »

— Le 21, on apprit que La Fayette et son état-major s'étaient réfugiés sur les terres de l'empire. Roland transmit le procès-verbal d'élargissement des commissaires par le conseil général de la commune de Sedan. Il fit remarquer que ce corps administratif avait seulement obéi à un ordre du général La Fayette. En effet, les députés élargis avaient écrit en leur faveur. Dans cette séance, M. de Montmorin fut amené et questionné à la barre. Nous croyons nécessaire de rapporter cet interrogatoire textuellement. Malgré les réticences dont sont remplies les réponses de l'ex-ministre, il nous paraît cependant encore important, surtout sous le rapport diplomatique.

Interrogatoire de M. Montmorin, séance du 21 août.

M. le président. J'annonce à l'assemblée que M. Montmorin attend l'instant de son admission à la barre.

L'assemblée décide qu'il sera admis sur-le-champ.

M. Montmorin paraît à la barre.

M. le président à M. Montmorin. Quel est votre nom ? — *M. Montmorin.* Montmorin.

M. le président. Quelles sont les dernières fonctions que vous avez remplies ? — Celles de ministres des affaires étrangères. — Avez-vous connaissance que le roi ait continué de faire payer aux gardes-du-corps supprimés le montant de leurs appointemens ? — Non, monsieur. — Avez-vous touché, depuis votre sortie du ministère, des sommes sur la liste civile ? — Aucune. — Pourquoi dans un Mémoire du mois d'août 1792 êtes-vous compris sur la liste civile pour quatre paiemens, montant environ à 50,000 liv. chacun ? — J'observe qu'il y a un Montmorin gouverneur de Fontainebleau, et c'est sans doute lui que cet article regarde ; car pour moi j'atteste que je n'ai touché aucune somme depuis que je ne suis plus au ministère. — Avez-vous connaissance qu'avant l'époque du 10 août dernier, il ait été formé un projet d'enlever le roi hors de Paris? — Je n'ai aucune connaissance de ce fait. — Il est cependant question de deux membres de cette assemblée, avec lesquels vous avez conféré sur ce projet? — Je n'ai pas plus conféré sur cela avec deux membres de cette assemblée qu'avec toute autre personne. — Connaissez-vous l'auteur d'une note écrite de votre main, et trouvée dans votre appartement aux Tuileries, qui commence par ces mots : *Si l'on fait partir les Suisses?* — Je n'ai pas même d'appartement aux Tuileries ; ainsi, ce n'est pas chez moi qu'on a pu trouver cette note ; cela peut encore regarder l'autre Montmorin, qui pouvait avoir un appartement au château. — L'assemblée vous prie de dire si vous n'avez pas eu connaissance de la note? Je ne sais pas quelle est cette note. — Je vais vous en faire donner lecture.

Un de MM. les secrétaires fait cette lecture.

M. *Montmorin*. Je n'ai aucune espèce de connaissance de cette note, et si l'on en a encore la minute, il sera facile de reconnaître qu'elle n'est pas de mon écriture. — Vous êtes prié de tracer de votre main quelques lignes de cette note.

On fait passer la note à M. Montmorin, et il en écrit quelques lignes.

M. *le président*. Avez-vous connaissance que les Suisses ont eu ordre de tirer sur les citoyens de Paris dans la journée du 10 août, et qui a donné cet ordre? — Je n'ai aucune connaissance de cet ordre. Je suis sorti de chez moi avec ma femme et mes enfans à dix heures du matin ; nous comptions aller de l'autre côté de la rivière ; mais ayant entendu la canonnade, nous sommes entrés chez madame de Nesle, rue Grenelle Saint-Honoré, où nous sommes restés toute la journée. — Pourquoi avez-vous gardé un appartement au château depuis que vous êtes sorti du ministère? — J'ai déjà dit que je n'avais jamais eu d'appartement aux Tuileries. — Que vouliez-vous faire avec un gros et demi d'opium qu'on a trouvé sur vous? — Il y a sept ou huit ans que je l'avais, et je n'avais aucun dessein d'en faire usage. — N'avez-vous aucune connaissance des brochures, affiches, placards, qui ont été payés par la liste civile? — Je n'ai aucune connaissance de cela. — Pourquoi n'avez-vous pas obéi au décret qui vous mandait dernièrement à la barre? — Je n'ai eu connaissance de ce décret que le lendemain; mais comme il y avait encore du mouvement, je m'abstins de sortir ce jour-là : mon dessein était d'attendre à la fin de la semaine.

Dans quel endroit avez-vous été trouvé aujourd'hui? — Dans la rue du faubourg Saint-Antoine, n. 158. — Est-ce vous qui avez payé le journal intitulé : *Le Chant du Coq?* — Je n'ai jamais payé aucun journal; d'ailleurs il me semble que cela est bien ancien. — Pourquoi, dans le mois de juillet 1791, avez-vous fait arrêter le nommé Ephraïm? — Ce n'est pas moi qui l'ai fait arrêter, c'est le comité des recherches. Les membres de ce comité m'ont fait appeler, et je m'y suis rendu. On me demanda s'il n'y avait pas d'inconvénient à faire arrêter ce particulier; je répondis que, si l'on avait des raisons, je ne croyais pas qu'il y eût d'inconvénient. — Pourquoi avez-vous repoussé les ouvertures d'alliance qui ont été proposées à la France, l'année dernière, par la cour de Berlin? — Ma correspondance prouve que je n'ai jamais repoussé de pareilles propositions, parce que d'ailleurs elles n'ont pas été faites. — N'avez-vous jamais employé l'argent qui était destiné pour les dépenses secrètes, à d'autres objets qu'à ceux relatifs au département qui vous était confié? — Jamais je n'ai disposé d'aucune somme que d'après un ordre du roi, et toujours pour la partie politique. — N'avez-vous jamais employé d'argent pour payer des journaux, des placards, contre l'assemblée nationale et les Jacobins? — Je n'ai jamais payé ni journaux, ni placards, ni pamphlets. — N'avez-vous pas conseillé au roi de refuser sa sanction aux décrets rendus sur les prêtres fanatiques? Ne l'avez-vous pas engagé à renvoyer les ministres patriotes? — Alors je n'étais plus au ministère, et depuis que j'en suis sorti, je ne me suis point du tout occupé d'affaires publiques. — Avez-vous connaissance des emprunts qui ont été faits par le roi, soit au-dedans, soit au-dehors du royaume? — Je n'ai connaissance d'aucun.

M. Fauchet. J'observe que le papier qui a été trouvé dans le secrétaire du Château, est adressé à M. Montmorin, et qu'il est étonnant que M. Montmorin n'ait aucune connaissance d'un papier qui lui est adressé.

M. Montmorin. Un papier adressé à M. Montmorin peut bien ne pas s'adresser à moi. Le fait est que je n'en ai aucune connaissance. Il y a un Montmorin qui peut en être instruit, mais certainement ce n'est pas moi.

M. Merlin. Je prie M. le président de demander à M. Montmorin s'il ne fallait pas, pour entrer au Château, avoir une petite canne tachetée de noir.

M. Montmorin. Jamais je ne suis entré au Château qu'avec une canne ordinaire.

M. Merlin. Je vous prie, monsieur le président, de demander à M. Montmorin s'il a écrit au roi depuis qu'il est sorti du ministère.

M. Montmorin. J'ai écrit au roi une fois ou deux pour des affaires particulières.

M. Mazuyer. Je vous prie, monsieur le président, de demander à M. Montmorin quelle était la nature des relations de MM. Barnave et Lameth avec le conseil du roi.

M. Montmorin. Jusqu'au moment de l'acceptation de la Constitution par le roi, tous les ministres se rassemblaient chez le garde des sceaux. La proximité du lieu y attirait un très-grand nombre de députés, des comités même tout entiers s'y trouvaient. MM. Alexandre Lameth et Barnave s'y rendaient, et il n'y avait rien de plus particulier pour eux que pour les autres. Cet état de choses dura jusqu'à l'acceptation de la Constitution ; depuis, tout rentra dans l'ordre ordinaire. Le conseil se tint chez le roi ; les ministres ne se rassemblèrent plus chez le garde des sceaux, et j'ignore absolument ce qui a pu se passer depuis dans le conseil.

M. Merlin. Je demande à M. Montmorin s'il assista encore d'autres députés au conseil du roi.

M. Montmorin. Jamais aucun député n'assista de mon temps au conseil ; je n'y en ai jamais vu.

M. Brissot. Je demande à M. Montmorin si, dans les années 89 et 90, c'est-à-dire à l'époque où M. d'Artois était à Turin, il n'a pas autorisé M. Castelneau à se rendre auprès de M. d'Artois pour servir sous ses ordres.

M. Montmorin. Jamais je n'ai envoyé une pareille autorisation à M. Castelneau. M. Castelneau allait à Genève. En y allant, il me demanda la permission de visiter M. d'Artois; je la lui accordai. En le quittant, il m'a écrit qu'il avait usé de la permission que je lui avais donnée. Depuis, j'appris que M. Castelneau faisait des absences fréquentes de Genève. Je pris des informations à cet égard pour savoir s'il faisait réellement ces absences pour se rendre auprès de M. d'Artois. D'après les renseignemens que je recueillis, je pris les ordres du roi, et je le rappelai. Du reste, j'assure que je n'ai jamais rien envoyé à M. Castelneau de la part du roi, et que je ne l'ai point autorisé à se rendre auprès de M. d'Artois.

M. Brissot. Je prie M. Montmorin de préciser l'époque où il a donné l'autorisation à M. Castelneau.

M. Montmorin. Environ au mois de juillet 1788; je ne me souviens pas précisément de l'époque où M. Castelneau a été rappelé; mais c'est dans le courant de 1789 que je priai le roi de m'autoriser à le rappeler, précisément sur ce qu'on me mandait qu'il avait fait des absences fréquentes et en très-grand incognito.

M. Brissot. J'observe que la réponse de M. Montmorin est contradictoire à une lettre trouvée dans ses papiers, écrite de Genève en 1790; par M. Castelneau; ce qui prouve qu'en 1789 M. Castelneau n'était pas encore rappelé.

M. Montmorin. J'ai dit que je ne me rappelais pas précisément les époques. Il est possible que ce soit en 1790 que M. Castelneau ait été rappelé; mais, à quelque époque que ce soit, je suis certain que la raison de ce rappel n'a été que les absences fréquentes qu'il faisait pour se rendre auprès de M. d'Artois. Si ce n'est qu'en 1790 qu'il a été rappelé, c'est que ce n'est qu'en 1790 que j'ai appris ses absences.

M. Brissot. J'observe que M. Castelneau, dans sa lettre, dit positivement qu'il lui a paru, dans la conférence qu'il a eue avec M. Montmorin, que le soin qu'il a pris pour le service de M. d'Artois, ne lui avait point paru désagréable, et qu'en conséquence il continuerait ce même service. Je demande comment M. Montmorin, qui devrait être pénétré d'indignation contre un prince qui sollicitait les secours des puissances étrangères contre la France, n'a pas manifesté cette indignation dans l'assemblée, au lieu de garder un silence coupable.

M. Montmorin. A cette époque il n'était pas encore question des sollicitations de M. d'Artois auprès des puissances étrangères. Je croyais donc qu'il suffisait de rappeler l'homme dont on était mécontent. Quant à la conférence dont parle M. Castelneau, et dans laquelle, dit-il, ses services auprès de M. d'Artois ne m'ont pas paru désagréables, cette conférence avait eu lieu au mois de juillet 1788, temps auquel M. d'Artois quitta la France. Alors je n'ai pas cru devoir désapprouver M. Castelneau, qui demandait à aller lui rendre ses devoirs.

M. Brissot. J'observe à M. Montmorin que la correspondance de Vienne des mois de septembre et octobre 1791 annonce que l'empereur et le roi Prusse s'étaient ligués contre la France; que l'un et l'autre avaient prêté des sommes considérables aux frères du roi, qui les empruntait en son nom, et pour le rétablir dans ses anciens droits; que cependant M. de Montmorin, dans son discours du 31 octobre, a caché tous ces faits à l'assemblée nationale. Je demande pourquoi.

M. Montmorin. La correspondance annonçait une convention entre les cours de Vienne et de Berlin; le motif en était la détention du roi. Je prévins à plusieurs reprises, et presqu'à tous les ordinaires, le comité diplomatique de l'assemblée constituante; c'était par cet organe que l'assemblée avait désiré recevoir les nouvelles politiques. Sur mes provocations, soit directes au comité diplomatique, soit indirectes au comité militaire, l'on hâta les armemens, je crois même que l'on augmenta ceux qui avaient été décrétés dès la fin de juin. Lorsque j'eus l'honneur de parler à l'assemblée nationale, le 31 octobre, à l'occasion de ma démission, les choses avaient changé de face. L'empereur, qui avait provoqué la coalition des différentes puissances de l'Europe, par une circulaire dont je n'ai jamais eu connaissance que par les papiers publics; l'empereur, dis-je, avait, par une autre circulaire, écrit, aux mêmes puissances auxquelles il avait écrit la première, de suspendre l'effet de celle-ci; il avait répondu à la lettre par laquelle le roi lui annonçait son acceptation de la Constitution, qu'il n'existait à cette époque aucun mouvement extraordinaire de troupes. Je devais donc juger les dispositions de l'empereur pacifiques, puisqu'il ne cessait de l'assurer lui-même, et qu'aucune démonstration militaire de sa part n'annonçait le contraire. Je n'ai donc rien caché à l'assemblée, et je lui ai dit la vérité, lorsqu'en quittant le ministère, au mois d'octobre, j'ai annoncé que nous avions des espérances de paix fondées, et que rien n'annonçait, au moins comme prochaine, l'intervention de quelque puissance étrangère considérable en faveur des émigrés.

M. Brissot. Je termine en faisant observer à M. Montmorin deux contradictions frappantes : 1° il dit qu'il a caché ou qu'il n'a pas communiqué à l'assemblée la coalition, parce que l'empereur, par sa seconde circulaire, en avait suspendu l'effet. Or, son discours est du 31 octobre, et la circulaire est du mois de novembre 1791.

2° M. Montmorin a dit qu'il n'avait pas cru devoir parler de cette coalition, parce que la première circulaire ne lui était pas connue, et cependant sa correspondance lui annonçait cette circulaire, et notamment la convention de Pilnitz, dont il n'a jamais parlé à l'assemblée nationale.

M. Montmorin. La première objection porte sur la date de la seconde circulaire de l'empereur; j'ignore quelle est cette date; mais je connaissais les dispositions de la cour de Vienne à cette époque par nos ambassadeurs qui avaient repris les fonctions diplomatiques depuis l'acceptation du roi. Je savais, par ces ambassadeurs, que Léopold, naturellement disposé à la paix par caractère, profitait avec plaisir de la porte que lui offrait l'acceptation de la constitution par le roi, pour éviter la guerre. J'ajouterai encore qu'en envoyant à Vienne la lettre par laquelle le roi annonçait qu'il avait accepté la Constitution, j'avais fait demander par notre ambassadeur, de la manière la plus formelle et la plus positive, des explications sur cette convention de Pilnitz, sur cette convention dont je feignais de douter encore, parce qu'elle ne nous avait pas été notifiée officiellement. Des réponses à ces lettres, qui étaient très-fortes, n'étaient pas encore arrivées, lorsque je donnai ma démission. Mais, d'après les dispositions pacifiques que montrait la cour de Vienne, ces réponses devaient être satisfaisantes, et je devais laisser à mon successeur le soin de rendre compte à l'assemblée de la suite de cette négociation. Cette marche était d'autant plus simple, qu'au 31 octobre ce n'était pas quinze jours de plus ou de moins qui pouvaient être intéressans pour des préparatifs militaires. D'ailleurs, je le répète, tout m'annonçait les mesures les plus pacifiques de la part des cours de Vienne et de Berlin. Ainsi, je n'ai point caché ce qui était; et lorsque, dans le courant de l'été, il y avait eu du danger, j'en avais informé l'assemblée constituante avec grand soin, par le canal de son comité.

M. Gensonné. Je demande à M. Montmorin comment, ayant été ministre des affaires étrangères jusqu'au 31 octobre dernier, il a pu ignorer que les sollicitations des princes français auprès des puissances étrangères se faisaient au nom du roi et de concert avec lui.

M. Montmorin. Les sollicitations des princes français n'ont commencé à être réellement très-vives qu'aux mois de juillet et d'août 1791. Je n'ai jamais eu notion que leurs sollicitations aient été faites au nom du roi leur frère : je savais bien que c'était pour le roi qu'ils sollicitaient; je n'ai jamais su qu'ils aient pris son nom ; et je me plaignis amèrement, dans une dépêche écrite à la cour de Vienne, de ce que l'on avait accueilli une intervention de leur part, pour laquelle ils étaient absolument sans titres. Lorsque le roi eut accepté la Constitution, j'espérai que les princes eux-mêmes cesseraient des sollicitations qui devenaient sans objet, puisque le roi avait accepté la Constitution. J'espérai que voyant l'inutilité absolue de leurs sollicitations, ils finiraient par les abandonner ; c'est d'ailleurs à cette époque que je donnai ma démission ; il ne me restait plus de démarches à faire.

M. Gensonné. Je vous prie, monsieur le président, de demander encore à M. Montmorin comment il a pu ignorer que les anciens gardes du corps étaient réunis en corps à Coblentz, et étaient payés sur la liste civile.

M. Montmorin. Je l'ignorais absolument ; le roi m'avait fait l'honneur de m'assurer que cela n'était vrai en aucune manière. Quant à leur rassemblement, je ne l'ai appris que fort tard, à l'époque dont nous parlions tout-à-l'heure, au mois de juillet. Je crois même que ce n'est qu'à cette époque qu'il a eu lieu.

Je fis alors une démarche vis-à-vis des puissances étrangères. Plusieurs de nos agens politiques ne donnaient presque pas de leurs nouvelles. Je ne pouvais cependant pas les rappeler, parce qu'on n'avait pas reçu leurs lettres de déchéance, et encore moins les suppléer, parce qu'on n'avait pas reçu leurs successeurs. Tout ce que je pouvais faire était de tenir le comité diplomatique parfaitement au fait de tout ce qui se passait, en lui communiquant avec la plus scrupuleuse exactitude toutes les dépêches que je recevais des cours étrangères.

M. Gensonné. Je vous prie d'observer à M. Montmorin qu'il est convenu, dans sa réponse à un des interrogats précédens, qu'à l'époque du mois de juillet et d'août de l'année dernière, les sollicitations auprès des puissances étrangères étaient très-vives ; qu'elles se faisaient pour le roi ; qu'il est également certain que, depuis l'époque de l'acceptation, le concert des cours de Vienne et de Berlin n'avait point cessé, qu'elles attendaient, pour attaquer la France, que les moyens de corruption employés par le roi dans l'intérieur pussent faciliter leur attaque et l'invasion du territoire français.

D'après ces observations, je vous prie de demander à M. Montmorin pourquoi il n'a pas fait tous ses efforts pour prouver au roi que la faiblesse et la pusillanimité du cabinet des Tuileries envers les cours de Vienne et de Berlin pouvaient élever les soupçons les plus graves sur la loyauté de son acceptation, pourquoi lui-même, M. Montmorin, dans le dernier compte rendu à l'assemblée, a bercé la nation par de fausses espérances de paix, rejetées sur la prétendue exagération des journaux et des sociétés populaires. La mauvaise humeur des puissances ennemies jette encore les fondemens du système de trahison que la cour a si ouvertement suivi depuis cette époque, et que les papiers trouvés dans le secrétaire du roi ont complétement dévoilé.

M. Montmorin. Je répondrai d'abord qu'à l'époque du mois de juillet, les sollicitations des princes français devinrent vives, et que la position dans laquelle se trouvait le roi à cette époque, paraissait faire accueillir ces sollicitations avec quelque succès. — Après l'acceptation, j'ai dû croire qu'il allait en résulter un nouvel ordre de choses. Nos agens, qui avaient été repoussés jusqu'alors, furent écoutés comme ils l'avaient été précédemment. Ils annonçaient les dispositions des cours où ils étaient envoyés comme pacifiques ; ils peignaient même ces cours comme soulagées de n'avoir plus à se livrer à une guerre dont l'acceptation faite par le roi les dispensait avec honneur. J'ai dû croire que les princes eux-mêmes cesseraient leurs sollicitations ; en un mot, je regardai l'acceptation de la Constitution par le roi, comme une époque qui terminait la constitution. L'on ne saurait taxer d'être pusillanimes les dernières dépêches que j'ai écrites à Vienne. Elles étaient de nature à forcer cette cour à s'expliquer. J'ai fait ce qui était nécessaire dans ce moment-là ; je n'ai point reçu de réponse à ces lettres, ou du moins de réponse directe. Les dispositions de la cour de Vienne me furent seulement transmises par M. Noailles. Il m'annonçait que l'empereur l'avait reçu, et lui avait promis qu'il répondrait au roi ; mais cette réponse ne parvint qu'après ma retraite du ministère ; aussi, me bornai-je à l'annoncer comme devant arriver incessamment. Dans le compte que je rendis à l'assemblée nationale, le 31 octobre, je parlai de l'exagération de quelques journaux, parce que plusieurs des lettres que je recevais, les ministres étrangers que je voyais ici, ceux que nous avions auprès des puissances, tous s'accordaient à me tenir le même langage. Je dis ce qui existait alors. Tout l'horizon politique se présentait de la manière la plus pacifique; aucun préparatif hostile quelconque n'annonçait la guerre. Je pourrais en alléguer une preuve bien positive; c'est qu'aujourd'hui même que la guerre existe depuis le mois d'avril, à peine les préparatifs des puissances étrangères sont-ils achevés.

Je m'expliquais au nom du roi dans la dernière lettre que j'ai écrite à Vienne, d'une manière très-ferme, propre à décider le langage de l'empereur.

J'ai donc été loin d'induire l'assemblée nationale en erreur dans le compte que je lui ai rendu; je n'ai fait que le lui présenter tel que je devais l'apercevoir, et tel que je crois qu'il était en effet.

M. Lasource. Lorsqu'on a interrogé M. Montmorin, soit sur les paiemens faits à lui par la liste civile, soit sur des notes trouvées dans un appartement du Château, qu'on croit être le sien; il a répondu négativement, et a dit qu'il y avait un autre Montmorin, gouverneur de Fontainebleau. Il importe d'éclaircir duquel des deux il s'agit. Je demande donc que M. Montmorin de Fontainebleau soit mandé sur-le-champ, et qu'on expédie les ordres sur-le-champ, afin que les deux Montmorin n'aient pas le temps de se concerter.

M. Montmorin. Il y a encore un Montmorin, vieillard de quatre-vingt-sept ans; ce n'est pas lui, je crois, dont il est question; il est au Havre.

L'assemblée permet à M. Montmorin de se retirer.

M. Montmorin se retire.

M. Lasource. Votre commission extraordinaire a vérifié qu'effectivement les notes trouvées au château étaient adressées, non pas à M. Montmorin, ci-devant ministre, mais à M. Montmorin, gouverneur de Fontainebleau; cependant, comme plusieurs autres faits très-graves accusent le premier, votre commission extraordinaire, dans l'impossibilité où elle est d'en faire le rapport aujourd'hui, vous propose de décréter que M. Montmorin, ex-ministre des affaires étrangères, sera provisoirement mis en état d'arrestation.

Cette proposition est adoptée.

Nous en finirons sur-le-champ avec l'affaire Montmorin. Le Montmorin de Fontainebleau fut amené et interrogé le 25. A la barre, il avoua la note qu'on avait présentée au ministre Montmorin, et qu'il avait refusé de reconnaître (voyez cette note, page 85); mais il déclara n'avoir qu'assisté à une conversation et n'avoir reconnu personne. Ses réponses parurent embarrassées; il fut envoyé à l'Abbaye.

— Le 22, une députation de la commune se présenta à la barre.

M. Robespierre. Vous voyez une députation composée d'une partie des membres de la commune, et d'une partie des membres nommés par les sections pour remplacer ce qu'on appelait le département. Déjà nous avions déposé dans votre sein nos inquiétudes sur la formation d'un nouveau département; déjà nous croyions voir renaître les germes de division et d'aristocratie. Nous avons éclairé nos commettans; ces nuages se sont dissipés d'eux-mêmes. Les membres nommés par les sections se sont présentés à la commune; ils ont juré de n'accepter d'autre titre que celui de commission des contributions. Nous vous prions de consacrer par un décret ce grand acte de fraternité et d'union.

M. Masuyer. Sur la pétition qui vous est présentée, je demande l'ordre du jour.

M. Lacroix. Vous aviez rendu un premier décret que vous avez rapporté. Vous aviez décrété que la nouvelle administration du département continuerait ses fonctions, relatives à la simple administration, et vous aviez délivré la commune de cette surveillance qui gênait ses fonctions en matière de police. Vous avez à prononcer si ce département, à la formation duquel ont concouru d'autres communes que celle de Paris, peut être destitué, remplacé par des représentans provisoires de cette seule commune. Passer à l'ordre du jour, ce serait éluder une question sur laquelle vous devez prononcer. Des administrateurs peuvent être suspendus par le conseil exécutif provisoire, mais ils ne peuvent être destitués que par le corps législatif. Certes, je ne crois pas que le conseil général de la commune ait pu destituer un directoire qui est au-dessus de lui.

M. Robespierre entre dans la barre et demande la parole.
Plusieurs voix. Point de discussion à la barre.

M. *Lacroix.* J'ai la certitude que le décret rendu en présence de l'orateur de la députation a été rapporté, et que l'assemblée a conservé les administrateurs dans leurs fonctions administratives. Il faut rappeler ce décret et maintenir les administrateurs nommés par tous les administrés. Je demande que l'assemblée renvoie cette question à son comité; car il est essentiel qu'elle prononce sur une proposition qui tend à culbuter dans un instant tous les départemens du royaume.

— Cette proposition est renvoyée à la commission extraordinaire pour en faire son rapport demain au matin.

Ce sang-froid de l'assemblée prouve mieux que toute autre chose que la population de Paris était moins agitée. Le *Patriote français* commençait à reprendre son langage ordinaire. Lui qui avait été si poli dans l'extrait que nous en avons cité, lorsqu'on vint au nom de la commune demander l'organisation du tribunal criminel, aujourd'hui il flétrit cette démarche, il se montre irrité d'une si audacieuse usurpation.

— Le 25, l'assemblée reçut les nouvelles les plus favorables de l'armée du Midi; mais elle apprit en même temps que l'ennemi avait pénétré en France et ravageait les environs de Metz. Le ministre de la guerre annonça qu'il avait remplacé Luckner par Kellermann, et rappelé Dillon. Le ministre des affaires étrangères vint rassurer l'assemblée sur le départ de l'ambassadeur britannique, qui venait d'avoir lieu. Il s'éloignait momentanément pour se conformer à l'usage diplomatique, qui commandait le renouvellement de ses lettres de créance.

Tout se réunissait pour presser le mouvement révolutionnaire. Aussi, sans hésiter, les représentans décrétèrent la séquestration des biens des émigrés. A la reprise du soir, Merlin proposa d'arrêter leurs femmes et leurs enfans, et de les garder en otage. Cependant, sur l'avis de Thuriot, on répondit par l'ordre du jour; mais on passa à une mesure non moins révolutionnaire. On vota que tous les prêtres insermentés seraient tenus d'évacuer le territoire français sous quinze jours. Vergniaud et Cambon voulaient qu'on les déportât à la Guyane; mais cette mesure fut rejetée comme trop rigoureuse, comme *atroce*.

La séance fut terminée par l'interruption qui suit :

Une députation de la commune, accompagnée de quelques fédérés de la section du Finistère, est introduite à la barre.

L'orateur de la députation. Il est temps que les criminels d'Orléans soient transférés à Paris, pour y subir le supplice dû à leurs forfaits. Si vous n'accordez cette demande, nous ne répondons plus de la vengeance du peuple. (Il s'élève des murmures.) Vous nous avez entendus, et vous savez que l'insurrection est un devoir sacré.

Un des citoyens de la section du Finistère. Envoyer au comité des douze, c'est vouer à l'oubli. La patrie est dans un double danger. Nous voulons une vengeance prompte, non par les formes anciennes, mais par une cour martiale.

M. le président. (C'était Lacroix qui occupait le fauteuil.) La France entière a les yeux fixés sur l'assemblée nationale. Aucune section de l'empire ne peut lui reprocher de mal employer son temps; il est minuit, la séance n'est pas levée. Les menaces ne produiront sur elle d'autre effet que de la résigner à mourir à son poste. Ce n'est pas à nous qu'il appartient de changer la Constitution; c'est à la Convention nationale que nous avons appelée. Vous lui présenterez vos pétitions; elle seule pourra changer l'organisation de la haute cour martiale. Nous avons fait notre devoir. Si notre mort est une dernière preuve nécessaire pour l'en persuader, le peuple, de l'effervescence duquel vous nous menacez, peut disposer de notre vie. Les députés qui n'ont pas craint la mort quand les satellites et les suppôts du despotisme menaçaient le peuple, qui ont partagé avec vous tous les dangers qu'il a courus, sauront mourir à leur poste pour la liberté et l'égalité. Interprète des sentimens de l'assemblée, je vous les ai fait connaître ; vous pouvez les rapporter à vos commettans. Je vous invite aux honneurs de la séance. (On applaudit.)

M. Bazire. Pour faire connaître que nous sommes libres ; pour prouver que le peuple est calomnié, quand on l'accuse de vouloir gêner la liberté de l'assemblée, je demande que sur-le-champ on passe à l'ordre du jour.

M. Choudieu. On ne doit jamais délibérer sur des menaces ; passons à l'ordre du jour.

L'assemblée passe à l'ordre du jour, et décrète que la réponse de M. le président sera consignée au procès-verbal.

La séance est suspendue. Il est minuit.

— Le 24, l'assemblée fut instruite du blocus de Longwi par les Prussiens. Elle apprit encore que les commissaires de l'armée du Rhin avaient nommé Houchard en remplacement de Broglie. Les circonstances s'aggravaient ainsi chaque jour par le commencement de l'invasion et toutes ces innovations dans les états-majors de l'armée ; aussi l'on s'étonne de trouver une discussion sur la naturalisation de tous les philosophes étrangers qui avaient servi la cause de la liberté. Vergniaud prit texte d'une pétition pour faire cette proposition. Guadet et Chabot l'appuyèrent ; elle fut votée presque à l'unanimité.

— Le 25, l'assemblée décréta la suppression de la contrainte par corps pour les mois de nourrice, la suppression des droits féodaux sans indemnité, l'abolition des substitutions, et les moyens d'accélérer l'action du tribunal du 10 août.

Ce fut le soir de ce jour qu'une lettre de la municipalité de Verdun apprit à l'assemblée que le bruit courait que Longwi s'était rendue le 23, après un bombardement de quinze jours. La confirmation de cette nouvelle ne fut acquise que le lendemain.

SUITE DE LA SÉANCE PERMANENTE. 26 AOUT.

[On fait lecture d'une lettre de M. Jaucourt, ex-député, détenu dans les prisons de l'Abbaye par ordre de la commune. Il réclame l'inviolabilité des députés, qui ne cesse qu'un mois après qu'ils ont abandonné leurs fonctions législatives. Il demande que l'assemblée prenne connaissance de son affaire.

M. Lacroix. Je réclame l'ordre du jour sur cette demande. Il est bien certain que les députés sont inviolables pendant le temps de leurs fonctions ; il est bien certain encore que même après leur démission, ils ne peuvent être inquiétés pour tout ce qu'ils auraient pu faire ou dire pendant l'exercice de leurs fonctions ; et sans doute ce ne peut être sur ce que M. Jaucourt a pu dire ou faire comme député, qu'a porté son arrestation ; sans doute, en ce cas, la commune de Paris vous aurait informés officiellement des poursuites qu'elle aurait crues nécessaires. Je dois, au reste, relever une erreur qui est échappée à M. Jaucourt dans sa lettre. Les membres de l'assemblée nationale ne sont point, comme il le prétend, investis de leur inviolabilité durant un mois après qu'ils se sont démis de leurs fonctions. Au moment même de sa démission, M. Jaucourt a cessé d'être député ; il est rentré dans la classe des simples citoyens ; et c'est dans cet état que la commune de Paris l'a fait arrêter.

L'assemblée passe à l'ordre du jour.

Plusieurs citoyens admis à la barre demandent que la contrainte par corps pour dettes soit abolie.

M. Larivière. Je convertis en motion cette pétition. La législature actuelle doit emporter la gloire d'avoir fait cette loi. Je demande que les comités de législation et de commerce fassent, sous trois jours, un rapport sur cet objet.

Cette proposition est adoptée.

On fait lecture d'une lettre de M. Tallien, secrétaire de la municipalité provisoire de la ville de Paris. Il prévient l'assemblée que plusieurs députés se munissent de passeports.

L'assemblée mande M. Tallien à la barre, pour qu'il ait à nommer ces députés.

M. François de Neufchâteau. Il se répand dans les départemens et districts des adresses et lettres circulaires tendantes à empêcher que la Convention nationale ne se tienne pas à Paris.—Ce membre expose que des insinuations perfides sont les dernières ressources des ennemis de la patrie; qu'il importe de dissiper promptement les nuages qu'ils s'efforcent de répandre sur les dispositions de la commune de Paris, dans le sein de laquelle les députés de tous les départemens de l'empire à la Convention nationale sont assurés de ne trouver, comme les députés actuels, que des concitoyens, des amis et des frères; qu'il convient également de mettre la commune de Paris à portée de faire connaître elle-même son respect unanime pour la loi, et sa confiance entière dans les législateurs; que, sans vouloir influencer l'opinion du peuple souverain, l'assemblée nationale se doit à elle-même de donner à tout l'empire un témoignage éclatant de l'intention où elle est de ne point quitter son poste avant que la Convention nationale, qu'elle a convoquée, ne puisse être mise en activité. En conséquence, il demande que tous les membres de l'assemblée nationale prêtent à l'instant le serment de ne pas quitter leur poste à Paris, qu'ils ne soient remplacés par la Convention nationale, dont les membres, aux termes de l'acte du corps législatif, du 10 août, doivent être rendus à Paris pour le 20 septembre.

A cette proposition, toute l'assemblée nationale se lève par un mouvement spontané et unanime; tous ses membres lèvent la main et répètent ce serment avec acclamation. Ensuite l'assemblée nationale ordonne que cette partie du procès-verbal de sa séance sera sur-le-champ imprimée, publiée et affichée, envoyée au département de Paris, pour le transmettre sur-le-champ à la commune de Paris, et aux quarante-huit sections, aux quatre-vingt-trois départemens, et à leurs assemblées électorales par des couriers extraordinaires.

M. Benoiston présente la rédaction définitive du décret sur la déportation des prêtres non assermentés.

« L'assemblée nationale, considérant que les troubles excités dans le royaume par les prêtres non assermentés est une des premières causes du danger de la patrie; que dans ce moment où tous les Français ont besoin de leur union et de toutes leurs forces pour repousser les ennemis du dehors, elle doit s'occuper de tous les moyens qui peuvent assurer la paix dans l'intérieur, décrète qu'il y a urgence :

» L'assemblée nationale, après avoir décrété l'urgence, décrète ce qui suit :

» Art. 1ᵉʳ. Tous les ecclésiastiques qui, étant assujettis au serment prescrit par la loi du 26 décembre 1790, et celle du 17 avril 1791, ne l'ont pas prêté, ou qui, après l'avoir prêté, l'ont rétracté et ont persisté dans leur rétractation, seront tenus de sortir, sous huit jours, des limites du district et du département de leur résidence, et dans quinzaine hors du royaume. Ces différens délais courront du jour de la publication du présent décret.

» II. En conséquence, chacun d'eux se présentera devant le directoire ou la municipalité du district de sa résidence, pour y déclarer le pays étranger dans lequel il entend se retirer, et il lui sera délivré, sur-le-champ, un passeport qui contiendra sa déclaration, son signalement, la route qu'il doit tenir, et le délai dans lequel il doit sortir du royaume.

» III. Passé le délai de quinze jours, ci-devant prescrit, les ecclésiastiques non assermentés qui n'auraient pas obéi aux dispositions précédentes, seront déportés à la Guyane-Française. Les directoires de districts les feront arrêter et conduire, de brigade en brigade, aux ports de mer les plus voisins, qui leur seront indiqués par le conseil exécutif provisoire; et celui-ci donnera en conséquence des ordres pour faire équiper et approvisionner les vaisseaux nécessaires aux transports desdits ecclésiastiques.

» IV. Ceux ainsi transférés, et ceux qui sortiront volontairement, en exécution du présent décret, n'ayant ni pension, ni revenus, obtiendront chacun 3 livres par journée de dix lieues, jusqu'au lieu de leur embarquement, jusqu'aux frontières du royaume, pour subsister pendant leur route : ces frais seront supportés par le trésor public, et avancés par les caisses de district.

» V. Tout ecclésiastique qui serait resté dans le royaume après avoir fait sa déclaration de sortir et obtenu son passeport, et qui rentrerait après être sorti, sera condamné à la peine de détention pendant dix ans.

» VI. Tous autres ecclésiastiques non sermentés séculiers et réguliers, prêtres, simples clercs minorés, ou frères lais, sans exception, ni distinction, quoique n'étant point assujettis au serment par les lois des 26 décembre 1790, et 17 avril 1791, seront soumis à toutes les dispositions précédentes, lorsque, par quelques actes extérieurs, ils auront occasioné des troubles venus à la connaissance des corps administratifs, ou lorsque leur éloignement sera demandé par six citoyens domiciliés dans le même département.

» VII. Les directoires de district seront tenus de notifier aux ecclésiastiques non sermentés, qui se trouveront dans l'un ou l'autre des deux cas prévus par le précédent article, copie collationnée du présent décret, avec sommation d'y obéir et de s'y conformer.

» VIII. Sont exceptés des dispositions précédentes, les infirmes, dont les infirmités seront constatées par un officier de santé qui sera nommé par le même conseil général de la commune du lieu de leur résidence, et dont le certificat sera visé par le même conseil général; sont pareillement exceptés les sexagénaires dont l'âge sera aussi dûment constaté.

» IX. Tous les ecclésiastiques du même département qui se trouveront dans le cas des exceptions portées par le précédent article, seront réunis au chef-lieu du département dans une maison commune dont la municipalité aura l'inspection et la police.

» X. L'assemblée nationale n'entend pas, par les dispositions précédentes, soustraire aux peines établies par le Code pénal, les ecclésiastiques non sermentés qui les auraient encourues ou pourraient les encourir par la suite.

» XI. Les directoires de district informeront régulièrement de leurs suites et diligences aux fins du présent décret, les directoires de départemens, qui veilleront à son entière exécution dans toute l'étendue de leur territoire, et seront eux-mêmes tenus d'en informer le conseil exécutif provisoire.

» XII. Les directoires de district seront en outre tenus d'envoyer tous les quinze jours au ministre de l'intérieur, par l'intermédiaire des directoires de départemens, des états nominatifs des ecclésiastiques de leur arrondissement qui seront sortis du royaume ou auront été déportés; et le ministre de l'intérieur sera tenu de communiquer de suite à l'assemblée nationale lesdits états. »]

L'assemblée déféra ensuite le titre de citoyen français aux philosophes Priestley, Payne, Bentham, Wilberforce, Clarkson, Makinstoch, David Williams, Gorani, Anacharsis Clootz, Compre, Corneille Paw, Pestalozzi, Washington, Hamilton; Maddison, Kloptok, Kocciusko, Gilleers.

Elle entendit ensuite diverses lettres des départemens frontières ; on lui demandait des armes. On proposa de saisir tous les fusils de luxe appartenant aux ci-devant nobles. — Renvoyé aux ministres. Jean Debry prit texte de là pour proposer la formation d'un corps de douze cents volontaires qui se dévoueraient à aller attaquer corps à corps les tyrans ennemis de la France. Cette proposition fut renvoyée au comité militaire après une vive opposition.

26 août, à 9 heures du soir.

[Le ministre de la guerre entre dans la salle, et communique aux trente membres qui s'y trouvent pendant la suspension de la séance une lettre du maréchal Luckner annonçant la reddition de Longwi. Cette lettre porte, en substance, que l'ennemi s'est présenté au nombre de soixante à soixante-dix mille hommes devant cette place, que le 21 de ce mois; qu'il en a fait l'attaque par une canonnade et un bombardement qui ont duré quinze heures; que la bourgeoisie et les corps administratifs ont pressé M. Lavergne, commandant, de se rendre, et que la garnison n'a point résisté à leurs sollicitations; qu'elle a obtenu une capitulation et sa retraite. Quinze hommes seulement ont péri dans l'attaque. — M. Luckner ajoute que l'ennemi occupe le territoire et l'emplacement du camp de Fontoy, et qu'il paraît disposé à se porter sur Thionville qui n'est qu'à six lieues de Longwi.

Les membres présens à la séance s'empressent de donner des ordres pour rassembler les députés qui se trouvent à la cérémonie funèbre célébrée au jardin des Tuileries. — Bientôt ils sont réunis au nombre de deux cents. L'assemblée se forme sous la présidence de M. Hérault, et entend une seconde lecture de la dépêche.

M. Crublier-Opterre. Ce ne peut être que par trahison qu'une place telle que Longwi a été livrée après quinze heures seulement d'attaque, sans brèche, sans assaut. Cette forteresse avait des approvisionnemens de toute espèce, artillerie formidable, vivres, munitions, fortifications, casemates, triples mines, dispositions nécessaires pour éviter l'effet des bombes, tout était prévu. La place avait près de quatre mille hommes de garnison, sans compter les citoyens armés ; elle devait tenir plusieurs mois.

— On lit une lettre écrite de Metz par les commissaires de l'assemblée à l'armée Luckner ; elle confirme la reddition de Longwi, avec toutes les circonstances exposées par M. Crublier-Opterre. Les commissaires ajoutent que la garnison de Metz n'est composée que de quatre mille hommes, la plupart sans habits et sans armes, et qu'il en manque aussi à plusieurs volontaires du camp de Luckner.

M. Cambon. Il est temps de réclamer des citoyens l'exécution des promesses et des sermens qu'ils ont souvent renouvelés à cette barre. Je ne doute pas que le patriotisme des citoyens de Paris n'aille au-delà des besoins de la patrie ; je ne doute pas que les fédérés ne s'empressent de voler à sa défense. Je demande que l'assemblée décrète à l'instant la levée de trente mille hommes armés et équipés, pris dans le département de Paris et dans les départemens voisins, et que la commission extraordinaire soit chargée de présenter, séance tenante, une proclamation portant réquisition aux citoyens de ces départemens.

Cette proposition est décrétée.

M. Bréard annonce qu'il y a à Rochefort et à Brest trente à quarante mille fusils destinés au service de la marine, et demande qu'il soit nommé des commissaires pour les faire transporter à Paris, afin d'en armer les citoyens requis.

Cette motion est adoptée.

M. Lecointre. J'observe qu'il y a cent soixante-dix mille fusils dans nos arsenaux, mais que plusieurs municipalités s'opposent à leur transport, notamment celle de Thionville qui arrête les fusils qui se fabriquent dans cette ville.

M. Cambon. Si toutes les communes s'isolent et ne s'occupent que de la défense de leur clocher, nous serons bientôt vaincus. Tous les citoyens qui ont des armes doivent partir ou les céder. Il est temps que les propriétaires aillent défendre eux-mêmes leurs propriétés; et s'ils restent oisifs, il faut leur prendre leur habit d'uniforme et leurs fusils pour en armer les sans-culottes. (On applaudit.) Il faut aussi prendre les chevaux des oisifs de Paris, et les donner aux citoyens qui ont déjà servi dans la cavalerie. Je demande que l'assemblée nationale décrète que tous les citoyens qui ont des armes, et qui ne se rendront pas aux frontières, les fourniront à ceux qui s'inscriront pour y aller.

M. Lasource. C'est une étrange perfidie que celle d'un pouvoir exécutif qui a laissé constamment sans armes les bons citoyens que leur zèle avait portés sur les frontières pour la défense de la patrie. Ce serait une folie et un crime que de laisser plus longtemps sans moyens de défense les généreux soldats de la liberté qui sont en présence de l'ennemi. Le courage ne suffit pas, il faut des armes; ce n'est pas à coups de poing qu'on repousse des coups de fusils. Il est un moyen d'armer promptement tous les bataillons de volontaires, et de suppléer à la pénurie momentanée qu'avait occasionée l'inaction dans laquelle un ministère ennemi de la liberté avait tenu vos fabriques. Tout bon citoyen doit se faire un honneur de marcher aux frontières, ou de céder son arme à ceux qui y volent. Les départemens de l'intérieur peuvent remplacer les fusils de munition par des fusils de chasse, et ceux-ci par des piques ; mais devant les Prussiens il faut des fusils de guerre. Je vous propose donc de décréter que les armes distribuées aux départemens de l'intérieur seront données provisoirement aux volontaires nationaux qui vont aux frontières, sauf à remplacer ces armes à mesure que vos fabriques vous fourniront.

Cette proposition est adoptée, et rédigée en ces termes :

« L'assemblée nationale considérant que les armes n'ont été confiées aux citoyens que pour la défense de la patrie, et que ceux qui s'y dévouent particulièrement en marchant aux frontières doivent être promptement armés, décrète qu'il y a urgence :

» L'assemblée nationale, après avoir décrété l'urgence, décrète ce qui suit :

» Art. Ier. Des fusils distribués aux départemens de l'intérieur seront remis aux citoyens qui se sont rendus ou se rendront aux frontières pour la défense de la patrie.

» II. Tout citoyen de l'intérieur qui aura reçu un fusil sera tenu de le remettre, ou de marcher aux frontières.

» III. Les armes cédées par les citoyens à leurs frères qui auront marché ou marcheront aux frontières seront remplacées par de nouvelles distributions, au fur et à mesure de la fabrication.

» IV. Toutes les communes de l'intérieur qui auront eu part à la distribution des quatre-vingt-dix-sept mille fusils déjà faite, seront invitées à tenir ceux qu'elles ont reçus à la disposition du pouvoir exécutif, qui est chargé de les faire passer sans délai aux bataillons qui en manquent. »

Sur la proposition de la commission extraordinaire, le décret suivant est rendu :

« L'assemblée nationale décrète que deux commissaires, pris dans son sein, se transporteront à Rochefort pour faire charger et envoyer à Paris les canons qui leur paraîtront ne pas être en ce moment nécessaires en cette ville, et les fusils et autres ustensiles de guerre, qui se trouveront dans les différens arsenaux de ladite ville, en telle quantité qu'ils jugeront convenable ; et procédant à la nomination de ses commissaires, MM. Ruamps et Niou ont obtenu la majorité des suffrages. »

M. Vergniaud annonce de la part de la commission extraordinaire, qu'elle n'a pu encore prendre de détermination relativement à la garnison de Longwi, par le défaut de renseignemens exacts sur les circonstances du siége.

Le même membre propose, au nom de la commission, le projet de décret suivant, que l'assemblée adopte en ces termes :

« L'assemblée nationale, considérant, qu'il est défendu par la loi sous peine de mort, aux commandans de rendre aucune place à l'ennemi, sans le consentement des corps administratifs qui pourraient s'y trouver, et à ceux-ci de faire d'eux-mêmes aux commandans la proposition de se rendre ;

» Considérant, qu'il importe que les commandans ne soient point troublés dans leurs moyens de défense, ni le courage des corps administratifs ébranlé par les manœuvres des mauvais citoyens, et que tout homme qui jette l'alarme et parle de se rendre, avant que le commandant en ait reconnu la nécessité, est un traître à la patrie, décrète qu'il y a urgence.

» L'assemblée nationale, après avoir décrété l'urgence, décrète ce qui suit :

» Art. Ier. Tout citoyen qui, dans une ville assiégée, parlera de se rendre, sera puni de mort.

» II. Le présent décret sera envoyé, sur-le-champ, par le pouvoir exécutif, à tous les commandans et corps administratifs.

» III. Ils le feront publier, afficher et proclamer solennellement et à son de trompe. »

Au nom de la même commission, M. Hérault propose et l'assemblée adopte la proclamation suivante :

Aux Français habitant le département de Paris et les départemens voisins.

« Citoyens, la place de Longwi vient d'être rendue ou livrée ! Les ennemis s'avancent. Peut-être se flattent-ils de trouver partout des lâches ou des traîtres : ils se trompent ; nos armées s'indignent de cet échec, et leur courage s'en irrite. Citoyens, vous partagez leur indignation : la patrie vous appelle : partez. »

L'assemblée nationale requiert le département de Paris et les départemens voisins de fournir à l'instant trente mille hommes armés et équipés.

M. *Cambon.* Je demande que l'assemblée nationale charge le pouvoir exécutif de faire publier et afficher demain, avec solennité, dans Paris, l'adresse aux citoyens, et le décret relatif aux armes, et que le maire de Paris ou des représentans de la commune se rendent demain matin à la barre pour entendre la lecture de ces deux décrets, et être invités à en hâter l'exécution.

Cette proposition est adoptée.

Un membre demande que le ministre de la guerre rende compte de la conduite des corps administratifs et commandans de Longwi. Un autre membre observe que le ministre avait promis de donner cette communication à l'assemblée, et l'ordre du jour réclamé sur ce motif, est adopté.

Une députation de canonniers de la section de la Fontaine-Montmorency, admise à la barre, exprime, au nom de sa compagnie, le vœu d'offrir à la Nation les vingt-quatre canons qui sont restés en quelque sorte inutiles à Paris, depuis la réduction des soixante bataillons à quarante-huit. Ils demandent à s'en servir sur les frontières contre les ennemis de la patrie.

L'assemblée témoigne sa vive satisfaction du zèle de ces braves citoyens, et ordonne mention honorable de leur dévouement, et inscription de leurs noms au procès-verbal.

M. *Cambon.* Je demande que l'assemblée décrète que, voulant employer utilement les canonniers de Paris, il en sera formé un corps qui sera employé dans la formation des trente mille hommes qui doivent être fournis par le département de Paris et les départemens voisins, et que le pouvoir exécutif sera chargé de procurer les canons nécessaires, en se concertant avec la commune de Paris.

La proposition de M. Cambon est décrétée.

Sur la proposition de M. Choudieu, au nom du comité militaire, les deux décrets suivans sont rendus :

« L'assemblée nationale décrète que toute la gendarmerie nationale du royaume, tant à pied qu'à cheval, sera mandée, et réunie en des points qui seront désignés, pour pouvoir de là être envoyée, soit aux frontières, soit aux camps de réserve, à l'effet de quoi le ministre de la guerre donnera sur-le-champ les ordres nécessaires ; autorise en outre les corps administratifs à suppléer provisoirement au service des différentes brigades de la gendarmerie nationale, en y employant avec la paie, et suivant les règles fixées par les décrets, soit les surnuméraires inscrits pour ladite gendarmerie nationale, soit à leur défaut la garde nationale. »

« L'assemblée nationale décrète que, sur la réquisition de ses commissaires auprès des différentes armées, les généraux seront tenus d'armer dans leurs arrondissemens les bataillons de gardes nationaux volontaires, ainsi que les compagnies et autres troupes nouvellement formées, et non munies d'armes avec celles qui pourraient être prêtes, sans nuire à la réserve absolument nécessaire dans les manufactures et magasins nationaux ; charge en outre le ministre de la guerre de pourvoir incessamment aux remplacemens desdites armes. »

La séance est suspendue. — Il est une heure du matin.]

Du 27 au matin.

[M. *Vergniaud, au nom de la commission extraordinaire.* Une ville frontière a été livrée. Les chefs à qui la garde en était confiée, et les soldats qui s'en seraient rendus complices subiront la peine due aux traîtres. Leur conduite a irrité vos armées, et sans doute il n'est pas un citoyen assez pusillanime qui méconnaisse la puissance et la grandeur de la nation au point d'avoir pu se laisser un seul instant décourager par la nouvelle de cette trahison. Que si vos ennemis en acquièrent plus d'audace ; que s'ils rencontrent encore quelques hommes perfides qui leur préparent de nouveaux succès ; que si, enivrés de ces honteux triomphes, ils s'avancent dans l'intérieur de l'empire, leur insolent joie sera courte, car nous pouvons vous le prédire, d'après les ordres sages et vigoureux donnés par le pouvoir exécutif, la France, qu'ils auront cru subjuguer, deviendra leur tombeau; mais il faut que le pouvoir exécutif ait toute son action. Il faut que les mesures proposées ou adoptées dans le sein de l'assemblée nationale prouvent le concert des pouvoirs, et ne nous précipitent pas dans une confusion qui entraverait la marche des ministres, et compromettrait le succès de leurs opérations. C'est d'après ces réflexions et une loi générale de l'assemblée constituante, qui autorise le pouvoir exécutif à requérir, en cas d'invasion de notre territoire, toutes les gardes nationales du royaume, que nous croyons devoir vous proposer de lui envoyer les détails de la réquisition que vous avez décrétée cette nuit, et de nommer des commissaires qui, investis de votre confiance et secondés de toute la puissance de l'opinion, accélèrent les effets de la réquisition. Votre commission vous propose le projet de décret suivant.

« L'assemblée nationale, considérant qu'il importe de donner l'effet le plus prompt à la proclamation qu'elle a faite aujourd'hui, portant réquisition au département de Paris et aux départemens voisins de fournir trente mille hommes tout armés et équipés, décrète qu'il y a urgence.

» L'assemblée nationale, après avoir décrété l'urgence, décrète ce qui suit :

» Art. Ier. Le pouvoir exécutif est chargé de donner sur-le-champ tous les ordres et de faire toutes les réquisitions nécessaires pour le rassemblement de trente mille hommes dont la réquisition a été décrétée.

» II. Il dressera et fera parvenir dans le jour à l'assemblée nationale le tableau des départemens où les réquisitions seront faites et du nombre d'hommes que chacun d'eux sera tenu de fournir; il indiquera pareillement dans le jour le lieu où la réunion devra se faire. Le pouvoir exécutif sera autorisé à faire toutes les réquisitions nécessaires pour les additions de forces qu'il jugera convenables; et il fera parvenir incessamment à l'assemblée le tableau des départemens où il n'aurait pas encore été fait de réquisition.

» III. L'assemblée nationale nommera douze commissaires pris dans son sein, qui se rendront, en se divisant ainsi qu'ils le jugeront convenable, dans les départemens où se feront les réquisitions ; ils seront chargés de hâter et de surveiller l'exécution du présent décret et de seconder, par l'instruction, le zèle des citoyens ; ils correspondront exactement entre eux, et avec le comité de correspondance de l'assemblée nationale.

» IV. Ces commissaires, ainsi que ceux qui ont été nommés et qui pourront l'être par la suite, ne pourront contrarier les opérations du pouvoir exécutif ni les ordres qu'il aurait donnés. »

L'assemblée passe à l'ordre du jour, motivé sur ce que les commissaires, connaissant les intentions de l'assemblée, ne manqueront pas de s'y conformer.

Sur un rapport fait au nom du comité militaire, l'assemblée décrète ce qui suit :

« L'assemblée nationale, considérant qu'il serait injuste que les citoyens qui ont un emploi public, et qui marcheront pour la défense de la patrie, en vertu des réquisitions qui leur seront faites, perdissent leur emploi, décrète qu'il y a urgence.

» L'assemblée nationale, après avoir décrété l'urgence, décrète ce qui suit :

» Art. Ier. Les citoyens qui marcheront en vertu des réquisitions qui vont être faites, s'ils ont un emploi public, le conserveront avec un tiers de leurs appointemens.

» II. Les deux tiers de leurs appointemens seront payés aux citoyens qui les remplaceront pendant leur absence.] »

— Le lendemain 28, on décréta, sur la proposition de Vergniaud, une adresse aux habitans des frontières du nord. Elle est ainsi conçue :

« Citoyens, votre position vous assure l'honneur de combattre les premiers pour la liberté ; la patrie compte sur votre courage, comptez sur sa reconnaissance : vos enfans seront les siens, elle aura soin de vos épouses ; et si les tyrans ravagent vos propriétés, elle regardera dès ce moment comme une dette sacrée de vous indemniser des pertes que vous aurez souffertes. »

On fixa ensuite le prix auquel l'état achèterait les armes de guerre. Il fut élevé au-dessus du taux ordinaire, de manière à exciter les manufacturiers. — On entendit ensuite le rapport de Kersaint, l'un des commissaires arrêtés à Sedan. — Dans cette séance, on décréta que les majeurs étaient soustraits à la puissance paternelle; enfin la séance fut fermée par une contradiction assez singulière à ce que l'on avait fait la veille. Lorsque Condorcet vint présenter la liste des douze commissaires dont on avait décrété le départ, plusieurs s'opposèrent à ce que l'on dégarnît ainsi l'assemblée. On lisait en effet parmi les noms proposés ceux de quelques-uns des représentans les plus utiles et les plus actifs: Merlin, Jean Debry, Chabot, Romme, Albitte, etc. — L'assemblée rapporta son décret.

28 AOUT. SÉANCE DU SOIR.

On fait lecture d'une lettre des administrateurs du district de Sarrelouis; elle est ainsi conçue :

24 *août*. « Tandis que l'assemblée nationale, secondant le vœu général, rend des décrets impérieusement commandés par le salut de la patrie et celui de nos armées, travaillées sans cesse dans tous les sens; tandis que Paris, toujours menacé, toujours triomphant, châtie les factieux contre-révolutionnaires, nous gémissons ici sur le sort malheureux des habitans de la campagne, avec lesquels tout nous annonce que nous partagerons bientôt les horreurs de la famine. Une armée autrichienne et hessoise, commandée par le prince Hohenlohe, porte la dévastation dans la presque totalité des villages de notre district. La cavalerie se promenant avec audace, apparemment certaine de son impunité, prépare les esprits à la consternation, enlève les maires et les citoyens que leur amour pour la liberté a fait remarquer. Ce système, plus meurtrier que les combats, combiné avec nos généraux, à l'exception de Luckner et Kellermann, paraît le système adopté pour abîmer la France. Ce plan doit s'étendre jusqu'à

Thionville. C'est après avoir ainsi ravagé nos départemens, qu'une armée formidable doit se porter sur Paris, et y jeter la dévastation.

» Nous avons vu avec plaisir le décret d'accusation porté contre des chefs perfides. Cet exemple pourra contenir bien des généraux. Notre commandant n'aime pas la suspension ; mais placé par Luckner, nous espérons qu'il reviendra de son erreur. Notre adjudant-général a perdu absolument notre confiance. La désolation est telle dans nos campagnes, que nous n'osons présumer que les habitans puissent se réunir pour les assemblées primaires. »

M. Merlin. Un système destructeur, combiné avec le château des Tuileries et les chefs, devait agir dans nos départemens, de manière à les forcer de se livrer à l'armée ennemie. Votre vigueur, les mesures que vous venez de prendre, arrêteront ces malheurs. Il ne s'agit plus de lenteurs ni de vains ménagemens. Il faut décréter que le pouvoir exécutif retirera à l'instant tous les agens nommés par celui qui l'a précédé. Il n'en est aucun qui ne jette les hauts cris de la suspension du roi; qui, malgré l'évidence, ne déplore sans cesse la chute du parjure Louis XVI. Je demande que l'assemblée déclare que tous les commandans de place ont perdu la confiance de la nation. Sans doute quelques innocens seront victimes.....

M. Duhem. Il est très-vrai qu'il y a des commandans patriotes. Ce serait une injustice de prononcer ainsi une proscription générale. Je suis d'une ville frontière où commande un excellent citoyen. Le pouvoir exécutif aurait révoqué tous ceux qui sont suspects, s'il n'eût été contrarié dans sa marche par la pusillanimité de vos commissaires. Il faut laisser agir les ministres; ils ont votre confiance; ils sont intéressés à ce que les choses aillent bien ; car leur tête en répond vis-à-vis de vous et vis-à-vis des ennemis.

M. Lacroix. Je pense bien, avec M. Merlin, que tous les commandans de place nommés par le pouvoir exécutif doivent être suspects et révoqués. Mais le pouvoir exécutif actuel est investi de la même autorité que le pouvoir exécutif constitutionnel que vous avez renversé. Il n'est donc pas nécessaire de rendre de décret à cet égard. Le pouvoir exécutif s'est dû procurer des renseignemens sur les opinions, sur les talens, sur la conduite de ces agens. Vos commissaires, en suspendant ou arrêtant l'exécution des ordres du pouvoir exécutif, chargent l'assemblée de sa responsabilité, et l'exposent aux reproches de la nation. Il est temps de limiter les pouvoirs de vos commissaires. Décrétez que les ordres donnés par le pouvoir exécutif ne pourront être ni révoqués, ni suspendus par eux; examinez même de près leur conduite; improuvez-les, s'il y a lieu; car l'assemblée ne leur a pas donné le droit de laisser en place un fonctionnaire révoqué par le pouvoir exécutif.

M. Cambon. Je vais plus loin que M. Lacroix, et je dis que l'assemblée doit se dépouiller entièrement d'un pouvoir que l'empire des circonstances l'a forcée de prendre dans le premier moment. Vous avez un ministère patriote; il doit être investi de votre confiance. En conséquence, je demande que vous rappeliez vos commissaires, et que ce décret leur soit porté par des courriers extraordinaires.

Cette proposition est décrétée.

Quelques soldats arrivant de Longwy demandent à paraître à la barre.

Ils sont introduits.

L'un d'eux portant la parole. Législateurs, un grand attentat contre le droit des gens vient d'être commis envers la garnison de Longwy. Forcés de capituler, nous voulûmes en sortir avec les honneurs de la guerre. Nous sortîmes le 24 avec nos armes; mais à quelque distance, on nous en dépouilla. (*Plusieurs voix.* C'est bien fait.) Ce qui s'est passé est l'effet des machinations de nos commandans.....

L'assemblée, se levant tout entière par un mouvement simultané, passe à l'ordre du jour, et ordonne aux soldats de se retirer.

Des citoyens de la section des Droits de l'Homme viennent exprimer leur douleur de l'outrage fait aux objets de leur vénération. Les statues de la Loi et de la Liberté ont été indignement mutilées dans les Tuileries; elles seraient encore à la merci des traîtres, si de bons citoyens ne s'étaient offerts à les garder. Ils demandent la permission de les conduire sur la place de la Commune, et de ne les quitter que lorsqu'ils les auront mises en sûreté.

L'assemblée leur accorde cette demande, et en ordonne mention honorable.

M. Lasource. Vous avez décrété que le département de Paris et ceux qui l'avoisinent fourniront trente mille hommes; vous avez fait une proclamation à cet effet. Il n'est pas naturel que ces départemens et ceux qui ont déjà fourni le sixième soient seuls assujettis à cette mesure extraordinaire. Si c'est un fardeau, ce que je ne crois pas, il doit être supporté par tous les départemens, par toutes les communes; si c'est une gloire, comme je le pense, elle doit être partagée par tous les citoyens de l'empire. Il ne s'agit plus de crier *vive la nation*, il faut sauver la nation. Ce n'est point avec des chants de triomphe qu'on repousse les coups de canon, c'est avec du canon. Il faut que les Français montrent s'ils sont nés pour la honte ou pour la gloire, pour l'esclavage ou pour la liberté. On disait, avant le 10 août, qu'il fallait que la France entière se levât pour faire la révolution. Paris seul s'est levé, et la révolution a été faite; mais il n'est pas juste qu'il la conserve seul; il faut que les autres départemens y concourent. Je ne peux pas faire à ces départemens l'injure de croire qu'il y ait une municipalité qui ne puisse fournir deux hommes prêts à voler à la défense de la patrie.

M. Cambon. Je ne doute pas que tous les Français ne veuillent défendre la liberté; mais le préopinant demande qu'on cite une municipalité qui ne puisse envoyer des hommes. Je lui citerai quinze ou dix-huit municipalités de mon département où il n'y a pas plus de huit citoyens, et tous sont municipaux. Les Parisiens veulent la liberté et l'égalité; il est temps de montrer qu'ils sayent les défendre comme ils ont su les conquérir. Paris a sept ou huit cent mille habitans, Paris doit fournir son contingent. Paris a fait la révolution, il la soutiendra. Lorsque Paris a dit qu'il y avait ici du danger, on est venu à son secours; mais quand les départemens du Nord en demanderont aussi, il faut qu'à son tour Paris vole à leur défense. Les départemens frontières ne sont pas les seuls qui aient fourni le sixième; car celui de l'Hérault, qui n'est pas frontière, a été requis par M. Montesquiou, et de plus a levé deux nouveaux bataillons. Il faut que Paris fournisse son contingent, et que ce contingent soit fourni dans la semaine.

Les ministres sont dans la salle.

M. Danton, ministre de la justice. Le pouvoir exécutif provisoire m'a chargé d'entretenir l'assemblée nationale des mesures qu'il a prises pour le salut de l'empire. Je motiverai ces mesures en ministre du peuple, en ministre révolutionnaire. L'ennemi menace le royaume, mais l'ennemi n'a pris que Longwy. Si les commissaires de l'assemblée n'avaient pas contrarié par erreur les opérations du pouvoir exécutif, déjà l'armée remise à Kellermann se serait concertée avec celle de Dumourier. Vous voyez que nos dangers sont exagérés. Il faut que l'assemblée se montre digne de la nation. C'est par une convulsion que nous avons renversé le despotisme; ce n'est que par une grande convulsion nationale que nous ferons rétrograder les despotes. Jusqu'ici nous n'avons fait que la guerre simulée de La Fayette; il faut faire une guerre plus terrible. Il est temps de dire au peuple qu'il doit se précipiter en masse sur les ennemis. Telle est notre situation, que tout ce qui peut matériellement servir à notre salut doit y concourir. Le pouvoir exécutif va nommer des commissaires pour aller exercer dans les départemens l'influence de l'opinion. Il a pensé que vous deviez en nommer aussi pour les accompagner, afin que la réunion des représentans des deux pouvoirs produisît un effet plus salutaire et plus prompt. Nous vous proposons de déclarer que chaque municipalité sera autorisée à prendre l'élite des hommes bien équipés qu'elle possède. On a jusqu'à ce moment fermé les portes de la capitale, et l'on a eu raison; il était important de se saisir des traîtres; mais y en eût-il trente mille à arrêter, il faut qu'ils soient arrêtés demain, et que demain Paris communique avec la France entière. Nous demandons que vous nous autorisiez à faire faire des visites domiciliaires. Il doit y avoir dans Paris quatre-vingt mille fusils en état. Eh bien! il faut que ceux qui sont armés volent aux frontières. Comment les peuples qui ont conquis la liberté l'ont-ils conservée? Ils ont volé à l'ennemi et ne l'ont point attendu. Que dirait la France si Paris, dans la stupeur, attendait l'arrivée des ennemis? Le peuple français a voulu être libre, il le sera. Bientôt des forces nombreuses seront rendues ici. On mettra à la disposition des municipalités tout ce qui sera nécessaire, en prenant l'engagement d'indemniser les possesseurs. Tout appartient à la patrie, quand la patrie est en danger. (On applaudit.)

M. Cambon. Ne nous dissimulons point que quelques précautions qu'on prenne pour restreindre les pouvoirs, les hommes empiètent toujours sur ceux qui ne leur ont pas été délégués. Les commissaires aux armées avaient été envoyés dans de bonnes intentions; cependant, le pouvoir exécutif a déclaré qu'ils avaient contrarié sa marche et entravé ses opérations. Vous les avez rappelés. A présent on vient vous demander de nouveaux commissaires. Le corps législatif a une grande force d'opinion, mais c'est en masse. Il doit faire des lois, mais jamais il ne doit les exécuter. Prenez une grande mesure, parlez au peuple, faites-lui voir que son intérêt exige qu'il donne sa confiance au pouvoir exécutif, parce que sa marche est plus rapide, et que sept cent quarante-cinq personnes sont lentes à délibérer. Accoutumons le peuple à sentir cette grande vérité, que nous ne sommes chargés d'aucune exécution des lois que nous devons faire. Je ne veux point que l'assemblée détache de ses membres pour exercer le pouvoir exécutif; les agens de celui-ci sont responsables, des députés ne peuvent l'être. J'amende la proposition du pouvoir exécutif en proposant de faire une proclamation.

M. Bazire. Nous devons en ce moment nous occuper beaucoup moins de débats de compétence, que des moyens de sauver la chose publique. Je ne vois rien de plus salutaire que cette réunion, cette intelligence, cette simultanéité d'action des deux pouvoirs. Il ne faut point, dans un régime révolutionnaire, nous parler comme si nous étions dans un régime constitutionnel. J'appuie la demande des ministres.

M. Lasource. Je dois d'abord relever une erreur de M. Cambon. Il a confondu l'envoi des commissaires qu'on vous demande avec les premiers, revêtus presque d'un pouvoir souverain; car vous les aviez investis de fonctions législatives et exécutives; ce qui était bon dans le premier moment. Je conviens avec M. Cambon qu'il serait dangereux de les maintenir plus long-temps, ou d'en envoyer de nouveaux avec la même autorité; mais on ne vous demande point de pareils commissaires. On vous en demande pour instruire les citoyens, pour les encourager à prendre les armes, à voler à la défense de la patrie. Mais ces commissaires seront donc des recruteurs de légions? Eh oui! tant mieux, voilà ce qu'il nous faut; car c'est d'hommes que nous avons besoin. Quand les représentans du peuple lui diront: Il faut marcher, ou renoncer à la liberté; quand ils lui feront entendre la voix de la patrie, dont eux seuls sont les organes immédiats; alors, doutez-vous que les bons citoyens ne se rangent autour d'eux et ne se précipitent aux frontières?

M. Sers. Hier, on vous proposa d'envoyer de pareils commissaires; vous adoptâtes cette mesure. Ce matin vous vous êtes décidés, d'après une discussion approfondie et des motifs frappans, à rapporter votre décret. Ce soir on vous propose encore de faire ce que vous avez déjà fait et défait. Il ne faut point que des commissaires de l'assemblée aillent accompagner les commissaires du pouvoir exécutif; des proclamations sont suffisantes. Je demande la question préalable.

M. Bazire. Ainsi nous voilà encore asservis à une misérable étiquette, à une vaine dispute de mots; ainsi l'on va, par des considérations mesquines, repousser une grande mesure nécessaire. Commander à l'opinion, n'est-ce donc pas une mission assez belle pour nous? Eh! c'est la nôtre. (On applaudit.) La présence des députés influera davantage sur les citoyens; c'est surtout pour le recrutement qu'elle sera d'un grand effet. J'insiste pour la proposition du pouvoir exécutif, et je demande que l'assemblée nomme six commissaires.

Après quelques débats relatifs à la rédaction d'un projet de décret, l'assemblée adopte la rédaction suivante :

» L'assemblée nationale décrète que ses commissaires ont rempli leurs fonctions, et qu'ils se rendront, aussitôt la notification du présent décret, à leur poste.]

» L'assemblée décrète ensuite:

» 1° Que les municipalités sont autorisées à faire des visites domiciliaires pour chercher les armes et faire état des chevaux et chariots inutiles, et qui peuvent servir dans la guerre.

» 2° Les municipalités sont autorisées à désarmer les gens suspects et à donner leurs armes aux défenseurs de la patrie.

» 3° Toutes communications seront pleinement rétablies entre Paris et les autres départemens. »

Du mercredi 29 août, à neuf heures du matin.

M. Lecointre-Puyravaux annonce que le district de Châtillon, département des Deux-Sèvres, est en pleine contre-révolution; que ce sont des prêtres et des nobles qui ont occasioné tous ces désordres.

M. Choudieu fait lecture de la lettre suivante, des administrateurs du département.

« Niort, 25 août 1792, l'an iv de la liberté.

« Le conseil du département vous a rendu compte, par le dernier courrier, des fâcheux événemens arrivés dans le district de Châtillon. De nouveaux renseignemens nous annoncent que l'attroupement continue, que les chefs des brigands, loin de les disperser, leur font tous les jours livrer de nouveaux combats et faire de nouvelles retraites. Le conseil cependant a pris de puissantes mesures, et il y a dans ce moment trois mille gardes nationales dans ce pays pour y établir la tranquillité. Nous vous apprenons avec la plus vive douleur que six patriotes ont déjà été victimes de cette troupe de scélérats ; mais il y en a eu au moins quarante des leurs de tués.

» Nous avions lieu d'espérer que ces rassemblemens cesseraient aussitôt l'arrivé de la force publique : nos espérances ont été trompées, cela nous cause les plus vives inquiétudes. Ayant disposé de toute la force armée qui était à notre disposition, les départemens de la Vendée, de la Loire-Inférieure, et de Maine-et-Loire, nous ont donné dans cette circonstance des preuves non équivoques de fraternité et de bon voisinage en nous fournissant des secours ; et sans ces départemens ces malheureux pays seraient aujourd'hui la proie des révoltés.

» Nous avons envoyé deux commissaires chargés de requérir des armes à Rochefort ; nous nous sommes aussi procuré deux mille livres de poudre à canon, et nous ne négligerons aucun des moyens qui sont en notre pouvoir pour ramener la paix dans ces contrées. Une commission composée de huit membres du conseil va tenir ses séances à Bressuire, et est autorisée à prendre toutes les mesures que sa prudence lui suggérera dans cette malheureuse circonstance.

» Nous ne pouvons vous dissimuler, messieurs, qu'il faut un exemple sévère et prompt. Déjà plusieurs de ces brigands sont arrêtés, et le conseil du département sollicite auprès de vous un décret, pour que le tribunal criminel de Niort juge cette affaire en dernier ressort. C'est le seul moyen de ramener la paix dans ces malheureux pays ; et nous espérons que vous ne vous refuserez pas à cette demande.

» *Les administrateurs du département des Deux-Sèvres.* »

M. Thuriot. Je demande qu'il soit porté à cet effet un décret général par lequel il soit ordonné que tous les tribunaux criminels jugeront sans appel tous les crimes de contre-révolution.

Cette proposition est décrétée, sauf rédaction.

M. Lecointe-Puyravaux. Comme il importe que l'exemple de ceux qui ont bien mérité de la patrie serve de leçon et d'encouragement à tous les départemens du royaume, pour arrêter les révoltes que des malveillans pourraient y exciter, je demande qu'il soit fait mention honorable dans le procès-verbal de la conduite des administrateurs et des gardes nationales des trois départemens, de la Vendée, de la Loire-Inférieure et de Mayenne-et-Loire.

M. Merlin. Je demande la parole pour communiquer à l'assemblée une lettre de Thionville, qui prouve que nous étions le jouet de nos généraux. Heureusement le danger n'existe plus ; cette lettre est de mon père.

« *Thionville, le 25 août 1792.* Longwy s'est rendu lâchement ; le régiment d'Angoulême, réuni à des bourgeois, a forcé le commandant de la place à la céder ; les volontaires de la Côte-d'Or se sont signalés, ils ont tué plus de cinq cents Prussiens. (On applaudit.) Le camp de Fontoi s'est replié sur celui du maréchal Luckner. Ces deux camps sont aujourd'hui derrière Metz ; et tout cela faute d'hommes. On dirait que toute la France se lie pour sacrifier Thionville. Nous serons probablement investis dans peu de jours. L'ennemi est à Gayange, il pille déjà à Elbange. Il n'y a ici que des recrues. Nous voilà donc abandonnés. M. Luckner dit qu'il ne peut rien contre tant de Prussiens, Autrichiens et émigrés. Le pays est à contribution. Dumourier ne se remue pas ; au reste il ne peut être d'aucun secours, toutes les communications étant interceptées ; le régiment d'Angoulême a fait serment de ne jamais prendre les armes contre le roi. L'ennemi les a laissés aller. Beaucoup de soldats ont passé devant Thionville, et n'ont osé y entrer ; nous les aurions exterminés ; nous avons pris notre parti. Nous ne nous rendrons pas, et nous ferons sauter la ville. (On applaudit.) L'assemblée nationale ne peut, d'après ma lettre, ignorer ce qui se passe, et cependant point d'hommes, point de secours....... »

M. Hérault. Je crois devoir annoncer à l'assemblée qu'elle peut être tranquille sur l'état de nos armées. M. Kellermann commande à Metz, et M. Dumourier est rendu au camp de La Fayette.

M. Jean-Debry. Il faut que la France tout entière marche sur l'ennemi, et qu'enfin les Français soient libres. Ne nous arrêtons pas à des considérations économiques et pécuniaires. On ne calcule point dans le péril ; car si, dans quinze jours, nous ne sommes pas libres, nous n'avons plus besoin de rien. C'est dans quinze jours que la France doit périr ou être sauvée.

On lit une adresse d'adhésion des hussards en garnison à Lille, et des troupes du camp de Pont-sur-Sambre.

L'assemblée décrète la mention honorable.

M. Vergniaud, au nom de la commission extraordinaire. Vous nous avez renvoyé une pétition présentée par la municipalité provisoire de Paris, d'accord avec l'administration provisoire du Département, tendante à faire appeler cette administration, département des impositions. Les administrateurs demandent si cette qualité leur suffit pour publier les lois et pour exercer leur surveillance dans les deux autres districts du département. La commission a pensé qu'il fallait s'en tenir aux principes, et conserver la dénomination qui convient aux fonctions administratives du département ; elle vous propose en conséquence le projet de décret suivant :

L'assemblée nationale, considérant qu'il n'appartient qu'à la Convention nationale de changer l'ordre des pouvoirs établis par la Constitution, décrète qu'il n'y a pas lieu à délibérer sur la demande des représentans provisoires de la commune de Paris, etc.

Ce projet de décret est adopté.

On lit une lettre des commissaires de l'armée du Nord, datée de Metz.

Ils se plaignent de la défiance qu'a paru témoigner l'assemblée sur leurs opérations. Ils observent que l'imputation qui leur est faite d'avoir voulu entraver la marche du pouvoir exécutif, est dénuée de fondement. — Ils entrent ensuite dans quelques détails dont voici la substance :

« A notre arrivée à l'armée de Luckner, disent-ils, nous avons reçu les marques de la plus grande confiance. On nous a rendu tous les honneurs dus au caractère dont nous étions investis. M. Luckner et deux autres officiers, l'un desquels était M. Beauharnois, sont venus au-devant de nous. Les soldats ont crié : *Vive la liberté ! vive la nation !*

« Nous devons vous informer d'un fait particulier qui fixera sans doute votre attention.

» Plusieurs officiers d'un régiment de dragons demandaient leur démission ; nous nous sommes informés au général du motif qui les portait à la désirer ; mais on nous répondit : On vient d'entendre MM. les commissaires de l'assemblée nationale, il n'est plus question de démission.

» Nous avons parcouru les rangs : civisme, confiance, attachement dans les représentans de la nation ; tels sont les caractères qui distinguent les soldats de l'armée.

» Nous devons rendre particulièrement justice au civisme pur des carabiniers ; ils ont des premiers crié : *Vive la nation ! vive la liberté ! vive l'égalité !* Les soldats ont tous répondu : Nous le jurons. Dignes frères des canonniers de Paris, ils en ont l'ardent patriotisme et le courage éclairé.

» Les bataillons des volontaires nationaux, enfans chéris de la liberté, nous ont donné des témoignages de patriotisme au-dessus de tous éloges.

» Enfin, l'attitude fière contre les tyrans, l'empressement à les combattre, le respect pour l'assemblée nationale, tels sont les traits qui caractérisent l'armée entière.

» Nous donnerons encore un témoignage de satisfaction aux excellentes dispositions des officiers, MM. Valence, Chartres, Montpensier, Beauharnois, Despres-Crassier, l'Estranger. Nous nous disposions à réclamer une récompense pour le général Luckner, dont nous distinguions la conduite patriotique et loyale, lorsque nous avons appris sa destitution. »

L'assemblée passe à l'ordre du jour.

M. *Rhul.* Je viens de recevoir une lettre de M. Laquiaud, secrétaire d'ambassade auprès du corps helvétique, datée de Bâle, du 25 de ce mois. Il m'annonce que sa position est effrayante ; qu'il est entouré de gens au désespoir du massacre de leurs frères, qu'il n'entend autour de lui que des menaces et des imprécations ;

que, sans la sagesse et la prudence de quelques gouvernemens, qui font tous leurs efforts pour calmer le peuple, tout ce qui appartient à l'ambassade courrait risque de perdre la vie. Enfin, il se plaint beaucoup de ce qu'on l'a laissé sans aucun secours. Je demande, 1° que vous ordonniez au pouvoir exécutif d'envoyer à l'ambassadeur de France auprès du corps helvétique le secours qu'il réclame, et que vous chargiez le comité diplomatique d'examiner s'il ne convient pas de rappeler cet ambassadeur, dès qu'il aura présenté au corps helvétique la déclaration dont vous l'avez chargé; savoir, que votre intention est d'observer religieusement les anciens traités qui vous unissent avec la nation suisse; 2° que vous hâtiez l'impression, en langue allemande, de de la lettre trouvée dans la poche d'un caporal suisse, et dans laquelle il est dit que Louis XVI venait de donner à ses soldats, sur les fonds de la liste civile, une augmentation de paie, et qu'il les faisait bien boire et manger pour exterminer ce qu'il appelle la *canaille de Paris*, et que vous ordonniez en même temps l'impression des déclarations très-importantes qui ont été faites par M. d'Affry; 3° enfin, que vous pressiez le licenciement des régimens suisses, et que vous ordonniez à votre commission extraordinaire de vous faire un rapport sur la manière astucieuse dont ces régimens ont été rangés par le maréchal Luckner, tous sur la même ligne; ce qui tendrait à favoriser une percée jusque sur les frontières du département de la Marne.

Les différentes propositions de M. Rhul sont décrétées.

M. Pétion est introduit à la barre; il présente, au nom de volontaires du premier bataillon du département de Paris, une somme de 1984 livres en numéraire, provenant de deux jours de leur paie. — Il est admis à la séance au bruit des applaudissemens réitérés, qu'excitent et le devouement généreux de ces soldats de la liberté, et la présence du magistrat patriote qu'ils ont choisi pour leur organe.

M. Lamourette. Vous n'apprendrez pas sans étonnement et sans indignation que l'audace contre-révolutionnaire à su sauver du naufrage de ses presses séditieuses et incendiaires une imprimerie cachée dans le sein de cette capitale, d'où il est déjà sorti, depuis la journée du 10, des feuilles qui la noircissent des plus odieuses couleurs.

Il fut hier colporté et distribué une brochure encore toute fumante de sa nouveauté, et qui a pour titre : *Les bienfaits de l'assemblée nationale, ou Entretien de madame Saumon.* Dans cette brochure, les travaux de l'assemblée sont couverts de ridicule, et les coupables captifs du Temple, présentés sous l'image de l'innocence et de la vertu opprimées par des factieux.

N'en doutez pas, messieurs, il réside encore dans Paris une conspiration aristocratique, dont il est urgent de rechercher et d'anéantir le foyer. Je n'aime point la cohabitation de Louis XVI avec sa famille. Soyez bien certains, messieurs, qu'on aura déjà trouvé le moyen de ménager des communications entre le Temple et Coblentz, entre Marie-Antoinette et les restes méprisables de sa ci-devant Cour, qui ont échappé, le 10 de ce mois, à la justice du peuple. Eh! n'est-ce pas assez, messieurs, que cette femme atroce et sanguinaire, que cette femme-bourreau, qui médite jusqu'au fond de la retraite qu'elle habite les moyens de se baigner dans notre sang; n'est-ce pas assez que cette femme respire encore, sans que vous la laissiez jouir de la liberté d'exhaler sa rage au sein de la nature, et de se renouer au-dehors à tout ce qui nous trahit?

Si de grandes considérations vous empêchent encore, messieurs, d'envoyer à Orléans cet implacable fléau de la nation que vous représentez, statuez, au moins, des mesures telles que cette femme dévore toute seule ses fureurs impuissantes, et que Louis XVI, livré à sa lourde nullité, ne corresponde plus qu'à sa honte et à ses remords...

Je demande qu'il soit décrété que le roi et les différentes personnes de sa famille n'auront aucune communication entre elles.

M. *Cambon.* La garde de ce dépôt est confiée à la municipalité de Paris. Déjà elle a pris les mesures les plus strictes pour que le roi n'ait aucune communication avec l'extérieur. Je demande donc l'ordre du jour motivé sur ce que c'est à la municipalité de

Paris qu'il appartient de prendre la mesure qui vient d'être proposée.

L'assemblée passe à l'ordre du jour ainsi motivé.

M. *Louvet, au nom du comité de législation.* Une question importante vous est soumise par le ministre de la justice, celle de savoir si les jugemens de la haute cour peuvent être attaqués devant le tribunal de cassation.

Cette question, qui est d'autant plus digne d'attention, que de sa décision dépend le sort d'un condamné à mort qui veut user du recours, a paru à votre comité de législation devoir se décider par de simples réflexions.

D'un côté, la haute cour est formée de juges pris dans le tribunal de cassation, et d'après la Constitution. Ce tribunal est une institution extraordinaire dans l'État, dont les opérations ne paraissent, en aucun cas, pouvoir être soumises à la révision d'un autre tribunal; révision qui ne saurait s'accorder ni avec le but de cette institution, ni avec la nature des fonctions qui lui sont déléguées, ni même avec le décret de son organisation, dont la disposition, non plus que celle des autres décrets sur la procédure criminelle, ne renferme rien qui donne même l'idée d'une pareille révision.

D'un autre côté, je vous prie de considérer que le tribunal de cassation n'a de pouvoir que pour déclarer si les formes ont ou non été violées, et qu'après un jugement de cassation, l'affaire doit aller à un autre tribunal que celui dont la procédure ou le jugement ont été cassés?

Or ici à quel tribunal recourrait-on, puisque la haute cour nationale est unique, et qu'aucun autre tribunal n'est compétent pour prononcer sur les matières qui lui sont spécialement attribuées par la Constitution.

Ces simples motifs ont fait juger à votre comité de législation que le recours au tribunal de cassation contre les jugemens de la haute cour n'était point admissible; en conséquence, il a l'honneur de vous proposer le décret suivant :

« L'assemblée nationale, délibérant sur la question proposée par le ministre de la justice, qui est de savoir si les jugemens de la haute cour nationale peuvent être sujets au recours devant le tribunal de cassation, et après avoir entendu le rapport de son comité de législation ; considérant que le droit de l'institution de la haute cour, le mode de son organisation, la nature des fonctions qui lui sont déléguées, la connaissance que ce tribunal est unique dans l'État, ne permettent pas de penser que ses décisions puissent être soumises au recours devant le tribunal de cassation, recours que la lettre, et plus encore l'esprit des lois existantes écartent également, décrète que, par ces motifs, il n'y a pas lieu à délibérer. »

Après quelques discussions, ce projet de décret est adopté.

Le ministre de la guerre adresse à l'assemblée un arrêté pris par le conseil exécutif relativement au commandant-général des armées. Il est ainsi conçu :

« Au nom de la nation, le conseil exécutif, considérant que, d'après la conduite tenue jusqu'à présent par le maréchal Luckner, et le désir manifesté par le général Kellermann de ne commander que dans le cas où M. Luckner serait généralissime, il n'y a point d'inconvénient à lui donner ce grade ; qu'en le plaçant à Châlons, il sera à même d'aider de ses conseils les généraux des différentes armées ; qu'il pourra former dans cette ville une réserve de troupes propres à recevoir les débris des armées battues, arrête qu'il est chargé, en qualité de généralissime des armées, de concourir à leurs opérations par ses conseils ; qu'il tiendra registre de ses opérations, dont il enverra copie au conseil exécutif ; que, sans préjudice de la correspondance directe des généraux, il recevra d'eux une copie de toutes leurs lettres et relations, et que le conseil lui enverra copie de tous les ordres qu'il donnera. » (On applaudit.)

Sur la proposition de M. Lecointre (de Versailles), le décret suivant est rendu :

« L'assemblée nationale décrète que deux compagnies légères, de quatre-vingts hommes chacune, formées dans la ville de Versailles, et disposées à faire deux troupes à cheval, seront montées sur cent soixante des cinq cents chevaux qui sont dans les écuries du Château. Ces compagnies donneront leurs habillemens de gardes nationaux, et elles s'habilleront des uniformes des gardes-du-roi.

» Les galons en argent qui sont sur ces uniformes seront remplacés par des galons de fil. Le prix qui en proviendra sera employé au soulagement des veuves et orphelins du 10. »

La séance est suspendue à quatre heures.]

Du mercredi 29 août, sept heures du soir.

[M. Hérault occupe le fauteuil.

M. Chazand annonce que quatre mille volontaires du département de la Charente sont partis pour se rendre, soit au camp de Soissons, soit aux frontières. (On applaudit.)

Une députation des canonniers de la section du Mail est introduite à la barre.

L'orateur de cette députation. Des ennemis féroces nous menacent; leurs pas sont marqués par le sang et le carnage. Ils nous apportent des fers; ils veulent replacer sur le trône les préjugés, l'orgueil, l'ignorance avec le despotisme. Tyrans, nous ne vous craignons pas; nous volons aux frontières; nous serons libres ou nous périrons. Nous protestons de notre haine pour tous les rois, quels qu'ils soient; et nous jurons de défendre les droits du peuple avec le droit du canon. (On applaudit.)

Le pétitionnaire présente aussi quelques observations sur les caisses patriotiques et de secours.

L'assemblée ordonne la mention honorable du zèle et du civisme de ces canonniers, et les invite à la séance.

N..... L'assemblée a commencé ce matin à s'occuper d'un objet bien digne de sa sollicitude, du sort des enfans qui perdront leurs pères en combattant pour la liberté. Je m'engage à me charger du premier de ces enfans qui, dans mon district, aura perdu son père. (On applaudit.)

La section de la Halle au blé adresse à l'assemblée copie de ses arrêtés, par lesquels elle rappelle ses six commissaires provisoires à la commune, et demande le rétablissement des anciens administrateurs.

Ces pièces sont renvoyées à la commission extraordinaire.

On fait lecture d'un rapport des événemens qui ont eu lieu lors de la reddition de Longwi, présenté à l'assemblée par les officiers, sous-officiers et soldats du troisième bataillon des Ardennes. En voici l'extrait :

« On nous a cruellement trompés et lâchement abandonnés. Aucun moyen de défense n'existait dans la place. Un seul canonnier était obligé de servir deux pièces. Il n'y avait point de poudre dans les bombes. Les mèches récemment faites ne pouvaient prendre. Le 18, la place fut investie. L'ennemi s'empara des postes extérieurs. Le 20 au soir, un parlementaire vint proposer de se rendre : il fut, il est vrai, congédié comme il méritait de l'être. La nuit du 21 au 22, la ville fut bombardée ; le feu prit à quatre endroits différens. Le feu cessa à minuit ; et reprit le matin avec une nouvelle violence. On ignorait où était le commandant, qui s'était mis en lieu de sûreté. On ne recevait aucun ordre. Les habitans et les corps administratifs criaient aux soldats de se rendre. M. Lavergne ouvrit un avis, et dit que si La Fayette faisait un seul mouvement, quarante mille hommes escaladeraient la place. La capitulation fut résolue. Le troisième bataillon des Ardennes et celui de la Côte-d'Or s'y opposèrent. Mais outre que l'artillerie n'était pas servie, il était prouvé qu'un homme avait six toises de terrein à défendre. Le commandant, qui connaissait les articles de la capitulation, prit sur lui d'entrer en négociation. Et de qui se servit-il pour cela ? d'un jeune homme sans caractère, sans talent, Français, mais sortant depuis peu du service autrichien. Les honneurs de la guerre furent accordés par le duc de Brunswick. Si donc le commandant de la place n'a nullement communiqué avec les officiers et les soldats pour sa défense ; si les corps administratifs, si le commandant de l'artillerie et le commandant de la place luimême ont abandonné la garnison ; si cette garnison a été trompée, que pouvait-elle faire ? (*Plusieurs voix ; Mourir !*) Le nombre des ennemis était de quatre-vingt mille hommes. Nous étions dix-huit cents. Nous avons fait tout ce qui dépendait de nous. Il ne nous reste que l'honneur. (On murmure.) Au moins qu'on ne nous l'ôte pas. Qu'on nous rende des armes pour aller vendre chèrement notre vie.

Nota. Au moment où la garnison a évacué Longwi, M. Gaston, ancien commandant de la place, y a été établi. Les approvisionnemens nombreux avaient été cachés. Le lieutenant-colonel du bataillon des Ardennes s'élança en pleurant sur le drapeau, il fallut le lui arracher. Il est plus que sexagénaire, et a quarante-cinq ans de service.

M. Ducos. Une commission militaire est établie pour juger les lâches qui ont abandonné Longwi. L'assemblée n'a rien à statuer sur cette affaire. Quant aux réclamans, si j'ai un conseil à leur donner, c'est de retourner aux frontières et d'y trouver la mort. Ils n'ont que ce moyen de conserver l'honneur.

M. Brival. Mais si la capitulation leur défend de reprendre les armes ?

N... La capitulation a été violée par les ennemis. D'ailleurs, il n'y a point de capitulation : c'est ici un combat à mort pour la liberté.

Un de MM. les secrétaires fait lecture d'une lettre de M. Dumourier, dont voici la substance :

« Mézières, le 28 août, 8 heures et demie du matin.

» J'arrive dans ce moment ici où je croyais trouver les commissaires qui viennent de partir. MM. Delmas, Bellegarde, Dubois-Dubais m'ont offert de s'y rendre, si j'avais besoin de leurs conseils. L'esprit public me paraît très-bon. Les corps administratifs, depuis leur rétractation, sont bien revenus d'erreur. Tout le monde est indigné de la prompte reddition de Longwy. Je vais faire éplucher cette affaire par une cour martiale. » (On applaudit.)

M. Choudieu. J'ai reçu de Verdun des lettres qui m'annoncent que l'ennemi n'est pas loin, qu'on a pris des mesures pour l'arrêter, qu'on a lâché les écluses ; que la garnison qui n'est pas nombreuse n'imitera pas celle de Longwy. (On applaudit.)

JEUDI 30 AOUT.

On a fait lecture d'une lettre du ministre des affaires étrangères.

M. le président. Je suis instruit qu'il s'est tenu à Turin ; le 8 de ce mois, un congrès composé des ministres d'état et des généraux de l'armée sarde. On y a discuté la question de savoir si on agirait hostilement contre la France, ou si on garderait simplement une neutralité armée. Le prince de Piémont s'est fortement élevé contre le projet d'hostilités, et a développé les avantages de la neutralité armée. On s'est arrêté à ce dernier parti, à la grande satisfaction du public. Une des premières mesures qui a suivi cette détermination, a été de contre-mander l'ordre d'acheter des mulets pour le transport des équipages. Il serait possible que les événemens du 10 apportassent quelques changemens à ces dispositions. Il est constant que l'armée sarde n'est pas aussi forte qu'on l'a dit ; elle n'est composée que de trente-quatre mille cinq cents hommes, sans compter les milices. Je joins ici les copies de deux lettres par lesquelles le consul de France à Nice rend compte de ces faits au ministre de la marine, qui me les a transmises.

L'assemblée en ordonne le renvoi au comité diplomatique.

On fait lecture de plusieurs lettres d'adhésion.

Le ministre de l'intérieur. Dans les circonstances critiques où nous sommes, il est important de pourvoir aux subsistances de la capitale. J'avais pris des arrangemens avec le comité de subsistance de la ville de Paris ; mais ce comité, en qui je mettais toute ma confiance, vient d'être cassé par les représentans provisoires de la commune. Tous ses travaux sont suspendus par cette désorganisation, et dans cet état de choses je ne peux plus répondre de l'approvisionnement de Paris.

M. Choudieu. Il est temps d'appeler l'attention du corps législatif sur la conduite de la municipalité actuelle de Paris, et je ne craindrai point de parler contre elle ici, quoique ses membres se prétendent représentans du peuple. Je dirai franchement que sa conduite ne mérite pas la confiance publique. Elle désorganise tout, elle entrave tout; et déjà plusieurs sections de Paris ont réclamé contre sa formation qui n'est pas légale; car elle n'est composée que de commissaires chargés de se concerter pour quelques opérations relatives aux évènemens du 10 seulement. Au contraire, ils se sont érigés en municipalité; ils viennent de suspendre le maire de ses fonctions; ils se permettent des actes arbitraires; ils veulent tout bouleverser. Je demande que le rapport dont la commission extraordinaire est chargée sur cette municipalité provisoire soit fait aujourd'hui.

M. Cambon. Il est important, pour fixer l'assemblée sur ce rapport, qu'elle se fasse représenter les pouvoirs qui ont été donnés à ces municipaux provisoires par le peuple; car s'ils n'en ont pas, ce sont des usurpateurs; ils doivent être punis comme tels.

Les propositions de MM. Choudieu et Cambon sont adoptées.

Le ministre de l'intérieur, reprenant la parole, se plaint de ce que l'un des commissaires provisoires de la commune, M. Delaunay, a forcé les portes du garde-meuble, et enlevé à main armée plusieurs effets nationaux.

M. Cambon. Il importe à la nation que l'assemblée nationale surveille avec le plus grand soin tous les effets nationaux; il n'est point permis à une commune de s'en emparer. Bientôt le peuple serait ruiné, si les administrateurs dilapidaient ainsi la fortune publique. Je demande que le commissaire dont il s'agit soit mandé à la barre. (L'assemblée et les tribunes applaudissent.)

L'assemblée mande ce commissaire à la barre.

M. Larivière. Je dois ajouter que l'un de ces commissaires municipaux est actuellement détenu pour avoir soustrait des effets au château des Tuileries. Je cite ce fait pour que le peuple sache qu'il a été trompé dans son choix, et pour qu'on porte l'examen le plus sévère sur ces sortes d'êtres ambulans qui ont profité de cette crise pour usurper les pouvoirs.

On fait lecture d'une lettre de M. Girey-Dupré, l'un des rédacteurs du *Patriote français*, conçue en ces termes :

« Déjà des plaintes graves ont retenti dans le sein de l'assemblée nationale contre la conduite des commissaires provisoires de la commune de Paris. On a réclamé contre leurs usurpations des pouvoirs du peuple qui les a choisis ; on a réclamé contre leur avidité à se partager les places et à recueillir les fruits de leurs dictatures, contre leur système d'avilissement du corps législatif. Revêtu, comme écrivain patriote, d'une sorte de magistrature morale, j'ai élevé ma voix contre ces commissaires ; ils ont voulu m'effrayer par l'appareil de leur puissance ; ils m'ont mandé à la barre ; je n'ai pas voulu avilir la qualité de citoyen en obéissant à un ordre tyrannique, et je n'ai pas paru à leur barre. Je savais que la loi qui permet aux municipalités de délivrer des mandats d'arrêt, ne le leur permet qu'envers les personnes prévenues de complots contre la sûreté générale de l'état. Quelque accoutumé que je fusse à leurs excès, j'ai donc dû être fort surpris de les voir délivrer un mandat d'arrêt dans leur propre cause. Il est temps que l'assemblée fasse cesser tous ces désordres ; qu'elle rende au peuple ses droits ; qu'elle maintienne la liberté individuelle et la liberté de la presse contre les entreprises des usurpateurs. Le moment presse ; le corps électoral va s'assembler ; il importe de le soustraire à l'influence de quelques intrigans. Je joins à cette lettre l'ordre des commissaires de la commune et la réponse que je leur ai faite.

« *Extrait du registre des délibérations du conseil général des commissaires des quarante-huit sections. 28 août, l'an 4 de la liberté et le 1er de l'égalité.*

» Le conseil général arrête que l'éditeur du *Patriote français* sera mandé à la barre demain à onze heures, pour s'expliquer sur une imposture qu'il a imprimée dans sa feuille sur le compte du conseil général de la commune (1).

» HUGUENIN, *président* ; MÉRÉE, *secrétaire-greffier-adjoint.* »

(1) Nous avions cherché vainement dans le *Patriote Français* ce qui avait pu

Copie de la lettre écrite aux commissaires provisoires de la commune, par J. M. Girey-Dupré.

« Vous m'avez mandé à la barre ; je ne m'y rends pas, parce que vous n'aviez pas le droit de m'y mander, parce que je connais et que je maintiendrai mes droits. Si vous vous croyez calomniés ou insultés, il est des tribunaux où je vous attends ; mais vous n'êtes pas un tribunal, et encore bien moins pouvez-vous juger dans votre propre cause. Si vous avez voulu essayer votre pouvoir contre les écrivains patriotes, et détourner, en les effrayant, la vérité qu'ils doivent dire au peuple, et *qu'ils lui diront*, vous avez mal choisi l'objet de cette épreuve. Je suis fermement résolu à défendre, jusqu'à la mort, la liberté individuelle et la liberté de la presse que vous attaquez, les droits de l'homme auxquels vous attentez, les droits du peuple que vous usurpez. Il ne tient qu'à vous de commencer une lutte que je ne redoute pas plus que je n'ai redouté la puissance des *réviseurs*, et les mandats du juge de paix Larivière.

» P. S. Comme je n'ai jamais refusé de donner des explications fraternelles aux citoyens qui ont cru avoir à se plaindre de moi, motivez l'objet de votre plainte, je suis prêt à soutenir la vérité, si je l'ai dite, ou à rétracter une erreur, si elle m'est échappée. »

M. Hérault, au nom de la commission extraordinaire. De grands troubles se sont élevés à Toulon ; des crimes ont été commis. Quatre administrateurs du département, un juge et quelques autres citoyens ont succombé sous la fureur du peuple. Au milieu de ces événemens funestes et du découragement des membres du département et des districts, quelques-uns d'entre eux cependant n'ont point abandonné la chose publique ; ils se sont

---

déterminer la démarche de la commune et l'accusation d'imposture adressée au rédacteur du *Patriote Français*. Nous avions trouvé çà et là quelques expressions un peu vives sur les démarches de cette assemblée ; sur celles que le corps législatif lui-même blâmait. Il s'agissait de cette nouvelle insérée dans le *Patriote* du 28 : « La commune a arrêté de faire des visites domiciliaires, pour forcer les citoyens à donner leurs fusils ou à marcher. » L'explication donnée, le 31, par Méhée, à l'assemblée nationale (voir plus bas), a levé nos doutes : cette phrase contient en effet une erreur qu'il eût été dangereux de laisser accréditer. (*N. des aut.*)

réunis au conseil général de la commune de Toulon. Ces administrateurs citoyens ont montré un grand courage et une grande prudence; ils ont épargné la loi martiale, ils ont rétabli l'ordre. Nous n'avons point à vous rendre compte de ces troubles malheureux; ce genre de répression n'appartient point par sa nature aux fonctions du corps législatif. Mais comme il a été nécessaire de créer provisoirement un directoire du département, comme l'on a nommé aussi une commission provisoire formant le conseil du district, vous avez à rendre un décret pour autoriser et confirmer ces nominations que les administrateurs n'avaient pu différer dans des circonstances aussi impérieuses.

Voici, en conséquence, le projet de décret que votre commission extraordinaire vous propose :

« L'assemblée nationale, considérant la modération et la fermeté qu'ont montrées, dans les journées des 27, 28, 29 et 30 juillet dernier, le conseil général de la commune de Toulon, et ceux des administrateurs du département et du district, qui, dans ces mêmes journées, sont restés à leur poste, déclare qu'elle est satisfaite de leur conduite.

» Au surplus, elle confirme la formation des commissions provisoires, tant du directoire du département que du district établi par les membres existans des trois corps administratifs réunis. »

Ce projet de décret est adopté.

On lit une lettre du ministre de la justice, ainsi conçue :

« Monsieur le président,

» Je ne sais quel est le motif des retards que l'on met dans l'envoi de l'expédition des deux décrets importans sur la suppression des commissaires du roi et le mode de leur remplacement. De toutes parts je reçois des plaintes, des réclamations bien fondées sans doute; car il est bien essentiel, pour l'affermissement du règne de la liberté et de l'égalité, d'offrir au peuple, dans les agens du pouvoir exécutif près les tribunaux, des citoyens investis de toute sa confiance.

» Pour la deuxième fois, je m'adresse à l'assemblée nationale, et je la prie de donner des ordres pour que les expéditions de ces décrets me soient remises sans délai.

» Je dois à l'amour du bien public qui m'anime ; je dois à l'opinion du peuple français, que je m'étudierai toujours à fixer par mon zèle à faire exécuter les lois, de faire connaître qu'il n'a pas dépendu de moi jusqu'à ce jour d'assurer l'exécution de celles relatives à la suppression et à la réélection des ci-devant commissaires du roi près les tribunaux. Signé, DANTON. »

On fait lecture d'une lettre du ministre de la guerre.

« Monsieur le président, je fais passer à l'assemblée copie du rapport de ce qui s'est passé à l'École-Militaire, le 19 de ce mois ; vous verrez qu'une multitude armée, ayant à sa tête un officier municipal, a mutilé la statue de Louis XV et différens autres objets relatifs à la royauté ; comme il serait possible qu'on s'y portât de nouveau, il est instant de mettre cet édifice sous la sauvegarde de la nation. »

M. Montaut. Comme on n'a détruit que les monumens du despotisme, je demande l'ordre du jour.

M. Choudieu. L'assemblée sait qu'il y avait aussi à l'École-Militaire des armes et notamment des sabres ; ils ont été enlevés, à ce que m'a dit le gardien, que j'ai conduit au comité de surveillance pour faire sa déposition.

M. Kersaint. On entraîne le peuple dans des désordres, ses ennemis cherchent à le déshonorer ; c'est à nous de l'éclairer. Si le dépôt des armes a été pillé, je demande qu'on informe contre ceux qui se sont rendus coupables de cette violation de la loi. Le peuple de Paris est indigné de toutes les manœuvres par lesquelles on cherche à le déshonorer.

M. Thuriot. J'observe à l'assemblée que ce n'est point le 19, mais le 10 que les armes ont été pillées ; elles ont été employées à détruire le despotisme, et sans ces actes nous serions peut-être dans les fers. Il faut agir en pères de la patrie ; vous avez reconnu à cette époque que le salut du peuple était la loi suprême ; je demande l'ordre du jour.

M. Kersaint. J'ai cru qu'il s'agissait de faits postérieurs à cette journée, car il n'est permis de parler des événemens du 10, que pour applaudir à la conduite et au courage du peuple de Paris.

L'assemblée passe à l'ordre du jour.

On fait lecture d'une lettre du ministre de la guerre.

« Monsieur le président, on s'autorise de la suspension du roi pour prétendre que toutes les places de sous-officiers doivent être données à l'ancienneté. Il est important qu'on sache que rien n'est changé dans l'organisation militaire; il faut aussi que l'assemblée statue sur la proposition qui lui a été faite de faire nommer tous les officiers par les soldats; l'incertitude qui naît d'une pareille proposition peut causer dans l'armée les plus grands désordres. »

M. Thuriot. Je demande que dorénavant l'ancienneté soit le seul titre à l'avancement.

M. Marbot. Vous condamneriez ainsi Turenne à servir sous un imbécile.

On demande que toutes les propositions de cette nature soient renvoyées à la Convention nationale.

Le pouvoir exécutif est autorisé à faire une proclamation pour annoncer à l'armée que rien n'est changé dans son organisation.

M. Choudieu. Je demande qu'il soit interdit de faire ici de ces propositions désorganisatrices; lorsqu'on aura quelques vues sur l'armée, les membres prudens doivent, avant tout, en conférer avec les militaires; car c'est de la stabilité dans les lois, que dépend la discipline, sans laquelle il ne faut point espérer de succès.

M. Kersaint. J'assure à l'assemblée que la proposition de faire nommer tous les officiers par les soldats, a failli nous faire mal recevoir à l'armée. Des soldats raisonnables m'ont dit que ce serait le plus grand malheur qui pourrait leur arriver.

On fait lecture d'une lettre des administrateurs du département de la Meuse.

« Bar-le-Duc, le 28 août 1792, l'an iv de la liberté. »

» Monsieur le président, nous rendons compte à l'assemblée nationale d'une lettre qui nous a été écrite par l'administration du district d'Étain, qui nous apprend que cette ville est en la possession de l'ennemi. Le commandant de Verdun nous a informés que cette place est également menacée; et sur sa réquisition, nous y envoyons trois mille gardes nationales-citoyennes armées, fournies par des districts de Bar, Clermont, Commercy, Gondrecourt et Saint-Mihel. La garde nationale du disctrict de Montmédy, et une partie de celle de Clermont, étaient déjà employées, depuis plusieurs jours, à la défense des ponts et des gués de la Meuse.

» Il est de notre devoir, Monsieur le président, d'instruire l'assemblée nationale du dévouement que nos citoyens déploient dans ce moment si précieux pour les travaux de la campagne, et de vous prier de déclarer qu'ils ont bien mérité de la patrie. »

L'assemblée porte unanimement cette déclaration.

On fait lecture d'une lettre du conseil du département de la Haute-Marne, portant que M. Lavergne, commandant la place de Longwy, arrêté par plusieurs canonniers du premier régiment d'artillerie, et des gardes nationaux de Saint-Thiébaut, restera en état d'arrestation, jusqu'à ce que l'assemblée en ait autrement ordonné.

On a trouvé dans la voiture de cet officier 36,000 livres, dont 27 en argent.

M. Ducos. La trahison du commandant de Longwi est manifeste, matérielle; je demande que les pièces soient renvoyées au pouvoir exécutif, qui les fera passer à la cour martiale, et que l'assemblée approuve la conduite des canonniers du premier régiment d'artillerie et des gardes nationaux de Saint-Thiébaut.

L'assemblée adopte cette dernière proposition, et renvoie à la commission des Vingt-Un les pièces trouvées dans la voiture de M. Lavergne.

L'assemblée reprend la discussion sur l'état civil.

M. Muraire fait lecture de plusieurs articles qui sont adoptés.

M. Aubert-Dubayet. En faisant une loi pour constater l'état des citoyens, votre intention a été de régénérer les mœurs publiques. Par une de ces dispositions, vous considérez le mariage comme un contrat civil; mais vous n'avez point encore parlé de la manière dont ce contrat pourra être rompu. Notre ancien Code permet la séparation, loi barbare qui laisse subsister le lien du mariage sans qu'on puisse remplir l'engagement principal sur lequel est fondé le contrat, loi qui voue une femme vertueuse au malheur, ou qui lui commande l'adultère. Il est temps de le reconnaître, le contrat qui lie les époux est commun; ils doivent incontestablement jouir des mêmes droits, et la femme ne doit point être l'esclave de l'homme. L'hymen n'admet point l'asservissement d'une seule des parties. Il semble que jusqu'à ce moment les femmes aient échappé à l'attention des législateurs; les verrons-nous plus long-temps victimes du despotisme des pères et de la perfidie des maris; les verrons-nous plus long-temps sacrifiées à la vanité ou à l'avarice? Non, messieurs, nous voulons que toutes les unions reposent sur le bonheur, et nous parviendrons à ce but, en déclarant que le divorce est permis. (On applaudit à plusieurs reprises.) Je sais que des ames timorées se récrieront contre cette loi : respectons leur croyance, qu'elles restent dans les liens qu'elles croient indissolubles; pour nous, ne craignons pas de déplaire, par cet acte de sévérité, à un Dieu qui nous créa tous pour le bonheur. Loin de rompre ainsi les nœuds de l'hyménée, vous les resserrez davantage : dès que le divorce sera permis, il sera très-rare. A Rome il fut quatre cents ans en vigueur avant qu'on en usât. On supporte plus facilement ses peines quand on est maître de les faire finir. Nous conserverons dans le mariage cette inquiétude heureuse qui rend les sentimens plus vifs. Une jeune épouse maltraitée par celui qu'elle avait choisi, sûre que ses liens seront rompus aussitôt qu'elle aura déposé ses plaintes devant un juge, redoublera de patience, et fournira à son époux l'occasion d'un retour; mais si à l'injustice il joint la fréquence des procédés odieux, par malheur trop communs, tout exige que de pareils liens soient rompus.

Si j'osais à cet égard me citer pour appuyer l'opinion que je développe, uni à une épouse de vingt ans dont je tiens toute ma fortune, ne serait-il pas juste qu'elle jouît du bénéfice de votre loi, si j'avais le malheur de devenir un jour indigne d'elle? Il est temps que les maris se courbent sous la justice universelle : en décrétant le divorce, vous acquerrez un titre précieux à la reconnaissance de la postérité. (On applaudit à plusieurs reprises.)

Une foule de membres appuient la proposition de M. Dubayet.

M. Ducastel. Je suis membre de la section systématique du comité de législation qui devait vous faire un rapport sur le divorce, nous sommes d'avis du principe; mais je pense qu'il faut distinguer les mariages faits et ceux à faire. (Il s'élève de violens murmures.)

M. Muraire. Si le comité de législation n'a point annexé à la loi qu'il vous propose une disposition sur le divorce, c'est que son objet n'étant que de constater l'état civil, cette partie ne s'y réunit pas. Nous pouvons cependant en ce moment déclarer un principe que réclament la morale, la politique et la déclaration des droits, et charger le comité de proposer le mode d'exécution.

M. Guadet. Je m'oppose à ce qu'on décrète le principe, attendu qu'il l'est déjà. Des tribunaux l'ont prononcé, et moi-même comme arbitre dans un tribunal de famille.

M. Reboul. Il est indispensable de consacrer le principe, attendu qu'il n'est formellement exprimé nulle part.

L'assemblée déclare que le mariage est un contrat dissoluble par le divorce. (La salle retentit d'applaudissemens.)

M. Guadet. Voici les bases du mode d'exécution sur lesquelles le comité de législation doit être chargé de nous faire un rapport incessamment. 1° Régler le sort des enfans; 2° régler le mode par lequel l'officier civil pourra s'assurer qu'un premier mariage a été rompu avant que d'en laisser contracter un second.

Ces propositions sont adoptées.

M. Grangeneuve. Je demande que le comité nous fasse en même temps un rapport sur l'adoption. (On applaudit.)

L'assemblée charge son comité de lui faire ce rapport incessamment.

M. Gensonné. Votre commission m'a chargé de vous rendre compte d'un fait relatif à la commune provisoire. Des hommes armés ont, par son ordre, investi l'hôtel de la guerre, et empêché que personne n'en sortît. Nous avons écrit au ministre pour lui demander des éclaircissemens ; il nous a répondu que rien n'était plus vrai, et que tout cela s'était fait, sous le prétexte que l'imprimeur du *Patriote français* était dans l'hôtel.

M. Grangeneuve. Les circonstances ont fait établir à Paris une municipalité provisoire ; ces circonstances sont changées ; peut-être leur doit-on de la reconnaissance pour le nouvel état des choses, mais peut-être aussi conservent-ils maintenant le même esprit qu'ils avaient alors, quoique la scène soit bien changée. Je demande que l'assemblée déclare que l'ancienne municipalité reprendra ses fonctions.

M. Guadet. L'opinion de M. Grangeneuve me dispense de tout rapport. Voici le projet de la commission.

« L'assemblée nationale, considérant qu'il s'est élevé des réclamations sur les pouvoirs des commissaires provisoires de la commune de Paris, que quelques sections ont déjà révoqué leurs commissaires et demandé un nouveau mode d'organisation ;

» Considérant qu'il importe pour assurer la tranquillité des citoyens, le service de toutes les branches d'administration, et notamment de celle des subsistances, de fixer l'organisation du conseil général de la commune, en attendant le terme prescrit par la loi pour les réélections, décrète qu'il y a urgence.

» L'assemblée nationale, après avoir décrété l'urgence, décrète ce qui suit :

» Art. 1er. Les sections de Paris nommeront, dans le délai de vingt-quatre heures, chacune, deux citoyens, lesquels réunis formeront provisoirement, et jusqu'à la prochaine élection de la municipalité de Paris, le conseil général de la commune de Paris.

» II. D'abord, après l'élection ordonnée par le précédent article, les commissaires nommés par les quarante-huit sections, et qui ont provisoirement remplacé depuis le 10 août le conseil général de la commune, cesseront d'en exercer les fonctions jusqu'à leur remplacement.

» III. Le maire de Paris, le procureur de la commune, les membres du bureau municipal, et ceux du corps municipal continueront d'exercer leurs fonctions jusqu'à leur remplacement.

» IV. Le pouvoir exécutif national est chargé de faire exécuter, sans délai, le présent décret, et d'assurer également l'exécution de la loi qui met la force publique de Paris à la seule réquisition du maire de Paris. »

Ce projet est adopté.

30 août, à six heures du soir.

» Un officier municipal mandé à la barre par un décret est introduit.

M. le président. Est-il vrai qu'il ait été enlevé un canon au garde-meuble par ordre de la municipalité?

L'officier municipal. Depuis la journée du 10, je suis chargé d'apposer les scellés dans toutes les maisons suspectes. Une dénonciation nous a été faite contre M. Pontlabbé, qui a son appartement au Garde-Meuble. Je m'y suis transporté : c'était le jour de la cérémonie funèbre qui a été célébrée aux Tuileries. On m'a assuré qu'il y avait au Garde-Meuble une coulevrine en argent qui n'était pas en sûreté. Pressé par une foule de mes concitoyens, j'ai été obligé de m'y rendre. J'ai trouvé en effet un petit canon appelé canon de Siam. Il eût été difficile d'empêcher la multitude de l'enlever. Je crus donc qu'il était prudent de m'en emparer : ce que j'ai fait. Mais j'assure que cet effet a été déposé à la section du Louvre. Voilà quels ont été les motifs de ma conduite. J'attends avec sécurité que l'assemblée me rende justice, et qu'elle efface l'humiliation qu'on éprouve de se voir mandé à sa barre.

Quant à M. Pontlabbé, je me suis transporté chez lui, j'ai fait la perquisition qu'il m'est enjoint de faire chez toutes les personnes suspectes, et je suis ensuite retourné à la commune.

M. Filassier. Par quel ordre monsieur a-t-il fait cet enlèvement?

L'officier municipal. Lorsqu'on m'a dit que le canon n'était pas en sûreté au Garde-Meuble, et que le peuple me pressait de m'y rendre, je n'ai pas cru qu'il ne fût pas de mon devoir de le transporter en lieu sûr, et cela sans attendre d'autorisation de personne.

M. Grangeneuve. Je demande si monsieur a trouvé au Garde-Meuble un commissaire de l'assemblée nationale?

L'officier municipal. Si j'eusse vu un membre de cette assemblée, j'ai trop de respect pour le corps législatif, pour ne lui avoir pas fait part de cet enlèvement.

M. Bazire. Je demande que l'assemblée déclare qu'elle est satisfaite de la conduite de l'officier municipal.

M. Lacroix. Et moi, je m'y oppose ; je crois que l'assemblée ne doit prononcer que lorsque l'officier municipal lui aura mis sous les yeux les procès-verbaux qu'il promet : car, messieurs, si les commissaires de la commune s'attribuent une autorité qu'ils n'ont pas, où en sommes-nous ? Je dis donc que monsieur ne pouvait pas enlever cet effet du Garde-Meuble, sans être autorisé par la commune, sinon la municipalité ne pourrait pas être responsable des effets qu'on enlèverait. D'un autre côté, c'était à la commune que devait se déposer un effet national, et non dans une section. Je crois donc que l'assemblée ne peut pas témoigner sa satisfaction avant qu'elle ait sous les yeux les procès-verbaux qui constateront la conduite de M. l'officier municipal.

M. Grangeneuve. Je demande que la décision de l'assemblée soit encore motivée sur ce que l'officier municipal n'avait pouvoir que d'apposer les scellés, et que provisoirement il a enlevé les effets.

N... Le ministre nous a dit ce matin que l'officier avait fait forcer les serrures. Je demande à M. l'officier municipal s'il avait avec lui un serrurier.

L'officier municipal. Il n'est venu avec moi aucun serrurier d'office; il pouvait y en avoir dans le nombre des citoyens qui se pressaient autour de moi. Je n'en avais pas besoin, puisque le canon était sur l'escalier.

M. le président. Mais cependant, vous avez fait forcer une armoire appartenante à M. Pontlabbé.

L'officier municipal. Quant à M. Pontlabbé, c'est une autre affaire. J'avais pour aller chez lui un serrurier, et je croyais que, comme les propriétés de M. Pontlabbé ne sont pas une propriété nationale, je pouvais faire ouvrir par un serrurier toutes les portes des appartemens et armoires que je voulais visiter.

L'assemblée renvoie au comité de surveillance pour en faire son rapport incessamment.

La séance est suspendue. — Il est 11 heures.

M. Vergniaud fait un rapport relativement au mandat d'arrêt lancé contre M. Girey-Dupré, imprimeur du *Patriote français*, par le conseil des représentans de la commune. Il propose le projet de décret en ces termes :

» L'assemblée nationale, considérant qu'il importe de réprimer les atteintes portées à la liberté individuelle, par quelque autorité constituée qu'elles soient portées, décrète qu'il y a urgence.

» L'assemblée nationale, après avoir décrété l'urgence, décrète que les mandats d'amener à la barre et d'arrêt, décernés par le conseil-général de la commune de Paris, le 30 août, contre le sieur Girey-Dupré, sont attentatoires à la liberté individuelle et à la liberté de la presse, et, en conséquence, les déclare nuls et non avenus; enjoint à la municipalité de Paris de se renfermer, à l'égard des mandats d'amener et d'arrêt, dans les bornes prescrites par la loi sur la police générale et sur la sûreté de l'état. »

» *M. Charlier.* Je demande le renvoi à la commission extraordinaire, afin qu'elle présente à l'assemblée une simple explication du décret relatif aux mandats d'amener.

M. Thuriot. Il faut que l'assemblée ne précipite point sa décision sans avoir connu les motifs qui ont dirigé le conseil-général de la commune à lancer le mandat d'amener contre M. Girey-Dupré.

M. Vergniaud. J'observe que le président du conseil de la commune ayant été mandé à l'assemblée, ne s'est point conformé au décret.

M. Thuriot. Je réponds que cet acte n'est point l'effet de la volonté arbitraire du président de la commune de Paris, mais l'objet de la délibération du conseil; qu'en conséquence le président du conseil n'en peut être personnellement responsable. Je suis bien d'avis qu'on doit obéir au décret de l'assemblée; mais j'observe que ce décret a pu ne pas lui être parvenu, et je dois représenter à l'assemblée que ce décret pourrait peut-être avoir des inconvéniens dangereux.

M. Marbot. Je demande qu'un membre de l'assemblée qui a peur d'un représentant de la commune de Paris, laisse faire ceux qui ont du cœur et du courage.

M. Reboul. Je suis bien étonné d'entendre un membre de l'assemblée prendre la défense d'un mandat qui persécute un citoyen pour tels mots que je ne connais pas, lorsque Paris est placardé d'affiches qui appellent le fer sur l'assemblée nationale. Elles sont signées *Marat*. On dit qu'il ne faut pas traiter cette question dans ce moment-ci; et moi je dirai à ceux qui craignent un mouvement dans la capitale, qu'il s'élèvera un grand mouvement dans les départemens, qui étouffera celui de Paris. (Applaudissemens.) Mais le peuple de Paris sait à qui il doit confiance et obéissance. Il verra toujours ses droits là où il verra la garantie de la liberté et de l'égalité. (Applaudissemens.) Il sait que la souveraineté du peuple n'est pas celle de quelques individus, mais bien celle de la France entière; que le vœu de la France ne peut s'exprimer que par l'assemblée de ses représentans.

Pourra-t-on lui peindre comme usurpatrice cette assemblée

qui, dans des momens difficiles, a refusé de s'emparer d'un pouvoir bien flatteur, puisqu'il était absolu; qui a tout reporté au peuple en assemblant une Convention; qui lui a dit : C'est à vous à prononcer sur les grands intérêts qui nous occupent; c'est à vous à exprimer de nouveau votre volonté dans cette grande affaire. Oui, si quelques hommes pouvaient accuser l'assemblée, qui a su respecter le principe de la souveraineté, la division des pouvoirs, le peuple de Paris reconnaîtrait lui-même la justice qui lui est due, et punirait ses calomniateurs. Je demande que la liberté de la presse soit vengée en la personne de M. Girey-Dupré, et que ce citoyen, qui n'a pu être poursuivi que par un ressentiment particulier, et qui n'a point conspiré contre la sûreté de l'état, trouve au moins un refuge dans l'assemblée nationale, dans l'asile de la loi. (On applaudit.)

M. Vergniaud relit le projet de décret de la commission.

Il est adopté.

M. Larivière. Cette mesure ne suffit pas. Je demande si l'assemblée nationale est en état de faire exécuter ses décrets? je demande aux députés des quatre-vingts départemens s'ils sont encore les représentans de l'empire, et s'ils ont assez d'énergie pour exiger au nom du peuple entier le respect et l'obéissance? je leur demande, à ceux qui se flattent d'avoir abattu toutes les tyrannies, s'ils souffriront qu'un nouveau despotisme s'élève? je leur demande s'ils seront assez pusillanimes pour souffrir qu'un citoyen, quel qu'il soit, mette sa volonté au-dessus de la volonté générale? s'ils souffriront enfin qu'après avoir chassé un tyran du château des Tuileries, il s'élève un autre Louis XVI dans la maison d'un particulier?...... Vous le savez, hier, fidèles aux principes qui vous ont toujours dirigés, vous ne voulûtes point juger un citoyen sans l'entendre; vous ordonnâtes en conséquence que le président de la municipalité provisoire de Paris se rendrait à la barre, pour expliquer les motifs de sa conduite qu'on inculpe. — Eh bien! ce citoyen n'a point paru, il refuse d'obéir à la loi!...

J'ai entendu dire qu'il ne fallait point agiter cette question.....

J'ai entendu dire que le peuple.... Ah! peut-on avilir ainsi les Parisiens à leurs propres yeux? peut-on ainsi dégrader la dignité nationale, en nous supposant assez lâches pour ne pas réprimer les excès partout où ils se trouvent, et en prêtant aux citoyens de la capitale des sentimens assez criminels pour s'y opposer? Loin de nous une pareille idée. Je connais ce peuple que l'on calomnie sans cesse; il ne souillera point sa liberté par des actes indignes d'elle : n'en doutons pas, il saura distinguer la franchise de la perfidie, et les coupables caprices d'un seul de la sainte volonté générale. Quant à vous, n'écoutez que votre devoir et votre conscience. Souvenez-vous de vos commettans; souvenez-vous du compte que vous leur rendrez un jour. Songez qu'ils vous regardent, qu'ils exigent de vous courage et fermeté, et qu'ils veulent surtout que vous fassiez respecter les lois.

Je demande donc pour votre honneur, pour celui de l'empire, et pour la justification même des citoyens de Paris, que celui d'entre eux, qui d'abord n'avait été que mandé à la barre, y soit amené séance tenante.

Cette proposition est décrétée.

M. Pétion. Messieurs, le conseil-général de la commune vient vous exposer les motifs de sa conduite, et vous présenter une mesure propre à concilier vos suffrages et l'intérêt public; une mesure qui mettra sur-le-champ l'administration en activité.

M. Tallien, rapporteur de la députation. Législateurs, les représentans provisoires de la commune de Paris ont été calomniés, ils ont été jugés sans avoir été entendus; ils viennent vous demander justice. Appelés par le peuple dans la nuit du 9 au 10 pour sauver la patrie, ils ont dû faire ce qu'ils ont fait. Le peuple n'a pas limité leurs pouvoirs; il leur a dit : Allez, agissez en mon nom, et j'approuverai tout ce que vous aurez fait. — Nous vous le demandons, messieurs, le corps législatif n'a-t-il pas toujours été environné du respect des citoyens de Paris? Son enceinte n'a été souillée que par la présence du digne descendant de Louis XI et de l'émule de Médicis. Si ces tyrans vivent encore, n'est-ce pas au respect du peuple pour l'assemblée nationale qu'ils sont redevables? — Vous avez applaudi vous-mêmes à toutes nos mesures.

Vous êtes remontés par nous à la hauteur des représentans d'un peuple libre; c'est vous-mêmes qui nous avez donné le titre honorable de représentans de la commune, et vous avez voulu communiquer directement avec nous. Tout ce que nous avons fait, le peuple l'a sanctionné. (Applaudissemens des citoyens des tribunes.) Ce n'est pas quelques factieux, comme on voudrait le faire croire; c'est un million de citoyens; interrogez-les sur nous, et partout ils vous diront : Ils ont sauvé la patrie. Si quelques-uns d'entre nous ont pu prévariquer, nous demandons, au nom de la commune, leur punition. Nous étions chargés de sauver la patrie; nous l'avons juré, et nous avons cassé des juges de paix indignes de ce beau titre; nous avons cassé une municipalité feuillantine. Nous n'avons donné aucun ordre contre la liberté des bons citoyens; mais nous nous ferons gloire d'avoir séquestré les biens des émigrés; nous avons fait arrêter des conspirateurs, et nous les avons mis entre les mains des tribunaux, pour leur salut et pour celui de l'état; nous avons chassé les moines et les religieuses pour mettre en vente les maisons qu'ils occupaient; nous avons proscrit les journaux incendiaires, ils corrompaient l'opinion publique. Nous avons fait des visites domiciliaires; qui nous les avait ordonnées? Vous. Les armes saisies chez les gens suspects, nous vous les apporterons pour les remettre entre les mains des défenseurs de la patrie; nous avons fait arrêter les prêtres perturbateurs; ils sont enfermés dans une maison particulière, et, sous peu de jours, le sol de la liberté sera purgé de leur présence. On nous a accusés d'avoir désorganisé l'administration, et notamment celle des subsistances, mais à qui la faute? Les administrateurs eux-mêmes, où étaient-ils dans les jours de péril? la plupart n'ont pas reparu à la maison commune.

La section des Lombards est venue réclamer contre nous dans votre sein; mais le vœu d'une seule section n'anéantira point celui d'une majorité très-prononcée des autres sections de Paris.

Hier les citoyens, dans nos tribunes, nous ont encore reconnus pour leurs représentans; ils nous ont juré qu'ils nous conservaient leur confiance. Si vous nous frappez, frappez donc aussi ce peuple qui a fait la révolution le 14 juillet, qui l'a consolidée le 10 août, et qui la maintiendra. Il est maintenant en assemblées primaires, il exerce sa souveraineté; consultez-le, et qu'il prononce sur notre sort. Vous nous avez entendus, prononcez, nous sommes là. Les hommes du 10 août ne veulent que la justice, et qu'obéir à la volonté du peuple.

M. Manuel. Permettez-moi d'ajouter une seule réflexion : l'assemblée nationale a rendu hier deux décrets; par le premier, elle casse la commune provisoire; par le second, elle déclare que cette commune a bien mérité de la patrie : les commissaires ont à se plaindre ou de l'un ou de l'autre.

M. le président. Toutes les autorités constituées dérivent de la même source. La loi, dont elles émanent, a fixé leurs devoirs, leurs fonctions, leurs limites. La formation de la commune provisoire de Paris est contraire aux lois existantes; elle est l'effet d'une crise extraordinaire et nécessaire. Mais quand ces périlleuses circonstances sont passées, l'autorité provisoire doit cesser avec elles.

Voudriez-vous, messieurs, déshonorer notre belle révolution en donnant à tout l'empire le scandale d'une commune rebelle à la volonté générale, à la loi? Paris est une grande cité qui, par sa population et les nombreux établissemens nationaux qu'elle renferme, réunit le plus d'avantages; et que dirait la France, si cette belle cité, investissant un conseil provisoire d'une autorité dictatoriale, voulait s'isoler du reste de l'empire; si elle voulait se soustraire aux lois communes à tous, et lutter d'autorité avec l'assemblée nationale? Mais Paris ne donnera point cet exemple. Un décret a été rendu hier. L'assemblée nationale a rempli ses devoirs; vous remplirez les vôtres. (On applaudit.)

Vous demandez le rapport d'un décret; elle examinera votre pétition. Vous devez tout attendre de sa justice. Elle vous invite à sa séance.

M. Vergniaud prend le fauteuil.

Trois citoyens sont admis à la barre.

L'un d'eux prend la parole. Peuple des tribunes, assemblée nationale, et vous, monsieur le président, nous venons, au nom du peuple qui attend à la porte, demander de défiler dans la salle pour voir les représentans de la commune qui sont ici. Nous mourrons, s'il le faut, avec eux.

Plusieurs membres observent qu'ils ne sont pas en danger.

M. le président. L'assemblée nationale défendra toujours les intérêts du peuple; ils seraient compromis si l'on manquait de respect pour les représentans de la nation tout entière : elle vous invite à aller dire à vos concitoyens qu'elle maintiendra également la liberté du peuple et le respect dû aux autorités constituées.

M. Lacroix. Nous nous occupons de la vente des biens des émigrés, et il est instant de terminer ce travail, le peuple, en défilant, nous ferait perdre un temps précieux. Je demande qu'il choisisse vingt personnes seulement, qui auront les honneurs de la séance.

Le pétitionnaire qui avait déjà porté la parole. Le peuple est libre, et on lui ôte sa liberté.

M. Lacroix. Je demande si nous sommes libres, nous.

Les pétitionnaires se retirent.

M. Goujon reprend la suite des articles sur les biens des émigrés.

Quelques minutes se passent.

M. Manuel, procureur de la commune paraît à la barre. Il était de mon devoir de me transporter sur les lieux où l'assemblée pouvait croire qu'il y avait un rassemblement; je n'y ai trouvé que trois ou quatre très-coupables pétitionnaires, qui viennent de paraître à la barre; je les ai fait mettre en état d'arrestation. (On applaudit à plusieurs reprises.)

M. le président. L'assemblée est satisfaite de la nouvelle preuve du zèle que vous venez de lui donner.

La séance est suspendue à quatre heures.

31 août, à six heures du soir.

M. Hérault occupe le fauteuil.

Des officiers municipaux de Sedan paraissent à la barre, et présentent un mémoire justificatif de leur conduite.

L'assemblée leur accorde les honneurs de la séance, et ordonne l'impression de leur discours.

Une députation des sourds et muets vient réclamer la liberté de l'abbé Sicard, arrêté depuis le 10 août.

Sur le rapport de Lasource, l'ex-ministre Montmorin est décrété d'accusation. On lui reprochait trois griefs : 1° d'avoir rejeté l'alliance avec la Prusse en 1791, et d'avoir sacrifié, par ce refus, les intérêts de la France à ceux de l'Autriche ; 2° d'avoir caché à l'assemblée nationale la ligue et les préparatifs des puissances étrangères, et de n'avoir pas provoqué en France des mesures pour les prévenir ; 3° enfin, d'avoir caché le dessein des princes rebelles.

M. Guadet. Vous avez renvoyé à l'examen de votre commission extraordinaire plusieurs pièces, dont M. Lavergne s'est trouvé saisi, et qui vous ont été adressées par les administrateurs du district de Bourmont. Il en résulte d'abord que la reddition de la place de Longwi, est due à la trahison du chef, et à la lâcheté des habitans. C'est le 13 de ce mois qu'il a été nommé commandant. Voici ce qu'il écrivait le 16 aux commissaires ordonnateurs des guerres : « J'attends avec sécurité les ennemis. Vous m'avez fourni tous les moyens de leur résister. » Le 19, il écrivait au général La Fayette : « M. Berruyer n'ayant pas voulu défendre cette place, parce qu'en effet elle ne vaut pas grand'chose, M. Luckner m'en a chargé. » A quoi faut-il attribuer ce changement de la part de M. Lavergne ? La commission ne prononcera rien là-dessus ; mais elle vous donnera connaissance d'une lettre écrite ce même jour 19 à M. Lavergne par un sieur Allebrade, du camp ennemi : « Pour être divisés d'opinions, les honnêtes gens ne le sont pas de sentimens. Persuadé que tu croyais avoir raison en prenant le parti que tu as pris, je n'ai point voulu t'en détourner ; mais à présent que tous les crimes ont été commis, à présent que la Constitution est violée par la suspension même du roi, tu ne balanceras pas sans doute entre le parti de servir la cause du roi, ou d'être le stipendié de Pétion. Tu sais que ta femme est désolée, qu'elle t'a écrit plusieurs fois. Tu peux sortir honorablement de cette alternative. Ce n'est point une basse trahison que je te conseille, mais je te propose de t'expliquer franchement, en déclarant à la troupe et aux habitans que tu ouvriras les portes et les sauveras de l'ennemi. (Il s'élève des murmures d'indignation.) Je croirais te faire injure de te parler, pour t'y résoudre, du traitement que tu recevrais en t'y refusant, ou des avantages qu'on te ferait si tu y consens. Tu ne peux pas, pour une gloire mal entendue, sacrifier une ville et ses habitans. Au surplus, je suis chargé, de la part du roi et du duc de Brunswick, de te déclarer que ton zèle ne restera pas sans récompense ; et tu penses bien que nos princes seront toujours charmés de marquer leur reconnaissance à ceux qui auront servi leur auguste frère. Si le rendez-vous a lieu, son altesse royale désirerait qu'il y eût aussi des membres du district et de la municipalité. »

C'est le 19 que cette lettre est écrite, et le surlendemain la capitulation est proposée, et la ville bientôt rendue. Une cour martiale doit prononcer et sur le commandant et sur la garnison : mais la lâcheté bien avérée, bien reconnue des administrateurs et des habitans de cette place, exige de vous quelques mesures. Ils ont consigné cette lâcheté dans une déclaration qu'ils ont remise à M. Lavergne. « Nous, administrateurs et officiers municipaux de Longwi, certifions et attestons que M. Lavergne n'a accepté la capitulation que sur la demande qui en a été faite par nous d'après la certitude du bombardement et des préparations hostiles dirigées contre notre ville. » — Avant de proposer le projet de décret, je vais mettre sous vos yeux une pièce consolante au milieu de ces horreurs. Elle est écrite par trois canonniers en prison au moment de l'attaque. « Notre commandant ; il est malheureux pour nous de nous voir renfermés dans la prison pendant que l'on bombarde la ville. Nous sommes trois canonniers qui demandons notre élargissement pour aller combattre l'ennemi et aider nos camarades. Après notre devoir fait, nous rentrerons en prison. » (On applaudit.) Voici le projet de décret que votre commission vous propose :

» Art. Ier. Aussitôt que la ville de Longwi sera rentrée au pouvoir de la nation française, toutes les maisons, à l'exception des maisons et édifices nationaux, seront détruites et rasées.

» II. Les habitans de Longwi sont dès à présent privés pour dix années du droit de citoyen français.

III. Les commandans de toute place assiégée et bombardée sont autorisés à faire démolir la maison de tout citoyen qui parlera de rendre la place pour éviter le bombardement.

IV. Le pouvoir exécutif fera passer, à la cour martiale chargée de juger la conduite de M. Lavergne et de la garnison, toutes les pièces relatives à cette affaire, adressées à l'assemblée par les administrateurs du district de Bourmont. »

L'assemblée adopte ce projet de décret, ordonne l'impression et l'envoi des pièces, la mention honorable des trois canonniers, avec l'insertion de leurs noms au procès-verbal, et renvoie les administrateurs et officiers municipaux de Longwi devant les tribunaux criminels.

Deux membres de la commune provisoire de Paris sont admis à la barre.

M. Huguenin. Le président de la commune de Paris, ainsi que le secrétaire-greffier paraissent à la barre pour obéir au décret qui les y mande. Nous ne l'avons connu que par les papiers publics. A l'égard du fait pour lequel nous sommes mandés, le secrétaire-greffier va vous l'exposer.

Le secrétaire (Méhée). Vous avez ordonné que les citoyens qui auraient des armes, ou marcheraient aux frontières ou donneraient ces armes à ceux qui marcheraient. La commune a cru qu'il fallait d'abord ôter celles des signataires de pétitions antipopulaires. Cette mesure a été traversée par l'éditeur du *Patriote Français*, qui a dit, dans un numéro, que l'on allait faire des visites domiciliaires et désarmer les citoyens; la commune l'a mandé à sa barre. Il a refusé de s'y rendre, en prétendant qu'elle n'avait pas le droit de l'y mander. L'intention de la commune était de s'éclaircir du fait, afin de poursuivre la calomnie si c'en était une ; ou de prier l'éditeur de rectifier si c'était une erreur.

L'assemblée accorde les honneurs de la séance aux deux membres de la commune, et renvoie leur explication à la commission.

La séance est suspendue à onze heures.

Coup d'œil sur la situation de la famille royale.

Il faut nous reporter au moment où la famille royale fut installée dans la loge du logographe. L'assemblée, soigneuse de sa sûreté, fit arracher les grilles de fer qui séparaient cette loge de la salle même où siégeaient les députés, afin qu'elle pût se réfugier parmi les représentans si le peuple venait à forcer les corridors. Placé là, le roi entendit prononcer sa déchéance. De là, il entendit le tumulte qui accompagna l'exécution de Carle, colonel de la gendarmerie; cet officier l'avait accompagné et était entré avec lui dans la loge ; il en sortit vers trois heures pour s'informer de la cause d'un grand bruit qu'on entendait au dehors; on ne le revit plus. Cependant les écrivains révolutionnaires assurent que Louis XVI n'oublia point de manger, et ne perdit point l'appétit au milieu de ces effrayantes scènes. Peltier, au contraire, assure qu'il ne prit d'autre nourriture que quelques fruits, et quelques verres d'eau de groseilles.

A une heure du matin, la famille royale fut transférée dans l'appartement de l'architecte des Feuillans où elle acheva la nuit. Le lendemain, samedi, elle revint assister à la séance de l'assemblée. Le soir, elle retourna dans l'appartement qu'elle avait déjà occupé ; le roi, à souper, y fut servi pour la dernière fois, selon les lois de l'étiquette, par six gentilshommes qui l'avaient suivi jusque-là, et dont on allait le séparer. Le jour suivant, c'était un dimanche, la famille déchue passa encore la journée dans la loge du logographe. Ce ne fut que le lendemain, lundi 13 août, qu'elle fut transférée au Temple.

Ainsi l'avait décidé la commune, à laquelle l'assemblée nationale avait confié le soin de la garde du roi, par un décret du 12. Toutes ces choses au reste s'étaient passées en présence de ce prince ; il n'en ignorait rien.

Instruite de la décision du corps législatif, la municipalité provisoire prit l'arrêté suivant :

« Le conseil, considérant que, dans les circonstances actuelles, il importe autant à la sûreté de Paris qu'à celle de tout l'empire, de conserver avec la plus scrupuleuse attention, jusqu'à sa prochaine Convention nationale, celui que tous les départemens regarderont, sans doute, comme un otage important ;

» Considérant que sans ces précautions multipliées, et dont la sévérité est commandée par la sûreté de vingt-cinq millions d'hommes, on pourrait, si, par une fatalité quelconque, Louis XVI échappait à la surveillance du peuple armé, inculper le zèle et peut-être la fidélité de ses gardiens ;

» Comparant l'importance du dépôt dont la ville de Paris est chargée, spécialement par le décret du corps législatif, avec les moyens qui peuvent seuls l'assurer, arrête que Louis XVI sera déposé dans la tour du Temple ; qu'il y sera transféré sous la sauvegarde de la loi et sous celle de la loyauté française ; arrête pareillement que le décret de l'assemblée nationale relatif à l'arrestation de Louis XVI sera transcrit sur les registres des délibérations de la commune, imprimé et envoyé aux quarante-huit sections, ainsi que le présent arrêté. »

Quelques membres de la commune trouvèrent les motifs de cet arrêté insuffisant, ils demandèrent qu'on y introduisît de plus, celui de la culpabilité du roi. Mais on repoussa cet avis, par la raison légale que personne n'avait prononcé sur la culpabilité, et que l'assemblée nationale avait seule ce droit. Il fut donc décidé qu'on demanderait à celle-ci de déclarer Louis XVI *coupable de forfaiture*. Cet arrêté est transcrit sur les registres de la commune ; mais il ne parut pas sous les yeux du corps législatif. Nous n'en avons pas trouvé trace. Des objets plus importans détournèrent sans doute l'attention.

Le lundi, 13, on lut affiché dans Paris un ordre du *commandant-général provisoire*, Santerre. Six légions devaient faire la haie depuis les Feuillans jusqu'au Temple; tous les autres postes étaient doublés. On recommandait la fermeture exacte des barrières. Mais, ce qui est curieux, on annonçait que bientôt les services extraordinaires qui fatiguaient les citoyens des sections, se réduiraient à peu de chose.

La famille royale partit à cinq heures avec la garde qu'elle avait aux Feuillans. Elle était dans une seule voiture, accompagnée de Pétion, Manuel et un officier municipal, précédée et suivie d'un détachement de cavalerie. La marche dura deux heures et passa sur la place Vendôme, où le roi vit les ruines de la statue de Louis XIV. Elle fut enfermée dans le donjon du Temple.

Le 13, la commune décida que, tous les soirs, le nom des commissaires chargés de la garde du roi serait tiré au sort dans une urne qui contiendrait tous les noms des membres de son conseil.

Le 17, elle arrêta qu'il serait fait, autour du Temple, un mur et un fossé en avant, que l'on ne pourrait traverser que sur un pont-levis; elle décida, en outre, qu'indépendamment de la garde extérieure, il y aurait une garde intérieure de cinquante hommes qui pendant vingt-quatre heures ne pourraient sortir, et seraient nourris aux frais de l'État. Chaque légion devait nommer vingt-cinq hommes qui s'engageraient à faire ce service particulier. Il y eut cependant souvent des plaintes sur la négligence de ces gardiens ; et la circonvallation n'était pas encore terminée au commencement du mois d'octobre.

Ces précautions n'étaient pas, d'ailleurs, dépourvues de motifs raisonnables. Croirait-on que malgré la terreur du 10 août, sous le coup des journées de septembre, il y avait encore des hommes assez imprudens ou assez hardis pour former des rassemblemens sous les murs du Temple? Le 27 septembre, les commissaires chargés de la surveillance de cette prison, dénoncèrent à la commune des rassemblemens nocturnes de trois à quatre cents hommes, près de l'enceinte extérieure de la tour. On chantait; on faisait des signaux ; on criait: *Vive le roi!*

Nous n'entretiendrons pas nos lecteurs de la vie des prisonniers du Temple. Ces détails biographiques n'offrent rien qui puisse servir à l'histoire. Les journaux révolutionnaires eux-mêmes en entretenaient largement leurs lecteurs. Ils s'amusaient beaucoup du contraste qu'offrait leur situation présente avec leurs habitudes passées. Mad. Élisabeth fut d'abord logée dans une ancienne cuisine, et couchée sur un lit de sangle. Les chambres étaient à peu près nues; pourvues d'un mobilier sale et misérable. Il n'y avait pas même de draps blancs aux lits. Mais peu de jours après l'appartement fut restauré et garni de meubles convenables, et à ces détails, les journaux ajoutaient que Louis XVI apprenait par expérience quelle était la situation commune de la plus grande partie de ses anciens sujets.

D'ailleurs, sur tous ces détails, les écrivains révolutionnaires ne diffèrent pas des écrivains royalistes. Ils racontent certaines choses dans les mêmes termes, ainsi, par exemple, tout ce qui est relatif aux occupations du roi. Ce que les uns nous ont présenté pour exciter notre sympathie, les autres en parlent comme de faits tout simples. Ils avaient, contre ce prince, une haine profonde, toute celle qui devait émaner d'une ferme croyance dans les doctrines révolutionnaires, et d'un amour actif de l'indépendance nationale, contre laquelle Louis XVI avait conspiré. Déjà en août, ils demandaient qu'il fût jugé et puni.

« Il est assez étonnant, dit Prudhomme, que les officiers municipaux permettent à Louis XVI d'avoir toujours l'épée au côté; mais il est bien plus étonnant encore qu'on prenne tous ces soins pour garder un homme par qui le tribunal criminel aurait dû commencer ses jugemens... D'Angremont, par exemple, qu'on vient d'exécuter avait le droit de dire à ses juges :

» Messieurs, nous étions une troupe de brigands dignes sans doute du dernier supplice; mais notre chef est entre vos mains, qu'en faites-vous? Pourquoi n'est-il pas avec nous? Son sang doit couler avec le nôtre sur l'échafaud; les lois de l'égalité vous en font un devoir; c'est sa cause que nous servions; nous n'avons pas commis le crime pour notre propre compte; c'est pour lui que je dressais, que j'endoctrinais une armée d'espions. S'il n'eût point existé un roi des Français nommé Louis XVI, trois mille patriotes n'eussent point trouvé la mort sous les murs de son château; nous demandons à être confrontés avec ce roi et sa compagne qui nous ont induits à mal par l'appât de leur liste civile. Nous ne prétendons pas les justifier en les chargeant: mais on ne peut nous refuser la satisfaction de voir tomber sa tête avant de perdre la nôtre. Punissez d'abord les grands coupables. Entendez-vous le peuple qui murmure et regrette d'avoir laissé aux lois le soin de le venger? » (*Révolutions de Paris*, n. CLXIII. 25 *août.*)

HISTOIRE DE PARIS PENDANT LA FIN D'AOUT.

L'activité fut extrême. On discutait aux Jacobins et dans les sections. On décidait et on agissait à la commune. Le tribunal criminel jugeait. On organisait des bataillons. On honorait les morts du 10. On préparait les élections pour la Convention. Enfin la population tout entière, vivement remuée s'agitait dans les rues. Toutes ces choses avaient lieu en même temps. C'est lorsqu'il s'agit de peindre des circonstances semblables, que l'on sent l'impuissance de la parole. Il faut remplacer par une narration froide et successive, la vivacité et la simultanéité des faits. Nous commencerons par raconter rapidement ce qui se passait aux Jacobins.

Club des Jacobins.

Rien, plus que la lecture des travaux de ce club, n'est propre à faire connaître le mouvement de l'esprit public. On y trouve le mot de tout ce qui se passe, le mot de tout ce que la Commune insurrectionnelle tente ou fait. Nous allons voir qu'une partie des demandes présentées par la Commune à l'assemblée nationale avaient été émises d'abord aux Jacobins. Nous verrons aussi que plusieurs des décisions révolutionnaires, votées par le corps législatif, semblent avoir été décrétées pour se conserver les apparences de l'initiative et l'enlever aux sociétés populaires; pour cela, il suffit de nous rappeler ce que nous avons lu dans la narration des faits parlementaires et de le comparer à ce qui va suivre.

— Dès le soir du 10 août, Robespierre, à la tribune des Jacobins, recommandait au peuple « de mettre ses mandataires dans l'impossibilité absolue de nuire à la liberté » ; il proposait la convocation d'une Convention ; il voulait que la Commune envoyât des commissaires dans les départemens. L'assemblée nationale prit ces deux dernières mesures.

— Le 12, Antonelle parla longuement pour prouver que la Commune du 10 devait s'opposer à l'installation d'un nouveau directoire au département de Paris que l'assemblée venait de décréter. Nous avons vu qu'en effet la Commune protesta et obtint l'ajournement de la loi. Antonelle demandait que l'on appuyât cette pétition *d'argumens un peu bruyans*. Mais la Commune n'en eut pas besoin. (*Journal du club*, n. CCXLVII.)

— Le 15, il y eut une discussion assez vive sur une pétition dont l'assemblée avait ordonné la rédaction. On demandait l'établissement d'une cour martiale pour juger les coupables du 10. Duhem protesta que la société se trompait en croyant que l'assemblée nationale cherchait à prendre des mesures dilatoires. Taschereau demanda que dorénavant les pétitions fussent portées à la Commune. Cette discussion fut abandonnée sur la nouvelle que Robespierre avait déjà fait une démarche dans le même sens, et qu'elle serait certainement suivie de succès. (*loc. cit.*, CCXLIX.)

— Le 16, on s'occupa de ce qui se passait à Sedan. Robespierre prit la parole.

« Vous venez d'entendre, dit-il, que le directoire du département des Ardennes a eu l'audace de faire un arrêté contre un décret de l'assemblée nationale. Il n'est pas croyable qu'un département eût eu l'impudence de se montrer aussi violemment séditieux s'il ne comptait sur l'appui d'une force considérable; et cette force, messieurs, quelle peut-elle être, sinon La Fayette et l'armée qu'il commande?

» Or, je vous le demande, croyez-vous que La Fayette osât jamais approcher de Paris où il sait qu'il est en exécration, s'il ne comptait pas lui-même sur un parti puissant dans l'assemblée nationale? Et comment n'y compterait-il pas, si, au moment où nous savons que M. La Fayette a, au moins, le projet de s'opposer à la volonté générale bien manifestée, l'assemblée nationale résiste encore au cri de la nation entière qui lui fait une loi de s'expliquer enfin sur le compte de La Fayette et de frapper ce coupable?

» Comment concevoir que l'assemblée nationale, qui a frappé le roi, n'ose pas frapper La Fayette, si ce n'est parce que le roi n'avait pas de parti dans l'assemblée nationale et que La Fayette en a un bien marqué?

» N'est-ce pas se jouer trop long-temps du peuple que de ne pas frapper ce général hypocrite qui, ne cessant d'entretenir ses soldats des mots de liberté, de Constitution, voudrait se servir de leurs bras pour détruire la véritable Constitution, l'égalité? Je le demande; toutes ces circonstances ne sont-elles pas alarmantes, et ne décèlent-elles pas qu'il existe dans l'assemblée nationale, un parti qui dort maintenant et qui ne manquera pas de se réveiller à son approche. Je suis convaincu que tout le côté droit, tous ceux qui ont voté pour lui, formeraient ce parti; je suis convaincu encore qu'il est des hommes qui ne siégent pas dans le côté droit, mais qui voyant avec inquiétude le règne de la véritable liberté s'établir d'une manière inébranlable sur les bases de l'égalité, verraient peut-être avec plaisir l'arrivée de ce conspirateur qui ouvrirait de nouvelles chances à leurs intrigues.

» Voilà les dangers auxquels vous êtes exposés; voilà l'orage que vous avez à conjurer. »

M. Baumier. « Les circonstances dont vient de vous parler M. Robespierre sont de la plus grande importance. Je demande donc que, pour première mesure, vous nommiez deux commissaires pour rédiger à l'instant une pétition tendante à demander à l'assemblée nationale qu'elle déclare La Fayette traître à la patrie et ordonne à tous les citoyens de lui courir sus.

M. *Brival.* « J'observe que ce matin, à l'assemblée nationale, M. Bazire a fait cette motion et qu'il a été excessivement applaudi. Il sera vraisemblablement question de cet objet ce soir, et je crois que c'est le moment d'adopter la mesure qui vous est proposée, et je vous promets de l'appuyer de toutes mes forces. »

M. Simon représente que cet objet est compris dans la pétition dont l'impression a été ordonnée. Alors on arrête qu'élaguant de cette pétition tous les autres objets, on en présentera une qui ne contiendra que celui-là seul, et sera signée de tous les citoyens qui le désireront.

Tous les citoyens des tribunes demandent à grands cris du papier et des plumes pour y apposer leurs signatures.

N... « J'arrive de l'assemblée nationale. M. Chabot était à la tribune, et pressait pour le décret qui doit déclarer La Fayette traître à la patrie..... Je ne doute pas qu'il ne passera à l'unanimité.....

» Divers bruits s'étaient répandus qu'il existait des projets de sonner le tocsin cette nuit, et d'exciter quelques rumeurs sous le prétexte de hâter la justice contre les coupables du 10 août. »

M. *Simon.* « Tout doit nous prouver dans ce moment que rien ne serait plus inutile, plus dangereux, plus impolitique qu'une telle insurrection, si toutefois elle devait avoir lieu.

» Premièrement, elle serait dangereuse à raison de la détention du ci-devant roi, parce qu'il serait possible qu'au moyen d'un mouvement quelconque de fidèles serviteurs du roi, ou quelque autre parti, l'enlevât. En second lieu, en se portant ainsi à une insurrection qui n'aurait aucune espèce de prétexte que de hâter le cours de la justice, il serait à craindre que les rapports qu'on en ferait dans les départemens ne servissent à égarer l'opinion sur la très-utile et très-sainte insurrection qui s'est faite le 10 août, ce qui serait un très-grand malheur........

» Il faut être fermes, courageux, sur nos gardes; mais ne pas donner dans tous les piéges qui pourraient nous être tendus. »
(*Loc. cit.*, n. CCL.)

On reconnaît par cet extrait à quel point le corps législatif était poussé par le mouvement extra-parlementaire, et combien il devait agir pour rester le maître, au moins en apparence.

— Dans la séance du 19, un membre, M. Théodore Giot, proposa de quitter le nom d'Amis de la Constitution, et de prendre celui d'Amis de la Liberté et de l'Égalité. Cette motion, accueillie par quelques applaudissemens et beaucoup de murmures, fut repoussée par l'ordre du jour. La société nomma ensuite une commission de quarante-huit membres pour proposer les épurations qu'elle jugeait nécessaires d'exercer dans son sein.

— Le 20, une députation de la section Mirabeau vint faire part d'un arrêté qu'ils avaient pris. C'était de n'admettre dans les élections prochaines aucun de ceux qui avaient été membres des clubs monarchiques, aucun de ceux qui avaient signé les dernières pétitions feuillantines ou royalistes.

Mazué, président du comité central des fédérés, vint exprimer le chagrin qu'éprouvaient ses frères d'armes en voyant la ligne de démarcation qu'on affectait entre les Marseillais, les Brestois et les autres fédérés. Encore, ajouta-t-il, tous réunis qu'auraient-ils fait s'ils n'eussent été soutenus par trente-sept sections de Paris?... Plus de distinction entre nous, continua-t-il, et c'est avec peine que nous avons vu former dans Paris une section sous le nom de Section des Marseillais... Plus de ces démarcations injurieuses autant qu'injustes.

Chabot ensuite loua ces nobles sentimens, en montra la profonde justice. Puis il prit texte de là pour engager les fédérés à ne point quitter Paris. Il montra une défiance extrême de ce que produiraient les futures élections.

— Dans les séances suivantes on s'occupa beaucoup d'élections. On blâma à peu près unanimement le mode décrété de l'élection à deux degrés. Un membre proposa d'imposer aux députés des cahiers délibérés par les assemblées primaires, ou de décider en principe que les décrets de la future Convention n'auraient force de loi que lorsqu'ils auraient été sanctionnés par la majorité des assemblées primaires. L'impression de son discours fut ordonnée. Enfin, tous ces débats conclurent à une adresse aux sociétés affiliées sur les élections. Elle fut votée le 29. Nous la donnerons plus tard.

Il vint, à travers ces débats, une multitude de délibérations incidentes. On proposa de rédiger une pétition pour demander le jugement de Louis XVI. Les fédérés se plaignirent de n'être encore ni armés, ni casernés. On proposa de désarmer les gens suspects. On s'occupa de la solde de l'armée. Ce fut un M. Agat qui souleva cette dernière question. Il voulait une même paie pour tous les grades.

« J'appuie avec force les propositions qui vous sont faites, dit Mazué..... Je désirerais que la paie fût uniforme pour tous les grades, depuis le simple volontaire jusqu'au commandant de bataillon. Sans vouloir citer nos frères de Marseille plus que tous les autres, je dirai que cette organisation a toujours eu lieu dans leur bataillon, et que cela ferme la porte à la cabale et à l'ambition. La réunion des suffrages de nos concitoyens est une récompense assez flatteuse quand ils nous portent à quelque grade, sans avoir besoin d'une plus haute paie. » (*Loc. cit.*, n. CCLIV.)

Nous terminerons par deux extraits de deux séances qui peuvent être prises pour exemple des formes que reçoivent les idées des sentimens de ceux qui les expriment, selon qu'ils doutent ou qu'ils croient. Nous copions le journal du club.

27 *août*... « On apporte dans la salle un buste de Brutus, qui est reçu au milieu des applaudissemens universels.

» *M. Manuel.* C'est ici que s'est préparée la chute des rois, la chute de Louis le dernier. Ici doit reposer l'image de celui qui le premier voulut purger la terre des rois. Messieurs, voici Brutus, qui vous rappellera à tous les instans que, pour être citoyen, il faut toujours être prêt à sacrifier tout, jusqu'à ses enfans, au bonheur de son pays.

» Rappelons-nous surtout, dans ce moment où les élections

nous occupent, rappelons-nous que, si dans la Convention nationale il se trouve une seule tête comme celle-là, la France sera sauvée, parce que la France n'aura plus de rois. Nous devons tous jurer, et j'en fais le premier le serment, à quelque poste que je me trouve placé, tous mes efforts seront dirigés vers ce but important de purger la terre du fléau de la royauté. »

Toutes les mains se lèvent au même instant et le serment est prononcé avec énergie.

M. Manuel. « L'artiste qui offre cette tête à la société en présentera une semblable à l'assemblée nationale, qui, à sa vue, regrettera sans doute de ne pas en posséder une pareille au milieu d'elle.

N.... « Je demande qu'il soit écrit à toutes les sociétés affiliées pour les engager à mettre dans la salle de leurs séances un buste de Brutus. L'artiste qui présente celui-ci est M. le Nain : il offre une souscription à un prix très-modéré. Je demande que la société le recommande aux sociétés patriotiques. »

M. Desfieux. « A cette proposition, que j'appuie de toutes mes forces, j'en ajoute une, c'est de recevoir M. Le Nain membre de la société. »

Cette proposition est arrêtée.

M. Manuel. « La meilleure manière de recommander la souscription de ce buste, est de mettre, au bas du prospectus que vous enverrez : *La Société mère a pris Brutus pour son patron.* »

M. Terrasson.... « Il faut se réunir pour demander justice du traître. Il faut se réunir pour obtenir le jugement de Louis XVI. »

Une voix des tribunes. « Criez, oui ! celui qui ne le criera pas n'est pas un bon patriote. »

Mille voix. « Oui ! oui ! »

Un fédéré du Tarn. « Ce matin, dans l'assemblée générale des fédérés, on est venu nous débiter, avec beaucoup d'emphase, que Longwi était pris, qu'il fallait en conséquence nous organiser demain et partir après-demain. Cependant, messieurs, c'est à Paris que nous avons deux dépôts extrêmement importans à garder, l'assemblée nationale et le prisonnier du Temple. Si dans cette circonstance on éloigne de Paris trente mille patriotes, qui répondra de la sûreté de ces dépôts? Je demande que les fédérés, fidèles au serment qu'ils ont fait de défendre à Paris la cause de la liberté, n'écoutent pas un mouvement de faux patriotisme pour quitter ce poste et voler aux frontières; car c'est ici et non aux frontières qu'est la racine du mal.

» Le roi, la reine et sa famille sont en état d'arrestation. On a dit qu'aussitôt que l'ennemi aurait le pied sur le territoire français, leurs têtes répondraient de l'invasion. Que cette promesse s'accomplisse, et, sûrs de ne laisser derrière nous aucun danger, aucun traître, aucun conspirateur, nous volerons aux frontières.» (*Loc. cit.*, n. CCLV.)

Séance du 29. — *M. Mazué.* « De grandes calamités frappent cet empire. De vils intrigans et des scélérats conspirent encore contre notre liberté; la mollesse s'empare d'une partie de nos législateurs, et la patrie souffrante appelle à grands cris des hommes pour la sauver. De toutes parts les bras sont levés contre la tyrannie; la classe la plus indigente du peuple est celle qui veut la liberté et saura la conserver au prix de sa vie. Les esclaves sont à nos portes; ils sont dans nos foyers. Eh bien! montrons-nous ce que nous sommes et ce que nous voulons être. Si les lâches nous présentent des fers, ensevelissons-nous sous les ruines de la liberté; si, au contraire, ils veulent se joindre à nous, marchons où la gloire nous appellera : allons briser leur chaînes, et montrons ce que peut un peuple libre qui connaît sa souveraineté.

» Les Coriolans veulent tremper leurs mains dans le sang de leurs frères; ils veulent renverser l'édifice qui a coûté tant de peines et de veilles à d'illustres citoyens amis de l'égalité et des droits de l'homme; ils veulent mettre à néant ce que, pendant quatre ans, nous avons soutenu avec tant de courage. La journée du 10 est prête à se renouveler non loin de cette cité; un grand carnage se prépare : les satellites de Prusse et d'Autriche veulent rétablir le despotisme. Eh bien! marchons où la gloire nous appelle; sonnons le tocsin dans tous les départemens, et qu'une armée formidable anéantisse la tyrannie. Portons le fer et la flamme dans tous les palais ; respectons les chaumières du laboureur ; qu'il jouisse des bienfaits de l'égalité et de la liberté. Marchons, dis-je, abattre toutes les têtes qui veulent s'élever, et faisons rentrer dans le néant tout ce qui peut nuire à la France régénérée.

» O mes concitoyens ! pouvons-nous voir sans frémir des lâches qu'une nation généreuse et bienfaisante a adoptés dans son sein ? Pouvons-nous voir, dis-je, que de tels êtres nous trahissent ? Ils vendent ceux à qui ils doivent leur existence ; ils nous livrent à leurs bourreaux, comme les juifs livraient à la fureur du peuple leurs victimes innocentes (1).

» Quel est celui d'entre nous qui ait eu la faiblesse de croire qu'un être qui ne tenait qu'à ses titres plutôt qu'à l'honneur, ait pu se hasarder à combattre pour l'égalité. Il en existe peu de ces hommes, et ce sont ceux qui sont disgraciés. Eh bien ! purgez une seconde fois votre armée ; elle est plus gangrénée qu'auparavant. Des ci-devant coblentziens ont obtenu des brevets. La perfide cour favorisait le crime et non la vertu. Qu'ils soient remplacés par les hommes du 10, et vous verrez alors si une nation composée de vingt-cinq millions d'hommes saura faire trembler tous les tyrans de l'Europe, y en eût-il jusqu'aux enfers ! » (*Loc. cit.* n. 256.)

COMMUNE DE PARIS.

Nous avons long-temps balancé entre le projet d'imprimer les procès-verbaux mêmes des séances de la Commune, et celui d'en extraire une simple narration. Mais nous avons réfléchi que la très-grande majorité des actes mentionnés dans ces procès-verbaux n'ont aucune importance historique ; ils sont purement administratifs. Nous avons réfléchi qu'un de nos volumes tout entier ne suffirait pas pour en contenir la collection complète. Un extrait de ces séances a été imprimé dans la Collection des

(1) Nous supposons que Mazué désigne ici les martyrs qu'on livrait à lapider.
(*Note des auteurs.*)

Mémoires relatifs à la révolution, par Berville et Barrière (onzième livraison). Cet extrait prend un demi-volume; cependant il est extrêmement incomplet; il ne contient pas même les choses importantes. Il est vrai qu'il fut fait dans une pensée uniquement hostile à la révolution. Aussi, après l'avoir lu, on est loin d'avoir une idée juste de ce pouvoir révolutionnaire. Nous rapporterons, dans notre simple relation, des arrêtés importans, dont il n'y a pas même trace dans le travail de M. Barrière. Tels sont, entre autres, ceux relatifs à la formation du comité de surveillance. Ajoutons enfin que l'éditeur dont il s'agit, par un motif que nous ignorons, a tantôt supprimé, tantôt conservé les noms mentionnés dans les actes dont il faisait choix. Or, dans une collection de ce genre, on ne doit rien omettre, sous peine d'être accusé de vouloir en imposer au public. C'est un reproche que nous ne voulons pas encourir, et, ici comme ailleurs, nous engagerons notre responsabilité d'historiens.

D'ailleurs, nous avons pensé qu'en nous bornant seulement à éditer ces pièces, ce serait nous répéter inutilement; ce serait laisser au lecteur tout le travail de rechercher les choses importantes, lorsque nous devions nous en charger nous-mêmes; ce serait enfin perdre de l'espace, en le donnant à des choses sans intérêt révolutionnaire, sans caractère historique, sans utilité, même comme éclaircissement. Nous nous bornerons donc à une narration justifiée par des citations, ainsi que nous l'avons fait jusqu'à ce moment. Nous n'oublions pas, en effet, qu'à en juger par ce qui est déjà arrivé, il soit possible qu'un jour les collections où nous puisons soient dispersées, et que cet ouvrage reste seul pour conserver les faits qui ne sont pas rapportés par le *Moniteur*. Nous n'oublions pas que, dans tous les cas, notre ouvrage sera probablement le guide des historiens futurs.

La Commune du 10 août fut le centre d'une activité extrême. On peut dire qu'elle acquit une influence de pouvoir ou de souveraineté par cette activité même; aussi l'assemblée nationale sentit qu'elle ne pouvait conserver la position que la loi lui avait donnée qu'en l'imitant, c'est-à-dire en luttant d'activité. Le pouvoir, en effet, appartient toujours à ceux qui font, à ceux qui produisent : gouverner, c'est agir. La Commune avait au plus haut degré le sentiment et les croyances révolutionnaires, et, du haut de cette passion sociale, elle jugeait vite et décidait promptement. On y discutait peu en effet. Les avis venaient de tout côté ; des individus, des sections, des Jacobins, des tribunes même, et rapidement on prononçait sur leur conformité ou leur opposition au but révolutionnaire. L'histoire de cette Commune est un grand exemple qui mérite d'être étudié par tous ceux qui suivent la carrière gouvernementale. Jamais elle ne refusa un avis, parce qu'il ne venait pas d'elle ; jamais elle ne s'opposa aux désirs du peuple, quels que fussent les moyens par lesquels ils lui étaient transmis, la pétition ou l'émeute, lorsqu'ils lui parurent justes. Si elle fit du mal, ce fut le malheur du temps ; mais il est quelque chose qu'elle fit bien, c'est qu'elle acquit une influence qui lui donnait toute souveraineté sur toutes choses.

Les membres qui la composaient croyaient à la doctrine de J.-J. Rousseau sur la souveraineté du peuple ; ils représentaient celle du peuple de Paris. Il fut heureux, au reste, qu'ils eussent cette pensée ; car, par suite de l'insurrection, toutes les branches de l'administration et de la police de cette ville immense manquèrent à la fois. Cependant, dès leurs premières séances, ils rétablirent le bureau de ville, et en laissèrent la charge aux membres qui le composaient auparavant. Ainsi, ils conservèrent l'administration et la retinrent aux mains de ceux qui en possédaient les traditions ; ils gardèrent pour eux le soin des mesures exceptionnelles. Le 14 août, ils rendirent l'arrêté suivant ; c'était le quatre-vingt-dix-huitième de la journée :

« Le conseil général arrête que le comité de surveillance sera composé de sept commissaires, qui sont MM. Rossignol, Mathieu, Gomé, Réal, Chardret, Danjou et Durfort.

» Le comité de surveillance siégera à la mairie. »

Ce comité était chargé de suivre les délits et les crimes politiques, d'opérer les arrestations, d'interroger les suspects, d'ordonner les mises en liberté, de remplir, en un mot, à Paris, les fonctions attribuées au comité de surveillance du corps législatif, mais il les accomplit avec bien plus d'énergie.

Le 15 août, « le conseil général arrêta que les membres du comité de surveillance qui ne seraient pas à leur poste seraient regardés et déclarés mauvais citoyens.— Il arrêta l'adjonction de huit commissaires à ce comité, qui furent MM. Jalliant, Jolli, Colmar, Lenfant, Nicout, Leclerc, Duchêne et Cally. »

Il ne faut pas oublier que ce comité fut celui qui présida aux journées de septembre. Mais sa composition était alors changée, ainsi que nous l'expliquerons plus bas.

Néanmoins, le conseil général ordonna lui-même un grand nombre d'arrestations. Ainsi il fit saisir, le 15, le journaliste Durozoy, et ordonna qu'il fût traduit devant le comité de surveillance. Il prit, le 17, la même mesure à l'égard de Geoffroy, alors collaborateur de Royou, et qui plus tard dirigea les feuilletons du *Journal des Débats*. La femme de cet écrivain fut aussi frappée d'un mandat d'arrêt le 18.

Il fit plus. Il cita à sa barre, et y fit subir des interrogatoires. Nous remarquons parmi les personnes qui furent soumises à cette redoutable exception, les dames de la reine MM^{es} Thibault et Saint-Brice, Me Tourzel, gouvernante des enfans de France, MM. Chamilly et Hue valets de chambre du roi, Desault, et enfin l'état-major du bataillon de Henri-Quatre. Les unes furent envoyées en prison, les autres mises en liberté; parmi ces dernières, Desault, chirurgien de l'Hôtel-Dieu, avait été appelé sans doute pour répondre à quelques dénonciations portées contre lui à l'occasion des soins qu'il donnait aux blessés du 10; nous disons sans doute, parce que les motifs ne sont pas mentionnés dans les procès-verbaux. Les élèves de ce médecin se réunirent et signèrent une réclamation. Les journaux patriotes eux-mêmes intervinrent. Mais rien ne fait connaître le sujet ou le prétexte de l'arrestation.

Si la Commune était sévère dans le but de détruire toute possibilité de résistance à venir de la part des royalistes, dans d'autres circonstances, elle montra des intentions philanthropiques. Elle nomma une commission pour surveiller les soins que l'on donnait aux blessés du 10 ; elle en nomma une autre pour visiter les prisons, et mettre en liberté tous les détenus dont les fautes n'étaient pas des crimes. Voici le texte de son arrêté :

« L'assemblée arrête qu'il sera nommé dans son sein une commission de six membres pour surveiller les prisons, donner tous ses soins à ce que les personnes soient sainement et sûrement détenues ; à faire toutes les recherches nécessaires pour découvrir les fabrications et distributions de faux assignats, trop communes dans ces repaires du crime ; enfin d'examiner la conduite des geôliers, prendre tous les renseignemens propres à assurer la punition du crime et la justification de l'innocence ; à cet effet de se faire accompagner de la force-armée, et de faire toutes réquitions à ce nécessaires.

» Les commissaires sont MM. Bourdon, Coulombeau, Charles, Truchon, Godart et Jacob. »

Elle ordonna en outre que les prisons fussent ouvertes aux fédérés afin qu'ils y allassent chercher un jeune officier qui en avait sauvé plusieurs au 10 août, et le missent en liberté. On ne le trouva point ; il parut qu'il avait été tué.

Elle se montra attentive plus qu'on ne le croit généralement au rétablissement de l'ordre qu'une si violente commotion venait de troubler. Nous ne savons si nous devons ranger dans les mesures de ce genre l'arrêté suivant du 12 :

« L'assemblée générale de la commune considérant que le premier de ses soins est de rétablir l'ordre public ;

» Que les costumes ecclésiastiques, mal vus du peuple, peuvent exposer à quelques insultes ceux qui continuent à s'en revêtir ;

» Que le décret qui les supprime nécessite la plus prompte exécution,

» Arrête, le procureur de la Commune entendu, que ce décret aura, dès ce jour, son entière exécution, et que le présent arrêté sera, sur-le-champ, imprimé, affiché et envoyé aux quarante-huit sections. »

Mais on peut ranger dans ce nombre des avis donnés aux citoyens pour respecter diverses propriétés particulières, pour ne pas envahir les domiciles des artistes logés au Louvre que le peuple prenait pour des courtisans, de ne point tirer de coups de fusil dans Paris, l'ordre que Paris fût illuminé toutes les nuits jusqu'à invitation contraire, enfin, l'ordre d'arrêter à la poste tous les journaux royalistes, dont les procès-verbaux font mention.

Dans toutes ces choses, la Commune ne sortait point des bornes reçues. Mais elle ne fut pas toujours aussi prudente, elle avait d'abord, le 18 août, nommé MM. Alexandre et Roger, commissaires pour *la conservation des monumens anciens*, dont quelques uns avaient été menacés par des rassemblemens. Cependant le 22, sans aucune provocation, elle se laissa entraîner par Manuel à prendre une mesure qui pouvait amener la destruction de tous les monumens des arts et effacer toute notre histoire architecturale. Heureusement que la commission précédemment nommée se trouva naturellement appelée à intervenir dans son exécution.

« Le procureur de la Commune propose de remplacer le cheval de bronze qui est sur la porte de la maison commune, par une table de marbre sur laquelle sera gravée en lettres d'or cette inscription :

> Obéissez au peuple, écoutez ses décrets :
> Il fut des citoyens avant qu'il fût des maîtres.
> Nous rentrons dans les droits qu'ont perdus nos ancêtres.
> Le peuple par les rois fut long-temps abusé :
> Il s'est lassé du sceptre, et le sceptre est brisé.
>
> Le 10 août 1792; l'an IVe de la liberté, et Ier de l'égalité.

» Le conseil-général a adopté le réquisitoire du procureur de la commune.

» Le conseil-général arrête qu'il sera érigé une statue de la liberté au lieu où était placé Louis XIV, dans la maison commune; arrête en outre que cet ouvrage sera donné au concours, et ordonne l'impression et l'affiche du présent arrêté (1).

(1) La statue de Louis XIV, enlevée en effet de la place qu'elle occupait dans la cour de l'Hôtel-de-Ville, y a été replacée en 1814 par les ordres de M. le comte de Chabrol, préfet de la Seine. C'est lui aussi qui a rétabli le bas-

» Le conseil-général considérant que, chargé par ses concitoyens d'établir la liberté, un de ses premiers devoirs est de faire disparaître aux yeux d'un peuple libre, tous ces emblèmes qui retracent l'esclavage, tous ces monumens qui insultent encore à la souveraineté nationale;

» Considérant qu'il ne faut laisser aucun espoir à ces individus qui ont encore la démence de croire à la possibilité d'une contre-révolution et au rétablissement des bastilles,

» Le procureur de la commune entendu,

» Arrête ce qui suit :

» Art. Ier. Les portes Saint-Denis et Saint-Martin, ainsi que tous les arcs de triomphe, emblèmes de la féodalité ou du despotisme, seront, dans le plus bref délai, damolis à la diligence des administrateurs au département des travaux publics.

» II. La statue pédestre de Louis XIV, qui était dans la cour de la maison commune, y sera remplacée par celle de la liberté.

» Il sera ouvert un concours pour la confection de cette statue.

» III. Tous les citoyens exerçant un négoce et ayant des boutiques ou magasins, seront tenus, dans le délai de quinze jours, de détruire ou de faire détruire les enseignes, figures et tous emblèmes qui rappelleraient au peuple le temps d'esclavage sous lequel il a gémi pendant trop long-temps.

» IV. Tous les propriétaires ou locataires de maisons seront tenus, aussi dans le délai de quinze jours, de faire disparaître de dessus les murs de leurs maisons les armes, fleurs de lis, statues, bustes, enfin tout ce qui ne peut être considéré que comme des honneurs rendus à un individu ; la liberté et l'égalité étant désormais les seules idoles dignes des hommages du peuple français.

» V. Le présent arrêté sera imprimé, affiché et envoyé aux quarante-huit sections, qui sont chargées de veiller à son exécution. »

Ce fut surtout en se maintenant dans l'initiative révolutionnaire

---

relief en bronze auquel la commune de 1792 avait résolu de substituer l'inscription qu'on vient de lire.

qu'elle conserva l'ordre, en inspirant la confiance : nous avons déjà vu quelques-uns des actes qu'elle fit dans ce genre; nous allons successivement exposer les autres.

« Le 12, le conseil arrête qu'il sera fait une adresse à l'assemblée nationale, à l'effet de lui demander de déclarer, au nom de l'empire français, que, quoique la France ait renoncé à tout projet de conquêtes, cependant la nation fera les plus grands efforts pour pour soustraire des mains du despotisme tous les peuples de la terre, et que ce n'est qu'à ce titre, et avec ces intentions, que l'empire se préparerait à entrer sur le terrain étranger. »

Le même jour il ordonna la permanence de toutes les sections. Le 15, après s'être occupée du tracé du camp sous Paris, elle prit une mesure générale sur les passeports. Jusqu'à ce moment les barrières avaient été fermées. On ne laissait entrer et sortir que les transports de subsistances. Déjà, dès la veille, elle avait pris un arrêté sur ce sujet, qui n'était guère propre à rétablir la circulation.

« Aucun passeport, avait-elle dit, ne pourra être délivré sans que le demandeur se présente préalablement à l'assemblée générale de sa section, qui mettra en discussion s'il mérite avoir un passeport, vu les circonstances périlleuses dans lesquelles nous nous trouvons ; que si le demandeur est présumé suspect, il sera arrêté à l'instant. »

Elle corrigea ainsi cette première décision :

« L'assemblée de la commune a arrêté que demain, huit heures du matin, il sera permis à tous voyageurs de sortir de cette ville en se conformant aux articles ci-après :

« Art. Ier. Chaque personne, qui voudra sortir de Paris, sera tenue de se présenter au comité, ou à la section, assistée de deux citoyens domiciliés, dont elle soit bien connue, et qui soient eux-mêmes connus, ou qui se feront connaître par quelques membres du comité, qui attesteront que celui qui demande le passeport est bien tel qu'il se dit être.

» II. Sur cette attestation, qui sera constatée par le comité de section, sera délivré passeport à la mairie.

» III. Et afin qu'un passeport pris par une personne, ne soit pas remis par elle à une autre personne, le requérant passeport sera accompagné, tant à la mairie qu'à la barrière par où il sortira, par l'un des deux citoyens témoins, lequel restera personnellement et corporellement garant de la personne du voyageur qui sera sorti.

» IV. Sera à cet effet tenu un registre de sortie à chaque barrière, sur lequel chaque voyageur et son témoin signeront.

» V. Chaque section aura un comité de surveillance, pour y recevoir toutes les dénonciations qui pourraient être faites contre les mal-intentionnés ; les dénonciations seront envoyées sur-le-champ, et à l'instant qu'elles auront été faites, au bureau des passeports de la mairie. »

Ces mesures étaient toutes politiques. On ne dissimulait pas qu'elles n'avaient nullement pour but de protéger les individus, mais de garantir la chose publique. En fermant la première fois la barrière, on voulait empêcher soit les députés, soit d'autres personnages, de quitter Paris, et d'aller former un parti en quelque ville de province ; de même en ne permettant point le transport des journaux royalistes par la poste, on voulait réserver au parti qui triomphait l'avantage de parler, le premier, aux départemens, des événemens du 10. Plus tard, la clôture des barrières n'eut plus pour but que d'assurer des arrestations. Le 16, elle fut encore ordonnée, puis levée le lendemain ; mais on ajouta une mesure à toutes celles qui avaient été prescrites ; comme on se servait de faux passeports pour fuir, on ordonna que le voyageur serait accompagné par ses témoins jusqu'à la barrière, et que ceux-ci signeraient le registre avec lui. Au reste depuis ce moment jusqu'au 29 la circulation fut assez libre. Elle fut alors de nouveau suspendue ; nous en verrons bientôt les circonstances.

En même temps, la Commune s'occupait d'organiser des moyens de défense de lever et d'armer des soldats. Le 16, elle ordonna de dresser, dans les places publiques, les estrades destinées à recevoir les enrôlemens, et que nous avons décrite dans l'histoire du mois de juillet. Paris dut alors reprendre l'aspect qu'il avait eu à l'époque de la déclaration du danger de la patrie. En effet, si nous devons nous en fier à la mémoire de quelques contemporains, la capitale présentait encore en septembre la décoration, et, chaque jour, la cérémonie de cette fête patriotique et militaire. Au reste la Commune mit une grande énergie dans ses ordres à cet égard; car, en prescrivant aux commissaires nommés de se rendre à leurs postes, elle arrêta que son secrétaire greffier en ferait chaque jour un appel, et que ceux qui ne répondraient pas seraient dénoncés.

Elle ordonna ensuite que tous les bronzes des statues ou des églises, jusqu'aux *crucifix*, fussent saisis pour être convertis en canons; que tous les fers des grilles fussent convertis en piques. Enfin elle s'occupa même de battre monnaie (20 août); elle autorisa les commissaires des sections à enlever l'argenterie des paroisses, même les chandeliers, et elle arrêta que toutes les cloches des églises et paroisses seraient descendues et cassées, *à l'exception de deux par chaque paroisse.*

L'exécution de cet arrêté manqua de causer une émeute dans Paris. Il y eut des rassemblemens autour de plusieurs églises; et l'on craignit un moment une opposition positive. Mais le peuple se laissa persuader par une proclamation de Manuel qui insistait sur la nécessité sociale de cette mesure, et faisait appel à sa raison, à son patriotisme, à son dévouement. La masse laissa faire, mais non sans murmurer. Il y eut cependant des réunions tumultueuses dans les églises, entre autres à Notre-Dame; et, en quelques lieux, il fallut montrer la force armée.

On employa encore d'autres moyens pour se procurer des armes. On ordonna de s'emparer de celles possédées par les individus suspects; et l'on rangea dans ce nombre tous les signataires de la pétition contre la journée du 20 juin, et les colporteurs de celle contre le camp (26 août). Ils devaient être arrêtés, et remis en liberté aussitôt qu'ils auraient remis leurs armes.

C'était commander une visite domiciliaire et l'appuyer d'une sanction, afin qu'elle ne fût jamais sans fruit. Au reste, on ne leur ôtait les armes qu'après leur avoir en quelque sorte enlevé leur droit de cité. Quelques jours auparavant, la Commune les avait déclarés incapables d'aucune fonction publique. Enfin voulant que toutes les choses militaires se fissent avec économie et simplicité, voulant ouvrir la voie des grades militaires aux pauvres autant qu'aux riches, elle ordonna que les officiers de la garde nationale, y compris le commandant général, n'auraient que des épaulettes de laine (14 août).

— Tout ce que nous venons de dire est pour donner une idée du mode général d'activité, suivi par la nouvelle Commune. Nous avons passé sous silence tout ce qui est relatif aux démarches qu'elle fit auprès de l'assemblée nationale ; nous en connaissions le plus important, c'est-à-dire la forme et le langage ; mais ce ne furent pas les seules circonstances où les sentimens qui l'animaient, la poussèrent au-delà des bornes d'un pouvoir seulement local. Il n'y avait chez elle ni discussion, ni doutes.

Ainsi elle appuya par un arrêté la proposition de Merlin à l'assemblée nationale, pour réunir, à titre d'otages, dans des maisons de sûreté, les femmes et les enfans des émigrés. Elle décida qu'une pétition serait rédigée dans ce but (18 août).

Enfin, elle adopta ce que nous avons vu rejeter aux Jacobins, que sur ses actes après ces mots *l'an* IV *de la liberté*, on ajouterait *l'an* 1er *de l'égalité* (13 août). Elle décida en outre qu'il serait écrit aux ministres pour leur demander de ne plus se servir du mot *monsieur*, dans les lettres qu'ils envoient au conseil, et d'y suppléer par le mot *citoyen* (21 août). Sur la demande du tribunal criminel, elle décida que les défenseurs officieux des criminels de *lèze-nation* ne pourraient être admis qu'avec un certificat de probité délivré par leurs sections assemblées, et que les conférences entre l'accusé et le défenseur seraient publiques. Cet arrêté fut affiché et envoyé aux prisonniers (21 août).

Les séances étaient publiques ; une fois un membre des tri-

bunes demanda la parole. L'assemblée « déféra à la sagesse du
» peuple réuni dans les tribunes à statuer sur cette demande, et
» les citoyens des tribunes déclarèrent unanimement que le ci-
» toyen ne serait pas entendu. » Une autre fois, le président con-
sulta les tribunes sur une réclamation qu'apportait à la barre
un individu : elle était relative aux subsistances. Les tribunes
décidèrent qu'il ne serait pas entendu.

Les membres du conseil général étaient la plupart armés,
ainsi que ceux qui composaient son auditoire ; et comme la séance
ne cessa d'être permanente, un arrêté les avait autorisés individuellement à se faire fournir, aux frais de la ville, tout ce qui
était nécessaire à leur alimentation. Ainsi ils étaient comme des
soldats toujours sur la brèche ; et rien ne les sortait du mouvement où ils étaient entrés. Au reste, cet arrangement fut plus
tard l'objet de nombreuses accusations. On leur reprocha d'avoir
abusé trop largement de cette tolérance nécessaire. Il nous est
difficile de savoir à quel point cette inculpation fut méritée ; aussi
nous passerons sans nous y arrêter.

Marat, l'ami du peuple, était la conscience de la majorité de
cette assemblée. On peut en juger par les attentions que l'on eut
pour lui. On décida qu'il lui serait donné une tribune particulière, qu'il serait chargé de rédiger un journal de ce qui se passait à l'Hôtel-de-Ville. L'ami du peuple n'en fit rien ; mais il n'é-
tait pas moins assidu aux séances que s'il eût été un commissaire
des sections ; et sans doute il ne se faisait faute de donner des
conseils. Nous verrons qu'en septembre il fut appelé à faire partie du comité de surveillance.

Nous terminerons cette histoire de la Commune dans le mois,
par l'extrait des procès-verbaux relatifs aux mesures extraordinaires que provoqua la nouvelle de la prise de Longwy.

SÉANCE DU 29 AOUT.

M. Danton, ministre de la justice, est entendu sur les moyens
de vigueur à prendre dans les circonstances actuelles ; il propose
entre autres choses de faire dans les sections un état de tous les

citoyens nécessiteux qui sont propres au service militaire, et de leur fixer une paie.

M. le procureur de la Commune propose de battre la caisse après-midi, pour proclamer que tous les citoyens qui sont absens de chez eux, aient à y retourner sous peine de n'y pouvoir rentrer avant que le danger de la patrie soit passé.

Il propose que les commissaires auxquels on déclarera des armes, ou qui en saisiront, en tiennent un registre pour être rapporté demain au conseil, et pourvoir à leur distribution.

Ordonné que les maisons seront éclairées cette nuit. Les sections seront invitées à suspendre pour aujourd'hui leurs assemblées primaires, et que les assemblées générales ne s'occupent que de la nomination des commissaires qui doivent mettre à exécution l'arrêt relatif à l'arrestation des citoyens suspects. Toutes les voitures seront remisées à dix heures.

Le conseil général arrête que les visites domiciliaires seront annoncées par des rappels. Les visites seront faites par des commissaires de section, assistés d'une force armée suffisante; ils demanderont, de par la nation, une déclaration exacte à chaque particulier du nombre d'armes qui se trouve chez lui; après la déclaration, si le particulier est suspect, il sera fait chez lui une visite exacte, et, dans le cas ou la déclaration serait fausse, le déclarant sera mis sur-le-champ en état d'arrestation. Tout particulier, ayant un domicile à Paris, et qui sera trouvé chez un autre au moment de la visite domiciliaire, sera réputé suspect et comme tel mis en état d'arrestation; les commissaires de sections auront un registre sur lequel ils inscriront exactement les noms des particuliers chez lesquels ils auront fait leur visite, et le nombre des armes qu'ils auront trouvées; ils inscriront, avec la même exactitude, le nom des personnes qui ne seront pas trouvées chez elles, et chez lesquelles il sera apposé des scellés sur les portes des appartemens. Les maisons dans lesquelles il ne se trouvera personne, et dont les commissaires ne pourront pas obtenir l'entrée, seront fermées par des cadenas.

Les commandans des différens postes tiendront un état exact

des noms des citoyens qui seront sous les armes, et du poste que chacun aura occupé. Toute voiture qui ne sera pas rentrée à dix heures du soir sera arrêtée. Les citoyens auront soin d'éclairer leur fenêtre pendant toute la nuit.

Le commandant-général enverra sur-le-champ dans toutes les municipalités voisines pour qu'elles aient à former un second mur de clôture à Paris, dont l'objet sera d'arrêter toute personne suspecte qui pourrait tenter de s'échapper ; il donnera des ordres pour qu'il soit fait une recherche exacte dans toutes les promenades des environs de Paris, dont l'isolement pourrait présenter un refuge aux ennemis du bien public pendant l'instant de la visite.

Attendu la nécessité des circonstances et l'instance d'une discussion réfléchie dans les sections sur le mode d'exécution des urgences comprises dans le présent arrêté, elles seront invitées à ne point avoir d'assemblées primaires aujourd'hui.

Le conseil général arrête en outre qu'il sera mis des patachés sur la rivière, afin de veiller les mauvais citoyens qui voudraient se soustraire aux recherches. Il invite M. le commandant général à hâter cette mesure et à tenir prêts à 10 heures du soir quarante-huit aides-de-camp municipaux.

Le conseil général sera dès-lors permanent, et, la nuit prochaine, il sera avisé à l'organisation de vingt-quatre commissaires, afin d'entendre demain matin toutes les réclamations et mettre en liberté tous les citoyens compromis dans les arrestations que la sûreté publique nécessite.

Les visites domiciliaires commenceront à une heure après midi.

Le conseil général a ordonné que MM. Chaumette, Huguenin, Félix Sigaud, Truchon et Guiraut, se concerteraient pour effectuer l'arrestation de tous les mauvais citoyens qui se cachent depuis le 10, et qu'ils détermineront les lieux où ils pourront être détenus.

Un membre (Sergent) ayant exposé que les mesures pour cette nuit ne permettent pas aux membres du tribunal criminel d'obéir au vœu de la loi qui ordonne que le jury, ayant commencé l'examen d'une affaire, ne pourra désemparer qu'après la conclusion du jugement;

Le conseil général arrête que MM. Dangé, Tessier, Varin et Venineux, iront au tribunal criminel les prier de suspendre leur séance, s'ils n'ont point d'affaire entamée.

Le procureur de la Commune entendu, le conseil arrête ce qui suit (1) :

Art. Ier. Les sections rechercheront et dénonceront à la Commune tous les ecclésiastiques demeurant dans leur arrondissement respectif, qui, étant assujettis au serment prescrit par la loi du 26 décembre 1790 et celle du 17 avril 1791, n'auront pas prêté ce serment ou l'auront rétracté.

II. Ces dénonciations seront adressées au département de police où il en sera tenu un registre.

III. Les comités seront invités à arrêter tous ceux de ces prêtres qui, huit jours après la publication du décret, n'y auront pas satisfait, à dresser rapport de leur infraction à la loi, et à les faire transférer avec ce rapport au département de police qui, après en avoir instruit le conseil exécutif provisoire, et avoir demandé le port où il convient de les faire transporter, les y fera conduire de brigade en brigade avec un ordre pour être déportés à la Guyane.

IV. Il sera ouvert, dans chacun des quarante-huit comités permanens de section, un registre sur lequel les prêtres, assujettis aux sermens prescrits par la loi des 26 décembre 1790 et 17 avril 1791, et qui n'auront pas prêté ce serment ou l'auraient rétracté, seront tenus d'aller, dans les vingt-quatre heures, faire transcrire leur nom, leur signalement et le pays qu'ils auront choisi pour leur retraite. Ils seront également tenus de déclarer et de faire inscrire sur ces registres s'ils ont des pensions ou revenus, et de signer ces déclarations. Aussitôt qu'ils auront satisfait à ces formalités, il leur sera sur-le-champ délivré un passeport dans la forme ci-annexée.

(1) Cet arrêté n'est qu'exécutoire de la loi sur la déportation de prêtres dont la rédaction avait été présenté, le 26, à l'assemblée nationale. (*Note des auteurs.*)

V. Ils se présenteront au département de police avec ce passeport, qui fera mention s'ils ont ou non des revenus ; et, dans le cas où ils n'en auraient aucun, il leur sera délivré un bon pour *trois livres* par journées de dix lieues, qui sera payé par la caisse municipale. Le caissier enregistrera et enliassera ces bons pour s'en faire rembourser le montant par le trésor public, conformément à l'article 4 de la loi du 26 août ; les *trois livres* par journées de dix lieues ne seront point données aux prêtres insermentés qui auront des pensions ou revenus quelconques.

VI. Dans le cas où des prêtres insermentés auraient, d'après une fausse déclaration qu'ils n'ont point de revenus, touché les trois livres de journées des dix lieues, le procureur de la Commune, sur la dénonciation qui lui en sera faite, fera toutes les poursuites et diligences nécessaires pour le remboursement de cette somme.

VII. Les prêtres insermentés sexagénaires seront tenus de présenter leur extrait de naissance au département de police, et les prêtres infirmes, un certificat qui constatera leurs infirmités, et qui leur sera donné par M. Laribeau, médecin, rue Sainte-Anne, vis-à-vis celle Chabannais.

VIII. Il sera tenu au département de police un registre particulier de ces prêtres, et, à mesure qu'ils auront justifié de leur âge ou de leurs infirmités, ils seront envoyés dans la maison de Port-Royal, section de l'Observatoire.

Les administrateurs au département de la police veilleront au maintien du bon ordre dans cette maison, et en feront inspection au moins tous les huit jours et toutes les fois que le cas l'exigera.

IX. Tout ecclésiastique insermenté, valide et âgé de moins de soixante ans, qui, quinzaine après sa déclaration, serait rencontré à Paris, ou tout autre ecclésiastique d'un autre département que celui de Paris, qui, dans le même cas, serait reconnu dans la capitale, seront arrêtés et conduits au comité de la section dans l'arrondissement de laquelle ils auront été surpris. Il sera, par ce comité, dressé rapport de l'infraction de ces ecclésiastiques à la loi ; ce rapport sera envoyé au département de la police, qui, aux termes de l'article 5 de la loi, délivrera un ordre motivé pour le dépôt, pendant dix ans, desdits ecclésiastiques, dans une maison de détention.

Il sera tenu, dans les quarante-huit comités de section, un registre sur lequel seront inscrits tous les autres ecclésiastiques non sermentés, séculiers et réguliers, prêtres simples, pères minorés ou frères laïcs, avec leur demeure et leur signalement.

Chaque fois qu'ils changeront de domicile, ils seront tenus d'en aller faire la déclaration au comité de section, dans l'arrondissement duquel sera située leur ancienne et leur nouvelle demeure.

X. Toutes les fois qu'ils auront commis des troubles, ou que six citoyens domiciliés dans le même département auront demandé leur éloignement, le département de police, qui aura connaissance de ces troubles, les dénoncera au procureur de la Commune, qui leur notifiera le décret qui leur est relatif, et leur fera sommation d'y obéir.

Lorsque six citoyens seront dans le cas d'exiger l'éloignement de l'un de ces prêtres, ils iront faire et signer leur déclaration au département de police, qui la fera enregistrer, et l'enverra de suite au procureur de la Commune, pour qu'il leur fasse faire la même sommation que ci-dessus.

XI. Le procureur de la Commune donnera connaissance de la date de ces sommations au département de police, aux comités de sections qu'elles concerneront; il invitera ces comités à vérifier si les prêtres à qui elles ont été signifiées y ont satisfait dans la huitaine, et, passé ce délai, à les faire arrêter, dresser rapport de leur infraction à la loi, et à les faire transférer, avec ce rapport, par-devant le département de police qui, après en avoir instruit le conseil exécutif provisoire, et avoir demandé le port où il convient de les faire transporter, les y fera conduire de brigade en brigade, avec un ordre pour être déposés à la Guyane.

XII. Le département de police enverra, de quinzaine en quinzaine, au directoire du département, un état de tous les prêtres partis ; de tous ceux qui, n'ayant pas satisfait à la loi, auront été arrêtés et envoyés sur les ports pour être conduits à la Guyane ; de tous ceux qui, ayant été retrouvés à Paris, après avoir fait leur déclaration, auront été arrêtés et déposés pour dix ans en prison ; de tous ceux qui, à raison de leur âge ou de leurs infirmités, auront été déposés dans la maison destinée pour les recevoir ; de tous ceux enfin qui, par des troubles ou sur la demande de six citoyens domiciliés, auraient été contraints de sortir du royaume.

XIII. Le présent arrêté sera imprimé, affiché et envoyé aux quarante-huit sections.

SÉANCE DU 30 AOUT 1792.

Il est arrêté que les sections sont chargées d'examiner et de juger sous leur responsabilité les citoyens arrêtés cette nuit.

M. Santerre fait part au conseil d'un exercice de quatre chevaux de bois, pour apprendre aux troupes légères sans en éreinter de réels pour cet exercice.

M. Clément de Sainte-Palaye à la barre ; sa défense, beaucoup trop faible pour repousser les inculpations les plus graves, a déterminé le conseil à le mettre en état d'arrestation à l'Abbaye, pour être jugé par le tribunal criminel saisi de la connaissance des crimes du 10 août ; les scellés seront apposés chez lui, et ses chevaux conduits à l'hôtel de Coigny, et André Brasse, son domestique, sera conduit à l'hôtel de la Force.

Le conseil arrête que les citoyens qui ont signé la pétition des vingt mille, seront désarmés et mis en liberté ; que le commissaire détenu au comité de la section du Contrat-Social, dont la conduite est approuvée, sera mis à l'instant en liberté. MM. Mercier et James sont nommés commissaires à cet effet.

SÉANCE DU 31 AOUT.

Sur l'inculpation que le conseil général rivalise l'assemblée nationale, on observe qu'il n'a point pris d'arrêté important, qui n'ait été précédé ou suivi d'un décret ; qu'il a été reconnu et proclamé représentant du peuple par l'assemblée nationale elle-même; que plusieurs fois différens de ses membres se sont rendus au conseil;

Que l'assemblée nationale a formellement reconnu les pleins pouvoirs du conseil en approuvant les mesures vigoureuses qu'il a prises lorsqu'il a cassé le département de l'ancienne municipalité, nommé un commandant-général provisoire, anéanti le comité des sections, etc.;

Que le pouvoir exécutif a reconnu de même les pleins pouvoirs du conseil en se rendant dans son sein, et en se concertant sur plusieurs mesures d'administration, toutes de la plus grande importance.

Enfin, l'assemblée n'a pu se défendre d'un sentiment douloureux en voyant son président et son secrétaire mandés à la barre pour avoir prononcé, sur un simple fait de police et de sûreté générale, relativement à un journaliste malintentionné et non moins criminel peut-être que ceux dont on a réprimé l'audace.

M. Tallien se retire pour rédiger l'adresse à l'assemblée nationale (1).

M. Huguenin, commandant en second du bataillon de Saint-André-des-Arcs, est amené devant le conseil comme prévenu d'avoir tenu des propos incendiaires, et d'avoir favorisé les manœuvres des contre-révolutionnaires à la journée du 10 août; le conseil, peu satisfait du développement de ses moyens de défense, l'envoie en état d'arrestation à l'Abbaye.

Paris pendant les derniers jours d'août.

L'émotion causée dans la population par l'événement du 10 s'apaisa moins vite qu'il n'arrive d'ordinaire à Paris; car l'on a remarqué dans cette ville que la nécessité du travail retire toujours assez rapidement de la place publique tout le peuple qui s'y est répandu. Il y avait en effet en ce moment, dans la capitale, une population de fédérés venue exprès pour prendre part

(1) Nous avons vu paraître cette pétition dans les séances de l'assemblée nationale. (*Note des auteurs.*)

à la vie politique. Cependant dès le dimanche 12 les boutiques s'étaient rouvertes, et les rues étaient assez tranquilles. Il y eut une petite expédition dirigée contre les journaux monarchiques. On fit un auto-da-fé de leurs feuilles, dont on brûla plusieurs tombereaux. La *Gazette universelle* et quelques autres écrits de la presse périodique royaliste s'étaient en effet arrangés pour reparaître, et avaient commencé d'imprimer. Cette expédition mit fin à cette tentative et en empêcha jusqu'au renouvellement.

Les spectacles furent tous fermés pendant quelques jours : ils rouvrirent successivement leur salle par une représentation au bénéfice des veuves et blessés du 10. Peltier dit que le théâtre Montansier, au Palais-Royal, fut le premier qui commença à recevoir le public, en donnant le 12 une représentation semblable ; mais en consultant les affiches du temps, on ne voit pas une seule interruption dans celles de ce théâtre. Le 10, le 11, il afficha son spectacle ; mais ouvrit-il sa salle ? Nous l'ignorons.

Ce fut à ces représentations que commença l'usage des chants patriotiques. C'étaient des hymnes de M.-J. Chénier, mis en musique par Gossec ; c'était surtout la *Marseillaise*. Ce fut l'époque de son inauguration à Paris et le commencement de sa publicité. Son effet fut tel, que plusieurs journaux patriotiques lui donnèrent une place dans leurs colonnes, bien qu'elles fussent à peine suffisantes pour contenir les nouvelles sérieuses qui venaient de toutes parts. L'apparition de la *Marseillaise* fut un fait politique important. Voici ce que nous lisons sur ce sujet dans un journal :

« On entend demander actuellement dans tous les spectacles la chanson : *Allons, enfans de la patrie!* Les paroles sont de M. Rougez (Rouget-Delille), capitaine du génie, en garnison à Huningue. L'air a été composé par Allemand, pour l'armée de Biron : il a un caractère à la fois touchant et guerrier. Ce sont les fédérés qui l'ont apporté de Marseille, où il était fort à la mode. Ils le chantent avec beaucoup d'ensemble ; et le moment où, agitant leurs chapeaux et leurs sabres, ils crient tous à la fois : *Aux armes, citoyens!* fait vraiment frissonner. Ils ont fait entendre cet air guerrier dans tous les villages qu'ils traversaient, et ces nouveaux bardes ont inspiré ainsi dans les campagnes des sentimens civiques et belliqueux. Souvent ils le chantent au Palais-Royal, quelquefois dans les spectacles, entre les deux pièces. » (*Chronique de Paris*, n. CCLIII.)

Au reste, si Paris contenait alors dans son sein des élémens d'agitation qui ne lui étaient pas ordinaires, tels que les fédérés, il offrit bientôt à sa propre population des occupations régulières, quoique toutes politiques. Les ouvriers furent employés aux travaux du camp devant Montmartre, à la fabrication des piques et des fusils, à la destruction des emblèmes du gouvernement déchu. Les statues des rois de la famille des Bourbons avaient été, il est vrai, renversées le premier jour; mais il fallait déblayer la place, mais on élevait une colonne provisoire du 10 août sur la place Vendôme. Dans les destructions de cette époque, il n'y a à regretter qu'une fontaine où étaient figurés Charles VII et Jeanne d'Arc, morceau précieux de vieille sculpture : les portes Saint-Denis et Saint-Martin furent sauvées. Quant aux églises, il est très-certain que le peuple n'y commit, de son propre mouvement, aucune dévastation. Notre-Dame fut respectée; les marques de vandalisme que portent et ses murs et ses portes sont beaucoup plus modernes; elles sont de notre temps. En général, il est très-remarquable que les églises furent d'autant plus respectées que la population était plus sérieusement dévouée aux sentimens jacobins. Ainsi fut-il à Chartres, où pas une pierre ne fut blessée; cette ville était une des plus révolutionnaires de France. A Rouen, au contraire, où le philosophisme bourgeois était puissant, il y eut des dévastations déplorables. Il est vulgaire de dire que la révolution a abîmé toute notre vieille architecture catholique, et cependant cela est faux. En faisant une moyenne de toutes les destructions qu'elle a opérées, on trouve qu'elle a mille fois moins causé de dévastations que les guerres calvinistes, et le mauvais goût des siècles de Louis XIV, Louis XV et de l'empire. Mais ne nous écartons pas davantage, et revenons à notre narration.

Indépendamment des travaux qui occupaient une multitude d'ouvriers, les sections, les gardes, les enrôlemens, les exercices militaires employaient un grand nombre d'hommes. Paris reprit l'aspect militaire qu'il avait en juillet, après la déclaration du danger de la patrie. Pour en avoir une idée, qu'on relise la description que nous en avons faite. Son Hôtel-de-Ville, ses places principales avaient la même décoration. En très-peu de jours, disent quelques journaux, il y eut environ dix mille hommes d'enrôlés. La seule section des Quatre-Nations fournit sept cents hommes. Vint ensuite la cérémonie funèbre en l'honneur des citoyens morts le 10 août, ou selon le langage du temps, *au massacre de la Saint-Laurent*. Elle devait avoir lieu le 25, le jour où l'on fêtait autrefois la Saint-Louis. Mais, il se trouva que l'architecte Palloi, celui qu'on surnommait le patriote Palloi, depuis qu'il avait été chargé de démolir la Bastille, et qu'avec les pierres qu'il avait tirées de cette forteresse, il en avait multiplié les modèles, il arriva, disons-nous, que cet architecte manqua la partie principale des décorations de la fête, un obélisque colossal, qui devait être élevé sur le grand bassin des Tuileries. Il fallut recourir à Poyet, l'architecte de la ville, bien qu'il fût accusé de feuillantisme, et remettre la cérémonie au dimanche 27. En voici la description, car ces monumens de l'art révolutionnaire nous paraissent précieux à conserver. Nous l'empruntons au journal de Prudhomme.

« La construction de la pyramide était dans le style égyptien. Le patriote Sergent, administrateur de la commune et artiste, fut l'ordonnateur de la fête... Les quatre inscriptions en prose de la pyramide sont de lui, et valent beaucoup mieux que les quatrains du poète Chénier, qu'on surnommait *Gracchus*, mais qu'on n'appelle plus à présent que *Chénier le Chapelain*, depuis qu'il a fait partie du club de la Basse-Sainte-Chapelle, et son adhésion formelle aux principes feuillantins qu'on professait dans cette tabagie semi-aristocratique (1). L'une des inscriptions en prose était frappante par son laconisme :

Silence, ils reposent.

(1) Cela était vrai. On reprocha cette faiblesse à M. J. Chénier après le 10 août. Cependant il fut admis par la Commune à prêter serment, et par-là réhabilité en quelque sorte. (*Note des auteurs.*)

» Le public n'en tint pas assez de compte. Le choix de l'emplacement donnait à cette fête un caractère sombre bien propre au recueillement. La pyramide couvrait le grand bassin des Tuileries, en face du château, de ce château dont chaque croisée, le 10 août, vomissait la mort sur les patriotes et joncha de cadavres tout l'espace environnant. Tandis que de l'autre côté sur le Carrousel, premier théâtre du massacre, le sang des traîtres coulait sur la guillotine; dans le jardin on édifiait un monument à la gloire des patriotes de la journée du 10. La veille de la fête du roi massacreur, on décapita l'un de ses complices; le lendemain de cette fête on rendit les derniers honneurs aux citoyens massacrés. Ainsi, au même lieu, et dans la même semaine, Paris s'acquittait de tous ses devoirs à la fois; il distribuait le châtiment et l'éloge, et satisfaisait en même temps à la justice et à la reconnaissance.

» Le cortége partit de la maison commune entre cinq et six heures. Un cordon de soie avait contenu le peuple qui afflua sur la place de Ville pour être temoin des apprêts. Un cavalier, au milieu de la troupe, ouvrait la marche, portant une bannière sur laquelle on lisait:

Aux mânes des citoyens français morts pour la liberté, la patrie reconnaissante.

» D'autres volontaires aussi à cheval suivaient avec dix bannières commémoratives des principaux massacres dont la cour et ses agens ont souillé la révolution; on lisait:

Massacre de Nancy.
Massacre de Nîmes.
Massacre de Montauban.
Massacre d'Avignon.
Massacre de la Chapelle.
Massacre de Carpentras.
Massacre du champ de la fédération, etc.

» La vue de cette liste horrible de tant de forfaits, dans l'espace de moins de quatre années, navrait l'ame d'abord et portait ensuite à son comble l'indignation contre les chefs et les moteurs subalternes de tant de complots scélérats contre une nation bonne et généreuse qui ne voulait que la liberté, et eût volontiers fait grace à douze siècles d'esclavage et de misère.

» A côté de la Bastille, ombragée de son drapeau, sans oublier ceux pris aux gardes-suisses du feu roi Louis XIV, était portée une arche, au milieu d'un groupe attendrissant de femmes en robe blanche et ceinture noire.

» On se demandait : que renferme donc cette arche ? Lisez, disaient les citoyennes qui l'entouraient ; elle renferme cette pétition du 17 juillet 1791, qui nous eût épargné la perte d'une année entière pour la liberté, en nous délivrant dès lors, si l'assemblée constituante y eût fait droit, d'un despote ennemi-né des droits de l'homme, et qui fut teinte du plus pur sang des patriotes, sinistre prélude de ce qui devait arriver treize mois après au château de Tuileries, événement qu'elle aurait prévenu.

» Le peuple sentit tout le mérite de ce rapprochement et en sut gré à ses magistrats.

» Dans des nuages de parfums qu'on brûlait autour, le sarcophage des citoyens morts au massacre de la *Saint-Laurent* était traîné lentement par des bœufs, à la manière antique, et laissait aux spectateurs le temps de payer un tribut de larmes à la mémoire de leurs frères traîtreusement immolés à la journée du 10 ; mais ce sentiment naturel de tristesse et de regrets faisait bientôt place à un autre plus convenable aujourd'hui, à la vue d'un groupe de fédérés tenant leurs sabres nus entourés de branches de chêne.

» Une bannière exprimait leurs intentions dans ces deux lignes qui furent répétées de cœur et de bouche tout le long de la route :

Pleurez, épouses, mères et sœurs, la perte de victimes immolées par les traîtres : nous jurons, nous, de les venger.

» Une autre bannière, sans contredire celle ci-dessus, tenait un autre langage, convenable aux objets qu'elle annonçait.

Si les tyrans ont des assassins, le peuple a des lois vengeresses.

» Et tout de suite paraissait la statue de la Loi, armée de son glaive, et suivie des juges de tous les tribunaux.

» La municipalité marchait ensuite devant la Liberté, que portaient une foule de gardes nationales, fières de leur fardeau. Puis venait la commission administrative provisoire qui remplace le département, et enfin l'assemblée nationale, dont le président tenait à la main plusieurs couronnes civiques pour être déposées au pied du monument pyramidal des Tuileries. A l'arrivée du cortége par le Pont-Tournant, on alluma les quatre autels qui accompagnaient le tombeau, dont l'élévation et la belle masse cachaient la vue de l'odieux château. Il n'était pas nuit encore quand la tête du cortége entra dans le jardin; et à neuf heures, à peine il était parvenu tout entier autour du bassin, théâtre de la fête, parce que beaucoup des citoyens des deux sexes voulurent en être, chacun au rang de sa section. Il y avait bon nombre de sans-culottes avec leurs piques; mais ils étaient de beaucoup surpassés par la multitude des uniformes de tous les bataillons qui s'empressèrent de se montrer à la fête, pour se dédommager apparemment de ne s'être pas montrés le jour même de l'action.

» En arrivant, on fit le tour du tombeau pyramidal de granit, et on y posa les bannières et les couronnes, au bruit de la marche des morts, composition grave et sévère de Gossec, dont le talent musical est plus sûr que les principes qu'il manifesta en prenant place dans le club de la Basse-Sainte-Chapelle, et en signant la pétition Guillaume.

» Ainsi donc l'architecte, le musicien, l'orateur et poète choisis pour cette solennité nationale se trouvent tous trois entachés d'incivisme. Cette remarque est assez singulière.

» Une tribune aux harangues, dans le style de celle de la tragédie de Gracchus, au théâtre de Richelieu, était placée entre l'amphithéâtre occupé par les députés, administrateurs, juges et magistrats, et l'orchestre rempli d'un grand nombre de virtuoses plus patriotes que leur chef. Après la marche des morts, Chenier monta à la tribune et y prononça un discours qui fut applaudi, et dont le peuple lui-même vota l'impression. La musique reprit et termina la fête par des morceaux vifs et brillans, espèce d'apothéose des illustres victimes dont on célébrait la mémoire. Tout fut terminé à dix heures ; et cette pompe, où presque tout Paris assista, ne fut attristée par aucun accident, ainsi qu'il se pratique depuis quatre ans, c'est-à-dire, depuis que le peuple se charge lui-même de sa police.

» Qu'on nous permette une observation. Cette cérémonie lugubre, et dont le sujet devait tour à tour inspirer le recueillement de la tristesse et une sainte indignation contre les auteurs du massacre dont on célébrait la commémoration, ne produisit pas généralement cet effet sur la foule des spectateurs. Dans le cortège, le crêpe était à tous les bras, mais le deuil n'était point sur les visages. Un air de dissipation, et même une joie bruyante, contrastait d'une manière beaucoup trop marquée avec les symboles de la douleur, et en détruisait l'illusion.

» Le lendemain, M. Sergent, au lieu de faire enlever les deux figures de la Liberté et de la Loi, eut l'attention au contraire de les placer convenablement devant et derrière la pyramide, afin de laisser au peuple tout le loisir de contempler à son aise les deux seules divinités dignes du culte d'une nation éclairée. Mardi matin, ces deux belles figures se trouvèrent dépouillées de toutes leurs draperies, et malicieusement exposées à tous les regards dans la *nudité la plus hideuse et la moins décente*. Ce délit mérite punition. Il est dû sans doute à quelques prêtres jaloux de l'encens brûlé la veille sur d'autres autels que les leurs. » (*Révolutions de Paris*, n. CLXIV.)

Ce ne fut pas, au reste, la seule fête funèbre en l'honneur des victimes du 10 août. Il y en eut plusieurs qui furent spontanément faites par le peuple, mais à sa manière, dans l'église, et avec la pompe du culte catholique. Il y en eut une, le 18, dans l'église des Cordeliers. (*Annales patriotiques*, n. CCXXXIV.) Il y en eut une, le 23, à Sainte-Geneviève, célébrée par le soin des femmes de la section du Panthéon. Il est probable que ce ne furent pas les seules cérémonies du même genre ; mais nous n'avons trouvé trace que de celles-là.

Il faut convenir que, si la cérémonie du 27 n'eut pas d'influence sur les Parisiens, elle était bien conçue pour préparer les esprits aux terribles scènes qui allaient se passer.

Déjà le nouveau tribunal criminel était en plein exercice. Il agissait avec activité; mais le nombre des cas où il devait être appelé à prononcer, dépassait ses forces : il eût fallu qu'il fût au moins décuplé.

Les juges furent nommés dans la nuit du 17 au 18 août, et ils entrèrent de suite en fonctions.

Juges. MM. Robespierre, Osselin, Mathieu, Pépin-Dégrouhette, Lavaux, Daubigni, Dubail-Coffinhal.

Accusateurs-publics. Cullier et Réal.

Greffiers. Brulé, Gardy, Bourdon, Mollard.

Membres du juré. Leroy, Blaudin, Bolleaux, Lohier, Loiseau, Callière de l'Étang, Perdry.

Suppléans. Desvieux, Boucher-René, Jaillan, Maire, Dumouchel, Jurie, Mulot d'Angers, Andrieux.

Par arrêt de la commune, motivé sur ce que le crime devait être puni sur le lieu où il avait été commis, la guillotine fut dressée sur la place du Carrousel. Un second arrêté ordonna que le couteau fût retiré toutes les nuits.

Robespierre fut nommé président. Mais, en annonçant cette nouvelle, les journaux apprirent en même temps au public qu'il avait donné sa démission. Cela donna lieu à beaucoup de commentaires. Il donna ses motifs par la lettre suivante, insérée au *Moniteur* du 28.

« Certaines personnes ont voulu jeter des nuages sur le refus que j'ai fait de la place de président du tribunal destiné à juger les conspirateurs. Je dois compte au public de mes motifs.

» J'ai combattu, depuis l'origine de la révolution, la plus grande partie de ces criminels de lèse-nation. J'ai dénoncé la plupart d'entre eux; j'ai prédit tous leurs attentats, lorsqu'on croyait encore à leur civisme; je ne pouvais être le juge de ceux dont j'ai été l'adversaire; et j'ai dû me souvenir que, s'ils étaient les ennemis de la patrie, ils s'étaient aussi déclarés les miens. Cette maxime, bonne dans toutes les circonstances, est surtout applicable à celle-ci : la justice du peuple doit porter un caractère digne de lui; il faut qu'elle soit imposante autant que prompte et terrible.

» L'exercice de ces nouvelles fonctions était incompatible avec celles de représentant de la Commune qui m'avaient été confiées; il fallait opter : je suis resté au poste où j'étais, convaincu que c'était là où je devais actuellement servir la patrie.

» Signé, ROBESPIERRE. »

Il paraît que la première condamnation portée par ce tribunal frappa Collenot d'Angremont, convaincu du crime d'embauchage dans les intérêts de la cour : il eut la tête tranchée, le 21, à la lueur des flambeaux. C'est donc ici qu'il faut rapporter une anecdote consignée dans le *Moniteur*. L'exécution terminée, le bourreau tenant la tête du supplicié et la montrant au peuple, tomba de l'échafaud, et resta mort lui-même sur la place. A cause de cet accident, ou pour tout autre, un arrêté de la commune, consigné dans les brouillons, ordonna que, dorénavant, les exécutions n'auraient lieu que de jour. Au reste, les arrêts du tribunal du 17 août se succédèrent rapidement. Laporte, intendant de la liste civile, dont le nom, pour nous, ne rappelle autre chose qu'une masse de pièces contre-révolutionnaires curieuses, saisies à son domicile, fut condamné et exécuté. Voici ce que nous trouvons dans la *Chronique de Paris*, sur son compte :

« L'instruction de son procès a été très-longue. Il se retranchait toujours sur la négative, et il disait que les lettres surprises chez lui avaient été adressées à M. Pauteau, sous-secrétaire; cependant le jury, observant qu'il avait employé sciemment les deniers de la liste civile à soudoyer des écrivains incendiaires, à payer des placards qui tendaient à l'anéantissement du crédit public, au renversement de la Constitution, et enfin à exciter des guerres civiles ; qu'il avait distribué des cartes à des hommes qui, de leur propre aveu, avaient le projet de former un rassemblement armé, a déclaré, après une mûre délibération, qu'il croyait à une conjuration; et que M. Laporte en était le complice. Le président du tribunal a prononcé son arrêt, en terminant par dire, que si sa vie avait été funeste à sa patrie, il la servit du moins par l'exemple de sa mort. M. Laporte, revenu du trouble involontaire que cet arrêt avait dû lui causer, a protesté de son innocence; et s'adressant au peuple, il a dit : *Citoyens, puisse le sang que je vais verser ramener dans l'empire la tranquillité et la paix, et mettre un terme aux dissensions intestines!...* Ceux qui ont vu le supplice de ce vieillard et sa sécurité, n'ont pu demeurer insensibles à un spectacle aussi touchant, et ne pas faire de cruelles réflexions sur la perversité des cours. M. Laporte avait, dit-on, des vertus privées; il était cher à ses amis par l'aménité de ses mœurs; et ils étaient loin de prévoir pour lui un pareil sort; et cependant on ne peut disconvenir qu'il était criminel d'état, et que sa mort, toute affligeante qu'elle est, était juste et nécessaire. Mais quel coup n'a-t-elle pas dû porter dans l'ame de ceux qui l'ont entraîné dans le piége, en lui ordonnant des actions coupables qu'il ne croyait peut-être pas des crimes, et qui l'ont ainsi conduit à l'échafaud. » (*Chronique de Paris*, n. CCL.)

A Laporte succéda Durosoy, rédacteur de la *Gazette de Paris*, condamné comme correspondant avec les émigrés, initié aux complots de la cour, caissier de tous les contre-révolutionnaires de l'intérieur; il fut exécuté le 25. Les griefs que nous venons d'énumérer furent établis par une volumineuse correspondance saisie chez Durosoy. Le jugement, imprimé chez Patris, imprimeur du tribunal criminel, en donne plusieurs citations. Nous extrairons de cette pièce le considérant le plus grave. « Considérant..... que chez lui était ouvert un registre où tous les ennemis de la chose publique venaient, sans distinction d'âge ni de sexe, s'inscrire pour former un corps dont le projet était de détruire tout ce qui a été fait depuis le commencement de la révolution, et de rétablir ensuite le despotisme ancien dans toute sa rigueur;... » — Voici comment sa mort fut annoncée. « Le libelliste qui a si long-temps appelé au secours de l'aristocratie le fer de l'étranger, Durosoy, a été jugé, condamné à mort et exécuté; il était initié aux mystères de la Saint-Laurent. » (*Patriote Français*, n. MCXII.) Durosoy se distingua par une singulière proposition. Lorsqu'il se sut condamné, il écrivit au corps législatif pour lui demander qu'on fît sur lui l'essai de la transfusion du sang dans les veines d'un vieillard. On passa à l'ordre du jour. (*Annales patriotiques*, n. CCXL.)

Le 27, on guillotina Vimal, l'abbé Sauvade et le libraire Guillot, condamnés comme fabricateurs de faux assignats. C'est à l'occasion de cette exécution que le *Moniteur* rapporte la chute et la mort du bourreau.

Ce tribunal ne prononça pas seulement des condamnations; il acquitta un M. Dossainville, arrêté comme complice de d'Angremont; M. Daffry, colonel de la garde suisse, parce qu'il prouva qu'il n'était point aux Tuileries le 10, et n'avait pas commandé le feu; enfin, M. Montmorin, de Fontainebleau.

Certes, on s'étonne de la rapidité avec laquelle étaient conduites ces graves procédures. Mais le nombre des prévenus était immense; il augmentait chaque jour; car chaque jour la Commune, ou le comité de surveillance, faisaient opérer quelque arrestation; mais la mesure des visites domiciliaires, dont nous avons lu l'ordre d'exécution dans les procès-verbaux de la Commune, allait encore l'accroître.

Le prétexte avancé pour justifier cette mesure, était le décret de l'assemblée nationale, qui ordonnait de saisir les armes qui étaient en possession des hommes dont le patriotisme était suspect. Les journaux assurent, en effet, qu'on saisit environ deux mille fusils. Qu'on juge, d'après cela, du nombre des visites domiciliaires, et du nombre des personnes qui furent arrêtées et relâchées après l'interrogatoire subi dans les sections. Toutes ces visites furent opérées en une seule nuit, celle du 29 au 30, et avec les formalités terribles que nous avons vu annoncées. Chaque rue fut cernée, presque chaque maison visitée. Mais nous allons laisser parler un écrivain royaliste, qui lui-même était caché à Paris, et échappa cependant. Nul ne peut mieux exposer l'appareil et le drame de cette mesure, que celui qui était lui-même sous le coup de la terreur qu'elle lui inspirait.

« Les ordres, dit Peltier, furent donnés en un clin-d'œil aux chefs de sections; les barrières furent fermées; dès quatre heures du soir la générale bat, et les citoyens sont avertis de se trouver tous chez eux à six heures précises.

» Je vais essayer de peindre l'horreur de cette nuit, dont le souvenir seul me glace encore d'effroi.

» Que l'on se figure une capitale immense, dont les rues étaient animées peu de jours auparavant par un concours perpétuel de voitures de toute espèce, de cris de toutes les sortes, de citoyens allant et venant sans discontinuer; que l'on se figure, dis-je, des rues aussi populeuses et aussi vivantes, frappées tout à coup du vide et du silence de la mort, avant le coucher du soleil, dans une des belles soirées d'été, n'offrant plus ni promeneurs, ni voitures dans leurs espaces solitaires, et ne présentant au contraire, dans toute leur étendue, que l'aspect du néant. Toutes les boutiques sont fermées; chacun, retiré dans son intérieur, tremble pour sa vie et sa propriété; tous sont dans l'attente des événemens d'une nuit, où chaque individu ne peut pas même espérer de ressource de son désespoir...... Il n'est question que de rechercher des armes, dit-on; et pourtant les barrières sont fermées et gardées avec la plus scrupuleuse vigilance; et pourtant, sur la rivière, sont, de distance en distance, des bateaux remplis d'hommes armés; on en a placé jusque dans les batelets des blanchisseuses; et des sentinelles veillent également au haut et au bas de tous les escaliers qui conduisent à l'eau, ainsi que sur le terrain qui se trouve au bord de la rivière et le long des quais. A dix heures du soir, des groupes de sentinelles, placés aux angles de tous les carrefours, arrêtent déjà et maltraitent ceux des citoyens que le hasard fait encore trouver dans les rues...... Il était une heure du matin, lorsque les visites domiciliaires commencèrent. Des patrouilles de soixante hommes, à piques, étaient dans chaque rue.... On cherchait des armes, disait-on; on ne trouva que quelques fusils de chasse, quelques mauvais pistolets et sabres; en revanche, on conduisit aux sections plus de trois mille personnes dites suspectes. On en relâcha le lendemain la majeure partie; mais il y en eut encore un grand nombre jetées à l'Abbaye..... Le mouvement nocturne de tant d'hommes armés; les coups réitérés qu'on frappait pour faire ouvrir les portes; le bruit que faisaient celles qu'il fallait enfoncer, parce que les habitans étaient absens; les plaintes et les cris de ceux qu'on entraînait aux sections, et les juremens de ceux qui les y menaient; l'orgie continuelle qui eut lieu toute la nuit dans les cabarets et chez les épiciers, formaient un tableau qui ne sortira jamais de ma mémoire.

» Vers les six heures du matin, lorsqu'on vit les rues éclairées et la circulation recommencée, chacun crut pouvoir sortir en sûreté de son asile pour prendre quelques heures de repos; bientôt quelques étourdis, en retournant de leurs sections, s'avisèrent de venir effrayer de rechef, en frappant aux portes et faisant crier qu'on allait recommencer les visites domiciliaires.

» Telle fut cette nuit pendant laquelle on vit soixante mille hommes occupés à vexer impunément six cent mille citoyens ! » (*Peltier, Histoire de la révolution du 10 août.* Tome II, p. 238.)

Dans ce récit, on remarquera que Peltier généralise les sensations qui lui sont particulières, et les événemens propres au quartier où il était caché. Mais il nous a fallu choisir cette narration à défaut d'autres; les journaux du temps ne parlent de la mesure de cette nuit, que pour dire qu'elle a eu lieu; quelques-uns n'en disent même pas un mot, entre autres le *Patriote français*; ils mentionnent seulement quelques arrestations, par exemple, celle du père Lenfant, confesseur du roi.

Ce fut dans le cours de ces visites que fut tué le municipal Ménier.

Les élections, pour la Convention, avaient lieu sous l'influence même de ces mesures. Elles commencèrent le 27. Le premier élu fut Robespierre; mais nous n'avons pas à nous occuper en ce moment de leur résultat. La liste des membres de la Convention nous l'apprendra plus tard. Nous nous contenterons, en ce moment, de citer quelques-unes des réflexions qui furent faites à l'occasion de la candidature de quelques conventionnels.

On invitait Pétion et Manuel à rester à la Commune ; Danton, à la justice ; on trouvait celui-ci plus homme d'action que de réflexion. On croyait Claviere indigne. « Quant à N. Bonneville et Desmoulins, ils ont dû être bien surpris, dit *Prudhomme*, de s'entendre appeler à la Convention. Et ils se rendent trop de justice sans doute pour prendre ce compliment au mot. Bonneville et Desmoulins, législateurs ! la patrie leur donne de l'emploi parmi les enfans perdus de la révolution, et les ajourne. » On demandait à Louvet, si Faublas était un titre. On disait qu'avec Brissot il fallait faire des conditions ; quant à Carra, on trouvait qu'il n'était pas plus propre à être conventionnel que bibliothécaire. Pour Collot-d'Herbois, on le trouvait très-capable pour rédiger l'almanach de la Convention. Muraire, Vergniaud, Thuriot, avaient besoin d'être gardés à vue. Mais Marat « devait être de la Convention nationale, comme on jette un morceau de levain dans la pâte pour en faire du bon pain. » On lit ces réflexions dans le journal *Les Révolutions de Paris*, n. CLXIV.

SITUATION DES ARMÉES.

Il ne sera pas inutile de faire précéder notre esquisse stratégique de quelques renseignemens sur ce qui se passait à l'état-major des armées étrangères.

Mallet-Dupan, dont nous avons vu plusieurs fois paraître le nom parmi ceux des écrivains dévoués au château, avait été envoyé par Louis XVI pour porter de nouvelles instructions aux cours alliées. Il fut accrédité par le maréchal de Castries, et il alla conférer d'abord avec le duc de Brunswick à Coblentz ; puis, à Francfort, avec les ministres d'Autriche et de Prusse. Il s'aperçut qu'on n'avait l'air de l'entendre que par égard pour le maréchal de Castries. Il écrivit donc à Paris qu'on ne l'écoutait qu'avec réserve et même défiance. Le roi lui répondit en lui envoyant les mots suivans sur une bande de papier : « La personne qui présentera ce billet connaît mes intentions ; on peut prendre confiance à ce qu'elle dira. » Sur le vu de cette lettre de créance, Mallet-Dupan obtint, le 15 juillet, une conférence qui dura deux jours. Il présenta les instructions qu'il avait apportées, et dont nous avons déjà consigné le texte, tome XIV, pag. 422 de cette histoire (1).

Les instructions remises, développées et discutées, Mallet-Dupan quitta Francfort le 20, et retourna à Genève, d'où il était parti. Ce fut sur ces documens que fut rédigé le manifeste de Brunswick, par lequel nous avons commencé l'histoire de ce mois. Ainsi, ce n'était pas sans raison que les journaux révolutionnaires disaient qu'il avait été écrit aux Tuileries.

Cependant l'empereur, le roi de Prusse et les principaux électeurs d'Allemagne se trouvèrent ensemble à Mayence le 19. Les deux premiers souverains réglèrent ensemble un accord, et sur le plan de campagne, et sur ce qu'ils feraient après une victoire dont ils ne doutaient pas.

Le plan de campagne se composait de quelques généralités nullement stratégiques. On comptait en effet sur la trahison partout. On savait quel était l'état de l'armée française ; on savait que Narbonne avait constamment trompé l'assemblée nationale sur la situation des cadres et des armemens. On réfléchissait qu'il n'y avait pas eu, dans cette armée, d'autres épurations que celles faites en quelque sorte librement par l'émigration, en sorte que la plupart des grades étaient encore occupés par des partisans secrets de l'ancien régime. On se borna donc à convenir que l'empereur aurait la direction suprême de l'armée des Pays-Bas, commandée par le duc de Saxe-Teschen. Toutefois, quinze mille hommes devaient en être détachés pour couvrir la droite de l'armée du roi de Prusse, et s'y joindre près de Longwi. Une autre armée, rassemblée sur le Moyen-Rhin, sous les ordres du

(1) Cette pièce importante est aussi citée dans les *Mémoires d'un homme d'état* ; quant à ceux-ci, nous avons déjà dit qu'ils avaient été rédigés sur les papiers du prince de Hardenberg, alors ministre des affaires étrangères en Prusse, par Schœl, son secrétaire. (*Note des auteurs.*)

prince Hohenlohe-Kirchberg, et qui s'élevait à vingt mille hommes, devait se porter entre le Rhin et la Moselle, pour couvrir la gauche des Prussiens, menacer à la fois Landau et Sarre-Louis, et faire en même temps le siége de Thionville. Un troisième corps d'armée, celui du prince d'Esterhazy, rassemblé dans le Brisgaw et renforcé sur le Haut-Rhin de cinq mille émigrés, sous les ordres du prince de Condé, était destiné à menacer les frontières de France, depuis la Suisse jusqu'à Philipsbourg. On ne demandait au roi de Sardaigne d'autre concours que de rester en observation sur le Var et sur l'Isère. Enfin il fut résolu que les opérations offensives commenceraient dans les premiers jours d'août; que la France serait attaquée immédiatement par l'armée d'invasion, sous les ordres du duc de Brunswick (1); et que le roi de Prusse suivrait l'armée en personne, pour présider soit aux négociations, soit aux combats qui seraient jugés nécessaires (2).

Il est évident que dans ce projet il ne fut pas question du début de la campagne, et que l'on ne s'occupa nullement d'arrêter un plan stratégique. Les deux souverains ne pouvaient pas s'entendre davantage sur les suites qu'ils donneraient à la victoire. Les intérêts de leurs couronnes étaient opposés. L'empereur, comme prince héréditaire d'Autriche, voulait et pouvait s'agrandir aux dépens des frontières françaises ; et comme représentant de l'empire, devait désirer reconquérir les provinces que Louis XIV en avait détachées. La Prusse, au contraire, devait s'opposer à toute espèce d'agrandissement qui eût accru les forces de son rival. Mais la coalition n'en était ni moins unie, ni moins puissante, tant qu'il s'agirait de combattre le principe qui venait, en disposant des droits de Louis XVI, mettre en doute et nier le principe de l'hérédité des trônes, sur laquelle, depuis le traité de Westphalie, était fondé le droit public de l'Europe.

On trouve dans *le Moniteur* du 25 août un état des forces de

(1) Toulongeon évalue le corps prussien placé sous les ordres immédiats du duc de Brunswick, à soixante-six mille hommes, plus six mille émigrés.
(2) Mémoires cités, tom. 1, pag. 404.

l'armée d'invasion ; mais il est loin d'être exact. Le journal, en le publiant, avait évidemment pour but de cacher l'imminence du danger. Néanmoins, le voici :

État par aperçu des forces des armées combinées de l'Autriche, de Prusse et des émigrés de France.

DÉSIGNATION DES TROUPES.	NOMBRE des hommes sous la tente.	NOMBRE d'hommes détachés, malades et en garnison.	TOTAL.
Armée impériale du Brabant............	34,791	22 791	58,582
Troupes prussiennes dans le Brabant......	7,800	5,200	13,000
Armée autrichienne du pays de Luxembourg.	11,600	14,400	26,000
Troupes prussiennes dans ledit pays.......	8,000	8,000	16,000
Armée autrichienne dans le Palatinat......	19,000	9,000	28,000
Troupes prussiennes dans cette armée......	16,000	8,000	24,000
Armée autrichienne du Brisgaw...........	24,000	10,000	34,000
Troupes prussiennes dans ladite armée.....	7,000	» »	7,000
TOTAL................	128,911	78,391	206,582

Celles de Brabant doivent être portées le plus tôt possible à 60,000 hommes.

Les armées françaises étaient loin d'y pouvoir opposer l'égalité de nombre. Nous ne pouvons mieux faire, pour donner une idée exacte de leur situation, que de transcrire le passage suivant, extrait de l'excellent ouvrage de Servan (1), ministre de la guerre en ce moment même.

« Lorsque le général Servan reprit le ministère de la guerre, le 20 août, il trouva les affaires militaires dans une situation entièrement désespérée. Deux ou trois ministres éphémères, qui lui avaient succédé depuis le 12 juin, avaient préparé la ruine de l'empire français, par incapacité ou par esprit de parti. Plus de cent trente mille Prussiens, Autrichiens, Hessois ou émigrés français, rassemblés dans le Brisgaw, l'électorat de Trèves, le duché de Luxembourg et les Pays-Bas, menaçaient ou attaquaient déjà, depuis Huningue jusqu'à Dunkerque ; les frontières du royaume gardées seulement par 1° quarante mille hommes dispersés dans quatre camps, entre Landau et Porentrui ; 2° Dix-sept mille

(1) Tableau historique de la guerre de la révolution. tom. 1, pag. 559.

hommes campés en partie à Fantoi, entre Longwi et Thionville, d'où le maréchal Luckner, par une manœuvre timide, les replia derrière Metz ; 3° dix-huit mille hommes campés sous Sedan, aux ordres du général La Fayette qui, destitué le 18 août, émigra la nuit du 19, laissant son armée dans une désorganisation totale ; 4° enfin, dix-huit mille hommes partagés dans les camps de Maubeuge, Pont-sur-Sambre, et Maulde. Ces quatre-vingt-treize mille hommes fort agités par les circonstances, énervés par quatre années de l'indiscipline et de la licence révolutionnaires, presque dénués de tous moyens pour faire la guerre, commandés par des officiers nouveaux, ou incertains du parti qu'ils embrasseraient, et par des généraux sans réputation, ou en butte à mille défiances, dispersés le long du Rhin, de la Moselle, de la Meuse et derrière nos places du Nord jusqu'à la mer ; par conséquent la plupart fort éloignés des points d'attaque où leur présence devenait indispensable, étaient cependant les seules forces disponibles qu'on pût opposer à l'ennemi ; car il paraissait impossible de tirer des renforts du Midi (dont l'armée trop peu nombreuse, puisqu'elle n'excédait guère trente-cinq mille hommes dispersés depuis Lyon jusqu'à Bayonne, n'était ni mieux organisée, ni mieux pourvue que les autres), où il existait d'ailleurs une fermentation très-alarmante ; et que les préparatifs des rois d'Espagne et de Sardaigne menaçaient d'une invasion. Il faut convenir que, dans aucune circonstance, l'administration de la guerre n'avait offert autant d'embarras ; car la France comptait moins, comme on le voit, des armées que des simulacres d'armées. Pour surcroît, nos forces venaient encore d'être amoindries par le licenciement de treize mille sept cent soixante-dix-neuf hommes de troupes suisses à la solde de la France, décrété le 20 août par l'assemblée législative (1). »

Les événemens politiques vinrent accroître le désordre de l'armée en précipitant le terme de toutes les intrigues des roya-

(1) Ce décret, devenu nécessaire après le combat du 10 août, qui devait rendre ennemi de la révolution tout ce qui était troupe suisse, fut voté par acclamation sur le rapport de Brissot. (*Note des auteurs.*)

listes constitutionnels qui occupaient ses états-majors ; elles avaient leur centre dans celui de La Fayette ; aussi, ce fut là qu'elles faillirent amener les résultats les plus désastreux.

Dès avant le 10 août, La Fayette avait donné à Arthur Dillon l'ordre de faire arrêter Dumourier (1), afin de se débarrasser ainsi du seul obstacle qu'il vît capable de s'opposer au mouvement qu'il méditait sur Paris. Mais ce général tarda, hésita, et le 10 août le décida à tenir cet ordre secret. Cependant il agit d'abord en partisan de La Fayette ; il publia l'ordre du jour suivant.

Ordre du 15 août 1792, l'an quatrième de la liberté.

« De grands et sinistres événemens ont eu lieu dans la ville de Paris. Le général Arthur Dillon, commandant en chef sur la frontière du Nord, ne peut les communiquer à l'armée avant d'en avoir été instruit d'une manière officielle ou certaine ; mais on assure que la *Constitution a été violée*. QUELS QUE SOIENT LES PARJURES, ILS SONT LES ENNEMIS DE LA LIBERTÉ FRANÇAISE. Le général saisit cette occasion périlleuse de renouveler le serment de verser jusqu'à la dernière goutte de son sang pour le maintien et l'*intégrité* de la Constitution du royaume, décrétée par l'assemblée nationale constituante, *aux années* 1789, 1790 et 1791, et d'être en tout fidèle à la nation, à la loi et au roi. Signé ARTHUR DILLON, etc. »

Mais ce général adressa cet ordre du jour à Dumourier, soit pour le tenter, soit pour le consulter. Celui-ci, qui jugeait mieux la situation, qui n'ignorait rien des projets qu'on méditait contre lui, répondit à Dillon en l'agaçant à se ranger du côté où était l'assemblée. Il lui en fit comprendre la nécessité, si bien que Dillon reçut les commissaires, se soumit à eux et en obtint une lettre de recommandation auprès du ministère et de l'assemblée. On fut content de lui.

Il n'en fut pas de même de La Fayette ; il comptait sur un nombreux parti en France, composé des soixante-quinze directoires de

(1) Toulongeon. Histoire de la révolution.

département qui avaient adhéré à sa lettre du 16 juin ; il comptait sur l'affection de son armée. Il détermina la municipalité de Sedan à faire arrêter les commissaires, et lui-même se disposa, après avoir fait travailler son armée par des adresses et des proclamations, à tirer d'elle une répétition du serment, dit constitutionnel, qui la mît à sa disposition. Toulongeon dit que l'armée et les autorités civiles prêtèrent ce serment avec enthousiasme. Nous allons donner la preuve du contraire ; c'est un extrait de la séance de l'assemblée nationale du 19.

M. Lamarque. Votre commission extraordinaire m'a chargé de vous lire une lettre particulière, mais écrite par un correspondant sûr, relative aux dispositions de l'armée de La Fayette.

« Du camp de Sedan, le 16 août.

» On nous empêche toute communication avec Sedan ; tous les papiers publics sont interceptés ; ce qui fait que nous ne savons que très-imparfaitement les grands événemens qui se passent à Paris. Hier, on nous a donné ordre de prendre les armes à cinq heures du matin, pour lire à tout le camp, composé de quinze mille hommes, les ordres et adresses du général La Fayette. Les traîtres croient le moment favorable pour lever le masque ; mais ils ne réussiront pas à nous égarer. Ce qui prouve qu'on tramait depuis quelque temps quelque grand complot, c'est que nos chefs affectaient de dire hautement que l'assemblée nationale, si elle prononçait la déchéance du roi, violerait la Constitution, et qu'elle serait déchue elle-même de ses pouvoirs ; mais la réception froide qu'a reçue La Fayette, quand il est venu pour nous faire prêter le serment de fidélité à la loi et au roi, prouve que l'armée n'est pas tout-à-fait à sa dévotion. Dans aucun corps, on n'a voulu signer son projet d'adresse ; tous les soldats, au contraire, en ont été indignés. On nous a fait défiler dans la plaine de Sedan. Après que nous fûmes rangés en bataille, La Fayette arriva suivi d'une nombreuse escorte d'officiers-généraux. Il aura été fort surpris de trouver l'armée entière muette. Aucune voix n'a crié *vive La Fayette*, tandis qu'autrefois, quand il paraissait au camp, il y recevait toujours les témoignages de la plus grande confiance ; il a dû s'apercevoir qu'on avait enfin su le juger. Cependant il s'approcha successivement de chaque bataillon, accompagné d'un commissaire-ordonnateur, pour nous faire prêter le serment du 14 juillet. A peine l'eûmes-nous prêté, que des cris mille fois répétés : *vive la nation! vivent les députés à l'assemblée nationale!* retentirent dans les airs. La Fayette en fut troublé ; il se retira derrière son escorte. Il y eut beaucoup de bruit au second bataillon du département de l'Allier. Un officier s'avança hors des rangs, et se plaignit vivement de l'adresse infâme qu'on avait fait circuler avec une étonnante profusion dans l'armée. Le général assura qu'il n'en avait pas eu connaissance ; mais nous ne fûmes pas dupes de cette perfidie. Il continua à faire prêter le serment aux différens corps. A neuf heures du soir, l'armée n'avait pas encore fini de défiler, etc. »

Cette réception dut prouver à La Fayette et à ses amis que l'armée ne serait jamais pour eux contre l'assemblée et contre Paris ; et enfin, le 19, il quitta l'armée, traversa la frontière suivi de Lameth, Launoi, Victor, Maubourg, Lacombe, Gouvion, Bureau-de-Puzy, etc., et se rendit à Bouillon. Son espoir, dit Toulongeon, était de traverser, inconnu, les postes ennemis, et de gagner le territoire peu éloigné de la république de Hollande. Il pensait à faire encore en France quelque tentative constitutionnelle. Il voulait aller débarquer en Normandie, et essayer de former un parti ; mais il fut reconnu dès son arrivée à Rochefort, et bientôt traité en prisonnier d'état. Transféré successivement à Nivelles, à Magdebourg, à Glaz, à Vesel, à Neiss, et enfin à Olmutz, il expia l'erreur de ses premières années révolutionnaires ; mais aussi il conserva sa réputation.

Cependant son armée, forte d'environ vingt-huit mille hommes, était alors partagée en trois corps séparés entre Sedan et Mouzon. On peut juger de la secousse morale qu'elle ressentit à la nouvelle que son général s'était jeté sur le territoire ennemi, et de la profonde stupeur qui s'empara d'elle : elle s'attendait à tout instant à être attaquée. Le maréchal-de-camp Dietenam, qui se trouva momentanément à la tête du corps réuni à Sedan, le fit sur-le-champ replier sur Mouzon. Ce fut là qu'elle reçut les ordres du nouveau général qu'on lui avait donné, de Dumourier.

Dans les autres armées, les commissaires de l'assemblée nationale obtinrent obéissance. Luckner, qui écrivait à La Fayette de compter sur lui, disait à ses soldats : « Mes camarades, il est arrivé un accident à Paris; mon ami La Fayette a fait arrêter les commissaires, et il a bien fait. » Luckner fut appelé devant la municipalité; et là jura tout ce qu'on voulut. La résistance que l'on pouvait craindre de rencontrer dans les armées fut ainsi terminée; mais aussi on avait perdu un temps précieux, et l'ennemi s'avançait.

L'armée prussienne, après avoir été passée en revue par le roi, était parti de Coblentz le 30 juillet. Elle traversa la Moselle à Trèves, le 5 août. Le 8 août, le corps des émigrés vint s'y réunir, quoiqu'il dût garder toujours la position d'arrière-garde, selon l'instruction apportée par Mallet-Dupan. Il était composé de quatre mille chevaux, ou quatre-vingt-dix escadrons, de la plus riche tenue, commandés par le maréchal de Castries. L'infanterie ne s'élevait pas à plus de huit mille hommes. Les princes français vinrent y faire leur cour, ainsi que *Monsieur*, plus tard Louis XVIII : ce fut là qu'il publia son manifeste. Le 12 juillet, l'avant-garde prussienne traversa la frontière, et entra dans la petite ville de Sierck. Là, quelques habitans ayant fait feu des fenêtres de leurs maisons, il s'ensuivit une exécution militaire, qui prouvait que les menaces du duc de Brunswick seraient impitoyablement exécutées. L'armée prussienne marchait très-lentement, et c'était une faute grave dans le but qu'elle se proposait. Le 18, elle opéra à Tiercelet sa jonction avec le général Clairfait; ainsi elle formait une masse de près de cent mille hommes, et dans ce nombre, nous ne comptons pas l'armée des princes, qui n'entra en France que le 29. — Le 20 août, le duc de Brunswick et le général Clairfait investirent Longwi. La place était dominée par des hauteurs, en sorte qu'on put y jeter quelques bombes dès le 21 au soir. Le 22, on y jeta trois cents bombes. Un magasin et deux maisons furent la proie des flammes. Alors les malintentionnés se mirent à agir ; le désordre s'introduisit parmi les soldats, et le commandant Lavergne capitula le 23 dans la matinée. Elle fut aussitôt occupée par les Autrichiens, au nom du roi de France. La garnison, composée, disent les relations étrangères, de dix-huit cents hommes, fut renvoyée prisonnière sur parole.

Le *Patriote français* donne un état des forces renfermées dans Longwi, et les porte à deux mille six cent trente-six hommes et quarante-neuf bouches à feu ; mais il compte les bataillons comme complets, et il n'en était nulle part ainsi.

Le 28 août, l'armée prussienne, laissant à sa droite Montmédy et Sedan, s'avança sur Longuyon, et arriva le lendemain à Étain. Le duc de Brunswick se borna à faire bloquer Montmédy par un corps détaché de l'armée de Clairfait ; en même temps le prince de Hohenlohe, à la tête de quatorze mille Autrichiens et d'un détachement, était chargé de contenir Luckner, qui s'était retiré derrière Metz, et d'assiéger Thionville. Le 30, l'armée prussienne occupa les hauteurs qui dominent Verdun sur les deux rives de la Meuse. La place fut investie et sommée le 31, et aussitôt l'attaque commença. Là, comme à Longwi, les Prussiens se bornèrent à jeter des bombes. Le bombardement dura quinze heures ; les malintentionnés agirent ; une partie de la bourgeoisie et de la garnison se révolta. Le commandant Beaurepaire, désespéré, se brûla la cervelle dans le conseil même, et vis-à-vis de ceux qui le forçaient à manquer à sa patrie. Nous verrons, dans le mois suivant, les détails de cet événement désastreux. Il nous suffira de dire que les Prussiens occupèrent la ville au nom du roi de France ; et le lendemain, le roi de Prusse y fut accueilli par des réjouissances publiques. Une députation de jeunes filles vint, dit-on, lui présenter un compliment, des fleurs et des dragées. Cette députation fut, plus tard, traduite devant le tribunal révolutionnaire ; et nous verrons alors que ces jeunes vierges étaient presque toutes des femmes âgées. Il n'y avait que deux jeunes filles, et celles-là furent acquittées.

AOUT (1792).

DOCUMENS COMPLÉMENTAIRES SUR LE 10 AOUT.

Sous ce titre, nous réunirons aux documens qui se rapportent à la journée du 10 août, diverses pièces devenues fort rares, presque introuvables aujourd'hui, et qui sont cependant de la plus haute importance historique. Telle est entre autres le *Mémoire de Lally-Tolendal*, au roi de Prusse, pour réclamer la liberté de La Fayette. Là, sont énumérés les titres de ce général vis-à-vis de Louis XVI; ses torts vis-à-vis des Jacobins. Nous donnerons un extrait des pièces saisies chez l'intendant de la liste civile, et de celles trouvées dans la fameuse *armoire de fer*, aux Tuileries. Nous ferons entrer enfin, dans cette collection, le traité de Mantoue; divers rapports sur ce qui se passa au château des Tuileries, le 10 août, l'histoire de cette journée, par Robespierre, etc.

Mémoire de Lally-Tolendal au roi de Prusse, pour réclamer la liberté de La Fayette, suivi d'une lettre de Lally-Tolendal à Louis XVI, d'une réponse de Louis XVI, d'un plan concerté entre les généraux constitutionnels pour faire retirer la cour à Compiègne, et de plusieurs pièces intéressantes pour servir à l'histoire de la révolution.

« *Avis de l'éditeur.* — Ce mémoire est de la plus haute importance pour ceux qui étudient l'histoire de la révolution française : on y trouvera des anecdotes jusqu'ici inconnues, et des pièces qui prouvent la faiblesse et la nullité du gouvernement renversé par la révolution du 10 août; puisse-t-il concourir à éclairer la France et l'Europe ! Une lettre de M. Lally-Tolendal à Louis XVI, et la réponse de Louis XVI, jettent une grande lumière sur les complots de l'ancienne cour et sur la conduite des généraux constitutionnels qui, dans l'année 1792, firent tous leurs efforts pour reculer la chute de la monarchie. Voici comment cet ouvrage est venu à la connaissance du public : Un médecin allemand, nommé Bollman, sauva la vie au ministre Narbonne, au mois de septembre 1792, en le faisant passer pour son domestique et en l'emmenant avec lui en Angleterre. Arrivé chez M. de Talleyrand-Périgord, il fut quelque temps amadoué par les constitutionnels réfugiés, et comblé d'amitiés par toute leur coterie. Mais bientôt la morgue prit la place de la franchise amicale ; ils furent assez malhonnêtes pour lui offrir une récompense pécuniaire, et il eut assez de fierté pour la refuser avec dédain. Il s'éloigna d'eux ; mais ils ne purent se résoudre à l'abandonner à son ressentiment. Ils le caressèrent, et firent tant, qu'il ne rompit pas toute liaison avec eux. Enfin dans l'automne de 1793, M. Lally-Tolendal l'envoya à Berlin avec son mémoire apologétique pour M. de La Fayette. Ce fut le 8 novembre qu'il entama ses négociations pour l'élargissement du général, prisonnier de guerre ; sa mission n'eut pas le succès qu'on en attendait ; mais on a remarqué du moins que depuis cette époque la captivité de M. de La Fayette avait paru être fort adoucie : le mémoire avait été adressé d'abord au roi de Prusse, il fut présenté ensuite à son conseil. Dans la copie présentée au conseil, on remarque des changemens et des ratures ; mais le texte a été restitué dans cette édition d'après la minute écrite de la main de M. Lally-Tolendal. Le manuscrit fut confié, l'année dernière, à un voyageur en Suisse qui nous l'a remis entre les mains ; nous croyons servir la chose publique en le mettant sous les yeux de nos concitoyens qui apprendront, par la lecture des pièces qui l'accompagnent, à bien juger les personnes et les événemens. Nous ne pensons pas qu'il puisse faire regretter la monarchie et attendrir les républicains sur le sort d'un général qui s'est montré si contraire aux principes de la république. »

Mémoire de Lally-Tolendal, au roi de Prusse, pour réclamer la liberté de La Fayette.

Sire,

« Je commence par offrir à Votre Majesté l'hommage d'un écrit qui, si j'ai besoin de garans auprès d'elle, doit lui répondre de tous mes sentimens. Si j'en éprouvais un seul que je craignisse de laisser voir ; si je connaissais un royaliste plus zélé que moi, un homme plus dévoué jadis à la personne, aujourd'hui à la mémoire du vertueux et infortuné Louis XVI ; si même je ne pouvais pas parler au nom de Louis XVI, je n'aurais pas la témérité de proférer un seul mot pour solliciter la liberté de M. de La Fayette.

» L'humanité, la justice, ma conscience, la politique de l'Europe et celle de la France, voilà ma justification dans la démarche, peut-être hardie, que je fais aujourd'hui. La puissance de Votre Majesté, sa valeur, sa générosité, ses lumières, voilà mon espoir.

» Que Votre Majesté me permette de faire repasser sous ses yeux, et de justifier, l'un après l'autre, tous les titres que je viens d'invoquer auprès d'elle.

» *L'humanité*. — M. de La Fayette, depuis bientôt un an, est plongé dans un cachot souterrain. Sa santé en est altérée ; sa poitrine, plusieurs fois menacée, s'affecte dangereusement. Il meurt lentement d'un supplice de tous les jours. Sa femme, la plus vertueuse des femmes, est consumée par la douleur et l'inquiétude. Une vieille tante, non moins respectable, qui lui a servi de mère, descend avec désespoir au tombeau ; trois enfans appellent et pleurent leur père ; des amis (car les vertus privées de M. de La Fayette lui en ont donné beaucoup, et les relations de sa famille sont immenses) partagent ces alarmes et son désespoir. Jamais, non jamais, un tel tableau n'a été présenté à Votre Majesté ; la mort même, quand elle est méritée, on la donne en un seul instant, et non pas pendant des années ; on la donne au seul coupable, et non pas à sa famille tout entière.

» *La justice*. — Sire, on vous a dit que la prison de M. de La Fayette, que ses supplices, quels qu'ils fussent, étaient légitimés par la prison et le supplice de Louis XVI. On a trompé le roi ; il peut en croire celui qui verse tous les jours, et qui versera toute sa vie des larmes de sang sur la tombe de ce trop malheureux prince. C'est pour avoir voulu sauver Louis XVI, que M. de La Fayette s'est perdu. M. de La Fayette n'est aujourd'hui à Magdebourg que parce qu'il a voulu d'abord préserver et ensuite arracher Louis XVI du Temple. Son choix a été libre jusqu'au dernier moment, son sacrifice a été volontaire et entier. Le premier rang lui était offert dans la république; il l'a rejeté; et n'ayant pu ni défendre, ni venger le roi, il s'est abandonné lui-même. Toutes ces vérités sont mathématiquement démontrées. *Il est à nous*, disait madame Élisabeth à madame de Tonnerre, au mois de juin 1792, *il faut tout oublier.* — *Il faut lui répondre,* écrivait le roi, au commencement de juillet, *que je suis infiniment sensible à l'attachement pour moi, qui le porterait à se mettre ainsi en avant.* Cette lettre a été dans mes mains, et j'en envoie la copie à Votre Majesté; je lui envoie copie de celle de M. de La Fayette, que j'avais fait passer à Louis XVI; je lui envoie copie d'une de mes notes à ce prince, qu'il m'a fait remettre, et que je garde apostillée de sa main. Hélas! plût à Dieu pour Louis XVI, pour la France et pour l'Europe, que le plan proposé alors par M. de La Fayette eût été adopté.

» On voudra, Sire, vous faire remonter au-delà de cette époque, et votre équité s'indignera d'entendre dire qu'il faut traiter de même M. de La Fayette, qui a fini par s'immoler au roi, et M. Camus qui a fini par immoler le roi.

» Mais, même en se reportant sur la conduite antérieure de M. de La Fayette, que je suis loin d'absoudre, lorsqu'on a dit au roi qu'elle avait été une suite non interrompue d'entreprises contre le trône, et d'offenses contre Louis XVI, l'on a encore trompé Votre Majesté. Je ne suis pas suspect; car, pendant deux années entières, j'ai rompu tout commerce avec celui pour lequel j'intercède aujourd'hui, parce que c'était trop pour moi d'offenser Louis XVI une fois. Mais dans les reproches amers que j'ai souvent fait porter par des tiers à M. de La Fayette, pendant cet espace de temps, je l'accusais bien moins de ce qu'il faisait contre, que de ce qu'il ne faisait pas pour son roi. Je vais peut-être étonner Votre Majesté. Ceux-là ont de bien fausses notions, qui établissent dans leur esprit M. de La Fayette comme cause, même comme une des causes de la révolution française. Il y a joué un grand rôle, mais ce n'est pas lui qui a fait la pièce; et peut-être ce qu'il y a de mieux à dire, soit pour l'excuser là où il paraît coupable, soit pour le justifier là où il a été innocent, soit pour le louer là où il a mérité des éloges, c'est qu'il n'a participé à aucun mal qui ne se fût fait sans lui, tandis que le bien qu'il a fait l'a été par lui seul,

» Il a mal entendu la liberté (car le crime n'était pas de la vouloir). Il n'a pas senti assez promptement combien une grande nation, pour être libre, avait besoin d'un roi puissant : il a reconnu trop tard cet axiome vrai de Claudien : que *dans les monarchies la liberté périt par la liberté* (1). Mais combien d'autres l'ont entendu encore plus mal? Combien d'autres n'ont voulu ni la liberté, ni la royauté; ont détesté M. de La Fayette qui, sans savoir combiner l'une avec l'autre, les voulait cependant toutes deux. Pourquoi les ennemis de l'ordre et du trône, depuis M. le duc d'Orléans jusqu'à Robespierre et Marat, ont-ils toujours regardé M. de La Fayette comme le plus grand obstacle à leurs complots? Pourquoi ceux qui méditaient le procès du roi ont-ils voulu commencer par le procès de M. de La Fayette? Pourquoi la reine le conjurait-elle de rester à la tête des gardes nationales, lorsque, soit après le pillage de l'hôtel de Castries, soit après les outrages faits au roi, le 18 avril 1791, il voulait donner sa démission.

» Il a été à Versailles, le 5 octobre 1789; mais il y a été, suivant l'expression énergique de M. Burke, *la corde au col*; d'autres y eussent été la rage dans le cœur; d'autres n'eussent pas ralenti la marche de l'armée parisienne pour calmer ses fureurs; d'autres ne lui eussent pas fait jurer, en arrivant à Versailles, d'être fidèle au roi; d'autres n'eussent pas sauvé le lendemain, au péril de leur vie, celle du roi et de toute la famille royale; d'autres n'eussent pas, de leurs propres mains, arraché dix-sept victimes au couteau qui venait d'en immoler deux, et qui devait en immoler mille.

» Il a voté pour le décret qui a détruit la noblesse; mais d'autres l'avaient proposé : le décret allait passer; le calcul plus ou moins raisonnable, la faiblesse, si l'on veut, de ne vouloir pas

(1) *Libertas populi, quam regna coercent, libertate perit.*

être vaincu en popularité, l'a entraîné à dire quelques mots qui n'ont servi à rien, et qui n'ont fait tort qu'à lui. Dès le soir il a reconnu combien serait funeste un tel décret; le lendemain il s'est opposé à la sanction; il l'eût empêché si la noblesse ne l'eût pas voulu, comme une preuve de plus de l'injustice de ses ennemis. En dernière analyse, ceux qui reprochent aujourd'hui ce décret à M. de La Fayette sont ceux qui l'ont fait.

» Il a envoyé un aide-de-camp à la poursuite de Louis XVI, fuyant vers Montmédy; mais toutes les autorités, tous les départemens, toutes les milices étaient sur pied; mais Louis XVI était arrêté six heures avant l'arrivée de l'aide-de-camp envoyé par M. de La Fayette; mais les ministres les plus attachés à Louis XVI s'étaient vu obligés de signer un ordre à tous les Français, d'arrêter leur roi. Mais les républicains accusent aujourd'hui M. de La Fayette d'avoir fermé les yeux sur le départ de Louis XVI, de n'avoir envoyé à sa suite que quand il n'était plus possible de le rejoindre; et tous les calculs sont pour eux. Mais des amis intimes de M. de La Fayette, à la probité desquels je crois comme à la mienne, m'ont assuré que pendant les deux jours qu'avait duré l'incertitude ils l'avaient souvent entendu faire le calcul des heures d'avance qu'avait le roi, et se flatter qu'on ne le rejoindrait pas. Ils étaient avec lui, quand il apprit que le roi avait été repris à Varennes; et ils m'ont juré qu'ils l'avaient vu frappé de cette nouvelle comme d'un coup de foudre.

» Sans doute la circonstance la plus difficile à envisager froidement dans toute la vie politique de M. de La Fayette, c'est la vigilance inquisitoriale qu'il a étendue autour du roi et de sa famille après le retour de Varennes. J'étais, à cette époque, éloigné de la France. Saisi d'horreur à la nouvelle de cette détention dans laquelle gémissait toute la famille royale, j'éclatai, dans une lettre qui a été imprimée, et contre M. de La Fayette qui tenait son roi prisonnier, et contre M. de Montmorin qui avait signé l'ordre de l'arrêter; et cependant j'avais été l'ami de tous deux. Mais je sus que la reine avait dit : *Il n'y a que le roi et moi qui sachions ce que nous devons à M. de Montmorin.* A mon arrivée à Paris, je vis M. de Montmorin, je l'entendis, je lui demandai pardon. Aujourd'hui je pleure un ami, en même temps qu'un des plus fidèles serviteurs du roi. Or, si des circonstances ont été tellement impérieuses qu'un ministre de Louis XVI le servît en ordonnant à tous les Français de *l'arrêter*, était-il impossible que par une combinaison semblable le commandant des gardes nationales le servît aussi en ordonnant à ses troupes de le *garder* ? M. de La Fayette, dans les derniers momens où je l'ai revu, dans les momens où il se donnait tout entier à la monarchie, et où il confessait ses erreurs, m'a paru persuadé qu'à cette époque il n'avait pu assurer le salut du roi et de sa famille qu'en forçant les rigueurs de leur captivité, en écartant les mouvemens populaires par la confiance qu'inspirait la sévérité de ses mesures. Je ne puis sans doute garantir la justesse du calcul : mais voici deux faits que ni moi, ni personne au monde ne peuvent nier, et qui garantissent sinon la vérité au moins la bonne foi de l'assertion.

» Premier fait. Le dimanche qui suivit la rentrée du roi à Paris, les principaux chefs de l'assemblée nationale se réunirent en comité pour délibérer *si le procès serait fait au roi, et la république établie*. Tous pérorèrent long-temps et avec chaleur, et rien moins qu'unanimement. On s'aigrissait par la contradiction, et cette aigreur allait amener le triomphe de l'opinion la plus violente. M. de La Fayette proféra cette seule phrase : *Si vous tuez le roi, je vous préviens que le lendemain, la garde nationale et moi, nous proclamons le prince royal.* Il n'y eut plus ni chaleur, ni procès, ni république.

» Second fait. Le 17 juillet 1791, pendant que M. de La Fayette paraissait si dur et si coupable envers le roi dans l'enceinte des Tuileries, il se battait pour lui au Champ-de-Mars. Le 17 juillet 1791, M. de La Fayette a vaincu au Champ-de-Mars, et a fait disparaître de Paris ceux qui ont été victorieux aux Tuileries le 10 août 1792, et qui ont assassiné le roi le 21 janvier 1793.

» Voilà ce que la justice ne peut méconnaître, et ce qu'elle devrait encore peser en prononçant sur le sort de M. de La Fayette, quand même ses anciens torts ne devraient pas entièrement disparaître sous le mérite de son dernier dévouement.

» C'est encore un argument qui ne peut pas soutenir les regards de *la justice* que celui de *cent mille Français malheureux*, dit-on, *par M. de La Fayette, expatriés par lui, et en demandant vengeance*. Il y a eu deux sortes d'*émigrés* français; les uns victimes de la barbarie et de la nécessité fuyant leurs demeures pillées, embrasées, teintes du sang de leurs parens ou du leur; ceux-là, toujours trop nombreux, n'y en eût-il qu'un seul, l'infiniment petit nombre en comparaison du reste, ils n'eussent pas composé une armée; ils n'eussent ni sollicité les étrangers de faire la guerre, ni fourni aux Français un prétexte pour la déclarer; on ne les eût pas troublés dans leur asile; on n'eût pas fait des lois pour leur ravir leurs propriétés; le désespoir n'eût pas été à jamais leur partage; leur malheur ne se fût pas étendu sur toute leur classe et ensuite sur leur patrie entière. Les autres sont sortis de France d'après le plan d'une émigration froidement calculée, provoquée par des promesses, forcée même par des reproches et des menaces; ceux-là sont sortis par milliers, ont formé plusieurs corps de troupes, ont été, entre les mains de ceux qui les avaient appelés, un instrument pour soulever toutes les puissances, ont fourni enfin à la faction républicaine le prétexte qu'elle désirait avoir pour déclarer la guerre, éteindre physiquement la noblesse et le clergé, dépouiller les propriétaires, renverser le trône, immoler le roi. Tous ces faits une fois établis, qu'a de commun M. de La Fayette avec l'une ou l'autre de ces deux classes d'émigrés? Ce n'est certainement pas M. de La Fayette qui a incendié les châteaux ou ordonné les assassinats, lui à qui les plus grands ennemis ont rendu l'hommage que tout son pouvoir a été constamment employé à préserver la sûreté publique et les propriétés; lui à qui plusieurs de ces mêmes ennemis ont dû la vie; lui à qui M. le baron de Breteuil déclarait publiquement qu'il était redevable de la conservation de tout ce qu'il possédait à Paris; lui que tous les bons et honnêtes bourgeois de la capitale invoquaient autrefois et regrettent aujourd'hui comme leur gardien tutélaire. Ce n'est certainement pas M. de La Fayette qui a rédigé avec M. Calonne ces lettres circulaires qui, sous peine du déshonneur, et sans distinction des provinces troublées et de celles demeurées paisibles, ordonnaient à un malheureux gentilhomme de quitter les foyers que gardait sa présence, et de les abandonner à ceux qui épiaient l'occasion de s'en emparer. Mais un moment est venu où les hommes qui avaient pris sur leur tête une aussi terrible responsabilité en dévouant toute la noblesse française à l'exil, à la misère et au désespoir, ont cherché a détourner sa haine en lui présentant d'autres objets. De là cette mauvaise foi avec laquelle on a exagéré le mal et dissimulé le bien qu'avait fait M. de La Fayette. De là toutes ces fables, les unes ridicules, les autres atroces, qu'une multitude au désespoir était trop excusable d'adopter, mais que ses chefs malveillans étaient coupables de créer. De là ces écrits de journalistes si honteusement réfutés par eux-mêmes, dans lesquels on osait offenser les souverains de Prusse et d'Autriche jusqu'à leur demander le meurtre de M. de La Fayette. De là enfin toutes ces passions qui, les unes de bonne foi, les autres avec perfidie, ont environné Votre Majesté, et n'ont permis ni à la vérité ni à la justice d'arriver jusqu'à elle.

» M. de La Fayette avait certainement besoin de la clémence de Louis XVI, et un plus grand besoin peut-être qu'il n'a pu se le persuader lui-même. Non-seulement il a mérité cette clémence par ses regrets; mais il a excité de la *reconnaissance* par son *attachement*; j'en ai vu les témoignages écrits de la main royale. J'ignore en quoi les persécuteurs de M. de La Fayette ont mérité la reconnaissance de Louis XVI; mais je sais qu'ils ne doivent envier sa clémence à personne, quand Louis XVI a jugé qu'ils avaient eux-mêmes besoin de son pardon. Il a dit: *Je pardonne de tout mon cœur à ceux qui se sont faits mes ennemis, sans que je leur en aie donné sujet;* mais il a dit aussi : *Je pardonne de même à ceux qui par un faux zèle, ou par un zèle mal entendu, m'ont fait beaucoup de mal.*

» Voilà, Sire, comment *la justice* s'est jointe à *l'humanité* pour me solliciter d'oser porter aux pieds du trône de Votre Majesté la pièce que j'y dépose aujourd'hui.

» J'ai dit aussi, *ma conscience*. Oui, Sire, ma conscience, et il faut même qu'elle en parle bien impérieusement, car j'ai bien quelque chose à vaincre en me portant le défenseur de M. de La Fayette. Apôtre et martyr de la royauté, j'y tiens peut-être par sentiment avant d'y tenir par raison. C'est une religion héréditaire dans ma famille ; et depuis Charles Ier jusqu'à Louis XVI, mes pères et moi nous avons été de sacrifices en sacrifices pour la cause de nos rois. Il suffit donc qu'une commune renommée, qu'un préjugé généralement établi partout où les faits ne sont point connus, présentent M. de La Fayette comme un ennemi de Louis XVI, pour que ce ne soit pas une entreprise ni simple, ni facile à moi, que celle de prendre sa défense. Mais la probité commande, et je n'ai pas le choix; quand je pourrais résister à tout autre motif, il en est un contre lequel je ne pourrais tenir ; c'est que j'ai sacrifié M. de La Fayette à Louis XVI. Les papiers ci-joints montrent à quelle époque je me suis rapproché de ce général. Je dois lui rendre ce qui lui appartient ; je n'ai pas fait naître en lui la résolution de soutenir le trône à quelque prix que ce fût ; je l'y ai trouvée toute formée à mon arrivée en France, au mois de mars 1792. Mais je n'ai cessé de l'enflammer, de le précipiter dans les démarches les plus caractérisées et les plus hardies en faveur du roi et de la royauté. Peu m'importait de le compromettre, pourvu qu'il y eût une seule chance de succès pour lui, je le croyais encore trop heureux de pouvoir réparer ses fautes au péril de sa vie. Pendant les quatre derniers mois, je lui écrivais sans cesse, et Louis XVI le savait. Ses proclamations à son armée, sa fameuse lettre au corps législatif, son arrivée imprévue à la barre après l'horrible journée du 20 juin ; rien de tout cela ne m'a été étranger, rien n'a été fait sans ma participation ; et tandis que ses amis, trop justifiés par l'événement, craignaient une manifestation trop subite de ses nouveaux principes, s'efforçaient inutilement de ralentir ses démarches, poussaient la terreur jusqu'à mutiler ses lettres au corps législatif ; moi, qui voyais le républicanisme faire des pas de géant, j'encourageais M. de La Fayette à ne pas perdre un instant pour lui rompre en visière, l'attaquer corps à corps, mériter la confiance du roi à force d'abandon, et employer cette confiance à le replacer sur son trône. Le lendemain de son arrivée à Paris, je passai avec lui une partie de la nuit ; il fut question entre nous de déclarer la guerre aux Jacobins dans Paris même, et dans toute la force du terme ; d'appeler tous les amis de la royauté et de la vraie liberté, qu'il ne séparait plus ; tous les amis du roi, auquel désormais il était dévoué ; tous les propriétaires qui étaient inquiets, tous les opprimés qui étaient nombreux, d'arborer au milieu d'eux, sur la place publique, un étendard monarchique, portant ces mots : *Point de Jacobins, point de Coblentz* (Coblentz m'en détestera, et cependant je sauvais Coblentz ; et le ciel m'est témoin que je voulais le sauver, mais après avoir sauvé la France et son roi.); de haranguer le peuple, de l'entraîner à nous suivre aux Jacobins, d'arrêter leurs chefs, de saisir leurs papiers et de raser leur maison. M. de La Fayette le voulait de toute sa force ; il avait dit au roi : *Il faut détruire les Jacobins physiquement et moralement*. Ses timides amis s'y opposèrent, notamment ceux qu'il avait dans le département et dans le corps législatif ; et il était obligé de déférer à ceux-là. Il me jura du moins que, de retour à son armée, il travaillerait sur-le-champ aux moyens de venir délivrer le roi. Deux amis de Louis XVI, dont l'un avait eu une audience particulière de la reine, et dont l'autre eut jusqu'à la fin la confiance de Madame Élisabeth, furent témoins de notre entretien ; ils me virent l'embrasser en lui disant : *Je puis donc encore être votre ami*, et ils furent aussi satisfaits que moi de ses sentimens.

» Rendu à son armée, il ne différa pas d'un instant à remplir sa promesse : Votre Majesté en jugera par les lettres que j'ai l'honneur de lui envoyer. Elle déplorera la fatalité qui n'a pas permis que Louis XVI embrassât le seul moyen de salut qui lui restait. Si parmi ceux qui l'en ont détourné il en était qui ne l'eussent fait qu'en haine de M. de La Fayette, ceux-là du moins ne devraient-ils pas être las d'une persécution qui les aurait conduits à se dire à eux-mêmes : « J'ai perdu le roi pour que M. de La Fayette ne le sauvât pas. »

» Le reste est connu. Je répéterai encore que les commissaires envoyés à M. de La Fayette, après le 10 août, avaient dans leurs instructions de lui offrir la première place dans le nouvel ordre des choses; qu'ils le lui ont fait dire; qu'il n'a seulement pas voulu les entendre; que, sous les murs du château où ils étaient enfermés, il a fait renouveler par son armée le serment de fidélité au roi; qu'enfin, il a tenu pour le roi jusqu'à l'instant où, trahi par ceux sur lesquels il devait le plus compter, il a mieux aimé s'immoler à la monarchie et au monarque, que de se faire le complice et le chef des républicains.

» Maintenant, Sire, j'ose en appeler au cœur de Votre Majesté, le regarderai-je tranquillement victime d'une conduite à laquelle je l'ai si puissamment exhorté? Puis-je l'abandonner dans les fers après l'y avoir précipité? Quand j'ai été chargé de lui exprimer la reconnaissance de Louis XVI, dois-je souffrir qu'au nom de Louis XVI on le condamne à un long et inexprimable supplice? Ne dois-je pas, au nom de Louis XVI, demander que celui qui s'est sacrifié pour lui, soit rendu à la vie et à la liberté?

» Aussi ai-je été souvent sommé par ses amis, par ses parens, par sa malheureuse et respectable femme, de remplir mon devoir envers lui et envers eux. Je l'ai rempli, je le remplirai, sans aucun respect humain; prévoyant et bravant toutes les mauvaises interprétations qu'il est aisé de donner à une démarche, si elle est connue; satisfait de me rendre compte à moi-même de la pureté de mon motif et de mon action; sûr que si le temps de la justice n'est pas encore arrivé, il arrivera; et que même sans attendre la sentence de l'incorruptible postérité, le moment viendra où les contemporains, voulant juger M. de La Fayette et ses persécuteurs, compteront pour quelque chose la réclamation élevée pour lui par un homme qui toujours, et avec tout ce qu'il avait de facultés, aura aimé le roi, défendu et pleuré Louis XVI.

» *L'intérêt politique de l'Europe* sollicite la délivrance de M. de La Fayette. Votre Majesté ne me croira pas l'orgueilleuse prétention de m'ériger en précepteur des rois. Je ne vais pas proférer un seul mot qui ne soit gravé d'avance dans l'ame de Votre Majesté; et les désirs de son cœur ont prévenu à cet égard les leçons de la nécessité. Mais si dans aucune partie de l'Europe j'étais appelé aux conseils d'un souverain jeune et inexpérimenté, Votre Majesté m'approuverait sûrement de dire à ce prince, quel qu'il fût :

« Tous les gouvernemens, tous les trônes viennent d'éprouver
» une violente commotion. Le torrent dévastateur a été obligé de
» refluer vers sa source; mais il a laissé derrière lui l'ébranle-
» ment partout où il n'a pas laissé la ruine : il s'agit maintenant
» de raffermir, et l'on ne conserve que par le contraire de ce
» qui détruit. Ainsi un pouvoir effréné, inique, insensé, homi-
» cide, est venu affliger la terre, et ce pouvoir s'est appelé le
» pouvoir populaire. Consolez le genre humain, en lui montrant
» qu'il est une puissance modérée, juste, sage, bienfaisante, et
» que cette puissance est la puissance royale. Faites contraster
» les bénédictions d'un trône légitime avec les horreurs d'une
» tribune démagogique. Ils pillent : répandez des largesses. Ils
» chargent tous leurs concitoyens de chaînes arbitraires : ouvrez
» les prisons d'état. Ils sont barbares : soyez clément. Ils punis-
» sent les bienfaits : pardonnez les injures. En un mot, ils se per-
» dent en perdant leur pays : faites que vos peuples voient
» leur salut sortir du vôtre. Si, au lieu de présenter un con-
» traste, vous donnez lieu à des rapprochemens, si vous suivez
» leurs exemples au lieu de les combattre, alors vous n'avez plus
» de remède à leurs fureurs passées, ni de préservatif contre leurs
» fureurs à venir; alors c'en est fait de l'Europe. »

» Enfin, *l'intérêt de la France.* Si j'étais l'ennemi invétéré de la France, et son ennemi puissant; si, maître d'un grand état, et armé d'une grande force, je faisais une guerre de haine, d'envie et d'ambition contre la France; si je voulais perpétuer ses troubles, la déchirer par ses propres mains, m'approprier une portion d'elle à ma convenance, abandonner le reste à la destruction, la couvrir de cendres et l'inonder de sang, je frapperais actuellement tous les habitans de la terreur du supplice, et par cette terreur je les précipiterais dans le désespoir ; j'annoncerais par mes actions et par mes discours que ma vengeance s'étendra sur tout ce qui a figuré depuis quatre ans sur le funeste théâtre de la révolution française ; que je ne distinguerai ni les intentions d'avec les faits, ni le commencement d'avec la fin, ni les erreurs d'avec les crimes, ni les droits d'avec les usurpations ; que ni les remords, ni le repentir, ni même les réparations ne trouveront pas grace à mes yeux, et que je foulerai aux pieds jusqu'à l'amnistie solennelle proposée par Louis XVI, et jurée par lui, le 15 septembre 1791. Je serais bien sûr de l'effet que produirait une telle annonce : aucun coupable ne pouvant espérer de pardon, aucun innocent ne pouvant être sûr de n'être pas regardé comme coupable, tous passeraient de la crainte au désespoir et à la fureur. Généraux, soldats, administrateurs, juges, républicains, constitutionnels, monarchistes, n'auraient d'autres ressources que de se réunir, et de s'ensevelir jusqu'au dernier sous les murs de leurs villes ; plutôt que d'entendre à aucune capitulation. A la vérité, il m'en coûterait mes plus braves soldats, je n'aurais que ce que je prendrais d'assaut ; mais la France serait dévastée d'autant et pendant que toutes ces factions s'uniraient contre moi aux frontières ; elles se déchireraient de plus belle dans l'intérieur : maître enfin d'un cordon avec lequel je les cerclerais comme des bêtes fauves, je les verrais tranquillement se dévorer l'un l'autre. Vous frémissez, Sire, à la seule idée d'un si féroce machiavélisme ; mais ce qui serait si efficace pour perdre la France, comment donc a-t-on pu le proposer à ceux qui sont armés pour la sauver, à ceux qui ne peuvent être sauvés qu'avec elle ? Henri IV, entré en vainqueur dans sa capitale, crut avoir besoin de clémence, et ses petits-fils, exilés à Ham, croiraient pouvoir s'en passer ! Henri IV pardonna au duc de Mayenne qui avait combattu contre lui jusqu'à la dernière extrémité ; et les frères de Louis XVI ne pardonneraient pas à celui dont Louis XVI avait excusé les erreurs, accepté les services et reconnu l'*attachement!* Charles 1er, replacé sur le trône de son père, environné d'un peuple ivre de joie, qui s'était prosterné sur son passage, crut devoir pardonner aux membres du long parlement, c'est trop peu dire, crut devoir les réputer innocens, parce qu'après avoir combattu, détrôné et enfermé leur roi, ils avaient fini par écouter ses offres et par décréter qu'on pouvait traiter avec lui. Charles Ier crut ne pouvoir chercher des coupables, qu'à l'époque où s'était formée la *haute cour de justice*, c'est-à-dire qu'il borna le crime aux régicides immédiats. Il fit asseoir les membres du long parlement parmi les juges de ces régicides; il ne laissa exécuter que dix de ces régicides, sur vingt-neuf qui furent condamnés. Il y en a ici sept cents au lieu de vingt-neuf; et lorsque même, entre tous ces scélérats, il faudra choisir les plus criminels, pour les livrer au sort que tous ont mérité (car on n'exécute pas sept cents hommes), on irait chercher des coupables au-delà du 21 janvier 1793, du 2 septembre et du 10 août 1792! on reviendrait sur une amnistie, quand il faut en prononcer de nouvelles! Au lieu d'isoler ces sept cents régicides, qui ne sont pas encore vaincus, on risquerait de les rendre invincibles en leur prêtant l'appui de plusieurs millions d'hommes, qui se croiraient menacés du même traitement qu'eux. Ah! Sire, c'est pour la gloire et l'intérêt de Votre Majesté, c'est pour le succès des armes combinées, c'est pour la restauration des princes français, c'est pour le rétablissement du trône de Louis XVI, c'est pour épargner à l'humanité des torrens de sang, que je demande à Votre Majesté la liberté de M. de La Fayette, comme un grand acte, comme le premier acte d'un système de justice, de modération et de clémence, qui ouvrira les villes attaquées, qui donnera plus de garans pour la soumission des villes ouvertes; qui, en écartant les vengeances, désarmera l'opposition; qui fera désirer, comme libérateurs, ceux qu'on aurait combattus comme ennemis, et qui fera déserter de tous côtés la cause des régicides qu'on verra les seuls dévoués, et avec lesquels on craindra d'être confondu. L'Espagne a adopté ce système : elle l'a proclamé ; les villes lui ouvrent leurs portes, et les communes vont au-devant de son armée.

» Il est une dernière question que je conçois, que je préviens, et à laquelle je dois répondre. Que fera M. de La Fayette en liberté ? Je sais bien ce qu'il y aurait à faire de lui, et je le dirais, si je n'avais à parler qu'à Votre Majesté et aux puissances combinées. Je ne crois pas qu'aucun autre pût réunir en France une aussi grande quantité d'hommes ; je ne crois pas qu'aucun autre fût aujourd'hui plus zélé pour le rétablissement de la monarchie. Je mets une grande différence entre la *Constitution* et les *Constitutionnels*. Chaque jour ajoute au mépris et à l'horreur que j'ai voués à cette *Constitution* dès l'instant où ses premières bases ont été posées ; mais les *constitutionnels* désormais sont ceux qui veulent *une* Constitution, non pas ceux qui veulent *la* Constitution ; tout au plus, ils prétendent partir du dernier état des choses pour arriver à le réformer presque entier. Sous ce rapport, les constitutionnels offrent les deux tiers de la population de la France, les trois quarts de ses lumières et la totalité de son patriotisme. Mais il est des préjugés trop violens pour qu'on puisse espérer de les dompter, et des malheurs trop excessifs pour qu'on ne leur pardonne pas l'injustice. Ainsi ce seraient discours superflus que d'entrer seulement dans cette question. M. de La Fayette, libre, doit aller, avec sa femme et ses enfans, s'ensevelir en Amérique ; c'est son projet, il le leur a mandé, et j'oserai me porter garant de son exécution.

» Sire, en terminant cette lettre, j'éprouve une hésitation involontaire ; je me demande ce qu'elle va paraître à Votre Majesté qui doit la lire, et si je dois oser la lui envoyer. Une pensée vient me raffermir. J'ai plaidé la cause d'un infortuné ; j'ai servi d'organe à une femme qui demande son mari et à des enfans qui demandent leur père. J'ai défendu celui que j'avais exposé. J'ai dit ce que je sais vrai, ce que je trouve juste et ce que je crois salutaire. C'est au neveu du grand Frédéric que je l'ai dit. L'égal de son oncle pour la valeur et l'héroïsme militaire, il doit l'être aussi pour la sagesse et la générosité. Ma lettre va partir.

Je suis, etc.

PIÈCES JUSTIFICATIVES.

(N° I.) *Copie d'une lettre de M. de Lally-Tolendal, au roi.*

« Paris, lundi, 9 juillet 1792.

Je suis chargé, par M. La Fayette, de faire proposer directement à Sa Majesté, pour le 15 de ce mois, le même projet qu'il avait proposé pour le 12, et qui ne peut plus s'exécuter à cette époque, depuis l'engagement pris par Sa Majesté de se trouver à la cérémonie du 14.

Sa Majesté a dû voir le plan du projet envoyé par M. La Fayette, car M. Duport a dû le porter à M. Montciel, pour qu'il le montrât à Sa Majesté.

M. La Fayette veut être ici le 15; il y sera avec le vieux général *Luckner*. Tous deux viennent de se voir, tous deux se le sont promis, tous deux ont un même sentiment et un même projet.

Ils proposent que Sa Majesté sorte publiquement de la ville, entre eux deux, en l'écrivant à l'assemblée nationale, en lui annonçant qu'elle ne dépassera pas la ligne constitutionnelle, et qu'elle se rend à Compiègne.

Sa Majesté et toute la famille royale seront dans une seule voiture. Il est aisé de trouver cent bons cavaliers qui l'escorteront. Les Suisses, au besoin, et une partie de la garde nationale protégeront le départ. Les deux généraux resteront près de Sa Majesté. — Arrivée à Compiègne, elle aura pour garde un détachement de l'endroit, qui est très-bon, un de la capitale, qui sera choisi, et un de l'armée.

M. La Fayette, toutes ses places garnies, ainsi que son camp de retraite, a de disponible pour cet objet, dans son armée, dix escadrons et l'artillerie à cheval; deux marches forcées peuvent amener toute cette division à Compiègne.

Si, contre toute vraisemblance, Sa Majesté ne pouvait sortir de la ville, les lois étant bien évidemment violées, les deux généraux marcheraient sur la capitale avec une armée.

Les suites de ce projet se montrent d'elles-mêmes. La paix avec toute l'Europe, par la médiation du roi. — Le roi rétabli dans tout son pouvoir légal. — Une large et nécessaire extension de ses prérogatives sacrées. — Une véritable monarchie, un véritable monarque, une véritable liberté. — Une véritable représentation nationale, dont le roi sera chef et partie intégrante. — Un véritable pouvoir exécutif. — Une véritable représentation nationale, choisie parmi les propriétaires. — La Constitution revisée, abolie en partie, en partie améliorée et rétablie sur une meilleure base. — Le nouveau corps législatif tenant ses séances seulement trois mois par an. — L'ancienne noblesse rétablie dans ses anciens priviléges, non pas politiques, mais civils, dépendans de l'opinion, comme titres, armes, livrées, etc.

Je remplis ma commission sans oser me permettre ni un conseil ni une réflexion. J'ai l'imagination trop frappée de la rage qui va s'emparer de toutes ces têtes perdues à la première ville qui va nous être prise, pour ne pas me récuser moi-même; j'en suis au point que cette scène de samedi, qui paraît tranquilliser beaucoup de gens, a doublé mon inquiétude. Tous ces baisers m'ont rappelé celui de Judas.

Je demande seulement à être un des quatre-vingts ou cent cavaliers qui escorteront Sa Majesté, si elle agrée le projet, et je me flatte que je n'ai pas besoin de l'assurer qu'on n'arriverait à elle ni à aucun membre de sa royale famille, qu'après avoir passé sur mon cadavre.

J'ajouterai un mot : J'ai été l'ami de M. La Fayette avant la révolution. J'avais rompu tout commerce avec lui depuis le 22 mars de la seconde année; à cette époque je voulais qu'il fût ce qu'il est aujourd'hui; je lui écrivis que son devoir, son honneur, son intérêt, tout lui prescrivait cette conduite; je lui traçai longuement le plan tel que ma conscience me le suggérait. Il me promit; je ne vis point d'effet à sa promesse. Je n'examinerai pas si c'était impuissance ou mauvaise volonté; je lui devins étranger; je le lui déclarai, et personne ne lui avait encore fait entendre des vérités plus sévères que moi et mes amis, qui étaient aussi les siens. Aujourd'hui ces mêmes amis ont rouvert ma correspondance avec lui. Sa Majesté sait quel a été le but et le genre de cette correspondance. J'ai vu ses lettres ; j'ai eu deux heures de conférence avec lui dans la nuit du jour où il est parti. Il reconnaît ses erreurs ; il est prêt à se dévouer pour la liberté, mais en même temps pour la monarchie ; il s'immolera s'il le faut pour son pays et pour son roi, qu'il ne sépare plus ; il est enfin dans les principes que j'ai exposés dans cette note ; il y est tout entier, avec candeur, conviction, sensibilité, fidélité au roi, abandon de lui-même : j'en réponds sur ma probité.

J'oubliais de dire qu'il demande qu'on ne traite rien de ceci avec ceux des officiers qui peuvent être dans la capitale en ce moment. Tous peuvent soupçonner qu'il a quelques projets ; mais aucun n'est instruit de celui qu'il a ; il suffira qu'ils le sachent le matin pour agir ; il craint l'indiscrétion si on leur en parlait d'avance, et aucun d'eux n'est excepté de cette observation.

P. S. Oserai-je dire que cette note me paraît devoir être méditée par celui-là seul qui, dans une journée à jamais mémorable, a vaincu par son courage héroïque une armée entière d'assassins ; par celui-là qui le lendemain de ce triomphe sans exemple, a dicté lui-même une proclamation aussi sublime que ses actions l'avaient été la veille, et non par les conseils qui ont minuté la lettre écrite en son nom au corps législatif, pour annoncer qu'il se trouverait à la cérémonie du 14 ; non par les conseils qui ont fait sanctionner le décret des droits féodaux, décret équivalant à un vol fait dans la poche et sur les grands chemins.

M. La Fayette n'admet pas l'idée que le roi, une fois sorti de la capitale, ait d'autre direction à suivre que celle de sa conscience et de sa libre volonté, il croit que la première opération de Sa Majesté devait être de se créer une garde. Il croit aussi que son projet peut se modifier de vingt différentes manières. Il préfère la retraite dans le Nord à celle dans le Midi, comme étant plus à portée de secourir de ce côté, et redoutant la faction méridionale. En un mot, *la liberté du roi, et la destruction des fac-*

tieux, voilà son but dans toute la sincérité de son cœur. Ce qui doit suivre, suivra.

(N° II.) *Copie d'une lettre de M. La Fayette.*

Le 8 juillet 1792.

J'avais disposé mon armée de manière que les meilleurs escadrons, les grenadiers, l'artillerie à cheval, étaient sous les ordres de M..., à la quatrième division; et si ma proposition eût été acceptée, j'emmenais en deux jours à Compiègne quinze escadrons et huit pièces de canon, le reste de l'armée étant placé en échelons à une marche d'intervalle; et tel régiment qui n'eût pas fait le premier pas serait venu à mon secours, si ses camarades et moi avions été engagés.

J'avais conquis Luckner au point de me faire promettre de marcher sur la capitale avec moi, si la sûreté du roi l'exigeait, et qu'il en donnât l'ordre; et j'ai cinq escadrons de cette armée, dont je dispose absolument, Languedoc et.....; le commandant de l'artillerie à cheval est aussi exclusivement à moi. Je comptais que ceux-là marcheraient aussi à Compiègne.

Le roi a pris l'engagement de se rendre à la fête fédérale. Je regrette que mon plan n'ait pas été adopté; mais il faut tirer parti de celui qu'on a préféré.

Les démarches que j'ai faites, l'adhésion de beaucoup de départemens et de communes, celle de M. Luckner, mon crédit sur mon armée et même sur les autres troupes, ma popularité dans le royaume qui est plutôt augmentée que diminuée, quoique fort restreinte dans la capitale; toutes ces circonstances, jointes à plusieurs autres, ont donné à penser aux factieux, en donnant l'éveil aux honnêtes gens; et j'espère que les dangers physiques du 14 juillet sont fort diminués. Je pense même qu'ils sont nuls, si le roi est accompagné de Luckner et moi, et entouré des bataillons choisis que je lui fais préparer.

Mais si le roi et sa famille restent dans la capitale, ne sont-ils pas toujours dans les mains des factieux? Nous perdrons la première bataille; il est impossible d'en douter. Le contre-coup s'en fera ressentir dans la capitale. Je dis plus, il suffira d'une supposition de correspondance entre la reine et les ennemis pour occasioner les plus grands excès. Du moins voudra-t-on emmener le roi dans le Midi, et cette idée qui révolte aujourd'hui, paraîtra simple lorsque les rois ligués approcheront. Je vois donc immédiatement après le 14 commencer une suite de dangers.

Je le répète encore, il faut que le roi sorte de Paris. Je sais que, s'il n'était pas de bonne foi, il y aurait des inconvéniens; mais quand il s'agit de se confier au roi, qui est un honnête homme, peut-on balancer un instant? Je suis pressé du besoin de voir le roi à Compiègne.

Voici donc les deux objets sur lesquels porte mon projet actuel : 1° Si le roi n'a pas encore mandé Luckner et moi, il faut qu'il le fasse sur-le-champ. *Nous avons Luckner !* il faut l'engager de plus en plus. Il dira que nous sommes ensemble; je dirai le reste. Luckner peut venir me prendre de manière que nous soyons le 12 au soir dans la capitale. Le 13 et le 14 peuvent fournir des chances offensives; du moins la défensive sera assurée par votre présence; et qui sait ce que peut faire la mienne sur la garde nationale?

Nous accompagnerons le roi à l'autel de la patrie. Les deux généraux représentant deux armées qu'on sait leur être très-attachées, empêcheront les atteintes qu'on voudrait porter à la dignité du roi. Quant à moi, je puis retrouver l'habitude que les uns ont eue long-temps d'obéir à ma voix; la terreur que j'ai toujours inspirée aux autres, dès qu'ils sont devenus factieux, et peut-être quelques moyens personnels de tirer parti d'une crise peuvent me rendre utile, du moins pour éloigner les dangers. Ma demande est d'autant plus désintéressée que ma situation sera désagréable par comparaison avec la grande fédération; mais je regarde comme un devoir sacré d'être auprès du roi dans cette circonstance, et ma tête est tellement montée à cet égard, que *j'exige absolument* du ministre de la guerre, qu'il me mande, et que cette première partie de ma proposition soit adoptée; et je vous prie de le faire savoir par des amis communs du roi, à sa famille et à son conseil.

2° Quant à ma seconde proposition, je la crois également indispensable, et voici comme je l'entends. — Le serment du roi, le nôtre, auront tranquillisé les gens qui ne sont que faibles, et par conséquent, les coquins seront pendant quelques jours privés de cet appui. Je voudrais que le roi écrivît sous le secret à M. Luckner et à moi, une lettre commune à nous deux, et qui nous trouverait en route dans la soirée du 11 ou dans la journée du 12. Le roi y dira : « Qu'après avoir prêté notre serment, il
» fallait s'occuper de prouver aux étrangers sa sincérité. Que le
» meilleur moyen serait qu'il passât quelques jours à Compiègne;
» qu'il nous charge d'y faire trouver quelques escadrons pour
» joindre à la garde nationale du lieu, et à un détachement de la
» capitale ; que nous l'accompagnerons jusqu'à Compiègne, d'où
» nous rejoindrons chacun notre armée; qu'il désire que nous
» pressions des escadrons dont les chefs soient connus par leur
» attachement à la Constitution, et un officier-général qui ne
» puisse laisser aucun doute à cet égard. »

D'après cette lettre, Luckner et moi chargerons M... de cette expédition ; il prendra avec lui quatre pièces d'artillerie à cheval, huit si l'on veut ; mais il ne faut pas que le roi en parle, parce que l'odieux du canon doit tomber sur nous. — Le 15, à dix heures du matin, le roi irait à l'assemblée, accompagné de Luckner et de moi ; et soit que nous eussions un bataillon, soit que nous eussions cinquante hommes à cheval de gens dévoués au roi, ou de mes amis, nous verrions si le roi, la famille royale, Luckner et moi serions arrêtés.

Je suppose que nous le fussions ; Luckner et moi rentrerions à l'assemblée pour nous plaindre et la menacer de nos armées. Lorsque le roi serait rentré, sa position ne serait pas plus mauvaise, car il ne serait pas sorti de la Constitution ; il n'aurait contre lui que les ennemis de cette Constitution, et Luckner et moi amènerions facilement des détachemens de Compiègne. Remarquez que ceci ne compromet pas autant le roi qu'il le sera nécessairement par les événemens qui se préparent.

On a tellement gaspillé dans ces niaiseries aristocratiques les fonds dont le roi peut disposer, qu'il doit lui en rester peu de disponibles. Il n'y a pas de doute qu'il ne faille emprunter, s'il est nécessaire, pour s'emparer des trois jours de la fédération.

» Il y a encore une chose à prévoir ; celle où l'assemblée décréterait que les généraux ne doivent pas venir dans la capitale. — Il suffit que le roi y refuse immédiatement sa sanction.

» Si par une fatalité inconcevable, le roi avait déjà donné sa sanction, qu'il nous donne rendez-vous à Compiègne, dût-il être arrêté en partant. Nous lui ouvrirons les moyens d'y venir *libre* et *triomphant*. Il est inutile d'observer que, dans tous les cas, arrivé à Compiègne, il y établira sa garde personnelle, telle que la lui donne la Constitution.

» En vérité, quand je me vois entouré d'habitans de la campagne qui viennent de dix lieues et plus pour me voir et me jurer qu'ils n'ont confiance qu'en moi, que mes amis et mes ennemis sont les leurs ; quand je me vois chéri de mon armée, sur laquelle les efforts jacobins n'ont aucune influence ; quand je vois de toutes les parties du royaume arriver des témoignages d'adhésion à mes opinions, je ne puis croire que tout est perdu et que je n'ai aucun moyen d'être utile.

Copie n. III. — *Réponse de la main du roi.*

» Il faut lui répondre que je suis infiniment sensible à l'attachement pour moi qui le porterait à se mettre ainsi en avant ; mais que la manière me paraît impraticable. Ce n'est point par crainte personnelle, mais tout serait mis en jeu à la fois, et, quoi qu'il en dise, ce projet manqué ferait retomber tout pire que jamais, et de plus en plus sous la férule des factieux. Fontainebleau n'est qu'un cul-de-sac : ce serait une mauvaise retraite, et du côté du Midi. Du côté du Nord, cela aurait l'air d'aller au-devant des Autrichiens. On lui répond sur son *mandé*; ainsi je n'ai rien à en dire ici. La présence des généraux à la fédération pourrait être utile; elle pourrait d'ailleurs avoir pour motif de voir le nouveau ministre, et de convenir avec lui des besoins de l'armée. Le meilleur conseil à donner à M. La Fayette est de servir toujours d'épouvantail aux factieux, en remplissant bien son métier de général. Par-là il s'assurera de plus en plus la confiance de son armée, et pourra s'en servir comme il voudra au besoin.

Copie de la minute d'une séance tenue le 4 août 1792, écrite de la main de Lally-Tolendal.

Le 4 août 1792.

M. de Montmorin, ancien ministre des affaires étrangères. — M. Bertrand, ancien ministre de la marine. — M. Clermont Tonnerre. — M. de Lally-Tolendal. — M. Malouet. — M. de Gouvernet. — M. de Gilliers.

« Trois heures de délibération dans un endroit retiré du jardin de M. Montmorin. Chacun rendit compte de ce qu'il avait découvert. J'avais reçu une lettre anonyme dans laquelle on me dénonçait une conversation chez Santerre, annonçant le projet de marcher sur les Tuileries, de tuer le roi dans la mêlée, et de s'emparer du prince royal pour en faire ce que les circonstances exigeraient; ou si le roi n'était pas tué, de faire toute la famille royale prisonnière. Nous résolûmes tous qu'il fallait que le roi sortît de Paris, à quelque prix que ce fût, escorté par les Suisses, par nous et par nos amis qui étaient en bon nombre. Nous comptions sur M. de Liancourt, qui avait offert de venir de Rouen au-devant du roi, et ensuite sur M. de La Fayette. Comme nous finissions de délibérer, arriva M. de Malesherbes qui vint presser madame de Montmorin et madame de Baumont, sa fille, de se retirer, en disant que la crise approchait, et que Paris n'était plus la place des femmes. Sur ce que nous dit de nouveau M. de Malesherbes, nous arrêtâmes que M. de Montmorin allait sur-le-champ partir pour le Château, pour informer le roi de ce que nous avions su et résolu. Le roi parut consentir le soir, et dit à M. de Montmorin de causer avec M. de Sainte-Croix qui, avec M. de Montciel, s'occupait aussi d'un projet de sortie du roi. Nous allâmes le lendemain au

Château ; je causai longuement avec le duc de Choiseul, qui était entièrement de notre avis et voulait que le roi partît, à quelque prix que ce fût, qu'il aimait mieux *s'exposer à tous les dangers que de commencer la guerre civile*. On annonçait que la déchéance serait prononcée le jeudi suivant. Je ne connus plus d'autres ressources que l'armée de La Fayette. Je fis partir le 8 un projet de lettre que je lui conseillais d'écrire au duc de Brunswick, aussitôt qu'il aurait la première nouvelle de la déchéance. »

Nota. Les numéros V et VI de ces pièces sont les deux lettres de La Fayette à la princesse d'Hénin, datée, l'une de Nivelles, le 27 août, l'autre d'Arlon, le 5 septembre, et imprimées dans un papier anglais du 20 avril 1793.

Dans la dernière, on lit ce passage : « Si le roi avait pu se déterminer à sortir de Paris, ainsi que je le lui avais proposé, après avoir pris des mesures sûres, de l'emmener à Compiègne, il aurait évité de grands dangers et de grands malheurs (1). »

Conférence de Mantoue du 20 mai 1791, entre M. de Calonne, M. le comte d'Artois et l'empereur.

Nous extrayons tout ce qui est relatif à cette conférence, de l'histoire de la révolution par Bertrand de Molleville. L'authenticité de cette réunion ainsi que celle du traité qui y fut conclu ne peuvent être mises en doute. Servan (*Tableau historique de la guerre*), en parle comme d'un fait positif en diplomatie. Quant aux doutes que quelques personnes plus tard ont essayé de faire admettre, le but qu'on avait en les répandant, suffit pour les faire juger. C'était sous la restauration ; les royalistes crurent que tout ce qui tendait à prouver que Louis XVI correspondait avec l'étranger, était attentatoire à l'honneur de ce prince, nuisible aux Bourbons, justifiait le jugement de la Convention, en un mot,

---

(1) Nous ne possédons malheureusement pas le manuscrit du mémoire de Lally-Tolendal; et nous ne pouvons suppléer à ce que les premiers éditeurs ont cru devoir supprimer ; mais probablement les pièces omises étaient sans importance. Néamoins s'il nous arrivait de les retrouver, nous en ferions part à nos lecteurs, heureux de compléter ainsi cette intéressante et très-rare brochure.
(*Note des auteurs.*)

tournait contre la monarchie légitime qu'on venait de rétablir. C'était alors la seule pièce de ce genre qui fût connue. — Voici, en abrégé, les préliminaires dont Bertrand de Molleville fait précéder la citation du traité.

» Nous avons rapporté en son lieu et nos lecteurs n'ont pas oublié que, le 18 avril 1791, un attroupement populaire s'opposa au départ du roi pour Saint-Cloud. Cet événement donna au roi et à la reine le vif désir d'informer de leur situation le comte d'Artois qui était alors en Italie. Pour cette mission, ils jetèrent les yeux sur le comte Alphonse de Durfort. Ce personnage eut, le 26 avril, une entrevue avec leurs majestés, qui l'invitèrent à leur présenter ses questions et à écrire leurs réponses, pour les apprendre par cœur. Voici la copie de ces questions et de ces réponses.

» *Première question.* Leurs majestés ont-elles confiance dans les intentions de M. le comte d'Artois? Y a-t-il quelque fondement aux inquiétudes qu'on lui a données sur leurs sentimens à son égard, et sur leur disposition à se remettre entre les mains des factieux de l'assemblée, plutôt que de devoir leur salut et le rétablissement de leur autorité aux efforts et aux succès des princes réunis à la noblesse du royaume?

» *Réponse dictée par la reine.* On vous a trompés; votre situation est ce qui occupe le plus leurs majestés. Comment peut-on croire qu'avec l'ame élevée que vous leur connaissez, ils préfèrent rester sous le joug de scélérats infâmes, plutôt que d'être secourus par leurs proches parens et par leurs serviteurs fidèles?

» *Seconde question.* Que pensent leurs majestés de M. de La Fayette?

» *Réponse.* Nous le regardons comme un factieux fanatique et imbécille, en qui nous ne pouvons jamais avoir la moindre confiance.

» *Troisième question.* Que pensent-elles de M. de Montmorin?

» *Réponse.* Il a bonne volonté; mais nulle force.

» *Quatrième question.* L'archevêque de Sens a-t-il quelque influence sur les déterminations de LL. MM?

» *Réponse.* Aucune. Il est généralement abhorré et méprisé de tous les partis. Leurs majestés partagent ce sentiment du public; de plus il les a trompées.

» *Cinquième question.* Pourquoi le roi a-t-il été à l'assemblée, après avoir été empêché d'aller à Saint-Cloud?

» *Réponse.* Forcé par ses ministres sur lesquels il ne peut compter.

» *Sixième question.* Quel est l'espoir du peuple? LL. MM. ont-elles à l'assemblée quelques personnes sur lesquelles elles puissent compter?

» *Réponse.* L'esprit du peuple est détestable; il ne veut plus de roi. LL. MM. n'ont personne dans l'assemblée. Le seul député qui leur ait fait des ouvertures, n'existe plus.

» *Septième question.* Comment justifier la lettre adressée à tous les ambassadeurs?

» *Réponse.* La date en prouve la nécessité. Le roi ne l'a pas signée, et n'y a rien changé pour ne rien ôter à sa monstruosité; elle a été rédigée par des membres de l'assemblée qui ont cru cette démarche indispensable et en attendaient un plus grand succès.

» *Huitième question.* LL. MM. ont-elles le désir ou le projet de quitter Paris?

» *Réponse.* Elles en ont le plus grand désir, mais le moyen de l'effectuer leur paraît presque impossible. Dans le cas où elles en trouveraient le moment, elles voudraient savoir d'avance quel serait l'endroit où elles seraient le plus en sûreté du côté de Valenciennes ou de Metz. LL. MM. insistent beaucoup sur cet article. »

Le comte de Durfort, muni de ces instructions et de quelques conseils, se rendit en Italie auprès du comte d'Artois. Ce prince obtint de l'empereur une entrevue, qui fut fixée à Mantoue, le 20 mai. Il s'y rendit accompagné de MM. de Calonne, d'Escars et Durfort. L'empereur savait déjà le projet de Louis XVI de se réfugier à Metz; il en avait été instruit par M. de Mercy, et ne l'approuvait pas. Enfin, MM. d'Artois et de Calonne, présentèrent à l'empereur un projet de traité. La discussion de ce plan dura plus de deux heures ; l'empereur y corrigea de sa main plusieurs articles et notamment celui où la marche des troupes était indiquée du mois de juillet au mois d'août il la fixa *au mois de juillet au plus tard.* Lorsque toutes les dispositions eurent été convenues et arrêtées, S. M. I. fit entrer le comte Alphonse et lui donna de vive voix l'assurance de sa ferme résolution pour l'exécution du plan dont il était porteur : « Vous ferez bien mes complimens à mon frère et à ma sœur, ajouta l'empereur. Vous leur direz que nous allons nous mêler de leurs affaires, et que ce ne sera pas par des paroles, mais par des effets.

Le 29 mai, M. de Durfort arriva à Paris et remit au roi le plan dont il avait été chargé. Le voici :

« 1° L'empereur fera filer trente-cinq mille hommes sur la frontière de Flandres et du Hainault. A la même époque, les troupes des cercles se porteront, au nombre de quinze mille hommes au moins, sur l'Alsace. Les Suisses, en même nombre, se présenteront sur la frontière du Lyonnais et de la Franche-Comté ; le roi de Sardaigne sur celle du Dauphiné avec quinze mille hommes. L'Espagne a déjà rassemblé douze mille hommes dans la Catalogne, et portera à vingt mille les troupes qui menaceront les provinces méridionales. Tous ces différens corps formeront une masse de cent mille hommes ou environ, qui se portera en cinq colonnes, sur chacune des frontières auxquelles ces différens états correspondent. A ces armées se joindront des régimens restés fidèles, des volontaires armés dont on est sûr, et tous les mécontens des provinces.

» 2° L'empereur est assuré des bonnes dispositions du roi de Prusse, et S. M. I. s'est chargée elle-même de la correspondance avec la cour de Berlin. Le roi d'Angleterre, en sa qualité d'électeur de Hanovre, désire aussi d'entrer dans la coalition, qu'il faudra tenir très-secrète, jusqu'au moment de l'explosion ; c'est pourquoi on fera ensorte d'empêcher toute insurrection partielle dans l'intérieur.

» 3° Tout étant ainsi disposé pour la fin de juillet, la protestation de la maison de Bourbon paraîtra : elle sera signée du roi d'Espagne, du roi de Naples, de l'infant de Parme et des princes du sang qui sont libres. Le manifeste des puissances paraîtra immédiatement après.

» 4° Quoique l'empereur soit l'ame et le chef de l'entreprise, il serait peut-être dangereux pour la reine qu'il parût en être le premier mobile; et on ne manquerait pas d'attribuer à la maison d'Autriche ce plan que l'assemblée s'efforcera de faire paraître odieux au peuple.

» 5° L'empereur écrit au roi d'Espagne de hâter ses préparatifs et l'exhorte à signer sans délai la protestation de la maison de Bourbon. Le roi et la reine de Naples, qui la connaissent, n'attendent que la signature de l'Espagne pour donner la leur.

» 6° Les dispositions du roi de Sardaigne sont excellentes. Il n'attend que le signal de l'empereur. La diète de Ratisbonne, qui a reçu le décret de commission, va prendre ses dernières résolutions.

» 7° On compte sur la neutralité de l'Angleterre.

» 8° Tout étant ainsi combiné avec les puissances, on doit regarder ce plan comme arrêté, et prendre garde qu'il ne soit contrarié par des idées disparates; c'est pourquoi LL. MM. doivent éviter avec grand soin, de diviser la confiance et de multiplier les entremises, ayant déjà éprouvé que cette manière d'agir ne servirait qu'à nuire, retarder et embarrasser.

» 9° Les parlemens sont nécessaires pour le rétablissement des formes. On continuera, en conséquence, d'entretenir une correspondance suivie avec plusieurs membres dispersés des cours souveraines pour pouvoir les rassembler aisément quand il en sera temps.

» 10° Quoique l'on ait désiré jusqu'à présent que LL. MM. pussent-elles-mêmes se procurer leur liberté, la situation présente engage à les supplier très-instamment de n'y plus songer. Leur position est bien différente de ce qu'elle était avant le 18 avril, avant que le roi eût été forcé d'aller à l'assemblée et de faire écrire la lettre aux ambassadeurs. L'unique objet dont leurs majestés doivent s'occuper, est d'employer tous les moyens possibles à augmenter leur popularité, pour en tirer parti quand le moment sera venu ; et de manière que le peuple effrayé à l'approche des armées étrangères ne voie son salut que dans la médiation du roi et dans sa soumission à l'autorité de sa majesté ; telle est l'opinion de l'empereur. Il attache uniquement à ce plan de conduite le succès des mesures qu'il a adoptées, et il demande surtout qu'on éloigne toute autre idée. Ce qui arriverait à LL. MM., si, dans leur fuite, elles ne pouvaient échapper à une surveillance barbare, le fait frémir d'horreur. S. M. I. croit que la sauvegarde la plus sûre pour LL. MM. est le mouvement des armées des puissances, précédé par des manifestes menaçans. »

Ici finit la pièce que Bertrand de Molleville qualifie d'*extrait* de la conférence de Mantoue.

Note sur les pièces trouvées chez M. Laporte, intendant de la liste civile, après le 10 août.

Les originaux de ces pièces furent déposés au comité de surveillance ; puis elles furent imprimées par ordre de l'assemblée nationale. Bien que les exemplaires en aient été, sans doute, très-multipliés, ils sont devenus aujourd'hui extrêmement rares. Nous n'en connaissons pas même de collection complète. Cette rareté vient probablement d'abord de ce qu'un grand nombre ont été détruits par esprit de parti, et ensuite et surtout de ce qu'imprimés par petits cahiers, au fur et à mesure de l'inventaire, ils n'avaient aucun lien entre eux ; ils n'étaient point présentés comme une collection, mais avec le caractère de ces feuilles volantes qu'on oublie et néglige aussitôt qu'on les a lues. Quoi qu'il en soit, les pièces trouvées chez M. Delaporte furent publiées, nous a-t-on dit, en dix-huit recueils, formant un bien plus grand nombre de cahiers, ou de petites feuilles volantes. Nous en avons pu consulter jusqu'au quinzième recueil seulement.

Toutes les pièces contenues dans ces receuils ne sont pas également intéressantes. Cependant, les plus indifférentes sont des lettres adressées par divers personnages, où ne cesse d'être exprimé le désir du retour à l'ancien ordre de choses, l'espoir que l'on fonde sur les secours de l'étranger, sur une invasion armée des émigrés, etc. Le sentiment contre-révolutionnaire y parle librement. Cette correspondance prouve que l'on se remuait de tous côtés, que l'on était prêt à tenter toutes les voies pour renverser la Constitution, et que l'on se livrait aux espérances les moins fondées. Nous y avons trouvé une lettre de Cazotte, qui prouve et son opinion royaliste, et qu'il était au courant de quelques affaires d'espionnage. Mais ces lettres sont la plupart écrites par des personnes qui n'étaient que dévouées et nullement au courant de ce que préparaient les hommes sérieux. Elles accusent des intentions, et non des actes. Voici des faits.

Le huitième receuil est rempli de mémoires de frais d'impression pour publication, en 1791 et en 1792, de journaux, de brochures, de chansons, de romances, d'affiches contre-révolutionnaires. On y trouve les titres suivans : *Le sucre de Brissot*, brochure ; *l'Ami des Parisiens*, affiches ; *l'Ami des Citoyens*, affiche ; *Adresse du faubourg Saint-Antoine*, affiche ; *Horrible complot*, brochure tirée à six mille ; *Motion du Palais-Royal*, brochure tirée à trois mille ; *Lettre du peuple aux princes*, brochure ; *Lettre de M.* FAYDEL, brochure ; etc. (*Huitième recueil, et neuvième, seconde partie.*)

Le dixième recueil contient les états des appointemens de chacune des quatre compagnies de gardes-du-corps publiquement supprimées. Il prouve que leur solde pour 1791 leur était payée sur les fonds de la liste civile. Chaque état est, en effet, terminé par ces mots : « Trésorier général de la liste civile, Jean-Baptiste Tourteau-de-Septeuil, payez comptant aux officiers et gardes de la compagnie (Ici le nom de la compagnie) les traitemens que je leur ai conservés, ainsi qu'il est énoncé au présent état, et ce par semestre, et sauf les retenues accoutumées.

» Fait à Paris le 28 janvier 1792. *Signé* Louis par le roi. *Signé* Laporte. »

L'état de la compagnie de Grammont porte les noms de deux cent quarante-huit gardes, de quarante-neuf officiers, sous-officiers et brigadiers, trois trompettes. — L'état de la compagnie de Noailles porte les noms de deux cent quarante-huit simples gardes, de quarante-six officiers, sous-officiers et brigadiers, de trois trompettes. — L'état de la compagnie de Luxembourg porte les noms de deux cent quarante-huit simples gardes, quarante-huit officiers, sous-officiers et brigadiers, et de trois trompettes. — La compagnie écossaise contient les noms de deux cent quarante-huit gardes, de cinquante-cinq officiers, sous-officiers et brigadiers, trois trompettes. Les noms de tous les hommes qui composent cette dernière compagnie sont d'ailleurs français.

Le même dixième recueil contient un état de gardes Françaises qui ne sont point entrés dans d'autres troupes, et leur solde.

Le douzième recueil contient un plan de Constitution remis par M. Laporte à un imprimeur; corrigé de sa main, mais dont on ignore l'auteur. Une note des commissaires inscrite en tête de cette pièce prévient le lecteur que « Dans cette Constitution *politico-civile*, le roi y a le pouvoir législatif et exécutif; et les représentans du peuple le pouvoir pur et simple d'approuver et d'improuver. »

Nous avons lu cet écrit, qui ne contient pas moins de cinquante-cinq pages in-8° très-serrées. Nous n'y avons rien vu qui puisse faire l'objet d'une accusation contre M. Laporte. Il s'y montre libéral et religieux. Il accorde au roi l'initiative, à la nation le droit d'approuver ou de rejeter; rien de plus, ni de moins que ce que nous lisons dans la Charte de Louis XVIII. M. Laporte argumente contre l'abbé Sieyès et contre la doctrine des droits de l'homme. « Les droits de l'homme, dit-il, ne sont et ne peuvent être que des réciprocités d'égards et de devoirs mutuels. Ces mêmes droits n'ont donc lieu et ne peuvent avoir lieu que lorsque les hommes sont en société. »

Les sixième et septième recueils contiennent une liste des personnes qui demandent des cartes pour entrer au château.

Le quinzième recueil contient la note des appointemens payés aux personnes qui possèdent des charges à la cour. On voit qu'elles sont conservées aux anciens titulaires même émigrés.

Ainsi on y trouve le nom du prince de Condé, du Cardinal de Montmorency-Laval, grand aumônier de France, Richelieu, Duras, Brézé, etc. Le prince de Condé ne recevait pas moins de 159,950 livres. — On y trouve aussi des noms comptés parmi ceux des constitutionnels, celui de Chauvelin, de La Rochefoucauld Liancourt.

La note suivante termine ce recueil. « Cet extrait prouve combien le roi était de mauvaise foi puisqu'il payait des traitemens et donnait des récompenses à des aumôniers émigrés, et à des nobles qui prenaient et conservaient auprès de lui des titres abolis par la Constitution.

EXTRAIT DES PIÈCES TROUVÉES DANS L'ARMOIRE DE FER, AU CHATEAU DES TUILERIES.

Nous aurons encore à nous occuper de ces pièces, lorsqu'il s'agira du procès de Louis XVI. Elles ne furent en effet imprimées qu'en 1793, sur un décret de la Convention du 5 décembre 1792. Mais nous avons cru devoir anticiper sur la date de leur publication, soit afin que nos lecteurs fussent mis à même de connaître quelques-uns des personnages de la révolution, aussi bien qu'ils le furent de leurs collègues à la Convention et dans les emplois ; soit afin que nos lecteurs soient instruits du degré de foi que méritent les accusations de la presse antérieures et postérieures au 10 août.

Ces pièces sont fort nombreuses ; elles composent ensemble trois volumes in-8° imprimés en caractères fins, mais la plupart sont de peu d'intérêt. Celles qui occupent le plus grand espace sont des projets du gouvernement, ou des conseils adressés au roi en pleine bonne foi de son attachement à la Constitution. On y trouve aussi un certain nombre d'adresses collectives ou de lettres de dévouement qui ne sont pas d'un autre style que celles rendues publiques par la voie des journaux. On y trouve çà et là des correspondances relatives à des emprunts d'argent ; enfin des lettres de consolation et d'encouragement adressées au roi par quelques évêques. Il y en a une du pape ; plusieurs pièces sont rédigées de telle sorte qu'elles supposent des relations intéressées de la part des membres de la constituante avec la cour. Mais tous ces écrits n'offrent rien d'assez précis, ils sont en termes trop généraux pour mériter d'être recueillis à titre de pièces historiques. En général, les personnages dont il est question ne sont désignés que par des initiales; et la connaissance même des circonstances auxquelles se rapporte la correspondance n'a pu nous en éclaircir le mystère. Nous avons donc dû laisser de côté toutes ces pièces où l'on ne puise que des doutes, et rien de certain. Nous nous sommes bornés à relever les quelques renseignemens qui suivent.

ASSEMBLÉE NATIONALE. — SÉDUCTION.

1°— « 2 janvier 1792....... Il ne s'agit pas moins que de doubler ce que fit en Angleterre un ministre célèbre, qui, dans une occasion de la plus haute importance, acheta l'opposition entière dans une nuit...... Il faut se dire que ce papier dont on demande instamment la restitution, exprime, une fois pour toutes, que seize membres, les plus forts de l'assemblée, sont inviolablement coalisés; qu'ils vont être acquis pour trois mois, et par suite, pour tout le temps de la législature, au moyen d'une solde mensuelle, qui ne coûtera rien au roi, et qui sera prise sur des fonds extraordinaires qui seront étrangers à son trésor personnel. On demande seulement à Sa Majesté que, lorsqu'un de ses ministres lui en fera l'ouverture, elle ait la bonté de ne point paraître instruite de cet antécédent; on ne voudrait pas lui ravir d'avance le mérite de ce qu'il proposera et de ce qu'il exécutera.

» La somme actuelle paraît forte, sans doute; mais, après tout, elle n'est qu'à peu près la moitié du revenu actuel qui va être économisé par la liste civile; ce n'est qu'un semestre de ces pensions à payer.....; encore peut-on rendre le fardeau plus doux, en distribuant le surplus en *bons* payables en deux et trois mois : deux millions suffisent en ce moment, et 1,500,000 livres peuvent être réunis en *bons* payables d'ici au 31 mars.

» Le point important est que la décision presse, que l'affaire est soumise au comité depuis cinq jours ; que le vœu du comité est déjà émis, et le rapport prêt à être porté à l'assemblée dans la semaine ; tous les intéressés, instruits, engagés, liés même ; et qu'il ne s'agit que d'un *oui* ou d'un *non* pour fixer invariablement leurs principes et leur conduite nouvelle. Jamais service plus grand, plus sûr, plus décisif n'aura été rendu au roi et à la tranquillité publique, et cependant l'affaire n'est engagée, n'est entamée en ce moment que de la manière la plus adroite, parce qu'elle est la plus simple, par une décision toute naturelle entre l'intendant de la liste civile et le commissaire liquidateur, en laquelle le premier n'a l'air que de provoquer un juste éclaircissement. » (*Pièce cotée* XV. — *Au haut est écrit, de la main du roi:* Talon et Sainte-Foix.)

Cette lettre accusatrice, mais obscure, devint l'objet de recherches du comité des douze de la Convention. Elle interrogea les sieurs Dufresne de Saint-Léon, et Sainte-Foix. Elle demanda au premier quels étaient les noms des membres achetés, s'il savait que ce fussent ceux du comité de liquidation ? Il répondit ne rien savoir. — Elle interrogea le second sur les mêmes faits. — Il n'en résulta d'autre aveu que celui-ci : dans la séance où l'on arrêta le système de liquidation des dettes de la liste civile, treize à quatorze membres sur vingt votèrent dans l'intérêt du roi. — On lui demanda encore s'il savait que Dumourier fût disposé à servir Louis XVI contre le vœu de la nation ? — Il répondit qu'il ne connaissait pas Dumourier. Quoi qu'il en soit, voici les noms des membres du comité de liquidation de la législative : Amy, Pirot, Delaporte, Faye, Ferrière, De Brauges, Hennequin, Baffoigne, Letellier, Nau, Ramel, Jar-Painvillier, Rivoalham, Teillard, Lindet, Lucy, Méricamp, Claye, Gélin, Anseaume, Robuam.

Suppléans. — Theule, Moulin, Carrant, Salmon, Malarmé, Pillaut.

CONSPIRATION ROYALISTE.

1° — Projet de soulèvement des faubourgs ; de les porter aux Tuileries, pour engager le roi à se retirer à Compiègne ou Fontainebleau. — Dans ce projet on annonce que l'on a une société nombreuse organisée dans le faubourg Saint-Antoine, et dont on dispose. (*Pièce cotée* VII.)

2° — Mémoire, par articles, contenant les règles de conduite que devaient suivre les évêques supprimés et le clergé insermenté. (*Pièce cotée* XIX.)

3° — *Extrait d'une lettre de Talon au roi.*

« Sire....., M. Dumourier va ce matin vous proposer sa démission : il importe qu'il soit remplacé par un homme qui, ayant toute la couleur *jacobine*, ait cependant un cœur tout dévoué à votre service, cet homme, c'est M. Sémonville. Je n'ai même qu'un raisonnement à faire à son égard, d'après ce qui s'est passé dans les six premiers mois de l'année dernière. Votre Majesté a son secret, comme il méritera le vôtre, Sire ; et ce lien est le plus fort qui puisse attacher un homme, quelque distance immense qui le sépare.... » (*Pièce cotée* LVI.)

4° — Lettre de l'archevêque d'Aix, qui engage le roi à sortir de Paris, et lui donne avis de l'appui qu'il trouvera dans le cas où il se déterminerait à faire cette démarche. On lui annonce que la garnison de Lyon est assurée ; que la Haute-Provence et le Dauphiné sont prêts à faire un mouvement. On lui apprend qu'il y a des clubs monarchiques à Aix, à Alais, à Nîmes, à Montpellier. Le Gévaudan envoie des députés pour réclamer contre les assignats, contre la vente des biens de l'église, et la tenue des législatures à Paris. La bourgeoisie de Toulouse est bien disposée. Les paysans, en Bretagne, sont dévoués au clergé et à la noblesse, etc. La date de cette lettre est indiquée par ce qu'elle dit de M. Bouillé : elle est antérieure au voyage de Varennes. (*Pièce cotée* CLXLV.)

5° — Voici une pièce qui prouve que les dénonciations de la

pressé sur l'existence d'un comité autrichien à Paris, ou en d'autres termes, d'un comité chargé de diriger les démarches des émigrés, n'étaient pas dénuées de fondement.

« Le courrier particulier, arrivé aujourd'hui, a apporté la nouvelle que M. le comte d'Artois ne voulait prendre aucune part aux projets de M. le prince de Condé.....

» Maintenant, le comité de Paris délibère sur ces trois questions : 1° Entrera-t-on? 2° négociera-t-on avec une force armée? 3° que doit-on demander? que doit-on offrir? que doit-on accepter?...

» M. le prince de Condé insiste pour entrer, parce que, dit-il, il court risque de perdre insensiblement tous ceux qui l'entourent. On a envoyé une personne pour lui démontrer qu'il fait une grande faute, s'il persiste à vouloir entrer. C'est plus que jamais le moment de montrer de la popularité et des précautions. —3 juin 1791. » (*Pièce cotée* LVII.)

6° — Lettre des six ministres, datée du 10 juillet 1792, dans laquelle ils disent au roi « qu'ils n'ont pris le parti de donner simultanément leur démission, que dans l'espérance de démontrer à la nation que l'assemblée nationale veut détruire toute espèce de gouvernement; ce qui, selon eux, doit produire un grand effet. » (*Rapport de Borie.—Pièce cotée* DXXI.)

CORRESPONDANCE AVEC L'ÉTRANGER.

1° —Lettre de M. de Calonne, datée de Londres, 9 avril 1790, dans laquelle l'ex-ministre annonce des conférences avec Pitt; et envoie diverses pièces qui lui ont été adressées, par ce dernier, sur l'ordre positif de Georges III. On y déclare que « tout ce qui tendrait à rétablir le trône de Louis XVI, sa gloire, son bonheur inséparable de celui de ses peuples, est dans son vœu, est dans sa volonté la plus sincère, et qu'il serait charmé d'y contribuer. » (*Pièce cotée* XXV.)

2° — *Copie d'une note qui a été remise, en avril 1790, à M. Pitt par M. de Calonne.*

« Pour détruire les bruits que l'on continue de répandre, il est à souhaiter que la cour de Londres veuille bien faire connaître ses sentimens et ses dispositions par rapport aux circonstances où se trouve la France, et à celles qui pourraient y mettre fin.

» Louis XVI est sûrement bien persuadé des sentimens généreux dont Sa Majesté Britannique est animée; mais comme il paraît qu'on voudrait l'induire en erreur, il serait à propos, pour en prévenir les conséquences, que le roi d'Angleterre fît donner, de sa part, de nouvelles assurances de l'intérêt qu'il prend à la position de Sa Majesté très-chrétienne, et qu'il déclarât que, loin de favoriser en aucune sorte les troubles qui se sont malheureusement élevés en France, il verrait avec satisfaction les moyens qui pourraient y mettre fin, de la manière la plus convenable pour l'honneur du roi et le bonheur des peuples.

» Il est aisé, sans doute, de démontrer que la supposition de sommes considérables envoyées d'Angleterre, pour exciter ou alimenter les insurrections qui agitent la France, est une fausseté contredite, quant à la possibilité, par la Constitution même de l'Angleterre, et démentie, quant au fait, par l'état du change entre les nations; mais quelque palpables que soient ces raisons qu'on aura soin de faire valoir, elles n'auront pas autant de force pour détruire les fausses impressions qu'on donne à Sa Majesté très-chrétienne, et confondre ceux qui cherchent à accréditer l'erreur, qu'une assurance expresse qui serait donnée par Sa Majesté Britannique, et transmise de sa part : c'est à elle qu'il appartient d'en déterminer la forme. » (*Pièce cotée* CLXXVII.)

3° — *Traduction d'une lettre de M. Pitt.*

» D'Hollowoo, 6 avril 1790.

« Monsieur, j'ai saisi l'occasion de mettre sous les yeux de Sa Majesté l'écrit que vous m'avez fait l'honneur de me communiquer. Les bruits qu'on a fait courir, qu'il a été envoyé de l'argent de ce pays-ci, ou qu'il y ait été pris des mesures quelconques pour favoriser les troubles qui malheureusement ont lieu en France, sont démentis par les circonstances que vous avez vous-même observées et sont en outre entièrement répugnans à la conduite tenue uniformément par Sa Majesté.

» Mais comme il paraît, suivant ce que vous avez exposé, que ces bruits n'ont pas laissé de faire impression, et attendu qu'une telle impression, quoique non fondée, pourrait produire de funestes conséquences, j'ai reçu de Sa Majesté la permission de donner, toutes les fois que l'occasion favorable s'en présentera, les plus expresses assurances que les susdits rapports sont absolument sans fondement; et qu'il y a eu constamment, et continue à y avoir, de la part de Sa Majesté, le plus sincère et le plus vif désir de voir ces troubles se terminer enfin de la manière la plus capable de servir à l'honneur et au bonheur de Sa Majesté très-chrétienne et de ses sujets. — J'ai l'honneur, etc.

» *Signé,* W. PITT. » — (*Pièce cotée* CLXXVIII.)

ESPIONNAGE. — POLICE CONTRE-RÉVOLUTIONNAIRE.

1° — Projet de MM. Talon et Sainte-Foy pour l'organisation d'un système pour influencer l'opinion publique par des publications d'écrits, des chansons, etc., en soldant des membres de la société des Jacobins; des divers clubs; du comité de ville; vingt-cinq individus dans chaque section, deux cent cinquante autres pour parler dans les divers lieux publics. Cela devait coûter 164,000 livres par mois. Une note jointe à ce projet annonce qu'il a été déjà mis en exécution dans quelques-unes de ses parties. (*Pièce cotée* III.)

2°—Les mêmes personnages présentent un projet plus étendu dont voici la récapitulation :

Partie littéraire. . . . . 18,700 livres.
Assemblées et clubs. 11,000
A reporter. . . . . . . 29,700 livres.

ASSEMBLÉE LÉGISLATIVE.

Report. .	29,700 livres.
Sections et bataillons.	83,200
Tuileries, Palais-Royal, etc. . . .	25,400
Guinguettes.	24,000
Ouvriers et ateliers.	10,000
Journaux.	2,000
Administration.	23,400
Total, par mois. . . .	194,000 livres.

(*Pièce cotée* IV.)

3° — Dans un troisième projet on parle ainsi :

» Administration. . . . . 24,000 livres.
» Il ne peut être rien réduit sur la partie littéraire. 17,000
» Intelligence à conserver, et rapports dans les clubs et sociétés, au lieu de 11,000 livres. . 10,000
» Au lieu de quatre orateurs dans chaque section, trois mille cent quarante-quatre, à 500 livres. . . . . 43,200 liv. ⎫
» Quatre cent quatre-vingts applaudisseurs. . . . . 24,000 ⎬ 68,000
» Écrivains., ... 800 ⎭
» Sur l'article des Tuileries, Palais-Royal, cafés, etc., réduire 5,400 livres. 20,000
» Journaux. 1,000
» En supprimant les distributions, l'article guinguettes.. 16,000
» Ateliers 8,000

Total. . . . . . 164,000 livres.

(*Pièce cotée* V.)

4° — État des personnes employées en province. (*Pièce cotée* VIII.) Des pièces assez nombreuses prouvent, au reste, que ce genre de police était bien exercé. On trouve un assez grand nombre de rapports sur l'esprit des corps administratifs, et des notes détaillées sur la composition de quelques clubs.

AOUT (1792).

MIRABEAU.

« 13 mars. — J'ai eu hier soir, avec M. de M....., la conférence à laquelle j'ai été autorisé par le roi.

» Je l'ai ouverte par dire que j'étais persuadé que M. de M..., par ses talens, par la force de son caractère, et par ses principes monarchiques, était plus que qui que ce soit, et peut-être le seul, qui pût rendre des services importans au roi et à la monarchie.

» M. de M..... a péroré longuement, et voici l'extrait de ce qu'il a dit :

» L'assemblée nationale est composée de trois classes d'hommes. La première, qui n'est guère que de trente, est de gens forcenés qui, sans avoir de but fixe, opinent et opineront toujours contre l'autorité royale et le retour de l'ordre.

» La seconde est d'environ quatre-vingts personnes. Ceux-ci ont des principes plus monarchiques, mais sont peut-être trop imbus du système de la révolution.

» La troisième classe est de gens qui n'ont pas d'opinion à eux et qui suivent l'impulsion que leur donnent ceux qu'ils ont pris pour leurs guides, leurs oracles. »

» On voit, par cette division, que M. de M..... compte pour peu le côté droit, et qu'il n'entend parler que du parti de la majorité.

» C'est, dit-il, l'assemblée qu'il faut travailler. La circonstance devient favorable par les excès auxquels se porte la première classe.

» Trois partis divisent aujourd'hui Paris :

» Celui des aristocrates.

» Celui de cinq ou six chefs jacobins (1) qui paraissent aujourd'hui réunis à la faction d'Or.....

» Celui de M. de La F.....

» Rien sur le premier.

» Le second n'est qu'atroce, et par son atrocité même, moins dangereux : il se perdra lui-même.

(1) Il n'a point prononcé ce nom de *Jacobins*, il l'a seulement désigné.

» Il n'en est pas de même du troisième : il est marqué par une suite de manœuvres qui prouvent un plan dont on ne s'écarte pas. Celle du 28 février est d'une grande profondeur. Il affiche l'attachement au roi et à la royauté; ces sentimens masquent le républicanisme. Enfin ce parti réunit la fausseté et l'intrigue aux grands moyens que les circonstances lui donnent.

» La position du roi est d'autant plus critique, que Sa Majesté est trahie par les trois cinquièmes des personnes qui l'approchent.

» Elle exige de la dissimulation, non celle à laquelle on accoutume les princes, mais de la dissimulation en grand, qui, ôtant toute prise aux malveillans, acquît à la reine et au roi une grande popularité. »

» J'ai saisi cette phrase pour dire que le premier service et le plus grand que l'on pût rendre, dans ce moment-ci, à Leurs Majestés, était de leur indiquer un plan de conduite; je l'ai engagé à mettre ses idées sur le papier, et cela m'a été promis.

» Il a été ensuite question de la nécessité de faire sortir Leurs Majestés de Paris. Tant qu'elles resteront dans cette ville, impossibilité de rétablir l'ordre. La journée du 28 a reculé de deux mois le succès des mesures que l'on employait pour cela depuis quelque temps. La maladie du roi répare le mal fait le 28 : il faut saisir habilement cette dernière circonstance.

» La conférence a fini par des protestations de dévouement. Je suis porté, a-t-on dit, à servir le roi, par attachement à sa personne, par attachement à la royauté; mais également pour mon propre intérêt. Si je ne sers pas utilement la monarchie, je serai, à la fin de tout ceci, dans le nombre des huit ou dix intrigans qui, ayant bouleversé le royaume, en deviendront l'exécration, et auront une fin honteuse, quand ils auraient, pendant un moment, fait ou paru faire une grande fortune. J'ai à réparer des erreurs de jeunesse, une réputation peut-être injuste; je ne puis y parvenir; je ne puis me faire un nom que par de grands services. Il fallait peut-être une révolution. Elle est faite; il faut détruire le mal qui en été la suite ; il faut rétablir l'ordre : la gloire sera grande pour ceux qui y coopéreront.

» M. de M..... a ajouté qu'il serait fâcheux que l'assemblée fût bientôt dissoute : le moment n'est pas encore arrivé, mais il sera important de le saisir. » (*Pièce cotée* XI.)

SÉDUCTION DE DIVERS PERSONNAGES.

1° — *Lettre de Chambonas au roi.* — *18 juin* 1792. — « Sire, je rends compte à Votre Majesté, que mes agens viennent de se mettre en mouvement. Je viens de convertir un méchant. Ce soir, on fera une forte proposition à *Santerre*. J'ai donné ordre qu'on m'éveille dans la nuit pour m'apprendre le succès. Tous les intérêts respectifs sont ménagés. *On me répond actuellement du secrétaire des Cordeliers.* Tous ces gens-là sont à vendre, et sûrement il n'y en a pas un à louer. Un sieur Molette, médecin, est actuellement chez moi : j'ignore s'il est connu du roi ; c'est un jacobin outré, bien difficile, car il ne veut rien recevoir ; il appartient à la faction d'Orléans ; il me demande, pour revirer de bord et me donner sa séquelle, une place de médecin dans les armées ; je la lui ai promise, s'il n'y avait pas de bruit d'ici à quinze jours ; il vient de partir pour travailler pour moi ; il a un grand crédit dans le café Procope, où se rassemblent tous les journalistes et enragés du faubourg Saint-Germain : j'espère qu'il me tiendra parole. l'Orateur du peuple, le *nommé Le Maire* (1), commis à la poste, vient de promettre tranquillité pour la semaine : on le dédommagera. Il paraît sur la scène un nouvel athlète nommé Rouedic, breton, qui arrive d'Angleterre, et qui vient de faire une scène dans ma section, faubourg Poissonnière, dans le sens des Jacobins : je vais le faire cerner. Pétion doit me faire demander demain 15,000 livres qui lui sont dues, à compte sur les 30,000 qu'on lui donne par mois, ou du moins que Dumourier

(1) Le Maire était auteur des lettres boug... patriotiques du père Duchêne, et membre du club des Jacobins. (*Note des auteurs.*)

lui donnait sur les dépenses secrètes pour la police, je ne sais pas en vertu de quelle loi; mais ce que je sais bien, Sire, c'est qu'il ne les aura que lundi prochain. Je crois que Votre Majesté m'approuve et surtout me comprend. Sillery, ce vieux scélérat, a fait hier une sortie effroyable contre moi aux Jacobins. Que je serais heureux, si, tête à tête, je pouvais lui donner une marque de mon respect! De la patience, mon prince, du courage; demain, de bonne heure, je serai sur pied; je verrai le roi, et l'instruirai du résultat de mes démarches. Daignez permettre, Sire, que je colle mes lèvres brûlantes sur la main de Votre Majesté. En vérité! en vérité! Sire, l'attachement le plus inviolable, le respect le plus profond m'unit à jamais à mon roi.

» Je suis, de Votre Majesté, le sujet le plus déterminé, dans toutes les occasions, à mourir à vos pieds.

Signé, SCIPION CHAMBONAS. » (*Pièce cotée* XX.)

2° *Déclaration de Santerre à la commission des douze.*

» Le 9 décembre 1792, l'an 1er de la république, je soussigné déclare que, plusieurs fois, il m'a été proposé des sommes plus ou moins fortes, toujours sous des prétextes spécieux; que le 21 juin 1792, il est venu un homme me féliciter sur la journée du 20; et m'a dit que M. Chambonas me voulait du bien; qu'il savait que j'avais dépensé beaucoup d'argent, et qu'il voulait m'en récompenser; que si je voulais faire une réclamation de cinq à six cent mille livres, il me les ferait avoir. Depuis le 20 juillet, on est venu deux fois me proposer, de ma brasserie, cinq cent mille livres de plus qu'elle ne valait, à la condition d'aller passer un an en Angleterre, pour ne pas faire d'élèves. J'ai répondu que je n'aimais pas l'argent; que rien au monde ne pourrait me corrompre; que je ne serais jamais d'aucune faction; que la raison, la justice, la loi étaient mes seuls guides.

» Toujours l'on m'a fait ces sortes de propositions étant seul, et j'ai craint d'en parler, parce que je n'avais pas de témoins; et que cela aurait passé pour une fanfaronnade; j'en ai parlé à ma section, et à très-peu de personnes hors des sections. Je sors de voir le citoyen Achille Viars, à l'Abbaye : je n'ai point reconnu que ce fût lui qui fût venu, le 21 juin, chez moi.

» Signé, SANTERRE, *commandant-général provisoire.* »

(*Pièce cotée* XXI.)

— Lemaire, surnommé *le père Duchêne*, fut interrogé à l'occasion de cette lettre, par la commission des douze. Il avoua avoir communiqué avec Chambonas ; mais, pour l'exciter, dit-il, au patriotisme. — Le médecin Mollet, également interpellé sur le même sujet, fit les mêmes réponses.

— Il n'existe rien sur les autres personnes citées dans la lettre de Chambonas.

4°— Lettre de Delessart, du 11 février au soir. Elle constate que *Faydel* rédigeait, pour le compte de la cour, des affiches que le ministère faisait répandre et multiplier. (*Pièce cotée* XCIX.)

5°— Plusieurs pièces constatent que Desfieux, membre du club des Jacobins, eut, à diverses époques, des rapports avec les ministres ; mais elles ne l'accusent point positivement de corruption.

Rapport de Louis-Jérome Gohier, député du département d'Ille-et-Vilaine, sur les papiers inventoriés dans les bureaux de la liste civile ; fait à la séance du dimanche matin 16 septembre 1792 ; imprimé par ordre de l'assemblée nationale. Envoyé à l'armée et aux quatre-vingt-trois départemens.

« MESSIEURS,

» Les pièces trouvées dans les bureaux de la liste civile vous ont paru si importantes, que non-seulement vous en avez ordonné l'impression et l'envoi aux armées et aux quatre-vingt-trois départemens, mais que vous m'avez chargé d'en faire l'analyse, de vous en présenter le tableau. Je viens, au nom de tous vos commissaires, vous offrir ce travail, qu'on pourrait intituler :
« La nécessité de la journée du 10 août, vérifiée par les titres
» mêmes inventoriés chez les principaux agens de la contre-
» révolution. »

» Lorsque l'assemblée nationale remet les pouvoirs qu'elle avait reçus, entre les mains du peuple, et n'en veut usurper aucun; lorsqu'elle ne suspend le pouvoir exécutif dans celles du roi que pour empêcher le dernier attentat à la liberté, elle n'a pas besoin, sans doute, de justifier sa conduite. Mais elle doit à la Convention nationale, qui jugera le grand procès de Louis XVI, toutes les preuves qui s'accumulent contre lui ; elle doit au peuple toutes les lumières propres à l'éclairer sur les grands intérêts qui fixent en ce moment ses regards. C'est à l'instant où il va définitivement organiser la forme de son gouvernement, qu'il importe de lui faire connaître jusqu'à quel point il peut compter sur la fidélité d'un roi.

» Le voile enfin est déchiré : les manœuvres des agens du pouvoir exécutif sont mises au grand jour. L'on sait maintenant par qui les ennemis intérieurs de l'empire étaient protégés, et qui secondait leurs efforts; on sait qui entretenait des intelligences avec les ennemis extérieurs, et qui encourageait leurs coupables espérances ; on sait enfin à qui attribuer tous les maux qui ont désolé les premiers instans de notre révolution ; et pourquoi, au lieu de s'affermir et de se consolider, elle ne marchait plus que d'un pas chancelant et rétrograde.

» La générosité d'une nation toujours grande envers celui même qui s'était fait un jeu cruel de trahir ses premiers sermens, n'a pu toucher le cœur de Louis XVI. L'hérédité du trône conservé dans sa famille par une Constitution qui anéantit toute transmission de privilége personnel, l'inviolabilité consacrée dans sa personne, une liste civile qui seule équivalait aux revenus de plus d'un état de l'Europe, la distribution de toutes les graces, la nomination à toutes les places importantes, le titre de représentant héréditaire, le fatal pouvoir de paralyser toutes les opérations des représentans élus, tant de prérogatives, toutes plus alarmantes les unes que les autres pour la liberté, n'ont été considérées par celui auquel elles ont été si indiscrètement accordées, que comme les débris d'une puissance échappée de ses mains, et qu'il devait songer à reconquérir.

» Louis XVI n'a vu dans la Constitution que les avantages immenses qu'elle lui offrait, et le parti qu'il en pouvait tirer *pour venir à ses fins* (1); que les moyens qu'il y trouvait pour détruire la Constitution.

» Un vaste plan de conjuration a été formé; et non-seulement nous avons, dans les pièces inventoriés chez l'administrateur de la liste civile et autres agens du pouvoir exécutif, chez le roi lui-même, la preuve des divers complots qui n'étaient que le développement de cette entreprise audacieuse contre la liberté publique; mais tous les secrets ressorts qu'on a fait jouer sont maintenant à découvert. Non-seulement nous sommes certains que nous avons été trahis, mais nous savons comment nous l'avons été; nous connaissons toutes les manœuvres des traîtres. Louis XVI a eu raison de dire que *dans le cours des événemens de la révolution il n'a jamais varié* (2). L'essai qu'il fit du vœu national lorsqu'il descendit du trône pour aller se jeter dans les bras de Bouillé, et qu'il fut arrêté dans sa fuite, n'a servi qu'à le faire changer de plan, sans le faire changer de résolution; et lors même qu'il parut céder à la volonté du peuple, il osa constituer *l'expérience juge de la Constitution qu'il acceptait*. A l'époque où un pouvoir effrayant fut remis en ses mains, où la plénitude de la puissance exécutrice lui fut confiée, il eut la hardiesse de se plaindre *de l'insuffisance des moyens qui lui seraient nécessaires pour imprimer le mouvement, et pour conserver l'unité dans toutes les parties d'un si vaste empire* (3): comme s'il eût voulu dès-lors préparer les esprits à l'inaction coupable qui devait tout entraver, tout paralyser, et rejeter d'avance sur les vices de la Constitution, les délits du pouvoir constitué.

» Mais ce n'est pas seulement une inaction criminelle que nous avons à reprocher au ci-devant dispensateur suprême de la force publique. Louis XVI ne s'est pas borné à ne pas faire ce qu'il devait, à un rôle purement passif; il a constamment dirigé les

« (1) Expressions de la lettre de l'ex-ministre Dabancourt. *Voy.* cette lettre, n. 5. »
« (2) Expressions de la lettre du roi, du mois de septembre 1791. »
« (3) Expressions de la lettre du mois de septembre 1791. »

opérations de ses agens vers le but contraire à celui qu'il devait se proposer; il a constamment rejeté le vœu du peuple, et favorisé les ennemis de la liberté; il a, par ce qu'il a fait, comme par ce qu'il a omis de faire, compromis, d'une manière effrayante, le salut public.

» Deux sortes d'ennemis, les ennemis intérieurs, les ennemis extérieurs, menacent avec une égale fureur la France libre. Les papiers trouvés sous les différens scellés prouvent que le roi favorisait pareillement les efforts des uns et des autres. Pour perdre la chose publique, il fallait tout à la fois négliger les moyens de défense contre les puissances coalisées et s'entendre avec les rebelles d'outre-Rhin, réunir sous une même bannière les contre-révolutionnaires intérieurs, diviser les amis de la liberté, favoriser l'anarchie en avilissant le pouvoir dont émanent les lois, provoquer la dissolution du corps législatif après l'avoir avili; et tous ces moyens ont été employés par Louis XVI et ses agens (1).

» L'état de nos armées à l'époque où la patrie a été déclarée en danger démontrerait seul l'inertie et la mauvaise volonté du pouvoir exécutif. La guerre est décrétée depuis le 16 avril; les ministres à cette époque nous annonçaient des forces suffisantes pour ouvrir une campagne. Et, malgré les plus pressantes réclamations du corps législatif, malgré ses plaintes continuelles, nos armées, après plus de quatre mois révolus, sont à peine en état de soutenir un système défensif, se trouvent dans un dénûment absolu! Et quand est-ce que le roi nous en fait instruire par

« (1) Comme les preuves que nous allons établir sont pour la plupart tirées des pièces inventoriées chez l'administrateur de la liste civile, il est intéressant que l'on sache avec quelle solennité se font la recherche de ces pièces et leur inventaire : les scellés ont été apposés en présence de M. Laporte; des commissaires, nommés par l'assemblée générale de la section où se trouvaient les bureaux, procèdent à l'inventaire en présence des commissaires de l'Assemblée nationale et des commissaires de la Commune; chaque pièce est numérotée et paraphée, et le procès-verbal est signé par tous ceux qui assistent à la séance. Les commissaires de l'assemblée nationale sont MM. Gohier, Audrein, Pinet aîné, Duval, Benoiston et Oguyes; les commissaires de la section du Louvre sont MM. Legendre, Duvivier, Charpentier, Touxet; ceux de la section des Piques, MM. Robert, Grénard, Garnier, Launay, Michel, et M. Bosset, membre de la Commune. »

son ministre? C'est après nous avoir privés de la seule ressource qu'un échec malheureusement trop possible rendait indispensable; c'est après avoir apposé son *veto* sur le décret qui établissait un camp intermédiaire de vingt mille hommes. Pour connaître dans quel esprit le roi s'est opposé à l'établissement de ce camp, il faut entendre les contre-révolutionnaires employés par les bureaux de la liste civile exprimer eux-mêmes, dans le secret de leur correspondance, les craintes que leur inspirait cet accroissement de forces. « Il me paraît (lit-on dans une lettre du 22 fé-
» vrier) que l'assemblée songe à se fortifier. Les patriotes enré-
» gimentés, dont nous avons ici une petite garnison, disent qu'ils
» seront envoyés à Saint-Denis. Dans les premiers jours de mars,
» on les rassemblera autour de la banlieue, au nombre de quinze
» mille : voilà leur dire... Il faut faire scruter ce propos par les
» moyens que vous pouvez avoir, et donner l'alarme de ce ras-
» semblement (1)... Ceci est fort sérieux, mon ami : il faut faire
» prendre l'air à des mouches adroites. Le fait n'est peut-être
» pas vrai; mais si on rencontre des traces, ne fût-ce que du
» plan, quand on se couvrirait du prétexte de mettre Paris à
» l'abri de l'attaque des princes, en turlupinant cette précaution,
» il faut mettre à nu le véritable dessein, et bientôt écrire... Je
» m'empresse de vous faire part de ma prétendue découverte,
» au-devant de laquelle il faut aller, comme à celle du régiment
» Sans-Culottes que Saint-Huruge est allé lever à Lyon » (2).

» Tous les conseils renfermés dans cette lettre ont été littéralement suivis. Des libelles ont été publiés contre la formation du camp; les murs de Paris ont été tapissés d'affiches qui prêtaient à cet établissement les vues les plus odieuses; et après avoir ainsi travaillé l'opinion publique par tous les imprimés incendiaires, après avoir fait *prendre l'air à toutes les mouches adroites*, après avoir donné *l'alarme de ce rassemblement*, le *veto* royal a été apposé sur cet important et salutaire décret. C'est ainsi que Louis XVI a rendu inutiles toutes les grandes mesures prises à

« (1) Voyez cette lettre, n. 5. »
« (2) *Idem*, n. 5. »

l'assemblée nationale ; c'est ainsi que toutes nos forces militaires ont été paralysées par lui, et que jusqu'à ce moment a été retardée la formation du camp intermédiaire, dont il a été ensuite lui-même obligé de reconnaître l'indispensable nécessité.

» Mais les armées françaises n'étaient point celles sur lesquelles Louis XVI pouvait compter, et sur lesquelles il comptait effectivement. Les troupes destinées à rétablir le pouvoir royal sur les débris du trône constitutionnel, voilà celles que son cœur avouait, et dont le triomphe eût été le sien. S'il a proposé la guerre, c'était pour accélérer la marche de ses libérateurs ; c'était, suivant les correspondans gagés par la liste civile, pour forcer *toutes les puissances à réunir et à déployer leurs forces contre les factieux et les scélérats qui tyrannisent la France ; pour que leur châtiment servît bientôt d'exemple à tous ceux qui seraient tentés de renverser le trône et de troubler la paix des empires ;* en un mot (pour continuer de parler le langage de la lettre écrite de Milan le 27 avril dernier), l'assemblée nationale, en déclarant la guerre, *avait donné dans le panneau : c'est tout ce qui pouvait arriver de plus heureux* aux contre-révolutionnaires ; *et une aussi bonne nouvelle méritait bien d'être portée par des courriers extraordinaires expédiés de Paris à Turin et de Turin à Milan.* La véritable armée de Louis XVI était composée *de vingt mille émigrés et de cent cinquante mille hommes au moins, tant Prussiens qu'Autrichiens et Impériaux, et des régimens protestans suisses que paie la Sardaigne jusqu'à ce qu'on puisse les rendre à la France.* Voilà les forces sur lesquelles il pouvait fonder ses espérances : *Vous pouvez compter sur cent cinquante mille hommes au moins, tant Prussiens qu'Autrichiens et Impériaux. Les émigrés peuvent former une armée de vingt mille hommes*, etc. (1).

» La lettre écrite de Milan n'est pas la seule qui annonce les forces coalisées contre la France comme autant de troupes envoyées au secours du roi des Français. Toutes les lettres d'un homme qui n'a cessé d'avoir la correspondance la plus active avec les bureaux de la liste civile, d'un des plus fanatiques agens de la con-

« (1) Voyez cette lettre, n. 3. »

tre-révolution, manifestent la même destination. « Les troupes
» combinées (dit-il en sa lettre du premier octobre 1791 (1)) s'as-
» semblent lentement, et attendent qu'un congrès les mette en mou-
» vement. Dans cet intervalle, tout va péricliter. Soixante mille
» hommes seraient plus que suffisans pour la besogne à laquelle
» on en destine trois cent mille. Les autres se mettront en mesure
» pour entrer au besoin par la trouée qu'on aurait faite. »

« S'il n'est pas vrai (dit le même correspondant dans sa lettre
» du 2 novembre 1791 (2)) que les intrigues dont on croit aper-
» cevoir des traces aient dérangé le petit traité de Pilnitz, il pa-
» raît qu'il est impossible que l'on se mette en mouvement pour
» nous avant le mois d'avril prochain ; et jugez du mal qui peut
» s'effectuer dans cet intervalle !... »

« En juin, l'armée des princes (porte la lettre du 14 mai) en-
» trera sûrement en France ; je ne puis douter de ce fait ; il m'est
» assuré par mon cadet qui est là à portée de savoir tout ce qui
» se médite... Tout va bien, mon ami : vous le voyez de votre
» côté, et je vous le certifie autant qu'un aveugle dont les bras
» sont employés à mettre en jeu les ressorts d'une importante ma-
» nufacture peut certifier ; car tel est mon rôle... Il me paraît
» que la force de nos adversaires est bien diminuée ; leur chute
» s'approche, autant que j'en puis juger (3). »

» On ne s'exprime pas moins clairement dans la lettre du 13 février, où se trouve la marche que devait suivre le roi lors de l'entrée des émigrans en France : « Le roi se mettra en marche sur-
» le-champ avec sa garde, et un choix égal de celle de Paris,
» pour venir au-devant des princes, et remerciera Léopold et le
» reste ; passera la revue des émigrés, conservera les meilleurs
» corps pour en envoyer travailler à la réduction de la Bretagne,
» du Languedoc, etc. Il se tiendra hors d'une ville, à trente
» lieues de Paris et autant de la frontière, pour n'être pas do-
» miné ; de là il fera entrer en France successivement le redou-

« (1) Voyez cette lettre, n. 3. »
« (2) *Idem*, n. 3. »
« (3) *Idem*, n. 6. »

» table corps commandé par les princes, et le dispersera pour l'u-
» tilité générale (1). »

» Il est donc vrai que les armées composées de nos ennemis étaient regardées, par tous les agens d'un roi contre-révolutionnaire, comme faisant partie des forces destinées à le rétablir dans la plénitude d'un pouvoir usurpé; que sa plus chère espérance était de faire égorger une partie de la nation pour régner despotiquement sur l'autre.

» Eh! qui pourrait douter un moment de la coupable intelligence de Louis XVI avec les puissances coalisées contre nous, avec les émigrés qui, de sa part, les excitent à porter le fer et la flamme dans le sein qui les a nourris, lorsque les prétentions auxquelles il a paru ostensiblement renoncer, sont pourtant l'unique prétexte de la guerre que nous avons à soutenir; lorsque les conspirateurs ont l'insolence de se proclamer ses défenseurs et nos ennemis; lorsque son nom est inscrit sur la bannière des révoltés, et que les chefs de ces révoltés sont ses propres frères; lorsqu'enfin le général ennemi prend possession, au nom du roi des Français, des villes qui lui sont livrées par des traîtres?

» Ces inductions frappantes se changent en certitude, quand, perçant les iniques et ténébreux mystères de la liste civile, on voit l'homme chargé de l'administration des sommes consacrées à la splendeur du trône constitutionnel, en détourner l'objet, et placer au rang des dépenses à la charge du roi les frais d'impression de tous les ouvrages contre-révolutionnaires, de ceux même adressés aux conspirateurs d'outre-Rhin, ou publiés en leur nom: *Les pétitions aux émigrans; la réponse des émigrans; les émigrans au peuple; les plus courtes folies sont les meilleures; le journal à deux liards; l'ordre, la marche et l'entrée des émigrans en France*; etc., etc. (2).

» Ainsi c'était Louis XVI qui écrivait aux Français de la part des émigrés; c'était Louis XVI qui se chargeait ensuite de faire la

« (1) Voyez cette lettre, n. 6. »
« (2) Voyez le mémoire des dépenses depuis le commencement du mois d'octobre. »

réponse des émigrés aux Français ; c'était Louis XVI qui, toujours le même, soit qu'il parlât au nom des rebelles dont il s'était engagé à confondre les projets, soit qu'il osât se rendre l'interprète du peuple qu'il avait juré de défendre, trahissait, par les plus indignes manœuvres, la liberté publique et ses sermens ; c'était lui enfin qui, après avoir reçu toutes les forces de l'empire pour combattre les ennemis de la patrie, réglait froidement *l'ordre, la marche et l'entrée des émigrés en France.*

» Ce n'est pas seulement par les écrits des hommes aux gages de la liste civile, que ses intelligences avec les émigrés se trouvent vérifiées ; Louis XVI n'a cessé, dans toutes les circonstances de protéger les implacables ennemis de notre constitution, de tout le pouvoir que la Constitution avait remis entre ses mains.

» L'assemblée nationale s'occupe-t-elle des moyens de réprimer les abus de l'émigration ? déclare-t-elle suspects les rassemblemens de Worms et de Coblentz? établit-elle une peine contre les traîtres ? Louis XVI refuse sa sanction à ces décrets ; il se borne à faire publier de vaines proclamations que dément la suspension de la loi qui, seule, pouvait retenir les Français dans leurs foyers. Louis XVI fait plus, il paie ceux qui émigrent.

» Ses anciens gardes-du-corps, ceux-là même qui, dans l'excès d'une orgie à laquelle le roi et sa famille n'avaient pas dédaigné d'assister, osèrent les premiers arborer la cocarde blanche, se rendent auprès des princes rebelles, et, sous le nom même de gardes-du-corps du roi, forment le premier corps armé des troupes contre-révolutionnaires. Loin de témoigner de l'indignation de leur démarche, Louis XVI les conserve sur l'état des hommes attachés à son service ; en sorte que le même corps se trouve en même temps faire partie de l'armée de Coblentz, et partie de la maison du roi des Français (1).

« (1) Voyez la lettre de M. de Poix, celle qu'il a reçue de Coblentz, et la note par lui remise au roi. Par cette note, M. de Poix lui proposait de faire payer les gardes-du-corps, non pas seulement ceux qui avaient pu rester ici, mais le corps entier. *L'intention de votre majesté n'est-elle pas que le corps soit payé jusqu'au 1er janvier 1792, sauf, d'ici à ce temps, à prendre de nouveaux ordres de votre majesté?* Et effectivement les gardes-du-corps, sous le titre d'ancienne maison

» Le billet adressé au roi de la part de ses frères, souscrit des lettres initiales des noms des deux princes français, et écrit tout entier de la main de l'un d'eux, constaterait seul les criminelles intelligences de Louis XVI avec les émigrés (1). *Je vous ai écrit,* porte ce billet, *mais c'était par la poste; je n'ai rien pu dire.* Louis XVI entretenait donc avec ses frères une double correspondance, dont l'une, ostensible, était destinée à paraître aux yeux du peuple qu'il fallait abuser, et l'autre, secrète, étoit réservée au monarque, qu'il fallait instruire et rassurer.

» *Nous sommes ici deux qui n'en font qu'un : mêmes sentimens, mêmes principes, même ardeur pour vous servir.* Est-ce bien là le langage de chefs de contre-révolution, persuadés qu'ils parlent à celui qui s'est sincèrement et de bonne foi engagé à les combattre? Est-ce là ce qu'auraient répondu à leur frère *Louis-Stanislas-Xavier et Charles-Philippe*, si le langage secret de Louis XVI avait été le même que son langage public?

» Les princes français émigrés auraient-ils osé lui parler de leurs *sentimens*, lui rappeler leurs principes, protester de leur ardeur *à le servir*, s'ils avaient été convaincus que les sentimens, que les principes contre-révolutionnaires qui les dirigeaient, ne pouvaient être agréables à Louis XVI; s'ils eussent pu penser que Louis XVI ne pouvait être servi que dans le sens de la révolution, et par ceux qui voulaient la maintenir?

» *Nous gardons le silence: mais c'est, qu'en le rompant trop tôt, nous vous compromettrions : mais nous parlerons dès que nous serons sûrs de l'appui général, et ce moment est proche.* Les princes fugitifs révèlent à leur frère jusqu'aux motifs de leur silence; et le principal est *la crainte de le compromettre*. Ils le préviennent de l'instant où ils parleront. Cet instant devait être celui où ils seraient sûrs de l'appui général; et il n'a pas dépendu des efforts de Louis XVI que cet instant ne soit arrivé.

militaire du roi, se trouvent compris sur les états de la liste civile, et il est prouvé que des paiemens ont été faits jusqu'au 4 août dernier. Voyez ces pièces. »

« (1) Ce billet était renfermé dans un portefeuille trouvé dans l'appartement du roi par les commissaires chargés de faire les recherches et examen des papiers du Château. »

» *Si l'on nous parle de la part de ces gens-là,* continuent toujours les princes émigrés, *nous n'écouterons rien.* SI C'EST DE LA VÔTRE, NOUS ÉCOUTERONS; mais *nous irons droit notre chemin.* AINSI, SI L'ON VEUT QUE VOUS NOUS FASSIEZ DIRE QUELQUE CHOSE, *ne vous gênez pas.*

» Quelles lumières cette seule phrase répand sur la conduite de Louis XVI! comme elle nous apprend à apprécier ses démarches publiques! Les rôles étaient distribués; le langage des acteurs était convenu; toutes ses lettres ostensibles, et si soigneusement publiés, toutes ses proclamations inutiles, et dont pourtant on lui savait tant de gré, n'étaient qu'un jeu concerté entre ses frères pour mieux nous tromper!

» Après avoir tranquillisé Louis XVI sur toutes les proclamations qu'on eût pu exiger de lui, les princes émigrés finissent par le rassurer sur les dangers auxquels ils craignaient sans doute de le voir exposé par sa conduite.

» *Soyez tranquille sur votre sûreté : nous n'existons que pour vous servir, nous travaillons avec ardeur, et tout va bien. Nos ennemis même ont trop d'intérêt à votre conservation pour commettre un crime inutile, et qui achèverait de les perdre. Adieu.*

L.-S.-X., Ch.-P. (1).

» Oui, sans doute, les habitans de Paris conserveront précieusement les têtes qu'ils ont en otage. Ils savent qu'elles appartiennent aux quatre-vingt-trois départemens, qui auraient justement droit de s'indigner si on en disposait sans leur aveu, qui en demanderaient un compte sévère. Ils savent que ces otages doivent répondre, non pas seulement de la conservation de Paris, mais du salut de toute la France; qu'ils sont en quelque sorte une propriété nationale, parce que la nation entière les accuse. Sans doute les Français ne se vengeront point par des crimes sur la tête même du plus criminel des rois. La Convention nationale seule décidera de son sort. Louis XVI n'a à redouter que le glaive des lois. Mais si les odieuses espérances de ce roi

« (1) C'est-à-dire Louis-Stanislas-Xavier, nom du prince français ci-devant Monsieur; Charles-Philippe; nom du prince français ci-devant comte d'Artois. »

parjure pouvaient se réaliser; s'il était possible que la liberté succombât sous les efforts des puissances ennemies, que Louis XVI ne s'attende pas à lui survivre : sous ses débris Louis XVI se trouverait enseveli avec le dernier de nous. Ce serait ainsi, de la main même de ses frères, qu'il recevrait la peine due à ses trahisons. Les princes français, les seuls assassins de la liberté, seraient les siens.

» S'étonnera-t-on maintenant de ce que, enhardi par la correspondance secrète de ses frères, Louis XVI soit constamment entré dans tous leurs complots? s'étonnera-t-on qu'il ait fait les frais de tous les imprimés en leur faveur, et même en leur nom? s'étonnera-t-on qu'à l'instant même où paraît la déclaration du duc de Brunswick, les agens de la liste civile renchérissent encore sur les expressions du général ennemi; osent proposer aux *gardes parisiennes* de lever les premiers l'étendard de la contre-révolution; de former, alors que la liberté est menacée, des camps dans Paris, dont l'unique objet eût été la garde du château des Tuileries, la conservation d'un *maître* (1); car ce mot révoltant se trouve dans cet indigne écrit.

» Si Louis XVI était d'intelligence avec les ennemis extérieurs, Louis XVI protégeait hautement les ennemis intérieurs : on les voyait se presser autour de lui, se rallier au pied du trône, seuls obtenir des emplois auprès de sa personne, seuls être gratifiés

« (1) Dans le *Journal de la Cour et de la ville*, un sieur Dorfeuil proposa d'abord de former autour du Château un camp de dix mille honnêtes gens, choisis dans la garde nationale et dans toute les classes, et développa, dans une lettre écrite à l'administrateur de la liste civile, toute l'étendue de son projet. « Ce » corps d'observation, qui, suivant l'auteur, se grossirait bientôt du double, de- » vait être un centre de réunion ouvert aux honnêtes gens destinés à remplir, aux » yeux de la nation, le devoir le plus saint et le plus sacré, celui d'assurer la » conservation de ses maîtres..... La famille royale alors se serait au moins pro- » menée au jardin des Tuileries, au milieu de ses fidèles sujets. Pour former ce » camp, on se serait inscrit chez les notaires, et à jour fixé on eût pris son » poste. » Les bureaux de la liste civile sentirent combien il était important de propager une idée si favorable à leur projet, et l'on vit, à l'instant où parut la déclaration du duc de Brunswick, sortir des presses à leurs gages, *le Conseil à la garde nationale parisienne.* Voyez cette pièce, n. 3. Voyez aussi la lettre du sieur Dorfeuil. »

sur la liste civile; l'entrée même du jardin fatal, où le farouche Lambesc versa le premier le sang du Français combattant pour la liberté, n'était ouverte qu'à ceux qui avaient produit leurs titres d'incivisme et reçu la carte qui distinguait les chevaliers du poignard des citoyens auxquels cette promenade était interdite. Le peuple, qui se trompe rarement, était donc malheureusement trop fondé à regarder comme frontière d'un pays ennemi la terrasse que l'assemblée nationale avait désignée pour son enceinte extérieure (1). Le même esprit régnait, le même langage se faisait entendre à la cour des Tuileries et à celle de Coblentz; mêmes rôles, même intrigue, mêmes moyens pour amener le même dénoûment; le lieu de la scène et le nom des acteurs étaient seuls changés.

» Le roi forme-t-il sa nouvelle garde, c'est un nouveau corps de contre-révolutionnaires qu'il se propose d'établir. Des hommes notoirement connus pour les ennemis de la révolution, en sont nommés les chefs; et les mémoires présentés par ceux qui briguaient cette sorte de service, nous apprennent quelles conditions étaient exigées pour y être admis, même en qualité de simple garde. Les uns s'annoncent sous des titres proscrits par le nouvel ordre, et s'en déclarent ouvertement les ennemis; les autres sont des officiers, disons mieux, des esclaves indignes du poste où le hasard de la naissance et la protection les avaient placés, qui désertent les drapeaux de la liberté pour se rallier sous celui de la domesticité royale. Et Louis XVI, au lieu de se former une garde citoyenne, ne rougit point de s'entourer de ce ramas de contre-révolutionnaires! S'il cède aux vœux d'une politique habile, s'il consent à recevoir des troupes de ligne et des quatre-vingt-trois départemens un certain nombre de sujets, c'est qu'il espère bien que le ferment aristocratique qui infecte la majeure partie du corps corrompra bientôt toute la masse; et alors ces sujets-

«(1) Voyez les lettres écites pour obtenir les cartes. *Les marquis, les comtes, les chevaliers*, qui les sollicitaient, avaient aussi grand soin de manifester leur haine pour la révolution que leur attachement pour le roi; l'une leur paraissait une conséquence de l'autre. »

là même lui ménageraient des intelligences dans tous les régimens de la France, dans toutes les parties de l'empire.

» L'insolence de cette garde incivique oblige l'assemblée nationale à la dissoudre : Louis XVI feint de se soumettre au décret qui en prononce le licenciement, et se borne seulement à l'éloigner de sa personne. Chacun des membres qui la composent reste employé sur la liste civile, et emporte avec lui des témoignages de la satisfaction personnelle du roi. Louis XVI trouve ainsi le moyen d'éluder la volonté nationale, et de travestir un acte de licenciement en une simple dispersion, qui dissémine dans toutes les parties de l'empire les contre-révolutionnaires qu'il ne cesse d'avoir à ses gages, et qu'au premier signal il eût pu rassembler auprès de lui (1).

» Suivant le plan trouvé dans les bureaux de la liste civile, il paraît qu'indépendamment de la solde de sa garde licenciée, Louis XVI se proposait d'en rétablir une seconde; et, par les principes sur lesquels devait être réglée sa composition, comme par les sujets qui se présentaient pour la former, il est aisé de voir que le projet était toujours d'armer les ennemis de la Constitution, sous le prétexte de servir de garde au roi constitutionnel, et que cette seconde garde n'eût pas tardé à mériter le sort de la première. Que fût-il arrivé de tous ces licenciemens? C'est que les décrets mêmes destinés à dissoudre ces corps inciviques fussent devenus, dans les mains du roi, un moyen de plus pour propager l'esprit de contre-révolution, et s'attacher les contre-révolutionnaires.

» Pour l'exécution de ses projets, Louis XVI vit qu'il ne suffisait pas de s'entourer d'une domesticité corrompue : il sentit qu'il lui fallait un point de réunion autour duquel pourraient se rallier tous les ennemis du nouvel ordre; et ce fut dans la religion qu'il le choisit.

» Les fastes des folies humaines, l'histoire lui avait appris combien le masque dont il voulait se couvrir était favorable à tous les usurpateurs, à tous les tyrans. Les progrès de la phi-

« (1) Voyez les pièces imprimées. »

losophie et de la raison sont d'ailleurs tels, que les ennemis de la liberté et de l'égalité n'osaient pas même exposer leurs extravagantes prétentions au grand jour. Aucun d'eux n'aurait eu la hardiesse de dire hautement : nous voulons que la noblesse soit rétablie; que quelques membres de la société naissent grands, et que tous les autres restent toujours petits; que tous les emplois, que tous les honneurs appartiennent aux uns, et que le fardeau de la chose publique, que le travail et les impôts soient le partage des autres.

» Aucun d'eux n'aurait osé dire : nous voulons que la féodalité, digne compagne de la noblesse, revive avec tous ses dégradans attributs; qu'il y ait encore des seigneurs et des vassaux; que les honnêtes habitans des campagnes soient de nouveau assujettis aux viles corvées; qu'ils continuent d'être livrés à toutes les poursuites de la tyrannie fiscale.

» Aucun d'eux enfin n'aurait osé convenir qu'il voulait rappeler l'ancien régime avec ses monstrueux abus; qu'il regrettait la dîme, la dîme destinée à enrichir des moines débauchés et de scandaleux prélats; la dîme, cet impôt lui seul plus désastreux que la contribution foncière qui se verse dans le trésor national, et dont l'honorable emploi rend la perception si intéressante.

» Mais l'intérêt commun des contre-révolutionnaires exige-t-il que l'autel et le trône s'embrassent pour se soutenir mutuellement; alors, couvrant d'un voile sacré les sordides passions qui les animent, les hommes qui, il y a quelques jours, étaient le scandale de la religion et des mœurs, feignent tout à coup de n'avoir d'autre intérêt que celui du ciel même.

» Il n'y a plus de religion en France, suivant les financiers, parce qu'il n'y a plus de fermes générales, parce que l'impôt de la gabelle, celui des aides et celui du tabac sont supprimés. Il n'y a plus de religion, suivant les anciens magistrats, parce qu'il n'y a plus de parlemens, parce qu'il n'y aura plus de sacremens distribués en vertu d'arrêts, en vertu de jugemens de cour laïque. Il n'y a plus de religion, suivant les prêtres, parce que le sacerdoce est rendu à son institution première, parce que les ministres du culte ne seront que ministres du culte.

» Il n'y a enfin plus de religion, suivant les prétendus nobles, parce qu'un homme ne sera plus, par le seul hasard de sa naissance, au-dessus d'un autre homme, parce que la sainte égalité est rétablie ; et le roi se ligue avec tous ces oppresseurs ! et, au lieu de l'éteindre, il secoue la torche du fanatisme qui menace d'incendier tout l'empire !

» Des cris contre les prêtres non assermentés s'élèvent de toutes parts ; de toutes parts les séditions qu'ils exitent lui sont dénoncées : Louis XVI, non-seulement ne prend aucune mesure efficace pour les réprimer, mais il paralyse de son fatal *veto* toutes celles que décrète le corps législatif ; mais son palais devient le refuge des plus incendiaires insermentés ; mais des bureaux de sa liste civile sortent tous les traits empoisonnés de cette horde fanatisante, toutes les scandaleuses anecdotes inventées pour alarmer les personnes à qui la religion est chère, tous les journaux, tous les écrits faits pour jeter le trouble dans les consciences timorées, et le désordre dans les ménages les plus tendrement unis (1) ; il n'est pas jusqu'à des écrits pseudonymes, jusqu'à des jugemens supposés, que l'argent corrupteur de la liste civile n'ait fait avec profusion répandre.

» Veut-on inquiéter les acquéreurs des biens du ci-devant clergé ? on a l'audace d'imaginer une contestation devant le tribunal du district d'Arles, entre le rétrocédant d'une métairie de cette nature, et le second acquéreur. La plus insolente diatribe est publiée en forme de mémoire au nom d'un prétendu défenseur officieux, et, à la fin de ce libelle infâme, on ne craint pas de faire imprimer le jugement même qu'on a la mauvaise foi d'attribuer aux juges devant lesquels on suppose que l'affaire avait été portée ; et voilà les sortes d'ouvrages dont les exemplaires remplissent les bureaux de la liste civile ; ce qui indique assez la source qui les a produits, et les moyens dont on se servait pour les mettre en circulation.

« (1) Voyez les pièces, n. 3. »

» Qui pourrait douter que ceux-là seuls qui faisaient fabriquer des affiches pour faire tomber les assignats dans le discrédit, ne cherchassent à décrier en même-temps les biens qui leur servaient d'hypothèques et de gages? Et des mémoires, des quittances d'imprimeurs constatent que toutes les affiches dirigées contre le crédit public étaient imprimées, publiées, affichées, aux frais de la liste civile; en sorte que c'était avec le trésor national que les agens du pouvoir exécutif entreprenaient de ruiner le crédit de la nation (1).

» C'est ainsi que, la torche du fanatisme à la main, les contre-révolutionnaires de la liste civile n'ont cessé d'inquiéter et d'égarer le peuple en l'alarmant, tout à la fois, sur ses plus chers intérêts. C'est ainsi qu'ils ont réussi à exalter en tous les sens ce peuple doux et humain, à allumer des haines que rien ne peut éteindre, à armer les citoyens contre les citoyens, les frères contre les frères, les épouses contre les époux; à exciter la soif du sang, à opposer proscription à proscription; à préparer enfin ces scènes d'horreur, qu'au prix de leur vie les vrais amis de la liberté voudraient pouvoir effacer de l'histoire de la révolution française.

» Et quelles manœuvres n'a-t-on pas employées, que n'a-t-on pas fait pour nous amener aux affreux résultats que nous déplorons? On savait trop que toute notre force était dans notre union, et que cette réunion qui, dès les premiers instans de la révolution, formait un peuple de frères, était l'ouvrage de ces sociétés généreuses dont le lien commun est le patriotisme, et la liberté du monde l'unique objet. Le déchirement de la première de ces sociétés; la formation d'une société nouvelle qui, ne devant son existence qu'à cette scission malheureuse, portait dans son établissement même le germe d'une division funeste; la haine enfin que les deux sociétés se vouèrent mutuellement, offrirent bientôt un vaste champ aux intrigues du pouvoir exécutif. Il ne tarda pas à sentir qu'il pouvait également faire concourir à ses vues profondes, et le civisme exalté de l'une, et le

« (1) Voyez les mémoires et quittances d'imprimeur. »

modérantisme affecté de l'autre ; et que ces deux caractères, énergiquement prononcés, n'eussent-ils servi qu'à former des amis de la Constitution deux castes irréconciliablement ennemies, c'était déjà remporter un assez grand avantage sur les propagateurs de la liberté. Tous ces efforts tendirent donc à perpétuer la division entre les Jacobins et les Feuillans, et à les tenir en guerre ouverte.

» L'objet étant de les perdre les uns après les autres, il fallait les rendre également odieux, et le moyen d'y pourvoir était de les représenter, sous des aspects différens, comme également dangereux pour la chose publique. Les Jacobins, disait-on, veulent tout désorganiser, tout détruire : les Feuillans paralysent tout. Ceux-ci sont de plats monarchistes ; ceux-là de factieux républicains. Les uns mettent la licence à la place de la liberté, ne désirent que désordre et anarchie ; ceux-là demandent à grands cris les deux chambres, et ne sont dignes que d'être des esclaves. Aucun d'eux ne veut sincèrement la liberté ; tous s'accordent avec les conjurés de Coblentz, pour sacrifier à des espérances folles ce bienfait déjà si chèrement acquis.

» Les deux sociétés ennemies, crayonnées ainsi des plus noires couleurs, il ne s'agissait plus que d'en appliquer les traits caractéristiques à chacun des individus. — Un citoyen marquait-il quelque énergie, soutenait-il avec courage les droits sacrés du peuple, c'était un factieux Jacobin. Un autre parlait-il avec une certaine circonspection, semblait-il hésiter sur un parti dont les inconvéniens balançaient les avantages ; c'était un modérantiste, un argutieux Feuillant. On trouvait par ce moyen l'odieux secret de faire tomber dans le mépris tous les élans du patriotisme le plus pur, de rendre suspectes toutes les vertus civiques et sociales, et par-là de neutraliser les efforts et le zèle de tous les vrais citoyens.

» Ainsi un grand empire, après s'être purgé du monachisme, après s'être délivré de toutes les excroissances parasites qui grevaient et défiguraient l'arbre antique de la société, semblait en quelque sorte lui-même tout entier divisé sous deux noms également proscrits par l'acte constitutionnel. C'est lorsqu'il n'y avait plus de moines jacobins, c'est lorsqu'il n'y avait plus de moines feuillans en France, que tous les Français se qualifiaient mutuellement de Feuillans ou de Jacobins, qu'ils étaient près à se faire la guerre, à s'entr'égorger sous cette qualification indécente et monacale.

» La cour des Tuileries se montre alors, se choisit des ministres tantôt parmi les Feuillans, tantôt parmi les Jacobins; renvoie ceux-ci aussitôt qu'ils lui font entendre le sévère langage de la vérité, se déclare définitivement pour le parti feuillantin, et, par cela seul, achève de le rendre suspect aux yeux du peuple.

» Au moyen de cette astucieuse manœuvre, Louis XVI n'avait plus que les Jacobins à redouter : il déploie contre eux toutes les ressources que les réviseurs de l'acte constitutionnel avaient remises en ses mains. Au roi seul appartenaient les relations politiques avec des puissances étrangères. Tout l'art de la diplomatie est employé pour diriger en apparence contre une simple société populaire toutes les forces de la coalition de Pilnitz. Léopold forme-t-il quelque plainte? c'est contre les Jacobins; menace-t-il? ses menaces ne s'adressent qu'aux Jacobins. A sa mort, les ministres de l'empire changent; le langage du cabinet de Vienne est toujours le même. Et aujourd'hui encore, s'il fallait en croire les proclamations de nos ennemis, c'est pour combattre les Jacobins que deux cent cinquante mille hommes sont armés et marchent contre nous.

» Laissons le ridicule que cette conduite semble d'abord offrir, et songeons qu'elle tient à un grand système dont la journée du 10 a éclairé la profondeur. Tant de troupes n'ont pas été mises sur pied, tant de dépenses, de préparatifs guerriers n'ont pas été faits sans doute pour le seul projet de détruire une société populaire : c'est à la liberté des Français, c'est à celle des nations qu'en veulent les conjurés de Pilnitz. Mais dans ce combat à mort de la tyrannie contre la liberté, les chefs des conjurés livrent une fausse attaque, pour mieux dissimuler l'attaque véritable qu'ils projettent.

» Il leur importait sans doute de faire prendre le change sur les grands desseins de la ligue formée contre nous, de faire croire que s'il n'existait pas de Jacobins, notre révolution serait respectée ; qu'aux Jacobins seuls nous devons la coalition des puissances qui menacent notre liberté, le fléau d'une guerre étrangère. Il lui importait de faire considérer comme une simple querelle de parti, l'attaque dirigée contre la souveraineté nationale, de soulever le peuple contre les amis du peuple, et lors même qu'il ne s'agit de rien moins que d'asservir tous les Français, de leur persuader qu'on ne voulait qu'immoler une race tyrannicide à la vengeance des rois. Il leur importait enfin d'isoler la majeure partie de la nation pour triompher plus sûrement de l'autre, de diviser les forces, dont la réunion doit nécessairement les accabler. Voilà comment et pourquoi les Jacobins se voyaient tout à la fois, et en butte à une espèce de déclaration de guerre de la part des puissances coalisées, et livrés aux traits empoisonnés des calomniateurs aux gages de la liste civile. Voilà dans quel esprit le ministre de la maison du roi faisait, à si grands frais, composer, imprimer, publier, colporter jusque dans les campagnes, cette foule innombrable de libelles qui a inondé la France, ces affiches journalières, ces continuelles dénonciations contre les Jacobins, ces écrits diffamatoires de toute nature, de toutes formes; ces caricatures de toutes couleurs.

» Quel autre objet pouvait se proposer un gouvernement assez vil pour établir des bureaux de diffamation, pour acheter la plume vénale des diffamateurs, pour nourrir, entretenir et organiser une compagnie d'afficheurs, de colporteurs de libelles, et payer enfin jusqu'à l'emprisonnement, jusqu'aux amendes, jusqu'aux coups de bâton auxquels se sont personnellement exposés les agens secrets d'une si infâme mission (1).

« (1) Voyez les recueils des pièces trouvées chez M. Delaporte, numéros 5 et 8. Dans le troisième recueil, en tête duquel se trouve le décret du 15 août, on lit, page 3, l'ordre et la marche des émigrans, brochure de plus d'une feuille tirée à 5,000; *la plus grande partie a été distribuée gratis*, et, page 6, l'antidote, *tirage seulement pour la distribution aux bureaux, où on porte les collections des*

» La preuve que la perte des Jacobins n'était jurée que comme un préliminaire de celle de l'assemblée nationale, c'est que les mêmes presses d'où sortaient des écrits incendiaires contre cette société, étaient employées à imprimer des libelles contre les représentans du peuple ; c'est que, dans le même instant, par les mêmes personnes et aux frais du même trésor, paraissaient, et les affiches multipliées contre la société des Jacobins, et les *pétitions* réitérées à *l'assemblée nationale, pour l'engager à se retirer*; le *Haro sur les Jacobins* et *le projet de décret de l'assemblée du Manége, le décret pour les portes battantes* (1) ; c'est que la dignité

pamphlets, et, page 9, petite affiche des vainqueurs de la Bastille, 4,000 en papier blanc *pour distribuer chez les libraires*. Il y a avait donc des libraires affidés chez lesquels se distribuaient gratuitement tous les libelles dont on voulait favoriser la circulation. Il y avait donc des bureaux établis pour la distribution de ces pamphlets.

» Les mémoires et quittances d'imprimeurs prouvent non-seulement que tous les pamphlets, tous les libelles qui ont paru contre les Jacobins, sortaient des presses vendues à la liste civile, qu'ils étaient imprimés et colportés à ses frais ; mais que ces pamphlets, ces libelles, dont le nombre est presque incalculable, étaient répandus dans le public avec une profusion qui seule annonçait les grands moyens de la fabrique de ces diffamations. Pour avoir une idée des sommes que cette entreprise a coûtées à la liste civile, il suffit d'observer que le mémoire du mois d'avril 1792, en y comprenant 2,175 liv. pour appointemens de commis chargés de cette importante administration, et 1,000 liv. distribués par M. Delaporte au curé de S. G., monte à une somme de 12,064 liv. 12 sols ; et dans ce mémoire il ne s'agit que de l'impression et de la réimpression du fameux journal à deux liards, c'est-à-dire de la dépense courante, et d'une petite affiche tirée à 4,100 exemplaires, et portée sur le mémoire pour une somme de 92 liv. Cette affiche était une *dénonciation des groupes des Tuileries et du Palais-Royal* ; car la Bastille étant détruite, la seule arme qui restait entre les mains du gouvernement contre ceux qui avaient la hardiesse de se plaindre de sa conduite, était la dénonciation, la calomnie.

» La liste civile ne se bornait pas à faire fabriquer et distribuer des libelles plusieurs gravures qui avaient le même objet, ont également paru à ses frais ; et parmi ces gravures on doit distinguer un médaillon portant pour titre : *La France sauvée de la rage des Jacobins*. Ce médaillon représente la France au pied d'un Jacobin armé d'un poignard, et délivrée par un homme à cordon bleu, qui égorge le Jacobin. Il parait que les contre-révolutionnaires de la liste civil attachaient beaucoup d'importance à ce médaillon, qu'ils ont fait dessiner à plusieurs reprises, et fait placer sur trois sortes de boîtes, les unes communes, les autres en écailles, et les troisièmes en racine. Le nombre des boîtes payées au tabletier par la liste civile constate l'intention des distributeurs. Était-ce là le moyen que les chevaliers du poignard se ménageaient pour se reconnaître ? »

« (1) Voyez les pièces imprimées. »

du corps représentatif était attaquée avec un égal acharnement, avec une égale fureur.

» Tandis que le roi prétendu constitutionnel abusait de l'arme que la *Constitution* remettait dans ses mains, et paralysait les décrets qui importaient le plus à la tranquillité publique, à la sûreté générale, ses agens exerçaient leur insolente censure sur les actes même qui ne pouvaient atteindre son *veto*; et l'or de la liste civile circulait dans toutes les mains impures qui ne dédaignaient pas de concourir à la dégradation de la représentation nationale.

» Qu'on ne dise pas qu'une grande partie des preuves recueillies ne chargent que des commis, et qu'il reste incertain s'ils agissaient ou s'ils n'agissaient pas au nom et de la part du roi. Des mémoires des dépenses trouvés dans les bureaux du sieur Pouteau, un des premiers commis de la liste civile, il résulte que ce commis, sous la direction du sieur Laporte, dirigeait toutes les manœuvres secrètes des contre-révolutionnaires intérieurs; qu'il entretenait une correspondance active avec les principaux ennemis de la révolution; qu'il présidait à la fabrication, à l'impression et à la distribution du *journal à deux liards* et de tous les écrits aristocratiques qui circulaient aux frais de la liste civile; qu'il avait sous ses ordres des colporteurs, des afficheurs qu'il envoyait jusque dans les campagnes; qu'il soudoyait *diverses personnes qu'il employait, les unes par mois, et les autres suivant les occasions* (1), et que toutes ces dépenses lui étaient allouées comme une charge naturelle du département qui lui était confié. Voilà bien l'établissement d'une propagande contre-révolutionnaire formé sur les fonds de la liste civile : or, aucuns fonds de la liste civile n'étaient délivrés sans un *mandat particulier du roi* ou une ordonnance de l'administrateur de cette liste, *approuvée et souscrite du roi*. Le roi a donc eu une part active à tout ce qu'a fait l'agent subalterne Pouteau; cet agent n'était donc que l'exécuteur fidèle des volontés, des complots de Louis XVI?

» Le grand système de conspiration contre la liberté française était lié dans toutes ses parties; non-seulement le pouvoir chargé

« (1) Voyez les mémoires et dépenses, numéros 7, 8 et 9, etc. »

de la défense de l'état a négligé tous les moyens nécessaires pour mettre l'état en défense, mais il a ouvertement favoris les efforts des ennemis intérieurs et extérieurs : il a entretenu une division funeste entre les citoyens, que leur union seule peut rendre redoutables ; et la majesté de la représentation nationale, que le chef du pouvoir avait l'honneur de partager, n'a pas même été par lui respectée (1).

» Qui ne voit que de la main qui s'était engagée à maintenir la Constitution, il voulait reconquérir le sceptre que lui avaient arraché les hommes du 14 juillet, et qu'ont brisé ceux du 10 août ? Les anciens sceaux de l'état détournés, et remis par forme de dépôt dans des mains étrangères, annoncent assez que Louis XVI n'avait pas, sans espoir de retour, renoncé à s'en servir (2).

» Déjà même le projet d'une Constitution nouvelle qui effectuât la réunion monstrueuse du pouvoir législatif au pouvoir exécutif, et fît revivre les distinctions si odieuses aux amis de l'égalité, n'attendait, dans les bureaux de la liste civile, que l'instant favorable pour paraître. Enfin, les éclats de la foudre qui a tombé sur le château des Tuileries ont percé les ténèbres dans lesquelles nous marchions enchaînés ; et, dégagée des liens qui la retenaient captive, l'assemblée nationale, dès ce moment, s'est montrée dans toute sa grandeur. Le serment de maintenir la liberté et l'égalité a été spontanément prononcé. Ne pouvant sauver la chose publique avec le pouvoir qui lui était transmis, elle a dit au peuple qu'elle avait l'honneur de représenter : Sachez vous

« (1) Voyez les mémoires et dépenses, numéros 7, 8 et 9. »

« (2) Un des sceaux de l'état en usage avant la révolution, celui qui servait à sceller les lois adressées au Dauphiné, a été trouvé chez le ci-devant abbé de Laporte, frère de l'intendant de la liste civile. La boîte qui renfermait ce sceau était recouverte d'une enveloppe sur laquelle était écrit : *Dépôt fait par la dame de Hargenne, pour être retiré par le sieur Champion, qui, en cas de mort, avait donné l'adresse de son frère l'archevêque de Bordeaux.* Quel était l'objet de ce dépôt ? dans quel dessein ce sceau avait-il été enlevé ? le destinait-on pour servir à l'instant de la contre-révolution ? Quoi qu'il en soit de l'objet de cette soustraction, il est certain que les anciens sceaux de l'état ne devaient pas se trouver chez l'abbé de Laporte, chez le ci-devant grand-vicaire d'un garde-des-sceaux de l'ancien régime, ne devaient pas avoir été livrés à une femme, ni conséquemment avoir été déposés par elle. »

sauver vous-même ; exercez la plénitude de votre pouvoir souverain : et une Convention nationale s'est formée.

» Que les ennemis de l'assemblée législative viennent encore insulter à ses travaux, et demander ce qu'elle a fait. Ce qu'elle a fait! Elle a échappé à tous les piéges qu'on n'a cessé de lui tendre; elle a, pendant une année entière, lutté avec courage contre des machinations de toute espèce. Ce qu'elle a fait! Elle a défendu la Constitution jusqu'à ce qu'elle ait vu qu'il fallait opter entre cette Constitution et la liberté. Et lorsqu'elle a reconnu qu'il lui était impossible de soutenir cet édifice incohérent et mal affermi, elle a prévenu l'usurpation que son écroulement eût pu faciliter; elle a suspendu la seule autorité qui, dans ce moment de crise, pouvait être à redouter. Au prix du pouvoir qui lui était confié à elle-même, elle a dans toute son intégrité maintenu la souveraineté du peuple; elle a bien mérité de la patrie, si les Français sont dignes d'être libres. »

Lettre de Danton aux tribunaux.

« Paris, ce 18 août 1792, l'an 4e de la liberté, et de l'égalité le 1er.

« La cour avait renoué ses trames; un vaste complot vient d'éclater dans le château des Tuileries, et d'avorter au moment même de son irruption, étouffé par le courage des fédérés des quatre-vingt-trois départemens et des quarante-huit sections de la capitale. Après un combat sanglant, le despotisme et l'aristocratie ont été forcés dans leurs derniers retranchemens; le palais de Louis XVI a été emporté d'assaut. Les bandes des chevaliers du poignard et le régiment des gardes-suisses sont détruits. Dans les secrétaires, les portefeuilles, les archives du Château, il s'est trouvé une foule de preuves de la plus infâme perfidie et des plus noirs complots. Enfin tous les crimes sont découverts, prouvés matériellement et juridiquement. L'insurrection à jamais mémorable du 10 août, cette insurrection sainte et mille fois heureuse, a levé tous les masques, a dessillé tous les yeux. Aujourd'hui il n'y a plus de partage d'opinion dans la capitale; demain il n'y en aura plus dans l'empire. Déjà le commandant-général et nombre de traîtres également convaincus, fugitifs, avouant tout, saisis les mains pleines de preuves accablantes de leur scélératesse, ont payé la trahison de leurs têtes. Les presses contre-révolutionnaires qui, du sein de Paris, ont vomi dans l'empire tant de calomnies et de libelles, sont consumées, et leurs caractères dispersés et jetés au vent. Une commission provisoire des quarante-huit sections a remplacé le conseil général de la Commune. L'insurrection a eu sa municipalité, et l'assemblée nationale a sanctionné, au milieu des applaudissemens, ce supplément devenu si nécessaire de la révolution du 14 juillet. Les juges de paix, le département, les ministres sont destitués. Le roi est suspendu; Louis XVI est en otage à la tour du Temple.

» Le peuple français a nommé de nouveaux ministres par l'organe de ses représentans. Dans le danger de la patrie, je n'ai pu refuser de leurs mains les sceaux de la nation et un ministère qui, auparavant offert par un roi parjure et profondément dissimulé, et confié par lui, une fois seulement, à des patriotes à qui il l'avait bientôt retiré, commençait à n'être plus, pour ceux qui l'acceptaient, qu'une note d'infamie, et le signe le plus certain auquel la nation pût reconnaître un ennemi et un contre-révolutionnaire.

» Dans une place où j'arrive par le suffrage glorieux de la nation, où j'entre par la brèche du château des Tuileries, et lorsque le canon est devenu aussi la dernière raison du peuple, vous me trouvez constamment et invariablement le même président de cette section du Théâtre-Français, qui a tant contribué à la révolution du 14 juillet 1789, sous le nom de district des Cordeliers, et à la révolution du 10 août 1792, sous le nom de section de Marseille. Les tribunaux me trouveront le même homme, dont toutes les pensées n'ont eu pour objet que la liberté politique et individuelle, le maintien des lois, la tranquillité publique, l'unité des quatre-vingt-trois départemens, la splendeur de l'état, la prospérité du peuple français, et non l'égalité impossible des biens, mais une égalité de droits et de bonheur.

» Le ministre de la justice ne saurait vous dissimuler qu'un trop grand nombre d'entre vous mérite les mêmes reproches que le ministre de l'intérieur vient d'adresser à la plupart des corps administratifs.

» La liberté conquise le 14 juillet eût pu s'affermir en six mois et sans effusion de sang sur des fondemens inébranlables. Le peuple français n'avait pas besoin d'envoyer des décemvirs recueillir au loin les lois des peuples renommés par leur sagesse; nous avions au milieu de nous Mably et Rousseau, ces flambeaux immortels de la législation : et s'ils avaient laissé à l'esprit humain quelque chose à méditer de plus pour la liberté et le bonheur du monde, une Convention nationale, qui pouvait encore, après ces deux grands législateurs, consulter des suppléans tels que Locke, Montesquieu et Franklin, avait moins besoin de génie que de bonne volonté.

» Mais, est-ce la plupart des fonctionnaires constituans ou constitués, qui pouvaient vouloir un tel ordre de choses? Non. Il n'y a que tout ce qui était peuple qui pût aimer la révolution ; et ce peuple cherchant ses nouveaux magistrats ; et au lieu de jeter les yeux autour de lui, les portant naturellement dans la foule sur les hommes en place, et qu'il remarquait mieux sur un lieu déjà élevé, a cru à quelques signes de patriotisme, par lesquels ces hommes captaient ses suffrages, et il en a composé ses tribunaux. Il a donc remis la garde des lois entre des mains qui, ayant pesé les faveurs de l'ancien régime, ont trouvé légères les faveurs du peuple. Accoutumés d'ailleurs à une magistrature qui était, pour ainsi dire, personnelle, et qui suivait, dans la société, celui qui en était revêtu, ils devaient se faire difficilement à une magistrature qui tenait, non plus à la personne, mais à des fonctions d'un moment, qui, dès qu'on en a déposé les marques en descendant du tribunal, vous laisse simple citoyen, vous rend à l'égalité et vous perd dans la foule.

» La cour a su tourner ces dispositions du cœur humain au profit du despotisme. D'abord, un ministre de la justice, Champion de Cicé, avait cru que, pour faire la contre-révolution, il fallait paralyser les tribunaux, afin que le peuple dît à ce paralytique de se lever et de marcher; mais comme la nation ne se pressait pas beaucoup de demander à ses représentans qu'ils redonnassent le mouvement au pouvoir judiciaire, ce plan a été bientôt abandonné par les successeurs du ministre, qui ont cru aller plus vite à son but, si, en rendant eux-mêmes la vie aux tribunaux, ils leur imprimaient des mouvemens dans le sens de la contre-révolution.

» Ainsi, il demeure prouvé aujourd'hui que le plus puissant levier de la contre-révolution, celui sur lequel la cour espérait le plus, était dans les prêtres non-assermentés, par lesquels elle agissait sur les consciences; et le ministre de la justice vous adressait des circulaires, pour vous recommander la défense de ces prêtres contre ce qu'il appelait *les vexations et la tyrannie des factieux*, et pour justifier indirectement la protection que leur accordait contre *la violence des factions* un *veto* séditieux.

» Ainsi, il demeure prouvé que le plus puissant levier de la révolution, le plus ferme rempart de la liberté, étaient les sociétés populaires, et les écrivains courageux dont la correspondance et le fanal avertissaient, en un moment, la nation entière des marches et contre-marches nocturnes de ses ennemis; et le ministre de la justice ne vous adressait des circulaires que contre les sociétés populaires et pour vous inviter à *réprimer ces éternels agitateurs du peuple, qui ne cherchaient qu'à perpétuer l'anarchie, ces écrivains vendus, ces scélérats qui criant sans cesse à la trahison, brisent le ressort du gouvernement et décrient les administrateurs et les chefs les plus patriotes.*

» C'est ainsi qu'en sollicitant à la fois des tribunaux et l'intolérance des opinions politiques, qui ne parlent qu'à la raison, aux ames fortes et aux passions nobles, et la tolérance du fanatisme religieux, qui n'agit que sur l'imagination, et la faiblesse, qui, comme l'eau, ne gagne que les parties basses, et ne tombe que dans les ames serviles et superstitieuses; des ministres, ou conspirateurs, ou insensés se servaient de vous pour incliner la pente de la superstition et de la servitude.

» Vous n'attendrez pas de moi de semblables circulaires, où je vous enjoigne de déployer le courage et la fermeté contre les meilleurs citoyens, où je tâche de vous aguerrir contre les mouvemens populaires et de trop justes murmures, et de verser dans l'oreille du peuple, par le canal de ses juges, ces fausses opinions, que *Louis XVI aime la liberté et la Constitution.* Quel sera l'organe de la vérité, chez une nation, si ce n'est le ministre de la justice, dont les fonctions ont principalement pour objet l'éclaircissement de la vérité ? Devenu cet organe, je la transmettrai aux départemens, pure, tout entière, et sans ces ménagemens pusillanimes que repousse mon caractère, et qui ne conviennent point à la dignité du ministère qui m'est confié par une nation de vingt-cinq millions d'hommes, la plus libre et la plus puissante de l'univers.

» Dites aux citoyens que ce général, que mes prédécesseurs appelaient le chef le plus patriote, l'assemblée nationale vient, non-seulement de le décréter d'accusation, mais d'ordonner à tout citoyen et soldat de s'assurer de sa personne par tous les moyens possibles.

» Dites-leur que les comptes de la liste civile, trouvés chez M. Laporte, et que l'assemblée nationale a ordonné qui seraient imprimés, publiés et lus au prône, montreront à toute la France quels étaient les écrivains vendus et scélérats.

» Dites-leur, que deux années d'avance de la liste civile ont été consumées à fournir aux frais d'impression des libelles aristocratiques, pour maintenir le désordre, avilir les représentans de la nation, souffler la guerre civile et décrier les assignats.

» Dites-leur que les papiers trouvés dans le portefeuille du roi, dans le secrétaire de sa femme, vont montrer si c'étaient de fausses terreurs que celles dont les sociétés populaires remplissaient la nation ; que, chaque jour, s'accumulent au comité de surveillance les preuves des plus affreux complots ; qu'il est prouvé par des *Bons* signés de Louis XVI, que ce roi parjure payait encore les mois derniers ses quatre compagnies des gardes du corps à Coblentz ; qu'il est prouvé, par un plan concerté entre ses ministres et quelques constituans, qu'il trahissait la nation ; et par les lettres de ses deux frères, qu'il trahissait même ses ministres et les constituans traîtres.

» Dites-leur qu'il est prouvé que les mouvemens du 20 juin, dont La Fayette a fait tant de bruit, ont été excités par lui-même ; que la cour n'attendait que le moment de profiter de l'égarement d'une partie de la garde nationale et des Suisses, pour se baigner dans le sang du peuple ; que l'ordre donné par le commandant-général, Mandat, par Rulhières, le commandant de la gendarmerie, prouve que les conjurés voyaient se lever ce jour comme le dernier des patriotes ; que le premier coup de canon devait être tiré du Château ; que le matin, Louis XVI avait passé en revue les Suisses et les gardes nationales qui s'y trouvaient ; et s'était fait saluer de tous, par le cri de guerre de Coblentz, le seul cri de vive le roi !

» Dites-leur que les Suisses sortaient au-devant des Marseillais ; que ceux-ci, attirés par des signaux de patriotisme et des cris de vive la nation ! s'étaient portés au quartier des Suisses et recevaient leurs embrassemens ; que la place du Carrousel, couverte des fédérés des quatre-vingt-trois départemens et des quarante-huit sections, présentait le désordre d'un camp éloigné de l'ennemi et sans défiance, où les rangs étaient confondus ; une multitude de soldats, assis par terre, prenaient leur repas, ou succombaient au sommeil, lorsque le régiment des gardes suisses, au moment où les fédérés leur serraient la main, au milieu de ces embrassemens fraternels, a fait sur eux et sur les sections la plus terrible décharge de canons et de mousqueterie.

» Dites-leur qu'indignés de cette trahison, les fédérés, le peuple de Paris et les bataillons de la garde nationale, se sont précipités sur les Suisses et les chevaliers du poignard revêtus de l'habit de garde nationale, qu'ils ont enfoncés et exterminés.

» Dites-leur que Louis XVI s'est perdu dans l'esprit même

des royalistes, lorsque, pendant que ses plus vieux courtisans couvraient de leurs corps la porte de son cabinet, où ils le croyaient, lui, par une porte de derrière, fuyait avec sa famille à l'assemblée nationale, où ce n'est que lorsqu'il s'est rendu que les Suisses ont commencé à faire feu.

» Un décret de l'assemblée nationale vient d'envelopper dans une suppression commune tous les commissaires du roi, nommés, la plupart, par un ministère émigré ou décrété d'accusation. L'incivisme de beaucoup de juges a excité également de grandes préventions contre les tribunaux. Les juges du sixième arrondissement de Paris avaient donné le signal de la persécution contre les amis de la liberté; et cet exemple a trouvé tant d'imitateurs dans les départemens, qu'il s'est élevé un cri général pour demander le renouvellement des tribunaux. Ce cri a retenti plus d'une fois dans l'assemblée nationale. Cependant la correspondance de ministres conjurés pour vous endormir et épaissir les ténèbres autour de vous, peut, en quelque sorte, en excuser la plupart, que la distance des lieux et la gravité de la profession, éloignaient de la connaissance des intrigues contre-révolutionnaires du château des Tuileries. Maintenant que la vérité des trahisons que nous avions dénoncées brille dans tout son éclat; maintenant que vous êtes pénétrés et comme investis de lumière; maintenant que vous voyez, empressez-vous d'éclairer ceux à qui vous êtes chargés de dispenser la justice sur ces faits dont la connaissance vous est transmise ministériellement. Il est encore en votre pouvoir de reconquérir la bienveillance nationale. Imitez le tribunal de cassation et les tribunaux de Paris. Jurez l'égalité; félicitez l'assemblée nationale de ses décrets libérateurs; tournez contre les traîtres, contre les ennemis de la patrie et du bonheur public, le glaive de la loi qu'on avait voulu diriger, dans vos mains, contre les apôtres de la Liberté. Que la justice des tribunaux commence, et la justice du peuple cessera. *Le Ministre de la justice.*»

Rapport du capitaine des canonniers de garde au château des Tuileries, du jeudi 9 au vendredi 10 août 1792.

« Le jeudi, en arrivant à une heure, ayant fait placer mes pièces au lieu ordinaire, je fus dîner avec quatre de mes canonniers, dont le sergent-major. Là, nous avons trouvé deux Marseillais que je connais, et qui ont dîné avec nous. Nous avons eu une conversation patriotique, relative au quart d'heure où nous étions, disant que j'aimerais mieux être Anglais que Français esclave.

» En sortant de dîner, un grenadier portant le pompon blanc à son chapeau, et le ruban de la croix de Saint-Louis, s'approcha de moi, à l'instant que je demandais au maçon, pour quel sujet on posait des barrières à hauteur d'appui à la porte royale. Il me frappa sur l'épaule, en me disant : *Brave capitaine, c'est pour ces brigands de Marseille qui sont venus à Paris pour tout piller, et qui menacent de venir assassiner le roi et la reine cette nuit.* Je lui ai demandé s'il connaissait bien les Marseillais, pour tenir de tels propos à leur égard ; que j'en connaissais une grande partie, et notamment le commandant en chef et celui en second ; que c'était presque tous gens établis. Il m'a répondu que c'était un tas de jean-f..., et moi aussi. Je lui dis que si nous n'étions point en pareille place, je saurais bien lui faire changer ses propos.

» De là, je fus à l'assemblée nationale, sachant que M. Pétion y était ; j'y arrivai à l'instant qu'il faisait le rapport de la commune pour la formation d'un camp de six cents hommes sur les places du Carrousel et de Louis XV. Son discours fini, je me retire à mon poste, auquel on me fit rapport que pendant mon absence, il était venu au canonnier de faction, vis-à-vis les pièces, plusieurs gardes nationales, de garde ce jour-là avec nous, dire que j'aurais mérité d'être arrêté, pour les propos que j'avais tenus, ainsi que mes canonniers, en dînant. J'ai répondu que cela ne m'inquiétait pas beaucoup, et qu'il fallait toujours être ferme dans notre opinion, comme canonniers, et ne pas quitter le poste.

» A la nuit tombante, M. Agate, magasinier de l'arsenal, arrive avec un ordre de M. Pétion, pour faire poser les tentes nécessaires pour le camp mentionné ci-dessus ; il fut à l'état-major, qui s'y opposa, et le chargea d'une lettre pour M. Pétion. M. Agate me rencontra, et me fit part de la réponse de l'état-major. Je le priai de rentrer avec moi à l'état-major. Je leur observai qu'ils avaient tort de s'opposer à la formation du camp ; que je m'étais trouvé à l'assemblée quand M. Pétion l'avait proposée, et qu'il avait été très-applaudi. On me fit réponse que cela ne pouvait pas être. Je demandai de pouvoir prendre une tente pour moi et mes canonniers ; ce qui me fut refusé. Avez-vous, me dirent-ils, apporté de la munition avec vous ? Je répondis qu'il devait y en avoir dans le caisson de réserve. Ils me dirent qu'ils ne le croyaient pas trop garni. Je leur avouai donc que j'en avais ; mais savoir pour qui. Ils me répondirent que c'était contre les brigands qui devaient venir. Je me retirai vers mes pièces, et je trouvai mes camarades. Je leur recommandai de ne pas quitter leurs pièces ; que j'allais aller à la commune pour avoir une tente. Je reçus l'ordre de M. Sergent d'en prendre une, laquelle j'ai posée à côté de mes pièces. L'ayant posée, le sieur Guyaux, commandant de notre bataillon, vint me trouver ; il me demanda quelle nouvelle j'avais apprise en route : je lui fis part que j'avais rencontré le long de ma route beaucoup, et presque à chaque pas, de gros groupes de monde rassemblé, faisant la motion d'aller s'assembler à la Bastille, et qu'un grand nombre y allait déjà sans armes. Il me pria d'aller avec lui à l'état-major ; ce que je fis. En entrant, il dit au commandant : Voilà le capitaine des canonniers qui revient de la municipalité. Je leur répétai ce que je venais de dire, et que je venais d'envoyer chez moi dire qu'on eût soin de tenir bien fermée la chambre où sont déposées les armes pour armer ma compagnie. Je leur fis sentir leur tort d'avoir refusé la proposition de M. Pétion. Leur réponse fut de me dire que si l'attroupement venait, on ferait feu dessus ; sur quoi je leur répondis net, que jamais je ne tirerais sur le peuple, et je me retirai. Ils firent partir un cavalier d'ordonnance, pour s'informer si ce que j'avais dit concernant les rassemblemens à la Bastille était vrai. Le cavalier, de retour, dit qu'il n'avait pu aller plus avant que la rue de la Mule; et que là le peuple l'avait engagé à ne pas aller plus loin, parce qu'il serait arrêté.

»L'état major donna des ordres à M. Doucet, adjudant-général, pour qu'il allât faire battre la générale dans tous les quartiers de Paris, et donner ordre à plusieurs bataillons de venir aux Tuileries avec leurs pièces de canon entre onze heures et minuit. Le maire étant au château, fut consigné; il alla se promener dans le jardin des Tuileries. J'entendis dire à plusieurs grenadiers et autres gardes nationales, gens suspects, que Pétion était un f... gueux, et qu'on pouvait le mettre au rang des Marseillais et des canonniers qui sont ici. Je me retirai à mon poste; j'y trouvai qu'on avait donné ordre à mes canonniers d'avancer leurs pièces proche la porte royale, et que l'on avait formé des pelotons derrière et sur le côté de mes pièces. En traversant le bataillon pour rejoindre mes pièces, j'entendis dire par des grenadiers et autres, que si nous ne voulions pas faire feu, ils nous le feraient bien faire malgré nous, et à coups de baïonnettes. Arrivant à mes pièces, j'avertis mes camarades de ma compagnie de ce que je venais d'entendre dire. Ils me répondirent qu'ils l'avaient entendu aussi. Je voulus donner les ordres pour faire remettre les pièces dans leur première position. Doucet, adjudant-général, vint, et me dit que c'était lui qui les avait fait mettre là; qu'il entendait et qu'il prétendait qu'elles y restassent. Je le renvoyai, en lui disant que je n'avais pas d'ordre à recevoir de lui, et que je savais ce que j'avais à faire, vu qu'il y avait un adjudant-général d'artillerie aux Tuileries. Il fut se plaindre au commandant de notre bataillon, afin qu'il me fît des reproches, en lui disant: *Parlez donc à Langlade.* Le commandant lui répondit qu'il était tranquille sur mon compte; qu'il connaissait ma façon de penser, et qu'il me laisserait faire. Il parut au même instant à mes pièces deux officiers municipaux, que le lieutenant de ma compagnie m'a dit connaître. A cet instant, il était aux environs de deux heures du matin. Voici le langage que ces officiers municipaux nous ont tenu : Il faut nous disposer à bien nous défendre : tous ces Marseillais sont des brigands ; la plupart ont été fouettés, marqués ; ils ont mis des vésicatoires sur leur épaule pour faire disparaître la marque. Un de mes canonniers leur répondit qu'il était bien malheureux que l'on attribuât tout le mal à ceux qui en font le moins. Je lui frappai sur l'épaule, pour lui imposer silence ; et lui dis que ce n'était que de moi qu'il devait recevoir des ordres.

» Les officiers municipaux se retirèrent, sur la réponse que mes canonniers leur firent, qu'ils connaissaient leur capitaine, et qu'ils se reposaient sur lui. Nous restâmes tranquilles jusque sur les quatre heures, auxquelles je donnai ordre de retirer les pièces en arrière, vu que nous étions trop près de la porte-royale. Aussitôt le sieur Doucet, adjudant-major, parut en me disant, d'un air brusque, qu'il fallait que je restasse là. Je lui répondis qu'il ne connaissait pas la position de l'artillerie ; que s'il la connaissait, il ne parlerait pas de cette manière. A l'instant s'approchèrent un commissaire des guerres, M. Lachenay, chef de légion, et un autre individu avec un habit bleu brodé en or, et décoré de la croix de Saint-Louis, en me disant qu'il ne fallait pas avoir de raison ; qu'il fallait être tous d'accord pour se défendre contre tous les brigands qui avaient déjà pillé plusieurs boutiques dans les rues Saint-Denis et Saint-Martin, et dans le faubourg Saint-Antoine, et qu'ensuite ils devaient venir assassiner le roi et la reine. Je leur observai qu'il était impossible de me défendre, attendu que j'étais trop près de la porte, et que cela gênerait beaucoup la manœuvre. Alors ils consentirent à me laisser reculer ; et, par cette manœuvre, je parvins à faire retirer les pelotons qui étaient derrière moi, et qui m'avaient fort menacé la nuit. Ils revinrent cependant se placer derrière moi. Je leur dis que je voulais absolument avoir le derrière de mes pièces libre pour la manœuvre de mes avant-trains ; et je fus les chercher pour les placer derrière mes pièces, ce que je n'avais pu pendant la nuit où mes avant-trains m'ont été absolument cachés par le bataillon qui était derrière nous. Au même instant, le sieur Carle, colonel de la gendarmerie nationale, parut vis-à-vis nous; il nous dit qu'il fallait être tous d'accord, et ne pas se diviser; qu'il ne croyait pas que les grenadiers nous en voulussent; il dérangea lui même des chaises dont ces grenadiers s'étaient servis derrière nous: alors je mis mes avant-trains à leur place. Au même instant, arrivèrent plusieurs bataillons avec leurs canons : les uns entrèrent dans la cour des princes, et les autres dans les Tuileries. Il en rentra quatre autres pièces, qui se placèrent à gauche dans la cour royale, et sur laquelle deux autres pièces venant des Tuileries se mirent en batterie à côté de nous. Le commandant-général nous ordonna de charger. Je le défendis; mais mon lieutenant le fit faire. Sur la raison que tinrent les officiers de l'état-major, que les brigands faisaient marcher nos femmes et nos enfans à leur tête, mon lieutenant me répondit qu'on les prendrait par le flanc, si toutefois ils faisaient feu. Le roi parut à la croisée entouré de plusieurs personnes habillées de différentes couleurs, et principalement en vert, et beaucoup de grenadiers. Les cris redoublés de *vive le roi* se firent entendre de toutes parts. Il descendit dans la cour; il pouvait être à peu près cinq heures et demie, et commença sa tournée par la droite vers un bataillon qui ne faisait que d'entrer, et qui était armé de toutes sortes d'armes. Il n'eut pas le succès qu'attendait sa suite qui ne cessait de crier, car personne d'entre nous ne répéta ce cri.

» Au bout de ce bataillon se trouvaient les quatre pièces mentionnées ci-dessus, lesquelles n'étaient pas encore dégagées de leurs avant-trains. Je fis tourner une pièce vers le Château : le roi passant à ce moment, je pris mon chapeau à la main, et le levant en l'air, je criai de toutes mes forces *vive la nation !* ce qui fut répété par tous les canonniers, et à plusieurs reprises. Plusieurs grenadiers de sa suite eurent l'audace de venir mettre le poing sous le nez de mes canonniers : j'en fus si indigné, que je portai un coup de sabre à un. Cela occasiona un petit tumulte parmi les canonniers; mais il fut bientôt apaisé.

» Les canonniers servant les quatre pièces dont j'ai parlé ci-dessus, indignés de voir comme on les traitait, sortirent de la cour royale, et vinrent se ranger avec ceux que les honnêtes gens appellent des brigands. Voyant mes camarades partis, et la conduite que l'on avait tenue à notre égard, j'ordonnai d'amener les avant-trains à mes pièces, pour m'en aller. Aussitôt le sieur Doucet, adjudant-général, me dit d'un ton ferme : F....., que faites-vous là? vous quittez votre poste; vous êtes un f...... lâche. Je lui répondis sur-le-champ et sur le même ton : Vous me reprochez que je quitte mon poste; vous avez laissé partir mes frères d'armes avec leurs pièces : vous voulez donc me faire égorger en me forçant de faire feu sur eux? Il me dit que c'était la peur qui me faisait quitter mon poste. Je lui répondis qu'il devait me connaître, et que depuis le 12 juillet 1789 que j'avais pris les armes, je n'avais fait jamais aucun acte de poltronerie. Il se retira, et trouvant le sergent-major de ma compagnie, qui était de faction au caisson, et qui s'approchait de moi, voyant qu'il s'élevait des difficultés entre nous, il lui reprocha qu'il quittait son poste, et qu'il ressemblait à son capitaine. Il lui répondit qu'il était à son poste. Au même instant, parurent plusieurs officiers de l'état-major, entre autres, le sieur Carle et l'individu habillé en bleu, dénommé ci-dessus : nous eûmes alors une conférence ensemble, concernant les dispositions du moment. Dans cet intervalle, nous demandâmes qu'il fût envoyé une députation, prise dans les grenadiers et autres corps qui se trouvaient là. Notre demande fut acceptée, la députation formée; le sergent-major de ma compagnie et deux grenadiers furent choisis; ils se rendirent à la place du Carrousel, où étaient ces soi-disant brigands, pour leur demander le motif de leur marche, s'il était vrai que leur dessein était d'assassiner le roi. Pendant ce temps, plusieurs grenadiers cherchèrent dispute à mes canonniers, vu la conduite que nous tenions, et sautèrent sur la pièce de gauche pour s'en emparer. Les canonniers qui la servaient se jetèrent dessus, et leur dirent qu'ils aimaient mieux mourir que de la céder. M. Lachenay aussitôt parut comme moi, et nous fîmes retirer les grenadiers. Je leur dis de faire leur métier de grenadiers; que j'étais dans le cas de faire mon métier mieux qu'eux, et qu'ils eussent à nous laisser faire notre devoir. Sur-le-champ j'ordonnai de charger les pièces ; ce qui fut exécuté aussitôt. La députation rentra ; elle nous rendit compte et à l'état-major, que ce n'étaient pas, ce qu'on s'était fait un plaisir de nous dire cette nuit, des brigands, mais tous nos frères des différentes sections de Paris ; qu'ils venaient pour désarmer les Suisses, et qu'ils savaient qu'il y avait un complot de formé. Il est entré une douzaine de nos frères d'armes du dehors, pour nous demander si, dans le cas où on ne voudrait pas leur ouvrir la porte, nous étions dans le dessein de faire feu sur eux. Notre réponse fut que non.

» Le procureur-syndic du département arriva, accompagné de plusieurs membres, fit le tour de la cour, en proclamant la loi de repousser le force par la force, et vint ensuite se placer devant nos pièces ; il me fit lecture de la loi, et me demanda si je me défendrais. Je lui répondis oui, pourvu qu'il ouvrît la porte à nos frères d'armes, et qu'il leur proclamât la loi : alors, lui dis-je, vous marcherez devant, jusqu'au premier coup de feu ; et s'ils tirent les premiers, j'engage ma parole d'honneur de me défendre jusqu'à la mort. Après ces paroles, il m'embrassa, me promit d'ouvrir la porte, et se retira. Au lieu de le faire, il se rendit au Château, où était tout l'état-major. Un instant après, nous apprîmes que le roi et sa famille allaient à l'assemblée nationale. Nous restâmes seuls dans la cour, avec un détachement de gendarmerie nationale, deux bataillons suisses, et un petit détachement armé de toutes sortes d'armes. Alors, nous commençâmes à respirer, et l'on ne cessait de frapper de temps en temps à la porte.

» Le roi rendu à l'assemblée nationale, on donna des ordres à tout le monde de rentrer dans le Château. Mon lieutenant et moi, nous approchâmes des Suisses ; nous leur dîmes qu'il y avait plus de cent mille hommes dehors ; qu'ils feraient bien de mettre bas les armes, et de ne pas faire feu. Ils nous répondirent qu'on leur avait bien commandé de le faire, mais qu'ils ne le feraient pas. Ils prièrent mon lieutenant d'aller parler à leurs chefs ; ce qu'il fit. La réponse de leurs officiers fut de nous envoyer à nos postes, pour faire notre devoir ; que pour eux, ils ne craignaient rien, qu'ils sauraient bien vaincre cette canaille-là (en parlant du peuple). Nous revînmes à nos pièces; nous ramassâmes nos fournimens et changeâmes nos batteries de front de bataille, en les tournant du côté du poste d'honneur, la culasse adossée près les Suisses du côté de la cour Marsan.

» Environ une demi-heure après, un officier supérieur de l'état-major du département de Paris, par un signal, ordonna aux Suisses et aux gendarmes nationaux à pied d'aller occuper les portes du château des Tuileries; ce qu'ils firent : ils passèrent par le vestibule et en fermèrent sur eux les grilles. Quelques momens après le Suisse à livrée de la porte royale leva la barre qui fermait le guichet de ladite porte, et se sauva. Alors nos frères, qui étaient dans le Carrousel, et qui avaient patiemment attendu pendant environ deux heures, quoique frappant souvent à ladite porte pour la faire ouvrir, s'avancèrent, en nous criant : Frères, venez avec nous ; et voyant que nous étions sans défense, ils ouvrirent eux-mêmes les deux battans, et vinrent nous aider à sortir nos pièces. Aussitôt beaucoup de gendarmes nationaux sortirent du Château, le chapeau au bout de leurs baïonnettes, en criant *vive la nation!* et vinrent se joindre à nous : alors nous conduisîmes nos pièces au milieu de la place du Carrousel, et nous les braquâmes sur le Château.

» Dans cette position, toujours espérant de réunir les Suisses avec nous, je retournai au Château, où je vis le peuple dans la cour royale, rangé en bataille à droite et à gauche, faisant signe aux Suisses de se rendre. Par un signe que ceux-ci firent, nous comprîmes qu'ils le désiraient : aussitôt, avec confiance, nous entrâmes au Château ; et, montant l'escalier jusqu'à la porte de la chapelle, nous vîmes les deux côtés des escaliers, ainsi que le perron supérieur, rempli de Suisses et de quelques grenadiers nationaux. Nous les sommâmes, au nom de l'union, de se rendre, sans crainte pour leurs jours. Je fus reconnu par deux Suisses qui me prirent par dessous les bras, en pleurant et en me disant qu'ils souhaitaient que leurs camarades fissent comme eux. Nous descendîmes ensemble jusque dans la cour, où on leur ôta leurs armes en les embrassant. En m'en retournant pour monter dans le Château, afin d'engager les autres à venir, j'aperçus que sur le balcon les Suisses jetaient leurs cartouches. Je fis signe de cesser, pour éviter une foule immense qui se bousculait pour les ramasser ; et poursuivant jusqu'au perron de la chapelle avec plusieurs de mes camarades, j'en pris deux autres. J'entendis leurs officiers qui leur défendaient de nous suivre. Je persistai à emmener ces deux Suisses, en répondant aux officiers très-brusquement. A peine avais-je commencé à descendre, qu'un feu considérable commença à se faire par les Suisses, tant intérieurement qu'extérieurement. J'eus l'affreux spectacle de voir un des Suisses que je tenais, tué à côté de moi, et l'autre blessé. La terreur, la rage, le désespoir, s'emparèrent de mon ame : je me sauvai à travers les balles qui sifflaient à mes oreilles ; et passant sur les corps morts, je volai à mes pièces qui étaient restées au Carrousel, pour venger mes frères assassinés par des monstres qui les avaient attirés par la confiance de s'unir ensemble. »

Paris, ce 14 août 1792.

Signé LANGLADE, *capitaine des canonniers du troisième bataillon, sixième légion*; FLEURY, *sergent major*; SIMON et CHARLAT, *sergens*, RENETTE, DUBUT, BOUDET, BAROY, SIDOT.

Rapport fait à l'assemblée nationale, par le commandant de garde au poste des appartemens du traître Louis XVI, depuis le jeudi 9, jusqu'au vendredi 10 : contenant les détails du rassemblement des Chevaliers-Poignards, la conduite qu'ils ont tenue pendant la nuit, le combat qu'ils ont voulu livrer dans le cabinet et en présence de ce perfide, et l'infidélité de ses assassins Suisses.

« LÉGISLATEURS,

» J'ai cru qu'il était du devoir d'un citoyen libre, de dévoiler à la France entière, dans le sein de l'auguste sénat de ses représentans, toutes les trames infernales du complot et du massacre qui a eu lieu au château des Tuileries, où j'ai commandé le premier poste.

» Je vais vous rendre un compte fidèle de tous les faits qui y sont venus à ma connaissance, dans cette malheureuse affaire, depuis le jeudi matin jusqu'au vendredi, époque mémorable où les Français ont encore une fois reconquis leur liberté. J'entrerai dans les plus petits détails, parce que le poste que je commandais était justement celui où la scène devait se passer.

» Le jeudi matin, j'appris que des particuliers avaient été chez des fourreurs, pour y louer des bonnets de grenadiers, offrant de déposer le montant desdits bonnets, parce que, dirent-ils, ils n'en avaient besoin que pour un jour, leur dessein étant de renforcer la garde du roi, qui ne pouvait être trop forte dans la circonstance où le Château se trouvait menacé.

» Ce détail devint pour moi un avis, et j'en profitai.

» Rendu au chef-lieu de rassemblement de la légion, et lorsque nous fûmes en bataille, j'instruisis tous les officiers, qui, comme moi, devaient commander les différens postes, de ce que je venais d'apprendre.

» Les postes entre les officiers furent tirés au sort, comme il est d'usage, et le hasard me donna celui des appartemens du roi. Lorsque j'en eus pris possession, je donnai la consigne de ne laisser sortir personne, et fis faire une liste exacte, d'après laquelle je fis ranger en ligne MM. les volontaires pour en faire l'appel nominal, en les prévenant que je renouvellerais fréquemment ce même appel, et que si quelqu'un d'eux y manquait, que je l'appointerois d'une heure de plus de faction.

» Peu de temps après que j'eus pris possession de mon poste, je reçus, de la part de l'état-major, un ordre qui portait, que s'il se présentait, à la porte de l'entrée des appartemens du roi, un homme en garde national, soi-disant pour renforcer ou compléter le poste, ayant la taille de cinq pieds un pouce, la figure basanée, le visage plat, le nez court et écrasé, les yeux bruns, cheveux et sourcils noirs, que je le fisse arrêter, parce que son projet était d'assassiner le roi.

» Un second ordre me fut encore apporté de la part de l'état-major, que, s'il se présentait pareillement, à la porte des appartemens du roi, une députation ou détachement en armes, ou sans armes, qui, soi-disant, devait être envoyée pour parler au roi, de la part des Marseillais, que je m'opposasse à son entrée, et que j'en avertisse l'état-major, qui, conjointement avec le roi, verraient à décider sur la demande de cette députation, parce que dans ce détachement ou députation, devait se trouver le même particulier ci-dessus désigné. Je transmis sur-le-champ cet ordre à mes sentinelles, mais aucuns de ces désignés ne se sont présentés.

» A quatre heures après midi, l'on rapporta à l'état-major que les Marseillais se rassemblaient au faubourg Saint-Antoine, pour venir dans la nuit assiéger le Château; qu'ils devaient être au nombre de trois mille; qu'à onze heures l'on devait sonner le tocsin et battre la générale, et que de minuit à deux heures, l'attaque devait avoir lieu; que leur projet était de ne faire grace à personne, et que tout garde national qui serait pris les armes à la main, serait taillé en pièces.

» Le maire et plusieurs membres de la municipalité, vinrent à différentes fois, dans la soirée, chez le roi. Le maire rassura le roi, en lui disant que les prétendus rassemblemens n'étaient que peu conséquens, et fut mandé à l'assemblée nationale. Dans cet intervalle, il vint également différens officiers du département, qui annoncèrent que les rassemblemens s'augmentaient. A onze heures, un officier de la gendarmerie dit venir de la Bastille, et avoir vu le rassemblement qui pouvait être de douze à quinze cents personnes. Alors la crainte parut se manifester à l'état-major, qui prit la résolution d'envoyer un ordre à tous les commandans de bataillons de rappeler sur-le-champ les citoyens dans leur arrondissement, afin qu'ils réunissent le plus de volontaires possible aux chefs-lieux du rassemblement respectif de chacun desdits bataillons, pour être prêts à marcher au premier ordre qu'ils recevraient, avec leurs drapeaux et leurs canons. Je fus chargé de faire passer cet ordre au sieur Vincent, commandant du huitième bataillon de la sixème légion, dans lequel je sers. D'après le départ de cet ordre, je retournai aux appartemens du roi, que j'avais peu quittés, et les trouvai considérablement remplis de différens particuliers, à moi inconnus, partie habillés en uniforme différens, et le reste en habits de différentes couleurs. Cette foule d'individus me parurent dès ce moment suspects; ils s'y étaient introduits au moyen d'une consigne, qui ordonnait l'entrée libre à tout porteur d'une carte bleue, portant, en lettres noires, *entrée des appartemens*. Comme l'heure du coucher du roi arrivait, je crus que cette foule de courtisans était venue pour y assister, et qu'après son coucher ils se retireraient ainsi que de coutume. Le roi ne se coucha pas, et le nombre de ces mêmes courtisans, jusqu'à plus de trois heures, devint si grand, qu'à peine on pouvait obtenir passage pour se rendre au cabinet du roi.

» Vers les trois heures, plusieurs détachemens de différens bataillons, avec ou sans canons, étaient réunis dans les cours et le jardin du Château. A cinq heures, j'ai évalué la force à peu près à dix mille hommes. Alors la certitude de l'attaque se confirmait de plus en plus. M. de la Chenay et le commandant en second des Suisses, me proposèrent, devant la porte de l'état-major, un renfort d'un détachement de Suisses, qui était de la compagnie colonelle. Ce dernier me dit qu'il tenait infiniment à ce que les deux corps n'en fissent qu'un, et qu'il me priait de donner ordre à douze ou vingt hommes de mon poste, de prendre la droite de l'escalier qui conduit de la chapelle à l'appartement du roi. Je refusai de fournir ce détachement, ne voulant et ne devant pas affaiblir mon poste, qui n'était que de quarante-huit volontaires, et fournissait sept factionnaires. L'état-major alors m'envoya vingt hommes des différens postes pour y suppléer: je les plaçai à la droite de l'escalier. Les Suisses, à la tête desquels étaient leurs officiers, vinrent occuper la gauche, quoiqu'ils ne dussent être que sous mon commandement, attendu qu'ils étaient dans mon arrondissement; et ce renfort m'avait été proposé, soi-disant pour défendre l'entrée de mon corps de réserve, qui était dans la salle des gardes, ainsi que de coutume.

» Le danger s'accroissant de plus en plus, il fallait prendre un parti décisif; celui de la conciliation me paraissait préférable. Dans le même moment, on vint me dire que l'état-major faisait une pétition pour être présentée à l'assemblée nationale, pour obtenir un décret qui était d'avance mon vœu : c'était de conduire le roi et sa famille à l'assemblée. En effet, on apporte cet écrit dans la cour, j'y appose ma signature, dans la bonne foi où j'étais qu'il n'avait pas d'autres vues.

» J'appris, une demi-heure après, que je n'avais pas signé ce que je crus, mais bien une pétition tendante à demander qu'il fût rendu un décret pour le renvoi, dans la matinée, de tous les fédérés qui sont dans la capitale, ainsi que les Marseillais et les Bretons. Ces derniers y étaient désignés comme assassins. Je fis alors tous mes efforts pour ravoir cette pétition, pour en effacer ma signature, mais il n'en était plus temps, la confusion paraissait naître entre les officiers supérieurs, et il était difficile d'avoir d'eux quelques renseignemens. Il était environ cinq heures et demie. Le roi avait été conseillé de faire sans doute une démarche qui me parut de la dernière inconséquence : revenant de l'état-major, j'entendis des cris de vive le roi, j'accourus à mon poste, et je le rencontrai au bas du grand escalier, entouré de plus de cinquante personnes, dont la plus grande partie étaient des officiers généraux et des courtisans, le surplus des grenadiers. Je remontai vite à mon poste, et demandai si l'on avait pris les armes et crié vive le roi; mes camarades me répondirent que non : je les en félicitai. Alors, par les croisées de mon poste, j'ai vu le roi passer en revue les différens détachemens des cours et du jardin, qui ont crié au moment de son passage, *vive la nation!* et les courtisans continuaient de crier *vive le roi!* Toutes les troupes, après le passage du roi, me parurent témoigner du mécontentement. A peine le roi fut-il remonté, qu'une partie des troupes et de l'artillerie qu'il avait passée en revue, se retirèrent. A cinq heures trois quarts, il ne nous restait plus qu'environ deux mille hommes.

» Il s'était introduit avec lui un quidam, porteur d'une espingole, j'en fus averti; je me transportai dans les appartemens, et le trouvai dans la chambre à coucher du roi : je lui ordonnai à l'instant de me suivre, pour le conduire à l'état-major, où je lui demandai qui il était. Il me répondit qu'il se nommait Bazencourt, et qu'il était du bataillon des Filles-Saint-Thomas. Le chef de bataillon, de garde avec moi, se chargea de le faire reconnaître au bataillon duquel il se réclamait : il fut reconnu pour en être. Peu après il s'était encore introduit dans les appartemens, où je l'ai reconnu, lors de l'action. Vers les six heures et demie, le peuple, uni aux Marseillais, parut en bon ordre se ranger en bataille, sur la place du Carrousel, et en face du Château; je vis qu'il était temps de prendre des ordres; je fus à l'état-major : je ne pus parvenir à en recevoir de M. de la Chenay, qui me fit réponse que je le laissasse un peu tranquille, parce qu'il avait la tête fatiguée; il me parut n'être plus à son poste, ce qui me détermina à prendre les mesures les plus sages. Je remontai au mien, pour y rassembler tous les volontaires qui s'y trouvaient, et leur fis former le cercle; alors, au milieu d'eux, je leur dis : Messieurs, comme je ne commande point des esclaves soudoyés par un despote, ma démarche au milieu de vous est pour connaître vos intentions, et vous déclarer les miennes, dans un moment où tout va dépendre du sort de la France. Je compte, Messieurs, maintenir l'honneur de mon poste, et ne le livrer qu'à une force supérieure à la mienne; ce sabre qui est dans mes mains ne sera jamais plongé dans le sein de ma famille, ni dans celui de mes amis; mais je cesserais de les regarder pour tels, s'ils faisaient feu sur nous, et alors je vous ordonnerais de le défendre. Est-ce là votre avis? Tous me dirent qu'ils obéiraient; je fis rompre le cercle.

» Je retournai à l'état-major, et descendant l'escalier, je vis les officiers suisses verser eux-mêmes de l'eau-de-vie à leurs soldats. Un officier général, portant l'habit bleu, brodé en or, me dit : Vos volontaires doivent avoir besoin de rafraîchissemens, voulez-vous que je vous fasse donner de l'eau-de-vie et du pain?

Je lui répondis qu'ils n'avaient besoin de rien, qu'au surplus je pourvoirais à leurs besoins.

» L'on profita de mon absence, qui ne fut que d'un moment, pour m'enlever vingt hommes de mon poste; sitôt mon retour je m'en aperçus, et demandai où ils étaient : l'on me dit qu'un officier-général était venu les chercher. J'entrai alors dans les appartemens, et les retrouvai à la porte du cabinet du roi, bordant la haie des deux côtés. Mécontent de cette disposition, sans mon aveu, je m'adressai au sieur Doucet, adjudant, qui était dans le cabinet du roi à écrire. Je me présentai à lui, pour savoir si mon poste avait été dégarni par lui : il me répondit que non. Alors je lui dis que j'allais les ramener, et ce que j'allai effectuer, en leur commandant de porter les armes.

» Le moment était arrivé où le voile qui couvrait l'horrible complot conspiré contre nous devait être déchiré. Une voix autre que la mienne, fait commandement par le flanc à droite, à droite : par file à gauche, marche. Alors, à ce dernier commandement, cette foule de courtisans, au nombre de six à huit cent, déployèrent chacun leurs armes, les uns des espingoles, d'autres des poignards, des sabres courts, des pistolets, des couteaux de chasse, des pelles, des flambeaux, etc.; et je reconnus parmi eux celui que j'avais remis entre les mains du commandant de bataillon. A leur tête, sur trois de hauteur, marchait un petit homme basané, figure pâle et plate, la boutonnière bigarrée de deux croix, dont l'une est celle de Saint-Louis, et que j'ai reconnu pour être le commandant en second des gardes du roi; ils défilèrent au milieu des volontaires que j'allais ramener, et allèrent se ranger en ordre de bataille dans le cabinet du roi. Mon premier mouvement fut de tirer mon sabre; mais réfléchissant que je n'avais que vingt hommes avec moi, je restai, dans l'intention d'exécuter mon projet, sitôt qu'il se serait réuni quelque force à moi.

» Dans cet instant, le roi fut mandé, par un soi-disant décret, à l'assemblée nationale : comme il était de mon devoir de l'y accompagner, je disposai les troupes qui devaient protéger son passage, et une petite partie de ces mêmes chevaliers s'y prêtèrent. J'ordonnai aux Suisses qui étaient sous mon commandement de faire l'avant-garde : un détachement du bataillon des Filles-Saint-Thomas se trouvant sur le passage, je lui ordonnai de faire l'arrière-garde. Nous marchâmes dans cet ordre jusqu'à environ cinquante pas de la terrasse sur laquelle l'affluence du peuple y témoignait son juste mécontentement. Craignant qu'il n'opposât de la résistance au passage du roi, je lui dis : Sire, le peuple me paraît agité, et je crois qu'il serait prudent de le prendre par la voie de la douceur; M. Rœderer fut de mon avis.

» Alors le roi consentit à tout. Je donnai des ordres à la tête de la colonne de faire halte : je m'avançai seul vers le peuple, mon sabre dans le fourreau, et lui dis : Mes amis, l'assemblée nationale a rendu un décret qui mande le roi dans son sein, et m'ordonne en même temps de protéger son passage; je suis, comme vous, bon citoyen, et je sais respecter la terre de la liberté sur laquelle vous êtes, et aucun soldat que je commande ne passera la première marche de ce perron. Je transmettrai le roi au bord du passage que vous allez lui faire, et dès ce moment vous en serez vous-mêmes les gardiens. Si vous étiez capables d'oublier un moment le dépôt que je vais remettre dans vos mains, songez que la nation entière aura le droit de vous en demander compte; mais je parle à des hommes libres, cela suffit.

» Ces bons citoyens m'ouvrirent le passage, et je me rendis à l'assemblée nationale, où je demandai des gendarmes et des gardes nationaux pour border la haie; ce qui me fut accordé. Je retournai vers le roi, et étant à dix pas du perron, je commandai halte. Le peuple déjà indigné contre les Suisses, redoublait ses murmures; j'employai alors tout ce que la prudence exigeait pour l'apaiser; je commandai tête de colonne par file à droite et à gauche, et ils passèrent derrière. Le roi était pour lors à découvert, et les citoyens lui manifestèrent hautement leur mécontentement, entre autres un qui voulut lui parler; je le pris par la main, et le conduisis au roi. Il lui dit : Sacredieu ! donnez-moi

la main, et f..... soyez sûr que vous tenez celle d'un honnête homme et non d'un assassin ; et malgré tous vos torts, je réponds de la sûreté de vos jours : je vais vous conduire à l'assemblée nationale; mais pour votre femme, elle n'entrera pas ; c'est une *sacrée-garce* qui a fait le malheur des Français. Le roi lui serra la main, et parut avoir de la confiance en lui. Alors on s'approcha du perron; mais tout à coup les cris redoublèrent que l'épouse du roi n'entrerait pas à l'assemblée. M. Rœderer à son tour quitta le roi pour s'approcher du perron, et tenant le livre de la loi, il dit au peuple : « De par la loi, peuple français, peuple
» libre, l'assemblée nationale a rendu un décret par lequel elle
» appelle en son sein le roi, le prince royal, la reine, la fille du
» roi, la sœur du roi, toute la famille entière du roi ; et vous
» devez aux termes de la loi et de la liberté ne point vous op-
» poser à son passage. » Du moment de cette promulgation le calme renaît parmi le peuple, et aucun obstacle ne s'y est opposé.

» Comme j'ignorais le temps que le roi pouvait rester à l'assemblée, j'y restai en station. A peine y avait-il une demi-heure, que j'entendis se faire une décharge de mousqueterie au Château. J'avais laissé le commandement de mon poste au jeune Monne, chasseur et sergent de la compagnie que j'ai l'honneur de commander. Je quittai tout à coup l'assemblée, pour voler à son secours. Quel spectacle, grand Dieu ! le jour était déjà obscurci par l'horrible fumée de la poudre ; il était impossible d'y reconnaître ses camarades ; le grand escalier était déjà jonché de morts et de blessés.

» Je dois vous apprendre, législateurs, que le jeune Monne avait envoyé, de concert avec les officiers suisses, en députation aux Marseillais, trois vétérans et un grenadier, qui, porteurs de ses ordres, avaient assuré les Marseillais qui étaient paisiblement dans la cour, que les soldats qui étaient à mon poste n'étaient pas faits pour souiller leurs armes du sang de leurs frères. Les Suisses, à cette conciliation, jetèrent des paquets de cartouches par les croisées; au même instant, les cris de vive la nation retentirent partout, et ces mêmes députés, avec les Marseillais et les volontaires de la garde parisienne, croyant qu'ils se rendaient au vœu du peuple, se présentèrent en foule et sans ordre au grand escalier de l'appartement du roi.

» Ces Suisses assassins firent feu de bataillon sur nos frères, et de suite feu de file; de sorte qu'en trois décharges il resta plus de cent victimes de leur férocité sur ledit escalier.

» Législateurs, *vengez nos frères!* c'est la seule récompense que je demande à la patrie, si j'ai mérité d'elle, dans la conduite que j'ai tenue dans cette malheureuse affaire.

F. VIARD, *soldat citoyen, et capitaine de chasseurs.*

Sur les événemens du 10 août 1792, par Robespierre.

« Les trahisons éternelles du gouvernement, la ligue sacrilége de nos ennemis intérieurs avec nos ennemis du dehors, avec une multitude innombrable de fonctionnaires publics corrompus par la cour, les persécutions suscitées à tous les bons citoyens par la tyrannie armée au nom de la loi, les principes de la Constitution impudemment violés, et le mot seul de Constitution devenu, entre les mains du despotisme et de la perfidie, une arme terrible pour assassiner le patriotisme; la guerre ouvertement déclarée au peuple français par La Fayette et par ses complices, et leur scandaleuse impunité; enfin, les conspirations tramées ouvertement contre la sûreté de la capitale et contre la vie des meilleurs citoyens, tout annonçait que les Français n'avaient plus à combattre seulement pour leur liberté, mais pour leur existence. Tous ces crimes étaient le terrible commentaire de cette formule imposante proclamée par l'assemblée nationale : *La patrie est en danger.* Le peuple français tout entier, avili, opprimé depuis long-temps, sentait que le moment était arrivé de remplir ce devoir sacré imposé par la nature à tous les êtres vivans, et, à plus forte raison, à toutes les nations, celui de pourvoir à leur propre sûreté par une généreuse résistance à l'oppression. Les préparatifs formidables d'une nouvelle Saint-Barthélemy, que l'on faisait depuis long-temps dans Paris et au château des Tuileries, ne laissaient plus encore aux citoyens le temps de délibérer, et le peuple a reparu dans l'attitude qu'il avait montrée au mois de juillet 1789.

» Seulement, il est vrai que l'insurrection du 10 août 1792 a, sur celle du 14 juillet 1789, des avantages qui annoncent le progrès des lumières depuis cette première époque de la révolution.

» En 1789, le peuple de Paris se leva tumultuairement pour repousser les attaques de la cour, pour s'affranchir de l'ancien despotisme, plutôt que pour conquérir la liberté, dont l'idée était encore confuse et les principes inconnus. Toutes les passions concoururent alors à l'insurrection, dont il donna le signal à la France entière.

» En 1792, il s'est levé avec un sang-froid imposant pour venger les lois fondamentales de sa liberté violée, pour faire rentrer dans le devoir tous les tyrans qui conspiraient contre lui, tous les mandataires infidèles qui cherchaient à ensevelir encore une fois les droits imprescriptibles de l'humanité. Il a exécuté les principes proclamés trois ans auparavant par ses premiers représentans; il a exercé sa souveraineté reconnue, et déployé sa puissance et sa justice pour assurer son salut et son bonheur.

» En 1789, il était aidé par un grand nombre de ceux que l'on appelait grands, par une partie des hommes qui étaient revêtus de la puissance du gouvernement.

» En 1792, il a trouvé toutes ses ressources, et dans ses lumières, et dans sa force; seul, il a protégé la justice, l'égalité et la raison contre tous leurs ennemis. Ce n'était point seulement le peuple de Paris qui donnait un grand exemple à la France, c'était le peuple français qui se levait à la fois.

» La manière solennelle dont il procéda à ce grand acte fut aussi sublime que ses motifs et que son objet.

» Les sections de Paris, déclarées permanentes depuis la proclamation des dangers de la patrie, dont la sagesse et l'énergie avaient éclaté durant cette courte période par tant d'arrêtés immortels; ces sections, qui avaient réveillé et guidé le patriotisme des fidèles députés du peuple, avaient elles-mêmes publiquement agité les motifs, et marqué le moment de cette démarche courageuse. Elles la concertèrent avec une union dont les amis de la liberté peuvent seuls donner l'exemple. Ce n'était point une émeute sans objet, excitée par quelques brouillons ; ce n'était point une conjuration ensevelie dans les ténèbres : on délibérait au grand jour, en présence de la nation. Le jour et le plan de l'insurrection furent indiqués par des affiches. C'était le peuple entier qui usait de ses droits; il agissait en souverain, qui méprise trop les tyrans pour les craindre, qui compte trop sur sa puissance et sur la sainteté de sa cause pour daigner même leur cacher ses desseins.

» Les sections commencèrent par nommer des commissaires pour veiller au salut de la Commune et exercer son pouvoir. Ces commissaires se transportèrent auprès de la municipalité, à qui ils déclarèrent, au nom du peuple de Paris, qu'ils la révoquaient, excepté le maire, le procureur de la Commune et les seize administrateurs de la police.

» Cependant le tocsin avait sonné; les citoyens de toutes les sections s'étaient armés et réunis, les gardes nationales, tout le peuple, la gendarmerie nationale, les fédérés de tous les départemens restés à Paris, tous n'avaient qu'un seul sentiment, qu'un seul but. On distinguait parmi eux l'immortel bataillon de Marseille, célèbre par des victoires remportées sur les tyrans du midi. Cette armée, également imposante par le nombre, par la diversité imposante des armes, surtout par le sentiment sublime de la liberté qui respirait sur tous les visages, présentait un spectacle qu'aucune langue ne peut rendre, et dont ceux qui n'ont vu que les événemens du 14 juillet 1789 ne peuvent se former qu'une idée imparfaite.

» Elle se portait vers le Château, où était le foyer de la conspiration tramée contre la sûreté de Paris, et une armée de contre-révolutionnaires et de Suisses rassemblés depuis long-temps pour l'exécuter. Arrivés à la porte du Château, sur la place du Carrousel, un bataillon de fédérés et de citoyens arrivé le premier, requit les Suisses de se ranger du parti du peuple. Ceux-ci répondent par des signes d'amitié ; ils tendent la main aux citoyens ; plusieurs arborent le bonnet de la liberté. Mais tandis que les citoyens se livrent à cette douce illusion, des coups de canon tirés du Château sillonnent l'armée du peuple ; un nombre considérable, parmi lesquels on compte cent Marseillais, tombe sur le carreau. Horrible perfidie! qu'il faut moins imputer aux Suisses en général, qu'aux exécrables artifices de leurs chefs aristocrates et de la cour, qui, depuis plusieurs jours, ne cessaient de les circonvenir pour les préparer à ces attentats.

» Cette trahison fut le signal d'un combat où le courage du peuple, excité par l'indignation, triompha encore une fois du despotisme. Le Château fut forcé, les Suisses mis en fuite, poursuivis ; un grand nombre d'entre eux fut immolé aux mânes des défenseurs de la liberté qui ont péri sous les coups de la tyrannie. La justice du peuple expia aussi, par le châtiment de plusieurs aristocrates contre-révolutionnaires qui déshonoraient le nom français, l'éternelle impunité de tous les oppresseurs de l'humanité. Mais, dans sa colère même, il voulut observer les formes nécessaires pour protéger l'innocence ; il ne frappa aucun coupable qui n'eût été condamné par la nouvelle municipalité sur des pièces écrites ou sur des faits publics.

» Quelle est la main qui a porté le poignard dans le cœur des patriotes, ou le glaive de la justice dans le sein des coupables? C'est la main des tyrans qui ont opprimé, trahi les uns, corrompu et égaré les autres. Dans les malheurs des hommes, reconnaissez toujours les crimes du despotisme.

» Au commencement de l'action, Louis XVI, Marie-Antoinette d'Autriche et sa famille avaient abandonné les Tuileries et s'étaient retirés à l'assemblée nationale. Ils entendirent de cette retraite le bruit des canons, les décharges de mousqueterie qui faisaient tomber leurs satellites et les amis de la liberté. Jusqu'au moment où les cris qui annonçaient la défaite des leurs frappèrent leurs oreilles, ils avaient paru tranquilles ; ils avaient compté, sans doute, sur les préparatifs qu'ils avaient faits contre le peuple, sur la division des citoyens, sur les trahisons de plusieurs chefs de la garde nationale, sur la portion de cette garde qui était vendue à l'aristocratie, et sur tous les scélérats soudoyés par la cour. Il n'appartient point aux tyrans de calculer la force du peuple; et ceux-ci étaient loin de prévoir que tout ce monstrueux édifice du crime et de la perfidie disparaîtrait devant sa toute-puissance.

» L'illusion de tous les ennemis de la liberté était si complète sur ce point, que le procureur-syndic Rœderer, qui avait accompagné Louis XVI, eut la bonhomie de parler à l'assemblée en avocat, en protecteur de la cour, de s'apitoyer froidement sur les malheurs de Louis et de son auguste famille, d'accuser le peuple et les magistrats connus par leur attachement à sa cause, avec le courage d'un homme qui le regardait déjà comme voué au carnage et à la servitude. Mais à peine avait-il achevé de dénoncer les canonniers, qui, sur l'ordre qu'il leur avait donné de tirer sur les citoyens, s'étaient hâtés de lui témoigner leur mépris, et les officiers de la police qui n'avaient point invoqué la loi martiale; à peine avait-il protesté de son dévouement sublime pour maintenir, au péril de sa vie, les décrets homicides qu'il attendait de l'assemblée nationale, les cris terribles qui annonçaient la victoire de la liberté, retentirent autour d'elle. L'orateur des tyrans pâlit et rentra dans le néant; et ceux qui, jusque-là, n'inspiraient que l'indignation et l'horreur, parurent presque dignes de pitié.

» Les observateurs judicieux ont remarqué l'attention qu'eut Louis XVI, au moment où les premiers coups de canon se firent entendre, de prévenir l'assemblée *qu'il n'avait point ordonné aux Suisses de tirer.*

» Quant à l'assemblée, les prodiges d'héroïsme qui avaient éclaté autour d'elle, parurent l'élever quelquefois à la hauteur de ses devoirs. Les députés fidèles, délivrés du joug que leur imposait cette multitude de traîtres soudoyés par la cour, purent faire entendre leurs voix, et les décrets du corps législatif commencèrent à devenir des lois, puisqu'ils commencèrent à se rapprocher de l'intérêt public et de la volonté générale.

» L'assemblée approuva formellement la conduite des représentans de la Commune de Paris ; elle se ressouvint qu'elle représentait elle-même le peuple, et que le peuple l'avait sauvée. Le plus beau de ses décrets est sans doute celui qui effaça cette criminelle et impolitique distinction établie par l'assemblée constituante entre les citoyens actifs et non actifs, éligibles et non éligibles ; qui expia le crime de lèze-nation et de lèze-humanité, que le machiavélisme et la perfidie avaient osé couvrir du nom de la prudence et de la politique, pour dépouiller des droits de cité ceux-là même qui les avaient conquis, ceux qui, chez toutes les nations, composent la partie la plus saine et la plus probe de la société. Mémorable et consolant exemple des progrès de la raison ! puisque nous avons vu l'opinion publique provoquer, avec empire, l'exécution de ces lois éternelles de la justice et de l'ordre social, que les préjugés avaient méconnues et violées trois ans auparavant.

» L'assemblée n'a pas non plus balancé à suspendre Louis XVI ; mais il faut convenir que l'on ne trouve point, à beaucoup près, dans les décrets qu'elle a adoptés sur ce point, toute la sagesse et toute l'énergie que les circonstances exigeaient. Elle a suspendu celui qu'elle devait déclarer déchu, sauf à la Convention nationale à confirmer cette décision. Elle eût ainsi prévenu beaucoup de lenteurs dangereuses et des questions qui, dans les circonstances où nous sommes, ne peuvent être que des alimens de discordes civiles. On n'a point aimé la manière dont le décret est motivé dans le préambule ; on n'a point aimé à entendre parler *des méfiances conçues contre le pouvoir exécutif*, lorsque la nation et l'assemblée nationale n'aperçoivent partout que les crimes prouvés de Louis, de sa famille et de ses agens.

» Mais on a été révolté de voir l'assemblée choisir ce moment pour donner un gouverneur à l'enfant royal. De quelle hauteur, juste ciel ! cette idée nous fait tomber tout à coup ! Français, songez au sang qui a coulé ; rappelez-vous les prodiges de raison et de courage qui vous ont mis au-dessus de tous les peuples du monde ; rappelez-vous ces principes immortels que vous avez eu la gloire de faire retentir autour des trônes, pour ressusciter le genre humain enseveli dans le néant de la servitude; voyez la nation française qui s'avance pour réparer ses premières erreurs, pour régler ses destinées et celles du monde, et rapprochez de ces idées le décret qui nomme un gouverneur au prince royal. Mais qu'importent les préjugés et les faiblesses des anciens délégués, quand le souverain va paraître? Au reste, il faut peut-être moins imputer ces dispositions vicieuses aux membres de l'assemblée qui, depuis la nouvelle régénération, ont déployé quelque zèle pour le bien public, qu'à l'influence des comités et des rapporteurs.

» Il eût été à désirer aussi que, pour la Convention nationale, l'assemblée se fût occupée à indiquer un mode d'élection plus simple, plus court et plus favorable aux droits du peuple. Il eût fallu supprimer l'intermédiaire inutile et dangereux des corps électoraux, et assurer au peuple la faculté de choisir lui-même ses représentans. L'assemblée a suivi la routine plus que les principes. Mais il faut la louer de n'avoir proposé ce mode d'élection que par forme d'invitation et de conseil, et d'avoir rendu cet hommage à la souveraineté du peuple réuni dans les assemblées primaires.

» Ainsi a commencé la plus belle révolution qui ait honoré l'humanité; disons mieux, la seule qui ait eu un objet digne de l'homme, celui de fonder enfin des sociétés politiques sur les principes immortels de l'égalité, de la justice et de la raison. Quelle autre cause eût pu réunir dans un moment ce peuple immense, cette multitude innombrable des citoyens de toutes les conditions, agissant de concert, sans chefs et sans point de ralliement! Quelle autre cause eût pu leur inspirer ce courage sublime et patient, et enfanter tous ces miracles de l'héroïsme supérieurs à tout ce que l'histoire nous raconte de la Grèce et de Rome! Déjà la France entière répond à ce signal; tous les petits intrigans, tous les traîtres ambitieux qui osaient provoquer le tonnerre du peuple, s'ils échappent à sa justice, vont retomber d'eux-mêmes dans le néant; déjà la secousse qui a renversé le trône de nos tyrans, a ébranlé tous les trônes, et la liberté du monde sera à la fois notre ouvrage et notre récompense.

» Français, n'oubliez pas que vous tenez dans vos mains le dépôt des destinées de l'univers. Ne vous endormez pas au sein de la victoire ; adoptez la maxime d'un grand homme, qui croyait n'avoir rien fait tant qu'il lui restait quelque chose à faire. N'oubliez pas que vous avez à combattre la ligue des despotes et à confondre les complots des ennemis plus dangereux que vous nourrissez dans votre sein. Une gloire immortelle vous attend ; mais vous serez obligés de l'acheter par de grands travaux. Restez debout et veillez. Il ne vous reste plus désormais qu'à choisir entre le plus odieux de tous les esclavages ou une l.berté parfaite, entre les plus cruelles proscriptions et le bonheur le plus pur dont un peup'e puisse jouir. Il faut que les rois ou les Français succombent. Telle est la situation où vous place cette lutte glorieuse que vous avez jusqu'ici soutenue contre la royauté. Secouez donc entièrement le joug de vos anciens préjugés pour vous soutenir à la hauteur des principes de la liberté et des circonstances où vous êtes engagés.

» Peuples, jusqu'ici des fripons vous ont parlé de lois pour vous asservir et pour vous égorger, et vous n'aviez pas de lois. Vous n'aviez que les criminels caprices de quelques tyrans accrédités par l'intrigue et appuyés par la force. I's vous prêchaient le respect pour les autorités constituées, et ces autorités constituées n'étaient que des fourbes adroits, revêtus d'un injuste pouvoir pour proscrire, avec de certaines formes, la justice et le civisme. Leurs crimes vous ont encore une fois forcés à reprendre l'exercice de vos droits ; exercez-les d'une manière digne de vous et propre à assurer votre bonheur. Vous ne serez heureux que quand vous aurez des lois ; vous n'aurez des lois que quand la volonté générale sera entendue et respectée, et quand les délégués du peuple ne pourront plus la violer impunément en usurpant la souveraineté. Le fruit de vos efforts, de vos sacrifices et de vos victoires, doit être la meilleure Constitution possible, la plus digne d'un peuple magnanime et éclairé. Vous devez ce bienfait à l'univers et à vous-mêmes. Tel est l'objet de la Convention nationale que vous allez former. Écartez d'elle tous vos ennemis naturels, tous les agens, tous les valets de vos tyrans, ne confiez point à l'intrigue, à l'ambition, à l'égoïsme, l'ouvrage de la vertu et du génie. Mais, quels que soient vos délégués, gardez-vous de les laisser maîtres absolus de vos destinées ; surveillez-les, jugez-les, et réservez-vous, dans tous les temps, des moyens réguliers et pacifiques d'arrêter les usurpations des hommes publics sur les droits et sur la souveraineté du peuple.

» Mais préparez le succès de cette Convention par la régénération de l'esprit public. Que tout s'éveille, que tout s'arme, que les ennemis de la liberté se cachent dans les ténèbres. Que le tocsin sonné à Paris soit répété dans tous les départemens. Français, sachez raisonner et combattre. Vous êtes en guerre désormais avec tous vos oppresseurs, vous n'aurez la paix que quand vous les aurez châtiés. Loin de vous cette faiblesse pusillanime, ou cette lâche indulgence que réclament, pour eux seuls, les tyrans altérés du sang des hommes. L'impunité a enfanté tous leurs crimes et tous vos maux. Qu'ils tombent tous sous le glaive des lois. La clémence qui leur pardonne est barbare ; c'est un crime contre l'humanité. »

Détails intéressans des événemens du 10 août et des jours suivans.

« Dans la nuit du 9 au 10 août, le sieur Mandat était commandant de la garde nationale ; il avait concerté, avec la cour, l'horrible conspiration tramée contre le peuple. Il avait rassemblé au Château tout ce que la garde nationale renfermait de satellites vendus à La Fayette et à la cour, notamment une partie des bataillons des Filles-Saint-Thomas et des Petits-Pères ; ces bataillons avaient fourni aux tyrans huit pièces de canon, suivant les aveux faits par le sieur Mandat au conseil-général de la Commune.

» Il avait été arrêté, dans le comité des Tuileries, qu'il fallait attirer le peuple pour l'envelopper entre deux feux. Et Mandat s'était chargé d'exécuter ce plan. Le conseil-général de la Commune, assemblé durant cette nuit, averti de la conspiration par plusieurs indices, lui ordonna de comparaître devant lui ; il refusa d'abord, et se rendit à un second ordre. On lui demande pourquoi il a rassemblé aux Tuileries une force militaire extraordinaire, sans aucune réquisition de l'autorité municipale ; il répond d'une manière équivoque et astucieuse, lorsque l'interrogatoire est interrompu par un membre du conseil, qui annonce une pièce de conviction importante ; c'était une lettre écrite par le sieur Mandat au commandant du poste de la Grève. Cette lettre portait :

« Monsieur le commandant, vous laisserez passer le peuple ; » quand il sera passé, vous ferez tirer dessus par derrière, je » réponds du devant. » Le commandant du poste, saisi d'horreur, avait lui-même dénoncé cet ordre au conseil-général. Alors le conseil-général ordonne que Mandat sera conduit sur-le-champ à la prison de l'Abbaye, et cet arrêté fut exécuté. C'est ainsi que le salut du peuple et de la liberté est dû, peut-être, à la vigilance, au courage des délégués de la Commune, et à la fidélité du commandant du poste de la Grève. C'est ainsi qu'un vil intrigant, nommé Mandat, et d'autres intrigans non moins vils, renfermés dans la caverne des Tuileries, ont pensé ensevelir, pour jamais, la liberté de la France et de l'univers. Le bruit s'est répandu que ce monstre a déjà subi la peine due à ses forfaits.

» Par les ordres du même homme, le bataillon de Henri IV, ou du moins l'état-major, attendait, sur le Pont-Neuf, les Marseillais et le bataillon du Théâtre-Français, qui s'avançaient avec confiance, pour les foudroyer d'une décharge d'artillerie. Mais, à la vue de la légion marseillaise, ces lâches conspirateurs furent intimidés ; ils refusèrent cependant le passage ; mais à peine les Marseillais se furent-ils disposés à l'attaque, que les braves satellites de La Fayette s'enfuirent à toutes jambes, et abandonnèrent leurs canons.

» Il ne faut pas entreprendre de louer les prodiges d'intrépidité que firent les Marseillais au combat des Tuileries. Cent d'entre eux ont péri. C'est plus que vingt mille satellites des tyrans.

Il faut détruire l'infâme repaire du despotisme et élever, à la place où il existait, un monument simple, où sera gravée une inscription semblable à celle des Thermopyles. Il nous en reste quatre cents ; c'en est assez pour faire trembler l'armée de Xerxès.

» Citons un des traits héroïques qu'enfanta cette lutte de la liberté contre la tyrannie. Un corps de Bretons, de fédérés de différens départemens et de citoyens de Paris, était arrivé aux Tuileries. L'un d'eux, le brave Westerman, citoyen d'Huningue, aussi connu par son civisme que par sa bravoure, se détache seul, et adresse la parole aux officiers-généraux suisses, postés à l'entrée du Château, et environnés de plusieurs pièces de canon ; il les conjure de ne point faire couler le sang des citoyens ; ils lui font une réponse digne des satellites de la tyrannie ; il prend à témoin tous les soldats suisses que tous les maux que présage cette journée doivent être imputés à leurs chefs ; il les invite à embrasser la cause du peuple et de l'humanité. Un officier suisse entend la voix de la raison, il vole dans ses bras ; à son exemple, les soldats qu'il commande s'ébranlent, et descendent l'escalier pour se réunir au peuple ; mais au même instant, les Suisses placés au-dessus d'eux, excités sans doute par leurs chefs, font une décharge terrible contre les citoyens, et tirent sur leurs propres camarades. Alors Westerman appelle à grands cris les citoyens rassemblés à l'entrée du Château ; il s'élance, le sabre à la main, au milieu du feu ; ceux qui l'environnent se précipitent avec lui ; de nouveaux bataillons arrivent pour les soutenir ; c'est ainsi que s'engagea le combat sanglant dont les suites doivent être si décisives et si heureuses pour la liberté.

» Un grand nombre de soldats fut massacré dans la fuite. Mais les officiers, mais l'état-major, fut soustrait à la juste vengeance du peuple. L'assemblée nationale elle-même les prit sous sa sauvegarde, avec une tendre sollicitude. Les malheureux et coupables agens de l'aristocratie furent sacrifiés ; les chefs de la conspiration demeurèrent impunis. Les héros de Marseille ont péri ; et les exécrables, les dangereux intrigans qui, depuis le commencement de la révolution ont désolé leur patrie, respirent pour la déchirer encore!

» Quelle est donc la misérable condition de l'humanité, si l'injustice et la tyrannie triomphent jusque dans ces jours où le peuple déploie sa puissance pour punir ses tyrans !

» Les canonniers méritèrent l'admiration et la reconnaissance de la nation. Ils tournèrent contre la cour les foudres qu'elle voulait diriger contre le peuple; ils obéirent à leurs officiers et au procureur-syndic Rœderer, pour demeurer fidèles à la patrie; et leur bravoure dans le combat répondit à ce grand acte de civisme. On a observé, dès long-temps, que le peuple n'a pas d'amis plus fidèles ni la liberté de plus zélés défenseurs que le corps de l'artillerie ; il semble que l'instruction qu'exige le genre de leur service ait développé chez eux le patriotisme naturel aux soldats français.

» La gendarmerie nationale a acquis des droits aux mêmes éloges ; elle a excité des sentimens de gratitude d'autant plus vifs, qu'elle a eu besoin de lutter contre l'aristocratie de ses chefs, et que le peuple attache toujours un plus grand prix au civisme et à l'humanité de ceux qui sont armés de la force publique.

» On vit, dans la journée du 10, avec des transports de joie, accourir au secours du peuple, les gendarmes, les citoyens armés des campagnes et des villes voisines de Paris, telles que Versailles, Saint-Germain, où ils rencontrèrent partout sur leur passage, les signes les plus touchans de la reconnaissance et de l'amitié du peuple généreux qui venait de triompher. Plusieurs communes, dès les premiers momens de l'insurrection, avaient déjà envoyé offrir leurs bras et leur zèle aux nouveaux délégués de la Commune de Paris.

» Qui pourrait peindre les tableaux intéressans de cette journée? Qui pourrait exprimer le sentiment sublime dont toutes les ames étaient remplies? Les victimes amoncelées des fureurs de la cour s'offraient de toutes parts aux yeux des citoyens, dans le vaste repaire qu'elle avait habité, dans tous les lieux qui l'environnaient ; les citoyens avaient à pleurer leurs pères, leurs amis, leurs frères ; mais l'amour de la patrie, l'enthousiasme de la liberté, dominaient au-dessus de toutes les affections ; on regardait, sans émotion, les cadavres des satellites de la tyrannie ; on répandait de douces larmes sur ceux des défenseurs de la liberté, en jurant de les venger.

» Ceux qui ont parcouru le palais des Tuileries ; ceux qui ont vu, dans l'immense hôtel de Brionne, tous ces lits qui remplissaient toutes les salles, tous les greniers, toutes les cours ; ceux qui ont vu, dans tous les coins, les préparatifs et les preuves de la conjuration, ces armes, cet amas de poignards, d'une forme extraordinaire, et dont l'aspect seul dénonce tous les attentats de la tyrannie, ne savent ce qu'ils doivent admirer le plus, ou de la scélératesse de la cour, ou du courage des citoyens, qui en a triomphé, ou de la générosité qui a suspendu leur vengeance.

» Que penser de ce roi, qui avait préparé toutes ces horreurs, et qui, en écrivant à l'assemblée nationale avant le combat qui devait décider de notre sort, osa dire : *Je suis venu auprès de vous pour vous éviter un grand crime.* Ce mot seul dit plus que l'histoire des crimes des rois.

» Et cette réponse du président de l'assemblée : « Sire, votre » majesté peut compter sur la fermeté de l'assemblée nationale ; » ses membres ont juré de mourir à leur poste, en soutenant » les autorités constituées. » O nation, que serais-tu devenue avec ces cruels tyrans et ces lâches esclaves, si ta main puissante n'avait rompu toutes les trames criminelles dont ils t'avaient environnée !

» Combien le peuple fut grand dans toutes ses démarches ! Ceux qui avaient trouvé quelques meubles ou quelque argent dans le Château se firent une loi de s'abstenir de ces dépouilles prises sur l'ennemi. Ils vinrent les déposer dans l'assemblée nationale ou dans la Commune ; ils regardèrent comme des larcins cet exercice du droit de la conquête. Ils poussèrent même jusqu'à l'excès ce sentiment de délicatesse. Le peuple immola lui-même ceux qui avaient cru pouvoir s'approprier quelques effets qui avaient appartenu aux tyrans et à leurs complices. Il fut cruel en croyant être juste.

» Grands dieux ! le peuple punit, dans des malheureux, l'apparence seule du crime, et tous les tyrans qui le font égorger, échappent à la peine de leurs forfaits ! Riches égoïstes, stupides vampires engraissés de sang et de rapines, osez donc encore donner au peuple le nom de brigand ; osez affecter encore des craintes insolentes pour vos biens méprisables achetés par des bassesses ; osez remonter à la source de vos richesses, à celle de la misère de vos semblables ; voyez, d'un côté, leur désintéressement et leur honorable pauvreté ; de l'autre, vos vices et votre opulence, et dites quels sont les brigands et les scélérats. Misérables hypocrites, gardez vos richesses qui vous tiennent lieu d'ame et de vertu ; mais laissez aux autres la liberté et l'honneur ! Non, ils ont juré une haine immortelle à la raison et à l'égalité. Quand le peuple paraît, ils se cachent : s'est-il retiré, ils conspirent. Déjà ils renouvellent leurs calomnies et renouent leurs intrigues. Citoyens, vous n'aurez la paix qu'autant que vous aurez l'œil ouvert sur toutes les trahisons et le bras levé sur tous les traîtres. » (*Défenseur de la Constitution*, n. XII et dernier.)

SEPTEMBRE 1792.

Ce mois commençait sous les plus tristes auspices. La France était envahie par une armée disciplinée, et près de quatre fois plus nombreuse que celle que nous avions à lui opposer. La Vendée préludait à une insurrection générale par des mouvemens partiels et menaçans. On signalait de nouveaux symptômes de rébellion du côté de Bannes et de Jalès ; et partout l'on craignait de voir, au moment où le danger deviendrait imminent, tous les préparatifs annihilés par la trahison, ou détournés par la nécessité de combattre un complot. On savait, en effet, qu'à leur entrée sur le sol français, les Prussiens avaient été reçus par des députations, le drapeau blanc en tête; on apprenait que des régimens presque entiers étaient passés à l'ennemi; tels étaient Royal-Allemand et les hussards de Lauzun. Longwi avait promis de se défendre; il s'était rendu, et l'on disait que c'était par trahison. Verdun était assiégé; cette ville avait aussi promis de résister; mais le ferait-elle? la trahison n'ouvrirait-elle pas également ses portes? Et bientôt on apprit en effet que Verdun s'était rendue, que Verdun avait été trahie. Où donc devait s'arrêter la trahison? sur quelles armées, sur quels généraux devait-on compter? La France était couverte des débris de conjurations de toute espèce, toutes ennemies de ce qui se faisait alors; il y avait celles des hommes monarchiques, celles des monarchistes constitutionnels. Chaque jour, les pièces recueillies chez ceux dont la journée du 10 août avait fait saisir les papiers, venaient révéler quelque nouveau sujet de défiance. L'avenir était douteux et sombre; la révolution en était à jouer son va-tout; et lorsqu'on annonçait que Louis XVI, dans la tour où il était renfermé, montrait une sérénité remarquable; lorsque les journaux racontaient que les commissaires chargés de le surveiller n'étaient occupés qu'à l'empêcher de communiquer avec le dehors, à saisir les moyens d'une correspondance dont ils étaient certains, le peuple disait que le roi comptait sur le succès de quelque puissante machination : chaque jour, il s'attendait à quelque nouvelle plus fâcheuse que celle qu'il avait reçue.

Il est évident, pour nous, que, si l'armée d'invasion eût avancé avec plus de vitesse, n'eût point perdu trois journées de marche auprès de Longwi, par exemple, et eût fait plus de dix lieues en quatre jours, ou bien si l'insurrection du 10 août eût été retardée jusqu'en septembre, il est évident, pour nous, que la révolution eût été arrêtée et Paris soumis. Le danger n'était donc que trop réel.

Le peuple sentit qu'il n'y avait qu'un seul moyen de salut : c'était de se jeter en désespéré au-devant de l'ennemi, soit de celui qui s'avançait du dehors, soit de celui qui se cachait et agissait par la trahison. Le peuple ne calcula point son intérêt; il ne se laissa point abattre; il ne se reposa pas, il agit; et aussi quelque désordonnée, quelque imprévoyante que fût cette activité de chacun se dévouant pour tous, elle produisit beaucoup, et sauva la France. Nous voyons, dans l'*Histoire de la guerre de 1792*, par le ministre de la guerre Servan, que, depuis le 2 septembre jusqu'aux premiers échecs éprouvés par les Prussiens, jamais il ne partit de Paris moins de *dix-huit cents hommes* armés et équipés par jour. Tout, d'ailleurs, se réunissait pour donner au sentiment patriotique l'énergie de la rage; tout concourait à changer la colère en exaspération. Le ministère précédent avait annoncé des approvisionnemens en munitions de guerre; il n'y en avait que d'insuffisans, moins que dans un état de paix ordinaire; il avait annoncé des armes, il n'y en avait pas : on en cherchait partout où l'on devait en trouver, et de partout on revenait avec la colère d'une espérance, ou plutôt d'une foi déçue. Jamais peuple ne s'était senti trompé à ce point. Aussi la passion du salut public domina seule les esprits; mais chez le peuple, elle s'était tournée en fureur contre tout ce qui lui représentait quelque chose d'attenant à la cour; il avait besoin de punir; il avait besoin de terreur; et chez les meneurs, elle s'était tournée en irritation contre le parti qui avait ajouté à tant d'ennemis intérieurs l'ennemi extérieur, contre le parti qui avait fait déclarer la guerre; et, chez tous, elle inspira cette célérité dans l'attaque, cette impétuosité sans frein qui dédaigne les ménagemens, court au-devant de l'obstacle, l'attaque, le brise, ou périt.

Nous diviserons l'histoire du mois de septembre en deux périodes : celle qui termine la Législative, et celle où commence la Convention.

HISTOIRE PARLEMENTAIRE DU 1ᵉʳ AU 21 SEPTEMBRE.

Les dernières séances de la Législative, dont nous avons à nous occuper sous ce titre, sont presque entièrement occupées de mesures de défense. L'histoire de Paris est dominée par le terrible fait du massacre des prisons. Tout pâlit devant ces deux grands intérêts. Cependant, on voit déjà reparaître dans la presse et aux Jacobins les signes de la division qui séparait le côté gauche en Girondins et en Montagnards. On publia des plans de constitution. Quelque disparates que paraissent ces choses, nous en parlerons, autant que possible, dans l'ordre où nous venons de les mentionner. Cependant nous ferons une exception pour *les journées de septembre*. Nous en placerons l'histoire au moment même où elles commencèrent à être jugées. En faisant ainsi, nous donnerons à nos lecteurs un semblant de la sensation qu'éprouvèrent les contemporains. Ils n'en étaient instruits que par la rumeur publique et les courts retentissemens qui avaient lieu dans le corps législatif ; car la plupart des journaux firent silence sur ce sujet jusqu'au jour où elles furent terminées.

Dans sa séance du 1er septembre, l'assemblée nationale reçut la nouvelle du siége de Verdun. Elle apprit aussi que le camp de Soissons et plusieurs places de la frontière étaient dans le plus grand dénûment. Elle décréta que le département de la Haute-Saône, pour avoir fourni six mille hommes armés en six bataillons, et soldé toutes ses contributions, avait bien mérité de la patrie. Elle s'occupa ensuite d'organiser des mesures de défense qui répondissent à la rapidité des événemens. Elle décréta que les chevaux de luxe seraient employés au service des armées, et qu'il serait fait dans les quarante-huit sections de Paris une levée de volontaires d'un nombre égal à celui qu'aurait produit la levée ordonnée le mois précédent, et non exécutée, de la moitié des grenadiers et chasseurs des soixante bataillons de la garde nationale de Paris.

A la séance du soir, le département de Seine-et-Oise vint annoncer qu'il avait organisé et équipé un corps de mille volontaires. Guadet monta ensuite à la tribune.

« Je viens, dit-il, au nom de votre commission extraordinaire, vous entretenir d'un plan de conjuration, heureusement déjoué, dans la ville de Grenoble et ses environs. Il y a un mois que le maire de Nancy, M. Duquesnoi, adressa à la commission extraordinaire un M. Demorillon, qui s'annonçait comme dépositaire de secrets importans, comme ayant eu plusieurs conférences avec les émigrés, comme sachant les plans d'une grande conjuration dans le midi. La commission eut beaucoup de conférences avec ce particulier avant de lui accorder quelque confiance. Cependant, lui reconnaissant de la franchise et de la droiture, elle crut pouvoir risquer quelques fonds pour découvrir ces complots. Elle invita M. Bigot de Sainte-Croix à se rendre au lieu de ses séances, et l'engagea à faire un fonds de cent louis; elle ne jugea pas à propos de lui confier le secret. M. Bigot fit beaucoup de difficultés; il insista pour que lui, ministre, et le roi, fussent l'objet de cette mission secrète; qu'il saurait déjouer les complots tout aussi bien que la commission. Enfin, la commission ayant menacé M. Bigot de Sainte-Croix de le dénoncer à l'assemblée, après deux jours de résistance, il se détermina à faire les fonds. Le maire de Paris choisit un homme pour accompagner Demorillon; c'était M. Nougaret. La commission reçut, il y a quatre jours, une lettre de ce dernier, qu'elle n'a pas communiquée de suite à l'assemblée, de peur qu'en divulgant le secret on donnât aux complices la faculté de s'évader; mais ayant appris ce soir que c'était une affaire finie, elle s'est déterminée à vous en donner connaissance. M. Nougaret nous marque qu'à leur arrivée à Grenoble ils se sont transportés hors de la ville, chez M. Monnier de la Carrée, auquel ils se sont présentés comme émissaires des émigrés. M. Monnier leur montra la correspondance qu'il entretenait avec ces rebelles. Il les assura qu'il avait vingt-cinq à trente mille hommes prêts à seconder leurs complots. L'arrestation de cet homme est un coup de foudre pour le parti des contre-révolutionnaires. Il a été pris avec une liste de plus de cent chefs, avec leurs noms et leurs demeures. M. Demorillon, de concert avec la municipalité de Grenoble, s'est fait arrêter avec M. Monnier de la Carrée; il a manqué même d'être mis en pièces, ainsi que lui, par le peuple en fureur. M. Nougaret termine sa lettre en donnant les plus grands éloges à la franchise et à l'intelligence de M. Demorillon, au zèle des municipalités et des corps administratifs du département de l'Isère. (On applaudit.) »

Du dimanche 2 septembre, à neuf heures du matin.

M. Gossuin, secrétaire, fait la lecture d'une lettre du conseil provisoire défensif de la ville de Verdun, en date du 31 août. Ce conseil envoie la sommation faite à la ville de Verdun par le duc de Brunswick. Ce général déclare que leurs majestés impériales et royales, n'ayant d'autre intention que de rétablir sous la domination de sa majesté très-chrétienne le roi de France les villes et pays que couvriront leurs armées, les places et les habitans qui ne se rendront pas seront soumis à la discrétion des opérations militaires et à la fureur du soldat. Cette sommation est datée du camp de la Grand'barre, 31 août.

M. Gossuin. Le conseil défensif provisoire de la ville de Verdun annonce qu'il joint à sa lettre la réponse faite à la sommation du duc de Brunswick. Cette pièce ne s'est pas trouvée dans le paquet; mais le courrier a dit que la garnison de la ville se conformait à la résolution de celle de la citadelle. Le bataillon de Maine-et-Loire, qui la compose, a déclaré qu'il périrait jusqu'au dernier avant de songer à se rendre. (La salle retentit d'applaudissemens.)

M. Thuriot. Verdun est assiégé; il s'agit de savoir si une armée est là pour empêcher l'ennemi de triompher. Si nos armées ne sont pas assez fortes, il faut prendre des mesures pour que tous les citoyens s'arment et marchent à l'ennemi. (Les tribunes applaudissent.) Mais, afin d'opérer, il faut assurer l'état des corps administratifs. En 1789, les électeurs administrant la ville de Paris étaient trois cents; ils n'avaient à s'occuper que des trames du château de Versailles. Aujourd'hui la Commune aura des travaux immenses à faire; il faut donc augmenter la représentation de la ville de Paris : elle doit être portée à trois cents personnes. La municipalité a bien repris l'exercice de ses fonctions, mais elle est insuffisante; le conseil-général est également insuffisant. Je pense qu'on pourrait concilier les mesures qu'exigent les besoins avec le décret déjà rendu en adoptant celui que j'ai l'honneur de vous présenter.

L'assemblée nationale, considérant que le danger de la patrie augmente, que la direction des armées paraît être principalement contre Paris, qu'il importe par conséquent que l'administration de cette Commune, dont les travaux sont si multipliés, soit surveillée et aidée par un plus grand nombre de citoyens; considérant d'ailleurs que l'organisation provisoire du conseil-général de cette Commune et la fixation du nombre des commissaires de chaque section dont il peut être formé, sont d'un objet purement local et particulier à la ville de Paris; décrète qu'il y a urgence.

L'assemblée nationale, après avoir décrété l'urgence, décrète ce qui suit :

Art. Ier. Le nombre des citoyens qui, aux termes de la loi du 30 août dernier, doivent former le conseil-général de la Commune de Paris, sera augmenté et porté à deux cent quatre-vingt-huit, non compris les officiers municipaux, le maire et le procureur-de la Commune, et ses substituts.

II. Les commissaires en exercice à la maison commune de Paris depuis le 10 août seront membres du conseil-général de la Commune, à moins qu'ils n'aient été remplacés par leur section.

III. Les sections qui, en exécution de la loi du 30 août dernier, ont nommé deux citoyens pour être membres du conseil-général de la Commune, désigneront ceux de leurs six commissaires qu'ils doivent remplacer.

IV. Dans le jour de la publication du présent décret, les sections, dont le nombre des commissaires n'est pas complet, seront tenues de le compléter.

V. Les sections auront toujours le droit de rappeler les membres du conseil-général de la Commune par elle nommés et d'en élire de nouveaux.

M.° *Marans.* Je demande le renvoi à la commission extraordinaire, pour faire le rapport séance tenante.

M. *Thuriot.* On a reproché aux commissaires de la Commune d'avoir dépensé 2,000 livres pour des écharpes; mais on n'a pas dit qu'ils avaient décidé de rétablir cette somme en payant chacun leur écharpe. On a osé dire encore que la Commune avait dépensé 116 millions ; cela est faux, tout est faux ; les dépenses dans les quatre années de la révolution ont été de 60 millions. Je demande qu'on délibère sur-le-champ sur le projet de décret que j'ai présenté.

M. Lagrevole. La commission extraordinaire a préparé un décret où l'on ménage également ce qu'exige l'intérêt de la Commune et le respect qu'on doit aux représentans de la nation.

Des fédérés de la Gironde arrivent à la barre et demandent des armes.

L'assemblée applaudit et leur accorde les honneurs de la séance.

M. Lasource. Vous avez décrété que tout citoyen qui a reçu un fusil du gouvernement marcherait en personne, ou donnerait son fusil. Cette loi ne serait pas sans danger pour les départemens de l'intérieur, qui sont entre Paris et les frontières, et qu'on ne peut désarmer. Elle serait illusoire à Paris, car les fusils du gouvernement sont passés de main en main, et l'on ne sait plus quels sont les citoyens qui ont reçu des armes. Il faut rendre la loi plus générale et faire sentir que, comme la vie de tous les citoyens appartient à la patrie, à plus forte raison, les armes destinées à la défendre, lui appartiennent-elles. Je demande qu'on décrète que tout citoyen qui a un fusil, le donne, ou marche. Je sais qu'on répand dans les départemens qu'on veut désarmer les citoyens pour les livrer à l'ennemi. On leur dit qu'il faut attendre que les Prussiens arrivent, et non pas marcher au-devant d'eux. Conseil timide et funeste qui divise les citoyens, refroidit leur courage, présente à l'ennemi des victimes isolées, au lieu de lui montrer des hommes unis, rassemblés et aussi forts de leur amour que de leur valeur. Je demande que sur cela, il soit fait une instruction au peuple, avant d'astreindre chaque citoyen à donner son fusil. En vain crions-nous vive la nation, vive la liberté ; nous ne sauvons ni l'une ni l'autre. Agissons, marchons, mais parlons au peuple ; il faut battre la générale dans l'opinion publique.

La proposition de M. Lasource est adoptée.

L'assemblée le charge de la rédaction de cette adresse.

Des citoyens admis à la barre, demandent que la cavalerie de l'armée donne ses mousquetons pour armer les citoyens qui serviront à pied.

Ces citoyens obtiennent les honneurs de la séance.

M. Bréard. Je demande que le pouvoir exécutif donne le tableau des mesures qu'il a prises pour la défense de l'état, afin que vous voyiez ce qui reste à faire.

M. François de Neufchâteau. Il y a des détails de défense qu'on ne doit pas révéler, si l'on en désire le succès.

M. Voisard. Ne faisons pas perdre au pouvoir exécutif, en lui demandant des comptes inutiles ou dangereux, un temps qu'il doit employer à agir. Si les ministres ont besoin de nouvelles dispositions qu'ils vous les proposent, et vous rendrez des décrets.

M. Gossuin. Il faut du moins que l'assemblée exige de ses comités les rapports des lettres des ministres renvoyés depuis quinze jours, soit aux comités diplomatique, militaire, et des armes ; soit à la commission extraordinaire.

M. Bréard. Je demande seulement le compte des mesures prises par le pouvoir exécutif pour l'exécution de vos décrets sur l'armement et les approvisionnemens.

La proposition de M. Gossuin obtient la priorité et est décrétée.

M. Joseph Candèle donne son fusil et son bonnet pour armer un citoyen marchant aux frontières. (On applaudit.)

M... fait lecture d'un projet de décret au nom de la commission des armes.

Ce projet de décret est adopté en ces termes :

1° Le ministre de la guerre est autorisé à retirer à la cavalerie ses mousquetons ;

2° Ces armes seront remises à la disposition du ministre de la guerre qui les emploiera de la manière la plus utile, et notamment pour le camp de Soissons ;

3° Ces armes ne seront remises qu'à des citoyens qui auront déjà toutes les autres pièces de leur équipement.

La commission des armes présente un projet de décret sur le transport de plusieurs pièces de canon à l'armée. Elle propose qu'une partie des chevaux de postes soit employée à ce transport.

Cette proposition est décrétée.

Un citoyen de Paris rend compte de la mission qu'il a remplie avec plusieurs de ses concitoyens, pour amener à Paris les prisonniers de la haute-cour nationale.

Un citoyen d'Orléans demande, au nom de tous les corps administratifs et municipaux réunis en cette ville, que les prisonniers soient sans délai transférés à Paris, et que l'assemblée nomme des commissaires pour aller à Orléans régler toutes les difficultés qui s'élèvent relativement à cette translation.

Cette pétition est renvoyée à la commission extraordinaire.

Lettre de MM. Carnot l'aîné, Rouyer, Coustard, commissaires à l'armée, qui envoient l'offrande de leur décoration militaire.

Lettres des mêmes commissaires ; ils ont visité Besançon et Béfort. Les garnisons et les citoyens de ces places sont dévoués à la patrie. Ils demandent des armes.

On annonce l'élection de M. Hérault à la présidence : il a eu deux cent quarante-huit suffrages sur deux cent cinquante-sept.

Lettre du ministre des affaires étrangères.

» J'ai eu occasion d'observer à l'assemblée nationale que si l'impératrice de Russie n'a pas jusqu'ici pris une part active à la ligue des puissances contre la France, c'était par impuissance plutôt que par mauvaise volonté. Après avoir guerroyé avec la Turquie et la Pologne, on pourrait présumer qu'elle aurait besoin de la paix. Cependant il paraît, d'après les informations que je viens de recevoir, qu'elle veut se ranger parmi les ennemis que nous avons à combattre. Une lettre du chargé d'affaires de France à Venise m'annonce qu'il lui a été donné avis par le provéditeur de Corfou, qu'une flotte russe a paru dans la mer Noire, où elle a beaucoup effrayé les Turcs, qu'elle doit se rendre par les Dardanelles dans la Méditerranée ; qu'il est parti aussi du port d'Archangel pour Copenhague, onze vaisseaux et quelques frégates qui doivent se rendre au port de Cronstadt, et qu'ils portent beaucoup de munitions de guerre.

» Enfin le ministre de France à Hambourg m'annonce que vingt-deux mille Russes doivent traverser la Pologne et l'Allemagne pour venir aussi nous combattre. Cette dernière nouvelle mérite confirmation. Le ministre de France en Pologne n'en fait aucune mention. Au surplus, ces troupes ne pourraient être arrivées à leur destination qu'à l'entrée de l'hiver, époque à laquelle nous aurons probablement triomphé de nos ennemis. La même observation est à faire sur la flotte qui s'équipe à Cronstadt. Elle ne pourrait nous attaquer que le printemps prochain... Quant à la flotte qui doit entrer dans la Méditerranée, cette nouvelle peut encore paraître suspecte, attendu qu'elle n'est donnée que par le sénat de Venise. Cependant comme elle n'est pas invraisemblable, le conseil exécutif va prendre les mesures nécessaires pour mettre nos côtes en bon état de défense. »

M. Gensonné fait le rapport de la commission extraordinaire sur la pétition du conseil-général provisoire de la Commune de Paris. Il propose de maintenir le décret qui ordonne son renouvellement, sauf la réélection des membres qui ont conservé la confiance publique, et en laissant aux sections à délibérer si elles veulent y envoyer chacune six commissaires sur le pied actuel, ou seulement deux, d'après l'ordre anciennement établi.

M. Thuriot fait observer que, dans la crise actuelle, le pouvoir exécutif ne pouvant prendre les commissaires dont il a besoin pour ses opérations que parmi les personnes qui ont donné, dans le conseil-général de la Commune, des preuves de capacité pour telle ou telle opération ; il importe que ce conseil soit provisoirement plus nombreux que dans les temps ordinaires. Le soin de l'approvisionnement des subsistances exige surtout que l'on mette en activité un grand nombre de commissaires. Il reproduit en conséquence le projet de décret qu'il avait présenté au commencement de la séance.

Ce projet est adopté.

M. Baudoin, entrepreneur de l'imprimerie nationale, annonce que tous ses ouvriers se disposent à abandonner leurs travaux pour s'enrôler au Champ-de-Mars.

L'assemblée ordonne mention honorable de leur civisme, et décrète qu'ils continueront les travaux qui leur sont confiés.

Deux membres du corps municipal de Paris sont introduits à la barre; ils annoncent que le conseil-général a arrêté que le tocsin serait sonné à l'instant dans Paris; que le canon d'alarme serait tiré, et que tous les citoyens patriotes de Paris et des départemens circonvoisins étaient invités à se réunir au Champ-de-Mars pour marcher à l'ennemi; que le conseil envoie en même temps des commissaires sur la route de Paris à Châlons, pour inviter les citoyens à se réunir à ceux qui partiront de Paris.

On lit la proclamation du conseil de la Commune; elle est vivement applaudie (1).

M. le président aux députés. Les représentans de la nation, prêts à mourir comme vous, rendent justice à votre patriotisme; ils vous remercient, au nom de la France entière, et vous invitent à la séance.

M. Vergniaud. C'est aujourd'hui que Paris doit vraiment se montrer dans toute sa grandeur; je reconnais son courage à la démarche qu'il vient de faire, et maintenant on peut dire que la patrie est sauvée. Depuis plusieurs jours, l'ennemi faisait des progrès, et nous n'avions qu'une crainte, c'est que les citoyens de Paris se montrassent, par un zèle mal entendu, plus occupés à faire des motions et des pétitions qu'à repousser les ennemis extérieurs. Aujourd'hui ils ont connu les vrais dangers de la patrie : nous ne craignons plus rien. Il paraît que le plan de nos ennemis est de se porter sur Paris, en laissant derrière eux les places fortes et nos armées. Or cette marche sera de leur part la plus insigne folie, et pour nous le projet le plus salutaire, si Paris exécute les grands projets qu'il a conçus.

En effet, quand ces hordes étrangères s'avanceront, nos armées, qui ne sont pas assez fortes pour les attaquer, le seront

On la trouvera mentionnée dans le procès-verbal de la Commune.(N. des aut.)

assez pour les suivre, les harceler, leur couper les communications avec les armées extérieures. Et si, à un point déterminé, nous leur présentons tout à coup un front redoutable ; si la brave armée parisienne les prend en tête, lorsqu'elles seront cernées par nos bataillons qui les auront suivies, c'est alors qu'elles seront dévorées par cette terre qu'elles auront profanée par leur marche sacrilége. Mais, au milieu de ces espérances flatteuses, il est une réflexion qu'il ne faut pas dissimuler. Nos ennemis ont un grand moyen sur lequel ils comptent beaucoup ; c'est celui des terreurs paniques. Ils sèment l'or ; ils envoient des émissaires pour en exagérer l'effet, répandre au loin l'alarme et la consternation ; et, vous le savez, il est des hommes pétris d'un limon si fangeux, qu'ils se décomposent à l'idée du moindre danger.

Je voudrais qu'on pût signaler cette espèce à figure humaine et sans ame, en réunir tous les individus dans la même ville, à Longwi, par exemple, qu'on appellerait la ville des lâches, et là, devenus l'opprobre de la nature, leur rassemblement délivrerait les bons citoyens d'une peste bien funeste d'hommes qui sèment partout des idées de découragement, suspendent les élans du patriotisme, qui prennent des nains pour des géans, la poussière qui vole devant une compagnie de Houlans pour des bataillons armés, et désespèrent toujours du salut de la patrie : que Paris déploie donc aujourd'hui une grande énergie, qu'il résiste à ses terreurs paniques, et la victoire couronnera bientôt nos efforts. Hommes du 14 juillet et du 10 août, c'est vous que j'invoque ; oui, l'assemblée nationale peut compter sur votre courage.

Cependant pourquoi les retranchemens du camp qui est sous les remparts de cette cité ne sont-ils pas plus avancés. Où sont les bêches, les pioches, et tous les instrumens qui ont élevé l'autel de la fédération et nivelé le Champ-de-Mars ? Vous avez manifesté une grande ardeur pour les fêtes ; sans doute vous n'en aurez pas moins pour les combats ; vous avez chanté, célébré la liberté ; il faut la défendre. Nous n'avons plus à renverser des rois de bronze, mais des rois environnés d'armées puissantes. Je demande que la Commune de Paris concerte avec le pouvoir exécutif les mesures qu'elle est dans l'intention de prendre. Je demande aussi que l'assemblée nationale, qui dans ce moment-ci est plutôt un grand comité militaire qu'un corps législatif, envoie à l'instant, et chaque jour douze commissaires au camp, non pour exhorter par de vains discours les citoyens à travailler, mais pour piocher eux-mêmes; car il n'est plus temps de discourir, il faut piocher la fosse de nos ennemis; ou chaque pas qu'ils font en avant pioche la nôtre.

Des acclamations universelles se font entendre dans les tribunes.

L'assemblée se lève tout entière, et décrète la proposition de M. Vergniaud.

M. Cambon. Le courrier de Strasbourg, qui avait été ralenti par le détour que l'avait forcé de prendre le siége de Verdun, vient d'arriver. Il a annoncé avoir entendu près de cette ville une vive canonnade. On lui a dit que c'était l'armée de M. Dumourier qui se battait avec les Prussiens. Il a vu tous les habitans des campagnes, en état de porter les armes, courir pour se joindre à l'armée. (Applaudissemens.) Je demande que des courriers extraordinaires portent dans tout l'empire le toscin général qui doit s'y sonner. (Applaudi.)

M. Reboul. Il ne suffit pas d'imprimer à l'empire un grand mouvement, il faut que ce mouvement soit réglé. Il ne suffit pas d'appeler l'élite des Français, il faut les distribuer avec ordre, il faut des subsistances; je demande que le pouvoir exécutif exerce une espèce de dictature en tout ce qui concerne les mesures militaires, et qu'il prenne toutes les précautions nécessaires à la distribution et aux subsistances des troupes. (Applaudi.)

M. Montaut. Toutes ces mesures sont prises. Il suffit d'envoyer une adresse aux Français. Je demande que la commission extraordinaire soit chargée d'en présenter le projet.

M. Dumas présente des réflexions sur l'adresse de l'assemblée aux citoyens pour les exciter à voler à la défense de la patrie. Il demande que le pouvoir exécutif, en prenant sur-le-champ les mesures propres à accélérer un armement considérable, indique les différens points de rassemblement pour le diriger avec ordre. Il demande que le pouvoir exécutif se concerte avec le comité militaire pour assurer le succès de ce grand mouvement. Le calme et la confiance doivent accompagner la force; l'union de tous les pouvoirs constitués est nécessaire pour diriger les efforts des citoyens.

L'assemblée adopte ces propositions.

Lettre de M. Roland, qui annonce qu'une conspiration vient d'être découverte dans le Morbihan. L'un des chefs, M. Caradeux, et deux complices ont été arrêtés : on poursuit les autres.

Une foule de citoyens de la section de l'Observatoire viennent de former une compagnie franche. Ils demandent leur prompt équipement. (Applaudi et renvoyé au pouvoir exécutif.)

Une députation de la gendarmerie nationale de service auprès du corps législatif est admise à la barre.

M. Calon présente le procès-verbal qui constate l'élection de leurs officiers. Ils demandent une augmentation d'hommes.

La députation prête le serment et demande que les galons d'argent, qui décorent son uniforme, soient remplacés par un signe plus compatible avec l'égalité.

M. Dumas, au nom du comité militaire, fait un rapport sur la pétition des sieurs Louis Rutteau et Louis Dumont, qui ont proposé de lever chacun une compagnie de 400 hussards.

Le ministre de la guerre, consulté sur ce projet, l'a approuvé. L'assemblée l'adopte.

Une députation des canonniers prête le serment.

M. le président. Le canon fut long-temps la dernière raison des rois contre les peuples. Le jour des plus justes représailles est arrivé; il faut que le canon soit la dernière raison du peuple contre les rois. L'assemblée nationale est persuadée que vous vous en servirez bien. Elle vous invite à sa séance.

M. Dumas fait un rapport sur la proposition faite par les sieurs

Edelmann et Rotte, de construire des chariots mécaniques pour la guerre. Il propose d'approuver le zèle civique de ces deux citoyens, de renvoyer leur proposition au pouvoir exécutif et de passer à l'ordre du jour.

Ces propositions sont adoptées.

Sur le rapport du même membre, le décret suivant est rendu :

« L'assemblée nationale, en ne voulant négliger aucun moyen d'augmenter le nombre et la bonne espèce de troupes légères, si utiles pour protéger le développement et l'action régulière des forces nationales ;

» Considérant que son empressement à seconder les efforts des citoyens qui se dévouent à la défense de la patrie en danger, doit être égal à leur zèle et à leur courage ; après avoir entendu le rapport de son comité militaire et les propositions du ministre de la guerre, décrète qu'il y a urgence.

» L'assemblée nationale, après avoir décrété l'urgence, décrète ce qui suit :

» Art. Ier. Il sera créé deux corps de troupes légères à cheval sous la dénomination de hussards de la liberté ; ces corps seront composés en tout chacun de quatre cents hussards, etc... »

On fait lecture d'une lettre du ministre de la guerre.

« Monsieur le président, j'ai reçu depuis hier deux courriers des armées, un de M. Dumourier, et l'autre de M. Biron. Ce dernier m'annonce qu'il a donné ordre à dix mille hommes de joindre Kellerman ; ils arriveront le 3 de ce mois. Il s'occupe maintenant à organiser quinze mille hommes, à la tête desquels il marchera à la défense de la capitale.

» M. Dumourier se porte pour défendre les gorges du Clermontois et les trouées d'Autry, et m'expose la nécessité de former un gros corps à Châlons. Le besoin le plus urgent est celui de dix à douze mille fusils ; Paris en contient plus de quatre-vingt mille. On pourrait inviter les bons citoyens à confier ceux dont ils ne voudraient pas se servir eux-mêmes. »

M. Danton, ministre de la justice. Il est bien satisfaisant, messieurs, pour les ministres du peuple libre, d'avoir à lui annoncer que la patrie va être sauvée. Tout s'émeut, tout s'ébranle, tout brûle de combattre. Vous savez que Verdun n'est point encore au pouvoir de nos ennemis.

Vous savez que la garnison a juré d'immoler le premier qui proposerait de se rendre. Une partie du peuple va se porter aux frontières, une autre va creuser des retranchemens, et la troisième, avec des piques, défendra l'intérieur de nos villes. Paris va seconder ces grands efforts. Les commissaires de la Commune vont proclamer, d'une manière solennelle, l'invitation aux citoyens de s'armer et de marcher pour la défense de la patrie. C'est en ce moment, messieurs, que vous pouvez déclarer que la patrie a bien mérité de la France entière; c'est en ce moment que l'assemblée nationale va devenir un véritable comité de guerre. Nous demandons que vous concouriez avec nous à diriger ce mouvement sublime du peuple, en nommant des commissaires qui nous seconderaient dans ces grandes mesures. Nous demandons que quiconque refusera de servir de sa personne, ou de remettre ses armes, soit puni de mort.

Nous demandons qu'il soit fait une instruction aux citoyens pour diriger leurs mouvemens; nous demandons qu'il soit envoyé des courriers dans tous les départemens pour les avertir des décrets que vous aurez rendus. — Le toscin qu'on va sonner n'est point un signal d'alarme, c'est la charge sur les ennemis de la patrie. (On applaudit.) — Pour les vaincre, messieurs, il nous faut de l'audace, encore de l'audace, toujours de l'audace, et la France est sauvée. (Les applaudissemens recommencent.)

M. Lacroix. Je convertis en motion les différentes propositions du ministre de la justice, et je demande qu'on les mette aux voix.

L'assemblée rend les deux décrets suivans:

L'assemblée nationale décrète, 1° que tous ceux qui refuseront ou de servir personnellement, ou de remettre leurs armes à ceux qui voudront marcher à l'ennemi, seront déclarés infâmes, traîtres à la patrie, et dignes de la peine de mort;

2° Sont soumis à la même peine, ceux qui, directement ou indirectement, refuseraient d'exécuter, ou entraveraient, de quelque manière que ce soit, les ordres donnés et les mesures prises par le pouvoir exécutif;

5° Que douze commissaires, pris dans le sein de l'assemblée, seront nommés sur-le-champ pour se réunir au pouvoir exécutif, et appuyer ses mesures.

Renvoie à sa commission extraordinaire pour présenter la rédaction de ces décrets à six heures.

La commune d'Aumale, département de la Seine-inférieure, fait hommage de son quart de réserve sur la vente des domaines nationaux.

Plusieurs citoyens de la même ville font don d'une somme de 22,090 livres.

L'assemblée applaudit au zèle de cette commune.

Des gendarmes du département de Paris demandent à voler sur-le-champ à la défense des frontières.

La séance est suspendue à quatre heures.

Du dimanche 2 septembre, à six heures du soir.

Une députation des citoyens de la section de l'Isle, admise à la barre, demande s'il est vrai que le conseil du pouvoir exécutif ait, comme l'annonce un arrêté du conseil-général de la Commune de Paris, perdu la confiance de la nation.

L'assemblée répond unanimement : Non, non.

Les pétitionnaires promettent la plus entière soumission à toutes les décisions de l'assemblée nationale. (On applaudit.)

Une députation des corps administratifs de la ville d'Orléans demande à l'assemblée si elle juge à propos de transférer dans une autre ville du royaume la haute cour nationale, ainsi que les prisonniers détenus dans les prisons d'Orléans; que dans ce cas, la garde nationale orléanaise est prête à les conduire dans le lieu que l'assemblée voudra indiquer.

Une députation de la vingt-neuvième division de la gendarmerie nationale se plaint à la barre de n'avoir pas encore reçu d'ordre pour voler aux frontières; ces citoyens annoncent que leur division doit partir demain, et qu'ils reviendront vainqueurs ou qu'ils mourront.

Un citoyen offre un billet de 50 liv. pour les frais de la guerre.

M. Borie remet un fusil de munition neuf qu'il a fait fabriquer à la manufacture de Tulle, et prie l'assemblée de vouloir bien l'agréer. Accepté.

M. Vautier père paraît à la barre, et dit qu'il a trois fils qui partent ensemble pour la frontière, mais qu'il n'a pu en armer que deux. M. Borie demande que l'assemblée lui remette le fusil qu'il a remis. Ces propositions sont décrétées. M. Vautier est admis aux honneurs de la séance.

Une députation de la 50e division de la gendarmerie, admise à la barre, demande à l'assemblée le paiement de la gratification qui lui a été accordée, en observant qu'elle part demain pour aller au-devant de l'ennemi. (On applaudit.)

M. Duchemin, cocher de place, admis à la barre, annonce à l'assemblée qu'il quitte la place, et qu'il part avec ses chevaux, qui font toute sa propriété, pour le service de l'armée.

Des citoyennes, admises à la barre, demandent que les particuliers détenus pour dettes ou pour mois de nourrice soient élargis et qu'on punisse les traîtres.

M. Mulot demande qu'il soit remis une somme dans les mains du ministre pour payer les frais des nourrices.

Cette proposition est décrétée.

Des officiers municipaux de la Commune de Paris amènent à la barre M. Virieu, ambassadeur de l'infante de Parme, qui a été arrêté aux barrières, muni d'un passeport pour s'en retourner dans son pays.

L'assemblée ordonne le renvoi au comité de surveillance, pour lui rendre compte séance tenante.

Le sieur Bonjour vient renouveler à l'assemblée l'entretien qu'il fait depuis long-temps d'un garde national aux frontières et offrir pour nouveau soldat son domestique, tout équipé et muni de son fusil. L'assemblée accepte l'offre et donne les honneurs de la séance.

M. Lequinio. Je demande qu'il soit fait mention honorable et du don du pétitionnaire et du zèle patriotique du serviteur estimable qui vole pour nous sur les frontières. — Décrété.

M. David, commis dans un des bureaux de l'assemblée, offre un habillement complet pour un volontaire qui voudra partir aux frontières.

Un citoyen dépose sur le bureau deux sabres et deux pistolets pour compléter l'armement de deux volontaires.

Un Anglais offre un fusil et engage tous les citoyens français à l'imiter.

Plusieurs autres pétitionnaires déposent pareillement sur le bureau des armes et de l'argent pour la défense de la liberté.

Des officiers municipaux, admis à la barre, annoncent qu'il se fait des rassemblemens autour des prisons, et que le peuple veut en forcer les portes. Ils prient l'assemblée de délibérer sur-le-champ sur cet objet, en lui observant que le peuple est à la porte et qu'il attend sa décision.

M. Bazire. Je demande que l'assemblée envoie des commissaires pris dans son sein pour parler au peuple et rétablir le calme.

M. Fauchet annonce que deux cents prêtres viennent d'être égorgés dans l'église des Carmes.

M. le président nomme les commissaires. Ce sont MM. Bazire, Dussaulx, François de Neufchâteau, Isnard, Lequinio; M. Audrein se joint à eux.

Avant de sortir de la salle, M. Dussaulx remet entre les mains d'un jeune citoyen, qui part au-devant de l'ennemi, un fusil, qu'il regrette de ne pouvoir porter lui-même à cause de sa vieillesse.

La compagnie de gendarmes, employée près les tribunaux, demande à partir sur-le-champ pour la défense de la patrie.

Des citoyens, admis à la barre, demandent que tous les bourgeois, indistinctement, soient tenus de partir.

M... M. Virieu, ambassadeur de l'infante de Parme, vient de paraître au comité de surveillance; il partait pour Genève; le peuple l'a arrêté aux barrières. Il est muni d'un passeport et d'une lettre qu'il a lui-même voulu décacheter. Le comité lui a demandé s'il avait reçu ordre de l'infante de quitter la France. Il a répondu que non. En conséquence le comité vous propose de décréter que le ministre sera tenu de vous rendre compte des motifs qui l'ont engagé à délivrer le passeport, et qu'en attendant M. Virieu soit mis sous la sauvegarde de la loi.

Ces propositions sont adoptées.

M. Servan demande à l'assemblée qu'il lui soit délivré quatre millions pour fournir aux dépenses des volontaires des frontières.

Cette demande, convertie en motion, est décrétée.

Une députation des fédérés de Marseille demande à marcher là où le danger est le plus grand, et que le cri du peuple ne soit plus *Vive la nation*, mais *Sauvons la nation*.

Un citoyen de la garde nationale annonce que les commissaires de l'assemblée n'ont pu parvenir à calmer le peuple, et qu'en conséquence il faut que l'assemblée prenne une autre mesure.

On lit une lettre de M. l'abbé Sicard, par laquelle il annonce qu'il vient d'être sauvé de la fureur du peuple par le dévouement généreux d'un horloger nommé Monot, qui a dit au peuple, en ouvrant sa poitrine : « Il faut que vous perciez ce sein pour arriver à celui de l'abbé Sicard. »

Sur la proposition de M. Lagrévole, l'assemblée nationale décrète que M. Monot a bien mérité de la patrie.

M. Gensonné, au nom de la commission extraordinaire, propose à l'assemblée de transférer dans le château de Blois les prisonniers détenus dans les prisons d'Orléans.

Un membre observe que le château de Blois n'est point assez fort, et que la garde nationale de cette ville est insuffisante pour la garde des prisonniers.

L'assemblée renvoie le projet à un nouvel examen de la commission extraordinaire.

Un des deux commissaires envoyés pour visiter les environs du Temple annonce que le calme règne dans l'intérieur et à l'extérieur, et qu'il n'y a aucune apparence de rassemblement.

M. Dussaulx. Les députés que vous avez envoyés pour calmer le peuple sont parvenus avec beaucoup de peine aux portes de l'Abbaye. Là nous avons essayé de nous faire entendre. Un de nous est monté sur une chaise ; mais à peine eut-il prononcé quelques paroles que sa voix fut couverte par des cris tumultueux. Un autre orateur, M. Bazire, a essayé de se faire écouter par un début adroit ; mais quand le peuple vit qu'il ne parlait pas selon ses vues, il le força de se taire. Chacun de nous parlait à ses voisins à droite et à gauche ; mais les intentions pacifiques de ceux qui nous écoutaient ne pouvaient se communiquer à des milliers d'hommes rassemblés. Nous nous sommes retirés, et les ténèbres ne nous ont pas permis de voir ce qui se passait.

M. Gensonné annonce que la commission extraordinaire a substitué le château de Saumur à celui de la ville de Blois.

Cette proposition est décrétée.

M. Lasource fait lecture d'une adresse aux Français pour les engager à défendre la patrie.

La rédaction en est renvoyée à un nouvel examen de la commission extraordinaire.

A la suite de cette adresse, il lit un projet de décret pour engager les citoyens qui ne peuvent pas aller aux frontières à donner leurs armes à ceux qui y vont.

M. Cambon demande que les citoyens soient aussi invités à donner leurs habits de garde nationale.

Ces deux propositions sont décrétées.

Trois Anglais demandent qu'il leur soit délivré des passeports pour retourner dans leur pays.

Cette demande est renvoyée au ministre des affaires étrangères.

Un membre du comité de l'ordinaire des finances fait lecture d'une longue série d'articles relatifs à des rectifications de noms pour le paiement des rentes.

La séance est suspendue à onze heures.

A une heure du matin, le bruit se répand dans la salle que le désordre continue et qu'on tue toujours des prisonniers.

Les commissaires écrivent à la Commune pour en recevoir des informations précises.

A deux heures et demie, trois commissaires de la Commune arrivent.

M. Truchot, commissaire. Messieurs, la plupart des prisons sont maintenant vides; environ quatre cents prisonniers ont péri. A la prison de la Force, où je me suis transporté, j'ai cru devoir faire sortir toutes les personnes détenues pour dettes. J'en ai fait autant à Sainte-Pélagie. Revenu à la Commune, je me suis rappelé que j'avais oublié à la prison de la Force la partie où sont renfermées les femmes. J'en ai fait sortir vingt-quatre. Nous avons principalement mis sous notre protection mademoiselle de Tourzelles et madame Sainte-Brice. J'observe que cette dernière est enceinte. Pour notre propre sûreté, nous nous sommes retirés, car on nous menaçait aussi. Nous avons conduit ces deux dames à la section des Droits de l'Homme en attendant qu'on les juge.

M. Tallien, commissaire de la Commune. On s'est d'abord porté à l'Abbaye. Le peuple a demandé au gardien les registres. Les prisonniers détenus pour l'affaire du 10 et pour cause de fabrication de faux assignats ont péri sur-le-champ. Onze seulement ont été sauvés. Le conseil de la Commune a envoyé une députation pour s'opposer au désordre. Le procureur de la Commune s'est présenté le premier et a employé tous les moyens que lui suggéraient son zèle et son humanité. Il ne put rien gagner et vit tomber à ses pieds plusieurs victimes. Lui-même a couru des dangers, et on a été obligé de l'enlever, dans la crainte qu'il ne pérît victime de son zèle. De là le peuple s'est porté au Châtelet, où les prisonniers ont aussi été immolés.

A minuit environ, on s'est porté à la Force. Nos commissaires s'y sont transportés et n'ont pu rien gagner. Des députations se sont succédé, et, lorsque nous sommes partis pour nous rendre ici, une nouvelle députation allait encore s'y rendre. L'ordre a été donné au commandant-général d'y faire transporter des détachemens; mais le service des barrières exige un si grand nombre d'hommes, qu'il ne reste point assez de monde pour assurer le bon ordre. Nos commissaires ont fait ce qu'ils ont pu pour empêcher l'hôtel de la Force d'être pillé; mais ils n'ont pu arrêter en quelque sorte la juste vengeance du peuple; car, nous devons le dire, ses coups ont tombé sur des fabricateurs de faux assignats, qui étaient là depuis fort long-temps. Ce qui a excité la vengeance, c'est qu'il n'y avait là que des scélérats reconnus.

M. Giraud, commissaire. On est allé à Bicêtre avec sept pièces de canon. Le peuple, en exerçant sa vengeance, rendait aussi sa justice : au Châtelet plusieurs prisonniers ont été élargis au milieu des cris de *vive la nation* et au cliquetis des armes. Les prisons du Palais sont absolument vides, et fort peu de prisonniers ont échappé à la mort.

M. Tallien. Voici un fait important. Un homme vient de porter à la Commune cinq louis en or et 85 livres en argent blanc frappé au nouveau coin. Il y a un dépôt d'établi pour les divers effets trouvés sur les prisonniers.

M. Guiraud. Le peuple, sur le Pont-Neuf, faisait la visite des cadavres et déposait l'argent et portefeuilles. Un homme, pris volant un mouchoir, a été tué.

M. Guiraud. J'ai oublié un fait important pour l'honneur du peuple. Le peuple avait organisé dans les prisons un tribunal composé de douze personnes. D'après l'écrou, d'après diverses questions faites au prisonnier, les juges apposaient les mains sur sa tête, et disaient : « Croyez-vous que dans notre conscience nous puissions *élargir* monsieur? » Ce mot élargir était sa condamnation. Quand on disait *oui*, l'accusé était lâché, et il allait se précipiter sur les piques. S'il était jugé innocent, les cris de *vive la nation* se faisaient entendre, et on rendait à l'accusé sa liberté.

COMMUNE DE PARIS.

Rien dans la séance du 1ᵉʳ plus que dans celle du corps législatif n'annonce ce qui va se passer à Paris; il est même remarquable que Pétion préside pour la première fois le conseil formé le 10 août. Quel était son but secret? rien ne nous l'a révélé. Certainement cependant il en avait un; il y a raison de le croire, surtout lorsqu'on le voit chercher à remplacer ce conseil par la réunion du bureau de ville. Voulait-il simplement substituer l'administration légale à l'autorité exceptionnelle? Voulait-il par là se saisir des moyens d'empêcher l'exécution du projet des journées de septembre? Nous laissons à nos lecteurs à juger; il nous suffit d'avoir attiré leur attention.

SÉANCE DU 1er SEPTEMBRE 1792 (L'AN Ier DE LA RÉPUBLIQUE).

M. le maire occupe le fauteuil. La rédaction du procès-verbal est arrêtée sans réclamation.

Plusieurs citoyens se présentent au conseil-général. L'un d'eux obtient la parole. Il représente que le terme de quarante-huit heures pour la fermeture des barrières est expiré; que les affaires publiques et privées souffrent de la gêne que l'on éprouve encore pour sortir. Le conseil prend un arrêté définitif à cet égard.

Le conseil-général, considérant que le commerce et l'approvisionnement souffriraient d'une plus longue prohibition aux barrières; considérant que le terme de quarante-huit heures, fixé par le décret de l'assemblée nationale, est expiré d'hier,

Arrête : 1° Qu'à dater de ce jour, les barrières seront ouvertes à toute espèce de voitures, en se soumettant, par les conducteurs, aux lois de la police, pour les lettres de voiture et passeports;

2° Toute personne qui voudra circuler dans l'étendue du département, pourra le faire sans passeports;

3° Les personnes qui voudraient voyager dans l'intérieur du royaume, seront tenues de se munir de passeports portant leur signalement, et dans la forme déterminée par les précédens arrêtés, et ils feront en outre inscrire la route qu'ils doivent tenir;

4° Les municipalités voisines seront invitées à surveiller scrupuleusement tous les voyageurs, quels qu'ils soient;

5° Le présent arrêté sera imprimé, affiché et envoyé aux quarante-huit sections.

Sur la demande d'un gendarme prêt à partir pour les frontières, il est arrêté que les effets qui sont tombés au pouvoir des citoyens combattant pour la liberté et l'égalité dans la journée du 10 août, resteront en leur possession, et conséquemment M. Tallien, secrétaire-greffier, est autorisé à remettre une montre d'or à M. Lecomte, gendarme.

M. Boutidaux, employé aux fortifications du camp, prête le serment civique.

M. le président observe que, d'après l'arrêté du conseil-général, les administrateurs de la municipalité vont ouvrir leur séance, et que les objets de leurs délibérations devant être soumis à la sanction du conseil-général, celui-ci n'y peut prendre aucune part. Après quelques réclamations assez vives, la séance est suspendue, pour être reprise à cinq heures du soir.   Signé, Coulombeau.

A cinq heures du soir, M. Huguenin occupe le fauteuil.

La lecture du procès-verbal n'excite aucune réclamation.

M. Robespierre demande la parole. Il demande que le bureau municipal prenne, pour tenir ses séances, une autre salle que celle du conseil-général, pour ne point interrompre les séances du matin.

Il demande que, le soir, les membres du conseil se retirent dans les assemblées primaires des sections, pour hâter la nomination des électeurs ;

Que le corps municipal soit converti en administration municipale ;

Que les membres qui seront reconnus pour avoir conservé la confiance publique, soient seuls chargés de l'administration, et reconnus en cette qualité par le conseil-général et par les sections ;

Que l'on présente demain la liste de l'ancien corps municipal, pour décider quels sont les membres qui peuvent être conservés.

Ceux qui ont signé les procès-verbaux contre la municipalité, à l'occasion de la journée du 20, ne pourront être compris dans la liste qui doit être envoyée aux sections et sanctionnée par elles.

Les sieurs Jean-Jacques Le Roux, Cahier et Borie seront mis

en état d'arrestation, d'après l'arrêté déjà pris depuis plusieurs jours.

MM. Jeanson et Jacquet sont nommés commissaires, à l'effet de se rendre au directeur du juré.

M. le procureur de la Commune demande que le scrutin épuratoire tombe sur l'ancienne municipalité et non sur les administrateurs.

Une députation de la section des Droits de l'Homme fait apporter une somme de 20,400 francs, et demande qu'il soit vérifié si cette somme doit être envoyée au trésor public ou rendue aux propriétaires présumés. Les commissaires nommés sont MM. Audouin, Rossignol, Lavoypierre et Sigau.

Une députation de la section du Louvre vient déclarer au conseil-général que cette section a arrêté qu'il continuait à mériter sa confiance, comme ayant bien mérité de la patrie.

Les députés ajoutent que les commissaires déjà nommés sont confirmés; ils développent leurs vues et leurs sentimens patriotiques. Leur adresse est couverte d'applaudissemens. La mention honorable au procès-verbal est arrêtée, et la députation est admise aux honneurs de la séance.

M. Robespierre prend la parole, et développe, dans un discours éloquent, toutes les manœuvres employées pour faire perdre au conseil-général la confiance publique, et tout ce que le conseil a fait pour s'en rendre digne.

Il se résume, et dit qu'il ne se présente à son esprit aucun moyen de sauver le peuple, que de lui remettre le pouvoir que le conseil-général a reçu de lui.

M. le procureur de la Commune prend la parole; il donne de justes éloges au développement des principes du préopinant; mais, rappelant le serment des membres du conseil de ne point abandonner leur poste que la patrie ne soit plus en danger, il conclut à ce que le conseil continue à remplir ses fonctions. — Arrêté.

MM. Bernard et de Lépine sont nommés commissaires, à l'effet de hâter et surveiller l'impression du discours et de l'adresse de

M. Robespierre, chez M. Duplain, imprimeur, aux frais de la Commune.

M. Cahier est présent à la barre; on le met en état d'arrestation à l'Abbaye. MM. Langlois, Cailleux, sont nommés commissaires, à l'effet d'apposer chez lui les scellés.

M. le procureur-syndic entendu, le conseil arrête que ses séances s'ouvriront à dix heures précises du matin, et seront suspendues à deux.

Le conseil déclare que c'est par erreur que, dans son précédent arrêté, il a implicitement demandé le rappel du corps municipal; qu'il n'a entendu parler que des administrateurs.

La section du Temple envoie une députation qui déclare qu'en vertu du décret de l'assemblée nationale, elle retire ses pouvoirs aux commissaires qu'elle a nommés au conseil-général.

Signé, COULOMBEAU.

SÉANCE SUSPENDUE A UNE HEURE ET DEMIE.

M. Bourdon Vatry occupe le fauteuil.

Pierre Paulin, invalide de la marine, tient dans les tribunes des propos insultans pour le conseil. Les citoyens des tribunes jugent le délinquant à vingt-quatre heures de détention à la geôle, ce qui est exécuté.

Un M. Savary se conduit indécemment; les citoyens des tribunes jugent qu'il doit être mis à la porte; ce qui est exécuté.

Un canonnier sous-officier vient porter plainte sur ce qu'il a reconnu que deux pièces de canon chargées à mitraille restaient abandonnées à la porte de la maison commune, la lumière découverte, ce qui expose au danger de les faire partir, si quelqu'un en approchait avec du feu.

Les commissaires nommés pour examiner les registres de M. Leclerc de La Ronde, rendent compte aux membres du conseil du résultat de leur mission. Ils disent que, d'après les recherches les plus exactes, ils ont découvert un acte de patriotisme, bien rare dans ce siècle d'agiotage ; que madame de....... a vendu une maison lorsqu'on payait encore en espèces sonnantes;

qu'elle en a touché le prix, et qu'elle l'a versé chez M. Leclerc de La Ronde, son homme de confiance ; que, voulant servir la chose publique en donnant des espèces au trésor public, elle avait voulu qu'à différentes époques le prix de sa maison fût échangé au pair au trésor national contre du papier ; que M. Leclerc de La Ronde, vieillard respectable, s'était acquitté de cette commission avec le désintéressement le plus parfait ; que les 20,400 livres qui avaient été arrêtées et envoyées au conseil-général par la surveillance de la section des Droits-de-l'Homme, étaient réellement destinées au trésor public ; que M. de La Ronde y ferait encore porter, sous quelques jours, une somme plus considérable, et qu'enfin ils pensaient qu'on ne pouvait accorder assez d'éloges à tous les intéressés dans cette affaire.

Bien sûrs d'être approuvés par le conseil-général, les commissaires, réunis pour le moment, ont voté la mention honorable au procès-verbal de la conduite civique de madame de......

Ont arrêté que la section des Droits-de-l'Homme serait louée de sa surveillance ;

Et que MM. Leclerc de La Ronde, père et fils, recevraient, par une lettre du secrétaire, l'assurance positive de la haute justice que le conseil-général aime à rendre à leur probité et à la délicatesse de leur conduite. Signé, COULOMBEAU.

SÉANCE DU 2 SEPTEMBRE 1792 (L'AN Ier DE LA RÉPUBLIQUE).

M. Huguenin occupe le fauteuil.

Le secrétaire fait lecture du procès-verbal, adopté sans réclamation.

M. le procureur de la Commune, à l'ouverture de la séance, annonce que les ennemis sont devant Verdun, qu'ils en font en ce moment le siége, et qu'avant huit jours cette ville, la seule place forte qui existe entre Paris et l'ennemi, sera obligée de se rendre.

Il fait la proposition que, sur-le-champ, tous les citoyens se réunissent, campent le soir au Champ-de-Mars, et partent demain pour se rendre le plus tôt possible sous les murs de Verdun, y périr en défendant la liberté, ou purger le sol français de la présence de ses ennemis.

Cette proposition est adoptée à l'unanimité.

On demande que tous les chevaux qui peuvent servir à monter les citoyens qui se rendent aux frontières soient retirés de toutes les maisons où ils se trouvent, ainsi que tous ceux qui sont propres à servir pour l'artillerie. Arrêté.

Une proclamation pour annoncer aux citoyens les dangers de la patrie est demandée, rédigée et adoptée sur-le-champ.

Proclamation.

« Citoyens, l'ennemi est aux portes de Paris; Verdun, qui l'arrête, ne peut tenir que huit jours. Tous les citoyens qui défendent le château ont juré de mourir plutôt que de se rendre. C'est vous dire que, quand ils vous font un rempart de leurs corps, il est de votre devoir de voler à leur secours.

» Citoyens, aujourd'hui même, à l'instant que tous les amis de la liberté se rangent sous les drapeaux, allons nous réunir au Champs-de-Mars, qu'une armée de soixante mille hommes se forme sans délai, et marchons aussitôt à l'ennemi, ou pour succomber sous ses coups, ou pour l'exterminer sous les nôtres. »

Le conseil-général arrête en outre que les sections donneront l'état des hommes armés et prêts à partir, ainsi que celui des armes qu'ils auront sous la main, afin qu'ils puissent statuer sur ces objets.

Une compagnie franche, casernée à l'Observatoire, prête le serment civique.

Le ministre de la guerre donne dans une lettre au conseil-général des détails sur la formation du camp sous Paris; il fait différentes propositions, entre autres d'établir des fours dans différens points, le conseil adhère aux propositions du ministre de la guerre.

Il est arrêté que dès ce moment le comité militaire sera permanent, il est composé de MM.

Michonis, section du Marché-des-Halles;

SEPTEMBRE (1792). 561

Marcenet, rue du Four-Saint-Germain, n° 23, section du Luxembourg;

Jean-Baptiste Vincent, rue des Tournelles, n° 25, section des Fédérés;

Mille, rue de Ménil-Montant, section du Temple;

Dupont, rue du Château-Landon, n° 7, boulevart du Nord;

Gilles, rue d'Enfer en la Cité, n° 16, section 10;

Traverse, faubourg Saint-Martin, n° 52, section de Bondy;

Paillier, rue des Quinze-Vingts, n° 48, section des Tuileries;

S'assemblent dans la salle dite de la Reine.

Le conseil arrête qu'à l'instant le canon d'alarme sera tiré, le tocsin sonné, et la générale battue;

Que deux commissaires se rendront à l'instant à l'assemblée nationale pour la prévenir de toutes les mesures prises par le conseil-général.

Le conseil-général arrête que M. Guichard, traiteur, sera payé des fournitures qu'il a faites au Temple, pour la nourriture de MM. les commissaires de service au Temple, sur les cinq cent mille livres accordées par l'assemblée nationale, pour les dépenses de Louis XVI.

Signé COULOMBEAU.

Suite de la séance du 2 septembre 1792, à quatre heures du soir.

M. Huguenin occupe le fauteuil.

Un officier de la garde nationale apporte la nouvelle que plusieurs prisonniers que l'on conduisait à la Conciergerie ont été tués, et que la foule commençait à pénétrer dans les prisons.

On demande des commissaires pour aller aux différentes prisons, pour protéger les prisonniers qui y sont renfermés pour dettes ou pour mois de nourrices, ainsi que pour des causes civiles. Les commissaires sont MM. Danger, Marinot, Jams, Michonis, Léguillon, Moneuse.

Le procureur de la Commune demande que chaque section soit invitée à réclamer ceux de son arrondissement qui sont détenus pour les causes énoncées ci-dessus, ainsi que les militaires détenus pour faits de discipline.

Sur la proposition de faire sortir de Sainte-Pélagie les prisonniers qui y sont purement pour dettes, et reconnus comme tels par la vérification de l'écrou :

Le conseil a arrêté que la prison de Sainte-Pélagie serait ouverte.

On propose par amendement de faire sortir de prison tous ceux qui y sont pour dettes et pour mois de nourrices, ainsi que pour des causes civiles. Arrêté.

Un membre dénonce le projet d'enlever la famille royale. Le conseil renvoie au commandant-général pour prendre les précautions nécessaires.

Une députation demande des armes, de la poudre et des chevaux pour les troupes. On lui observe que tout est arrangé à cet égard.

Un acteur du théâtre de l'Ambigu-Comique vient offrir les armes qui sont à ce théâtre, et il assure qu'on les remettra sur un simple bon du conseil-général.

MM. Caron et Nouet sont nommés pour se transporter à l'Abbaye et veiller à la conservation des prisonniers.

M. le commandant-général annonce qu'il va envoyer de la force armée au Temple.

Le conseil-général envoie deux commissaires pour visiter un magasin d'armes sur la section de Marseille.

M. le bailly de Virieu est à la barre. M. le procureur-syndic l'interpelle de dire s'il a pris un congé du pouvoir exécutif.

Il répond qu'il ne l'a pas cru nécessaire, qu'il a des ordres de sa cour; et qu'il se rend à Genève; que sur cet ordre on lui avait donné un passeport; qu'il n'en savait pas davantage.

Interrogé sur le lieu de sa naissance et sur ses emplois, a dit qu'il est né Français, qu'il est attaché depuis vingt-cinq ans au duc de Palerme en qualité de ministre plénipotentiaire, et qu'il est en même temps ambassadeur de Malte.

Un membre demande que M. de Virieu soit conduit par-devant

le ministre des affaires étrangères pour recevoir des éclaircissemens sur sa conduite, et qu'il soit rendu compte au conseil du résultat de cette conférence.

Un autre membre demande qu'il soit conduit à la barre de l'assemblée nationale comme Français qui déserte son poste, et renonce à une qualité qu'il devrait désirer de ne perdre jamais.

Le ministre de la guerre paraît dans le sein de l'assemblée; il lit une lettre d'invitation du conseil-général, à lui adressée, pour qu'il veuille bien se rendre au conseil.

On l'assure que c'est par erreur qu'il a reçu cette invitation, qu'elle était destinée au ministre de la justice. Il se félicite de ce que cette erreur l'appelle au milieu de ses concitoyens; il les assure de son dévouement à la chose publique, et de ses efforts constans pour mériter la confiance.

On fait quelques reproches au ministre sur la formation de l'état-major du camp sous les murs de Paris : le ministre répond qu'il n'est pas de sa nomination; que cet état-major n'est pas composé de ci-devant nobles; qu'il n'en est pas pourtant plus patriote.

Il indique huit heures du soir pour la réunion de MM. les commissaires qui doivent partir pour l'armée, à la mairie, avec M. le commandant-général provisoire. Il s'y rendra pour concerter toutes les opérations, et le conseil-général sera instruit de toutes les résolutions qui seront prises.

Les commissaires nommés pour cette conférence et pour se rendre dans les départemens sont :

MM. Michaut, Darnaudry, Chartray, Cellier, Soulet, Varin, Le Grey, Balin, Billaud-Varennes, Joly, Sigaut, Martin, Michel, Grandmaison, Janson, Brochet, Gobeau, Huguenin, Audouin, Roussel, Danjou, Crosne, Haroux-Romain, Hébert, Andraud.

Un membre rend compte de ce qui se passe à l'Abbaye. Les citoyens enrôlés, craignant de laisser la ville au pouvoir des malveillans, ne veulent point partir que tous les scélérats du 10 août ne soient exterminés.

Le conseil-général nomme MM. Cochois et Coulon à l'effet de se transporter chez les fourbisseurs de l'arrondissement de la section du Pont-Neuf, pour y prendre les armes qui peuvent être propres à armer nos frères qui partent pour la frontière; arrête qu'ils en présenteront l'état au conseil-général.

Le conseil-général arrête que quatre commissaires seront envoyés sur-le-champ à l'assemblée nationale, pour lui rendre compte de ce qui se passe actuellement aux prisons, et demander quelles mesures on peut prendre pour garantir les prisonniers.

Sur les observations de M. le commandant-général, converties en motion, il est arrêté que les personnes qui apporteront des comestibles et des objets de première nécessité, se feront enregistrer aux barrières, et repasseront librement par celle où elles auront donné leur nom.

Le conseil-général autorise les assemblées générales des sections à prendre tous moyens possibles pour empêcher l'émigration par la rivière.

Deux commissaires partent pour se rendre à l'assemblée nationale, et l'instruire de l'état de Paris et de ce qui se passe aux prisons.

Un membre rend compte de l'arrestation de M. Hue, valet de chambre du roi, et de la conversation que lui, commissaire, a eue avec le roi à ce sujet. Il lui a dit plusieurs vérités capables de le faire rentrer en lui-même. Il lui a reproché l'atrocité de sa conduite à l'égard d'un peuple généreux et aimant; il lui a dit que le sang versé le 10 août.....

M. Hue est à la barre; on l'interroge sur sa conduite civique et sur ce qu'il a sifflé devant le roi l'air : *O Richard, ô mon roi!*

Il répond qu'il sifflait indifféremment cet air comme plusieurs autres. Après plusieurs interpellations qui n'ont pu faire connaître les grandes vérités que cet homme s'efforce de cacher, il est envoyé en état d'arrestation à la geôle de la maison commune.

MM. Billaud-Varennes et Robespierre, en développant leurs

sentimens civiques, peignent la profonde douleur qu'ils éprouvent de l'état actuel de la France. Ils dénoncent au conseil-général la conspiration en faveur du duc de Brunswick, qu'un parti puissant veut porter au trône des Français.

Le conseil nomme des commissaires pour visiter, dans les magasins du Mont-de-Piété, les armes qui peuvent s'y trouver, et en faire le rapport.

M. Manuel rend compte du spectacle douloureux qu'il a eu sous les yeux à l'Abbaye ; il dit que les efforts de douze commissaires de l'assemblée nationale, les siens et ceux de ses collègues du corps municipal, ont été infructueux pour sauver les criminels de la mort.

Madame de Staël, ambassadrice de Suède, a été arrêtée sur le soupçon qu'elle emmenait avec elle M. de Narbonne. Elle s'est disculpée, et, vu son état de grossesse, M. le procureur de la Commune et M. le secrétaire-greffier ont été nommés pour aviser aux moyens de la laisser partir.

Après quelques instans, les commissaires ont rendu compte que madame de Staël offrait de n'emmener avec elle qu'une seule femme, et qu'elle demandait à se faire accompagner par deux gendarmes jusqu'à la frontière, en les payant elle-même. Le conseil a accordé ses demandes, et a arrêté que madame de Staël sortirait librement du royaume (1).

Le conseil-général arrête que plusieurs commissaires se transporteront à toutes les prisons pour tâcher de calmer les esprits, et pour éclairer les citoyens sur leurs véritables intérêts.

Un membre demande qu'on nomme des commissaires pour faire demain une proclamation sur les places et devant les prisons, à l'effet de calmer l'irritation des esprits.

(1) « Je sortis de ma voiture, dit madame de Staël dans son ouvrage sur la révolution, au milieu d'une multitude armée, et je m'avançai sous une voûte de piques. Comme je montais l'escalier, également hérissé de lances, un homme dirigea contre moi celle qu'il tenait dans sa main. Mon gendarme m'en garantit avec son sabre. Si j'étais tombée dans cet instant, c'en était fait de ma vie ; car il est de la nature du peuple de respecter ce qui est encore debout ; mais quand la victime est déjà frappée, il l'achève. »

Arrêté que tous les effets des émigrés qui pourraient être utiles aux troupes et au campement, seront mis sous la main de la nation.

La section de Popincourt demande à être autorisée à désarmer des malveillans qui se trouvent dans son sein. Renvoyé au commandant-général.

M. le commandant-général est autorisé à envoyer de nombreux détachemens autour du Temple et des prisons.

Douze commissaires sont nommés pour tenir la séance de nuit.

Députation de la section de l'Arsenal, qui demande que l'on pose des barrières pour la sûreté du magasin à poudre. Cette demande est ajournée à une séance plus nombreuse.

Signé Coulombeau.

SÉANCE DE LA NUIT DU 2 AU 3 SEPTEMBRE 1792.

M. Mehée occupe le fauteuil.

Un membre demande à être autorisé à se transporter avec un commissaire de la section des Cordeliers dans une maison de ladite section, à l'effet de faire une perquisition de fusils. M. Le Fèvre est nommé commissaire à cet effet.

MM. Truchon et Duval-Desteing sont nommés commissaires pour faire une visite à l'hôtel de la Force, quartier des femmes.

Une députation de la section de l'Arsenal fait part des délibérations qu'elle a prises concernant les officiers nommés pour le camp de Paris.

Le conseil arrête qu'il sera écrit aux municipalités de Tours à Paris, pour qu'elles protégent un convoi de poudre qui doit arriver à Paris.

Le conseil-général ajourne à demain la sortie des salpêtres de Paris.

Une députation de la section des Arcis demande que tous les principaux locataires soient tenus de déclarer dans les vingt-quatre heures toutes les personnes qui demeurent dans leurs maisons, domiciliées ou non, à peine de trois cents livres d'amende. Le conseil-général autorise cette section à faire part de sa délibération aux quarante-sept autres.

Le conseil-général arrête que la section des Droits-de-l'Homme, ainsi que les quarante-sept autres, sont autorisées à s'emparer des chevaux et des voitures des personnes qui prétendent être loueurs de carrosses ou marchands de chevaux, et dont les patentes ne sont pas d'une date antérieure au 10 août 1792.

MM. Benoît, Profinet, Franchet et Dufour sont nommés commissaires, à l'effet de faire des visites dans des maisons suspectes qui se trouvent dans l'étendue de la section de l'Arsenal.

La section de Bon-Conseil fait part de l'arrêté qu'elle a pris de faire armer huit cavaliers, et demande que le conseil-général autorise toutes les sections à l'imiter. Ajourné à demain.

Sur la demande faite de faire fermer tous les théâtres, excepté ceux de la Nation et de la rue de Richelieu, l'assemblée passe à l'ordre du jour.

Un commissaire est nommé pour vérifier une perte de 800 livres, dont se plaint un citoyen qui a reçu une lettre dite de Jérusalem.

Le conseil donne pouvoir à M. Vaillant, l'un de ses membres, d'apposer les scellés chez M. le marquis de Nesle dans la section des Invalides.

Le concierge de la maison commune est autorisé à faire transporter le sieur Hue, de la geôle dans un autre endroit sûr de la maison commune.

On dépose sur le bureau une somme de 100 louis en or, 4 écus de 6 livres au nouveau coin, 3 à l'ancien et 7 écus de 3 livres, formant ensemble 2465 livres, ladite somme trouvée dans la poche d'un Suisse renfermé à l'Abbaye, et qui a été immolé.

M. Boursaut, de la section des Lombards, est venu demander de faire fermer la Bourse. Renvoyé à la séance de demain.

Demandé que les jeux de hasard soient fermés, et que ceux qui en tiendront soient punis de mort;

Que tous les fermiers à quarante lieues à la ronde soient obligés de battre leurs grains, et qu'ils n'en laissent point en meules;

Que les municipalités soient invitées à faire parvenir à celle de Paris les déclarations des fermiers;

Que les soldats invalides en état de servir soient nommés à la tête des volontaires qui vont partir, sans cependant déterminer les grades qu'ils rempliront ;

Que les recrues soient casernées aux Invalides et à l'École-Militaire.

Les commissaires de retour de l'hôtel de la Force rendent compte de ce qui s'y passe, et il est arrêté qu'ils s'y transporteront derechef pour hâter de calmer les esprits.

La commission du corps législatif demande au conseil-général des renseignemens sur les prisons. MM. Truchon, Duval-Desteing, Tallien et Guiraut sont nommés commissaires pour instruire l'Assemblée nationale de l'état des choses, et se concerter avec elle sur les mesures à prendre dans ces circonstances. Signé, MEHÉE, *président par intérim*, et COULOMBEAU.

ASSEMBLÉE NATIONALE. SÉANCE DU 3 SEPTEMBRE AU MATIN.

Le ministre de l'intérieur transmet une lettre de Pétion, dans laquelle il annonce qu'il n'a appris les événemens de la nuit qu'au moment où il n'y avait plus de remède.

Un citoyen se présente à la barre et se plaint de ce que le président de sa section exige pour convoquer l'assemblée de section, une réquisition légale signée de cinquante citoyens. Il demande que l'assemblée nationale ordonne que sur la réquisition d'un seul citoyen, le président convoque l'assemblée de section tant que durera la permanence.

Cette demande convertie en motion par Lacroix est décrétée.

Le ministre de la guerre transmet la nouvelle que Dumourier marche pour couvrir la Champagne.

N... j'ai demandé la parole pour annoncer à l'assemblée une nouvelle satisfaisante, sur le siége de Verdun.

En traversant la cour des Petits-Pères, j'ai vu un grand nombre de citoyens qui se félicitaient de cette nouvelle apportée par un courrier arrivé dans ce moment. Je suis allé à la poste, où les administrateurs du directoire m'ont dit qu'un courrier venu de Strasbourg a annoncé que tous les endroits où il a passé près Verdun étaient pleins de la nouvelle et des détails de cette levée ; les ennemis ont envoyé demander la reddition de la place. La garnison et les citoyens ont répondu qu'elle ne se rendrait que quand il n'existerait plus personne pour la défendre. A cinq heures du soir le bombardement a commencé et a duré jusqu'au lendemain sept heures ; et l'ennemi s'est retiré à huit. (On applaudit.)

M. Brissot. Le directeur des postes avait déjà communiqué cette nouvelle à la commission. Il est une circonstance omise par le préopinant. C'est que le courrier venant de Strasbourg n'a point passé par Verdun, mais à cinq lieues de cette ville où il a été joint par un postillon qui s'était trouvé dans Verdun au moment du bombardement. La commission a trouvé fort extraordinaire que le bombardement ayant fini samedi au matin, le ministre de la guerre n'eût pas reçu de courrier. Cependant il peut se faire qu'il ait été arrêté par des détachemens de hulans. Le postillon a ajouté que l'ennemi avait essayé une attaque contre Montmédy, et s'était bientôt replié sur Longwi. (On applaudit.)

Madame Rifodille offre trois fusils. — Madame Villaume, marchande mercière, rue Saint-Martin, offre de monter sa garde. Sa fille dépose une timballe d'argent et une pièce de 15 sous. La mère donne une croix d'or, un cœur en or et un dez d'argent. (On applaudit.)

Les jeunes citoyens attachés aux contributions publiques, demandent à se former en compagnie. Ils sont jeunes, vigoureux, l'amour de la patrie est là (dans leur cœur) ; heureux, trop heureux de verser pour elle la dernière goutte de leur sang. (On applaudit.)

Les élèves en chirurgie offrent de former une compagnie franche, ou de marcher comme chirurgiens. Ils déposent sur l'autel de la patrie, en leur nom, 2,044 liv., et au nom de M. Deffault, 600 livres. (On applaudit.)

M. Regnault-Beaucaron. Dans le moment où Paris entier s'élance aux frontières, les départemens de la ci-devant province de Champagne se montrent avec une énergie non moins louable. Le courage, le patriotisme se développent d'une manière éclatante. Une lettre que je reçois du département de l'Aube en est la preuve. Elle m'est écrite par un membre de l'administration, qui, de concert avec les autres corps administratifs de Troyes, dont je dois aussi faire l'éloge, veille à la chose publique avec un zèle infatigable. Datée de samedi soir 1er du mois, je vais en donner lecture à l'assemblée ; elle ne peut qu'intéresser dans la crise où nous nous trouvons.

» Tout est en mouvement dans notre département; on peut dire pour le coup que le peuple se lève tout entier ; il faut vous dire le pourquoi ; ce matin à quatre heures est arrivé un courrier du département de la Marne, muni de deux lettres, l'une du district de Sainte-Menehould, datée d'hier après midi, laquelle portait que Verdun était assiégé, qu'un parti autrichien s'était porté à Clermont et dans les villages voisins, dont il avait désarmé les habitans ; qu'au moment où l'on écrivait la générale battait à Sainte-Menehould, que toute la garde nationale allait se porter à la rencontre d'un parti ennemi qui paraissait aussi disposé à venir désarmer cette ville ; le district finissait par demander des secours à son département. L'autre lettre, de MM. les administrateurs de la Haute-Marne, portait qu'à la réception de l'avis à eux venu de Sainte-Menehould ils ont requis toute la force armée de leur département, tant en gendarmes qu'en gardes nationales, et qu'ils espèrent que nous les imiterons. Pareil avis à Chaumont que nous avons envoyé de leur part ; avertissement par nous donné à Auxerre. Au surplus, on a envoyé d'ici ce matin des réquisitions à toute la gendarmerie, de se rendre sur-le-champ ici, pour se porter ensuite à Châlons. Nous avons fait avertir tous les districts d'envoyer toute leur force armée ; savoir, Nogent, Bar-sur-Aube et Arcis, directement à Châlons, Ervy et Bar-sur-Seine ici, pour prendre ensuite la même route.

» Que va-t-il résulter de là ? que ce seul département va probablement envoyer environ douze mille hommes à Châlons ; Troyes seul en fournira près de trois mille ; on va dans toutes les maisons trouver les *aimables du jour* (applaudissemens réitérés), et leur dire qu'il n'y a pas à s'en dédire, qu'il faut qu'ils soient de la fête. (On applaudit.) Si Chaumont, Auxerre, Châlons, et tous les autres départemens du voisinage en font autant; comme je n'en doute pas, je pense qu'il va se rassembler du côté de nos frontières deux à trois cent mille hommes, et peut-être plus. J'ignore comment l'on s'y prendra pour nourrir et loger tout ce monde-là : si l'armée ennemie était seulement à vingt-cinq lieues au-dedans du royaume, il serait possible qu'elle se trouvât investie par quatre ou cinq cent mille hommes, et qu'elle y restât tout entière. Nous ne sommes pas tous armés, disciplinés, exercés comme l'ennemi, mais nous avons déjà des hommes exercés à leur opposer, et le reste pourrait porter de grands coups. Notre troisième bataillon, qui devait partir lundi pour Metz, prendra, je crois, aussi demain la route de Châlons ; il est armé et composé d'hommes superbes.

» On s'occupait de la formation d'un bataillon de grenadiers, requis par le général de l'armée du Rhin; mais au moyen de cette aventure inattendue, et, si toute notre force se rend à Châlons, adieu le bataillon des grenadiers; au surplus, tous sont disposés à mourir, plutôt que de porter de nouveaux fers. » (On applaudit.)

L'assemblée ordonne l'impression de cette lettre, et fait mention honorable de la conduite du département de l'Aube.

Sur le rapport de M. Lagrévole, le décret suivant est rendu :

» L'assemblée nationale considérant qu'il est pressant de rendre utile le plustôt possible l'or et l'argenterie qui se trouveront dans les maisons ci-devant royales et des émigrés, décrète qu'il y a urgence.

« L'assemblée nationale, après avoir décrété l'urgence, décrète que les départemens où sont situées des maisons ci-devant royales, feront transporter sous leur surveillance, et d'après les inventaires et procès-verbaux, à la trésorerie nationale, l'or et l'argent qui se trouveront dans lesdites maisons. Les départemens feront également remettre aux hôtels des monnaies les plus voisins de chacun d'eux, l'or et l'argenterie trouvés chez les émigrés, le tout en se conformant aux lois ci-devant rendues sur les monnaies et argenteries des églises. »

M. Lafargue envoie 900 livres en assignats. Ce citoyen, enrôlé pour marcher à la défense de la patrie, annonce que si les périls deviennent plus imminens, il consacrera la moitié de ses propriétés foncières et mobilières aux frais de la guerre.

On lit une lettre des commissaires nationaux envoyés dans le département de Seine-et-Marne et départemens voisins pour accélérer la levée des volontaires nationaux. Elle est ainsi conçue :

« Nous nous empressons de vous annoncer que le district de Melun montre le patriotisme le plus ardent; les routes sont couvertes de citoyens enrôlés; les Communes ont offert leurs chariots. Les uns s'inscrivent, les autres fournissent leurs habits, leurs armes, et souscrivent des engagemens pécuniaires pour secourir les femmes et les enfans de ceux qui partent. L'amour de la liberté brûle dans tous les cœurs, et la sainte égalité brille ici dans tout son lustre. Les mères de famille donnent leurs bijoux.

» Les mêmes sentimens se manifestent à Amiens; c'est évaluer modérément les dons qui ont été faits depuis notre arrivée dans cette ville, c'est-à-dire, en deux heures de temps, que de les porter à 60,000 livres.

» La Commune de Mailly n'avait que soixante-quatre gardes nationaux; vingt-quatre étaient déjà sur les frontières. Le surplus s'est rendu armé et équipé sur la place, et s'est enrôlé pour partir, etc.

» Signés MERLIN, JEAN DEBRY, *commissaires de l'assemblée nationale.* LEGENDRE, *commissaire du conseil exécutif.* »

On lit une lettre des commissaires envoyés dans les départemens de Seine-et-Oise, Eure, Calvados, Seine-Inférieure.

» En partant de Paris, nous nous sommes rendus à l'assemblée primaire du canton de Sève; elle a fourni sur-le-champ cent cinquante hommes armés et équipés. Arrivés à Versailles, nous y avons trouvé tous les corps administratifs assemblés et la garde nationale sous les armes. Un amphithéâtre a été élevé, et bientôt il a été chargé de citoyens qui venaient souscrire, soit de leurs personnes, soit de leurs fortunes. La souscription pécuniaire a produit sur-le-champ 64,000 livres ; un bataillon de huit cents hommes va être armé et équipé aux frais de la Commune ; elle lui donne deux pièces de canon, et plus de deux cents hommes à cheval se forment en compagnies franches. La Commune de Saint-Germain a fourni cent cinquante hommes. Arrivés à Évreux, chef-lieu du département de l'Eure, nous y avons fait une proclamation. Le rassemblement de tous les citoyens sous les armes, le zèle qu'ils font éclater, nous donnent l'espérance que ce département fournira un contingent honorable. L'esprit public s'anime dans tous ces lieux de manière à convaincre que, s'il s'est refroidi quelques instans, c'est au système de modérantisme des prétendus honnêtes gens qu'il faut s'en prendre. Signé LECOINTRE et ALHYTE. » (Applaudissemens·)

M. Duhem. Je demande qu'on suspende les remerciemens et les lettres de félicitation, jusqu'à ce que le Brabant soit libre, et que les électorats soient envahis.

Sur la proposition de M. Kersaint, l'assemblée décide qu'il sera rédigé tous les jours, par la commission extraordinaire, un bultin national pour recueillir les nouvelles de l'armée et les principales opérations du gouvernement, et prévenir ainsi le peuple contre les rapports infidèles par lesquels on cherche à l'alarmer.

L'assemblée décide que les matières d'or et d'argent qui seront trouvées dans les maisons des émigrés seront immédiatement transférées aux hôtels des monnaies les plus voisins, d'après les mêmes règles de comptabilité que celles établies pour l'argenterie des églises supprimées.

M. Jouneau paraît à la barre accompagné de dix à douze citoyens qui lui servent d'escorte. (On applaudit.) On invite M. Jouneau à monter à la tribune.

M. Jouneau. Avec votre décret sur la poitrine, je suis sorti de ma prison au milieu des acclamations du peuple. Ces braves citoyens m'ont accompagné avec le plus grand empressement. Leur zèle atteste le respect qu'on a partout pour vos décrets.

M. Jouneau va se placer au milieu de ses collègues.

M. Monteau. Ce serait intervertir les règles ordinaires que de laisser siéger au milieu de vous un de vos membres décrété d'accusation. Je demande qu'il reste sous le glaive de la loi.

M. Lacroix. M. Jouneau n'est pas sous un décret d'accusation; il est poursuivi par un de ses collègues pour une querelle particulière, jugée comme telle par l'assemblée. Cela est si vrai que si M. Grangeneuve voulait renoncer à ses poursuites, M. Jouneau serait libéré et devrait reprendre sa place parmi nous. Je demande que l'assemblée considérant qu'il n'aurait pu, sans risquer pour sa vie, rester dans la maison d'arrêt qui lui avait été prescrite, il lui soit donné, pour en tenir lieu, un comité de l'assemblée où il restera sous sa parole d'honneur.

L'assemblée adopte la proposition de M. Lacroix.

Une députation de la section du Marais fait lecture de l'arrêté qu'elle a pris de s'engager par serment à ne jamais porter atteinte aux précieux otages renfermés au Temple. (On applaudit.)

On fait lecture d'une lettre des commissaires du conseil de la Commune.

Au Temple, ce 3 septembre.

« L'asile de Louis XVI est menacé. La résistance serait impolitique, dangereuse, injuste peut-être. L'harmonie des représentans du peuple avec les commissaires du conseil de la Commune pourrait garantir le désordre. Nous demandons que vous vouliez bien nommer six membres pour, conjointement avec nous, calmer l'effervescence. »

La proposition de la Commune convertie en motion est adoptée.

M. le président nomme pour commissaires : MM. Lacroix, Bazire, Choudieu, Thuriot, Dussault et Chabot.

Des citoyens prêts à marcher à l'ennemi viennent prêter leur serment.

La séance est suspendue à quatre heures.

Du lundi 3 septembre, à six heures du soir.

M. Français, de Nantes, occupe le fauteuil.

Une citoyenne apporte 100 livres pour les frais de la guerre. (On applaudit.)

Une députation de volontaires nationaux est introduite à la barre.

M. Cordier, d'Angers, orateur de la députation. Le commandant de la ville de Verdun et du bataillon de Mayenne et Loire a juré de ne rendre cette place qu'à la mort. Ce serment a retenti jusqu'à notre cœur. Et nous aussi, nous sommes du bataillon de Mayenne et Loire. Nous demandons des armes pour aller mourir avec nos braves concitoyens. (On applaudit.)

M. le président invite les pétitionnaires aux honneurs de la séance.

M. Cordier. Quand nous aurons vaincu l'ennemi, sans doute il nous sera bien doux d'obtenir les honneurs de votre séance; mais dans ce moment, notre premier objet est d'avoir des armes et de partir. (Nouveaux applaudissemens.)

M. Choudieu. Qu'il me soit permis de profiter de cette occasion pour faire connaître à l'assemblée le dévouement et la généreuse délicatesse des volontaires du bataillon de Mayenne et Loire : ils m'on chargé de les faire passer à leurs parens, de les consoler, en leur disant qu'ils étaient morts pour la patrie. (On applaudit.)

Je demande que l'Assemblée ordonne mention honorable de l'héroïsme des volontaires de Mayenne et Loire; et qu'elle charge le pouvoir exécutif de donner des armes à ceux qui viennent de se présenter à la barre, de manière à ce qu'ils puissent partir demain.

Ces propositions sont décrétées.

Les citoyennes de la section de la Halle-aux-Blés viennent déposer sur l'autel de la patrie une somme de 3,870 livres en assignats, et 43 livres en argent, produit d'une collecte en faveur des malheureuses victimes de la trahison de la cour, le 10 août. (On applaudit.)

La commune de Sanois, district de Saint-Germain-en-Laye, envoie un détachement de volontaires pour marcher à l'ennemi. (On applaudit.)

Un citoyen de la section Beaubourg offre deux chevaux, un chariot et son cocher à ses frais pour la guerre.

Les écoliers du collége de Brai, département de la Haute-Saône, envoient 200 livres, produit du montant de leurs prix.

Les acteurs du théâtre de la rue Richelieu se présentent à la barre et prennent l'engagement de voler aux frontières, si les dangers de la patrie exigent la clôture totale des spectacles.

La commune de Vanvres, district du Bourg-la-Reine, envoie une nombreuse compagnie de volontaires qui défilent, le havre-sac sur le dos, devant l'assemblée nationale.

Un de MM. les secrétaires proclame plusieurs dons patriotiques.

M. Moreau dépose sur l'autel de la patrie, au nom de la ville de Sens, une somme de 3,785 liv. 3 sous, dont 346 liv. 10 sous en espèces. (On applaudit.)

M. Pieyre fait lecture d'une adresse du département du Gard, qui annonce qu'en peu de jours il a fourni le double de son contingent, et que plus de cinq mille citoyens-soldats ont marché vers les frontières. (On applaudit.)

La mention honorable de toutes ces offrandes est décrétée.

On admet à la barre une députation de la vingt-neuvième division de la gendarmerie nationale.

M. Deperet, orateur de la députation. Nous venons vous demander encore, comme hier, l'honneur de voler à la défense des frontières. Nous demandons aussi qu'il nous soit permis de porter une aiguillette aux trois couleurs. Quand nous l'aurons méritée, nous viendrons la déposer au milieu de vous. Nous demandons qu'il soit permis à la gendarmerie à cheval de venir offrir ses mousquetons. Nous n'en avons pas besoin. Nos sabres sont bien aiguisés ; nos pistolets ne rateront pas. (On applaudit.) Nous demandons que la commission extraordinaire fasse son rapport sur la pétition que nous avons présentée hier, et qu'elle nous procure le doux plaisir d'aller combattre sous la conduite de ce brave homme qui nous commande, et qui a quarante-trois ans de service. Si nous ne partons pas tous, au moins aurons-nous des représentans aux frontières. Ces représentans seront purs. Ils ne trahiront pas le serment qu'ils réitèrent de mourir pour la liberté et l'égalité. (Nouveaux applaudissemens.)

Sur la proposition de M. Dumas, l'assemblée décrète que le pouvoir exécutif pourra faire partir sur-le-champ telle partie de la gendarmerie à cheval qu'il jugera nécessaire. Elle accorde aux pétitionnaires l'aiguillette aux trois couleurs; ils la mettent sur l'épaule de leur commandant qu'ils embrassent aux yeux de l'assemblée. (On applaudit.)

Sur la proposition du même membre, l'assemblée décrète que, depuis le grade de général d'armée jusqu'à celui de maréchal-de-camp inclusivement, les places seront au choix du pouvoir exécutif seulement, sans égard à l'ancienneté de service, pendant la durée de la guerre.

Le ministre de la guerre se présente dans l'assemblée, accompagné du ministre de l'intérieur. Il annonce, d'après une lettre particulière de Sainte-Menehould et une lettre du directoire de la Haute-Marne, la prise de Verdun. Il soumet quelques observations relatives à l'état de la France et de Paris. « Les ennemis n'ont jamais compté sur leurs armées pour subjuguer un grand peuple, mais sur les désordres intérieurs. Leurs espérances se réaliseraient-elles? On assure que les haines particulières s'allument; les signataires de certaines pétitions sont proscrits : on répand les idées les plus alarmantes et les plus contradictoires. On dit dans les départemens frontières que l'on veut donner à la France le duc d'York pour roi, et que ce sont les Parisiens qui ont ce projet. A Paris, on insinue que l'assemblée nationale veut rétablir Louis XVI sur le trône. » Le ministre demande que l'assemblée fasse une adresse au peuple pour le désabuser; qu'elle soit complète toute la nuit, se fasse rendre compte de la situation de Paris, et mette la garde nationale sous les armes.

Ces propositions sont renvoyées à la commission extraordinaire.

M. Bréard. Un membre, ce matin, a annoncé qu'un courrier arrivant de Strasbourg avait publié la levée du siége de Verdun. Je demande qu'on punisse ceux qui cherchent à induire en erreur l'assemblée et les citoyens.

M. Charlier. Il ne faut pas que l'assemblée se décourage. (A l'audition de ce mot, il s'élève un murmure d'indignation.)

M. Henry Larivière. Je demande que M. Charlier soit rappelé à l'ordre.

M. Charlier est rappelé à l'ordre.

M. Charlier. Quoique l'assemblée, qui m'a mal entendu, m'ait rappelé à l'ordre, cela ne doit pas l'empêcher de m'écouter. Je disais donc que ce n'est pas par des revers qu'il faut être découragé. (Nouveaux murmures.)

M. Roux. Je prie M. Charlier de ne pas prendre son découragement pour celui de l'assemblée.

M. Henry Larivière. Je demande que la parole soit retirée à M. Charlier.

L'assemblée lui retire la parole.

Une députation de la section de Marseille vient demander le rapport du décret arraché par les Fayétistes contre Marat.

Cette pétition est renvoyée à la commission.

Sur le rapport de M. Malarmé, au nom du comité de l'ordinaire des finances, l'assemblée décrète ce qui suit :

« Les maîtres des hôtels garnis, locataires ou propriétaires, et les marchands de bois dans la ville de Paris, seront tenus seulement de payer la moitié du prix fixé pour droit de patente, par les articles XII et XIV de la loi du 17 mars 1791, à raison du montant du loyer ou de la valeur locative de l'habitation des boutiques, magasins et ateliers qu'ils occuperont, et ne pourront être assujétis, dans aucun cas, à un prix plus fort. »

M. Gensonné, au nom de la commission extraordinaire, propose, et l'assemblée adopte, le projet de décret suivant, relatif aux demandes du ministre de la guerre :

« L'assemblée nationale, considérant que l'un des plus grands dangers de la patrie est dans le désordre et dans la confusion ; que, sûr de résister aux efforts de tous les ennemis qui se sont ligués contre lui, le peuple français ne peut se préparer des revers qu'en se livrant aux excès du désespoir et aux fureurs de la plus déplorable anarchie ;

» Que l'instant où la sûreté des personnes et des propriétés serait méconnue, serait aussi celui où des haines particulières substituées à l'action de la loi, où l'esprit des factions, remplaçant l'amour de la liberté, et la fureur des proscriptions, se couvrant du masque d'un faux zèle, allumeraient bientôt dans tout l'empire les flambeaux de la guerre civile, nous livreraient sans défense aux attaques des satellites des tyrans, et exposeraient la France entière aux dangers d'une conflagration universelle ;

» Considérant que les représentans du peuple français n'auront pas vainement juré de maintenir la liberté et l'égalité, ou de mourir à leur poste ; qu'ils doivent compte à la nation de tous les efforts qu'ils auront faits pour la conservation de ce précieux dépôt ; que la confiance générale dont ils sont investis est un sûr garant de l'empressement de tous les bons citoyens à se rallier à leur voix, et à se réunir à eux pour le salut de la patrie ;

» Considérant que l'exécration de la France entière et de la postérité poursuivra tous ceux qui oseraient résister à l'autorité que la nation entière leur a déléguée, et qui, jusqu'à l'époque très-prochaine où la Convention nationale sera réunie, est la première que des hommes libres puissent reconnaître ;

» Considérant que les plus dangereux ennemis du peuple sont ceux qui cherchent à l'égarer, à le livrer à l'excès du désespoir, et à le distraire des mesures ordonnées pour sa défense et qui suffiront à sa sûreté ;

» Considérant, enfin, combien il est urgent de rappeler le peuple de la capitale à sa dignité, à son caractère et à ses devoirs ;

» Décrète qu'il y a urgence.

» L'assemblée nationale, après avoir décrété l'urgence, décrète ce qui suit :

» Art. Ier. La municipalité, le conseil-général de la Commune et le commandant-général de la garde nationale de Paris, sont chargés d'employer tous les moyens que la confiance de leurs concitoyens a mis en leur pouvoir, et de donner, chacun en ce qui les concerne et sous leur responsabilité personnelle, tous les ordres nécessaires pour que la sûreté des personnes et des propriétés soit respectée.

» II. Tous les bons citoyens sont invités à se rallier plus que jamais à l'assemblée nationale et aux autorités constituées, et à concourir, par tous les moyens qui sont en leur pouvoir, au rétablissement de l'ordre et de la tranquillité publiques.

» III. Le pouvoir exécutif rendra compte, dans le jour, des mesures prises pour accélérer le départ des troupes qui doivent se rendre aux différens camps formés en avant de Paris, et pour fortifier les hauteurs qui couvrent cette ville.

» IV. Le maire de Paris rendra compte à l'assemblée, tous les jours, à l'heure de midi, de la situation de la ville de Paris, et des mesures prises pour l'exécution du présent décret.

» V. La municipalité, le conseil-général de la Commune, les présidens de chaque section, le commandant-général de la garde nationale, les commandans dans les sections, se rendront dans le jour à la barre de l'assemblée nationale, pour y prêter individuellement le serment de maintenir de tout leur pouvoir la liberté, l'égalité, le sûreté des personnes et des propriétés, et de mourir, s'il le faut, pour l'exécution de la loi.

» VI. Les présidens de chaque section feront prêter le même serment aux citoyens de leur arrondissement.

» VII. Dans toute la France, les autorités constituées prêteront le même serment, et le feront prêter par les citoyens.

» VIII. Le présent décret sera proclamé solennellement, et porté dans chacune des quarante-huit sections de Paris, par un commissaire de l'assemblée nationale. »

Liste des commissaires nommés par l'assemblée.

Antonelle, Aréna, Bazire, Bassal, Beauvais-Depréau, Brissot, Broussonet, Cambon, Carnot, Chabot, Charlier, Coupé, Lacroix, Dussaulx, Ducos, Lachese, François (de Neufchâteau), Français, Gensonné, Gohier, Gossuin, Grangeneuve, Guadet, Gamon, Gaston, Guyton, Larivière, Isnard, Kersaint, Lagrévole, Lasource, Lecointe-Puiraveau, Lejosne, Mailhe, Marbot, Masuyer, Montaut, Quinette, Reboul, Romme, Rovère, Ruhl, Saladin, Tartanac, Thuriot, Torné, Vergniaux.

Proclamation de l'assemblée nationale.

« Citoyens, vous marchez à l'ennemi, la victoire vous attend ; mais prenez garde aux suggestions perfides : on égare votre zèle, on veut d'avance vous ravir le fruit de vos efforts, le prix de votre sang. On vous divise ; on sème la haine ; on veut allumer la guerre civile, exciter des désordres dans Paris ; on se flatte qu'ils se répandront dans l'empire et dans vos armées ; on se flatte qu'invincibles, si vous êtes unis, on pourra, par des dissensions intestines, vous livrer sans défense aux armées étrangères.

» Citoyens, il n'y a plus de force là où il n'y a plus d'union : il n'y a plus de liberté ni de patrie, là où la force prend la place de la loi.

» Citoyens, au nom de la patrie, de l'humanité, de la liberté, redoutez les hommes qui appellent la discorde et provoquent aux excès ; entendez la voix des représentans de la nation, qui, les premiers, ont juré l'égalité. Combattez l'Autriche et la Prusse : sous peu de jours, la Convention va poser les bases de la félicité publique. Travaillez à les rendre inébranlables par des triomphes ; instruisez, par votre exemple, à respecter la loi. »

L'assemblée nationale décrète que le présente adresse sera sur-le-champ imprimée et affichée, et que la municipalité la fera proclamer à son de trompe, et qu'elle sera envoyée à tous les départemens et à l'armée.

On fait lecture d'une lettre de M. Roland, ministre de l'intérieur. Elle est ainsi conçue :

« Monsieur le président, je viens remplir un devoir sacré, dont l'accomplissement peut me coûter cher ; mais je n'ai jamais capitulé avec ma conscience, et je serai docile à sa voix, quoi qu'il puisse en arriver.

» Je ne rappellerai point ici quelles circonstances m'ont porté la première fois dans le ministère que je n'avais ni désiré, ni attendu ; je n'y ai vu que l'occasion de développer des principes dont l'amour de l'humanité fait la base. J'ai dit hautement la vérité à un roi que je voyais compromettre le salut de l'empire, en se perdant lui-même. Aucune considération n'a influé sur mon courage ; j'aime trop mon pays, pour songer même à la gloire ; et quand il s'agit de l'intérêt de tous, je ne vois plus rien qui me soit personnel. La confiance nationale m'a imposé de nouveau le fardeau du ministère dans un temps plus orageux encore ; je l'ai reçu sans hésiter, parce que cette confiance m'en faisait une loi ; je le soutiens sans faiblesse, et j'y sacrifierai ma vie, tant que je pourrai le porter utilement ; mais je devrai le déposer, du moment où je ne serais plus qu'un fantôme représentatif, sans action et sans influence.

» Quel est cependant l'état des choses dans lequel nous existons ? Quelles suites doit-il avoir ? Quelle obligation impose-t-il ?

» Je sais que les révolutions ne se calculent point par les règles ordinaires ; mais je sais aussi que le pouvoir qui les fait doit bientôt se ranger sous l'abri des lois, si l'on ne veut qu'il opère une entière dissolution. La colère du peuple et le mouvement de l'insurrection sont comparables à l'action d'un torrent qui renverse des obstacles qu'aucune autre puissance n'aurait anéantis, mais dont le débordement va porter au loin le ravage et la dévastation, s'il ne rentre bientôt dans son lit. Sans la journée du 10, il est évident que nous étions perdus ; la cour, préparée depuis long-temps, attendait l'heure de combler toutes ses trahisons, de déployer sur Paris l'étendard de la mort, et d'y régner par la terreur. Le sentiment du peuple, toujours juste et prompt, quand l'opinion n'est pas corrompue, a prévenu l'époque marquée pour sa perte, et l'a rendue fatale aux conspirateurs.

» Il est dans la nature des choses et dans celle du cœur humain que la victoire entraîne quelques excès : la mer, agitée par un violent orage, mugit encore long-temps après la tempête; mais tout a ses bornes, ou doit enfin les voir déterminées.

» Si la désorganisation devient une habitude; si des hommes zélés, mais sans connaissances et sans mesures, prétendent se mêler journellement de l'administration et entraver sa marche; si, à l'appui de quelque faveur populaire, obtenue par une grande ardeur et soutenue par un plus grand parlage, ils répandent la défiance, sèment les dénonciations, excitent la fureur, dictent les proscriptions..... le gouvernement n'est plus qu'une ombre, il n'est rien; et l'homme de bien, commis au timon des affaires, doit se retirer dès qu'il ne peut plus le diriger; car il n'est point placé pour faire image, mais pour agir. La Commune provisoire a rendu de grands services; elle n'a pas besoin de mon témoignage à cet égard; mais je le lui rends avec effusion de cœur. La Commune provisoire s'abuse actuellement par l'exercice continué d'un pouvoir révolutionnaire, qui ne doit jamais être que momentané pour n'être pas destructeur; et elle nous prépare de grands maux, si elle tarde encore à se renfermer dans ses justes limites. Voilà un autre témoignage que je rends aussi hardiment que le premier; car on doit la vérité aux peuples comme aux rois, et je ne la tairai pas plus aux uns qu'aux autres.

» L'assemblée a rendu de sages décrets, qui conservent en *conseil général* les commissaires auxquels les sections continuent d'accorder leur confiance; mais ce *conseil*, ainsi que le nom l'indique, n'est que pour les délibérations; *l'action* doit être concentrée dans le corps municipal, pour être plus une et plus vive : c'est lui qui est chargé de l'exécution, c'est par lui qu'elle doit être faite. Le maire doit jouir de l'influence qui lui est attribuée par la loi. Cependant les limites respectives continuent d'être oubliées ou méconnues; les ordres se croisent, on ignore souvent de qui ils émanent, et la responsabilité du ministre et du maire devient illusoire et cruelle, puisqu'elle tombe sur des faits dont ils n'ont point connaissance ou qu'ils ne peuvent empêcher. Jamais l'unité d'action ne fut plus nécessaire. Des ennemis aguerris et nombreux sont établis sur notre territoire; ils s'emparent de quelques villes; ils menacent la capitale; c'est vers elle que se dirigent leur rage et leur désespoir; c'est là qu'ils ont à exercer des vengeances; c'est là qu'ils espèrent dissoudre le gouvernement et profiter de leurs avantages. Sans doute l'énergie du peuple, bien dirigée, leur opposera des barrières insurmontables; mais, c'est précisément pour cette direction qu'il faut de l'ensemble et de l'activité : l'une et l'autre sont impossibles lorsque tout le monde commande. J'ai vu le ministre de la guerre gémir des lenteurs qu'apportait à la formation du camp l'intervention d'une commission ardente et zélée, mais étrangère aux dispositions de cette nature.

» Le peuple doit être là, en personne ou par ses commissaires, pour voir ce que fait le pouvoir exécutif, soit; mais il doit le laisser agir, sous peine de périr au milieu de ses propres débats : car de deux choses l'une, les personnes chargées de ce pouvoir jouissent de sa confiance, ou ne l'ont pas; dans cette dernière supposition, il faut qu'elles se retirent; dans la première, elles doivent user, dans toute son énergie, du pouvoir qui leur est confié. Une jalouse inquiétude fermente et aigrit encore contre ce pouvoir, comme s'il rendait essentiellement vicieux les hommes auxquels il est réparti; comme si l'identité des noms faisait celle des choses, et que des ministres responsables pussent avoir rien de commun avec ce qu'était un roi inviolable !

» Hier, au sein même de la maison commune, on dénonçait les ministres, vaguement quant au fond, parce qu'on manquait de sujets de reproches; mais avec cette chaleur et cette force d'assertion qui frappe l'imagination, la séduit un moment; qui égare et détruit la confiance sans laquelle nul homme en place ne doit y rester dans un gouvernement libre.

» Hier encore dans une assemblée des présidens de toutes les sections, convoquée par les ministres chez M. le maire, dans l'intention de concilier les esprits, de s'éclairer mutuellement, j'ai reconnu cette méfiance qui suspecte, interroge, entretient le trouble et entrave les opérations.

» Hier... fut un jour sur les événemens duquel il faut peut-être laisser un voile; je sais que le peuple, terrible dans sa vengeance, y porte encore une sorte de justice : il ne prend pas pour victime tout ce qui se présente à sa fureur, il la dirige sur ceux qu'il croit avoir été trop long-temps épargnés par le glaive de la loi, et que le péril des circonstances lui persuade devoir être immolés sans délai. Mais je sais qu'il est facile à des scélérats, à des traîtres d'abuser de cette effervescence, et qu'il faut l'arrêter; je sais que nous devons à la France entière la déclaration, que le pouvoir exécutif n'a pu prévoir, ni empêcher ces excès; je sais qu'il est du devoir des autorités constituées d'y mettre un terme, ou de se regarder comme anéanties. Je sais encore que cette déclaration m'expose à la rage de quelques agitateurs : eh bien, qu'ils prennent ma vie; je ne veux la conserver que pour la liberté, l'égalité : si elles étaient violées, détruites, soit par le règne des despotes étrangers, ou l'égarement d'un peuple abusé, j'aurais assez vécu; mais jusqu'à mon dernier soupir, j'aurai fait mon devoir : c'est le seul bien que j'ambitionne, et que nulle puissance sur la terre ne saurait m'enlever.

» Le salut de Paris exige que tous les pouvoirs rentrent à l'instant dans leurs bornes respectives : l'approche des ennemis, les grandes mesures à prendre contre eux nécessitent, je le répète, une unité d'action, un ensemble qui ne peuvent se trouver dans le conflit des autorités. C'est à l'assemblée nationale à se prononcer à cet égard avec l'élévation et la vigueur que réclament d'aussi grands intérêts. J'ai dû lui peindre cet état de choses, afin que sa sagesse prît aussitôt les déterminations convenables; et que, dans la supposition affligeante, mais gratuite, que ses déterminations n'eussent point l'effet désiré, la perte de la capitale n'entraînât point celle de l'empire.

» Mais le peuple, docile à la voix de ses législateurs, dès qu'ils sont au niveau des circonstances, éclairé par eux sur ses intérêts, rappelé par eux à la marche régulière qu'il doit tenir, sentira bientôt qu'il doit honorer son propre ouvrage, et obéir à ses représentans jusqu'à l'époque qui va les renouveler avec de plus grands pouvoirs ; il apercevra que le sort de la capitale tient à son union avec les divers départemens ; il sait que le Midi, plein de feu, d'énergie et de courage, était prêt à se séparer pour assurer son indépendance, lorsque la révolution du 10 août nous a valu une Convention qui doit tout rallier ; il aperçoit que les sages et les timides se réuniraient aisément pour établir cette Convention ailleurs, si Paris n'offrait pas la réunion de la liberté la plus grande aux lumières qui soutiennent l'opinion ; il jugera, dès le premier moment de calme et de réflexion, que les secours et l'appui qu'il attend de tous les départemens, ne peuvent être que le fruit de l'union, de la confiance qu'établissent et justifient le maintien de l'ordre et l'observation des lois.

» Il reconnaîtra enfin que ses ennemis cachés peuvent se servir de sa propre agitation pour nuire à ses meilleurs amis, à ses plus redoutables défenseurs : déjà l'exemple commence ; qu'il frémisse et s'arrête ! Une juste colère, l'indignation portée à son comble commencent les proscriptions qui ne tombent d'abord que sur les coupables, mais dans lesquelles l'erreur ou les passions particulières enveloppent bientôt l'homme juste.

» Il en est temps encore ; mais il n'est plus un moment à perdre ; que les législateurs parlent, que le peuple écoute, et que le règne de la loi s'établisse.

» Quant à moi, qui brave également l'erreur et la malveillance, parce que je ne veux que le bien de tous, et que je dois le faciliter par tous les moyens qui sont en mon pouvoir, j'ai consacré ma vie à la justice, à la vérité : je leur serai fidèle.

» Je reste à mon poste jusqu'à la mort, si j'y suis utile et qu'on me juge tel ; je demande ma démission, et je la donne, si quelqu'un est reconnu pouvoir mieux l'occuper, ou que le silence des lois m'interdise toute action.

« Signé ROLAND, *ministre de l'intérieur.* »

Cette lettre est interrompue par de fréquens applaudissemens.

L'assemblée en ordonne l'impression, l'affiche, l'envoi aux quatre-vingt-trois départemens, et le renvoi à la commission extraordinaire.

Sur la proposition de M. Lamourette, l'assemblée ordonne que la Commune de Paris rende compte sur-le-champ de l'état de la ville de Paris.

M. Gerbais, canonnier de la section du Luxembourg, admis à la barre. Je viens vous remercier du décret que vous venez de rendre. J'ai entendu ce soir un homme qui s'était glissé parmi le peuple dire qu'il fallait se porter chez les fabricans, les mettre à contribution et les faire partir. Je ne suis pas suspect; je pars après-demain : mais comment veut-on que nous partions, si nous ne sommes pas certains que nous laissons ici nos pères, nos femmes et nos enfans en sûreté? J'ai fait arrêter le quidam, que la section de Marseille a fait conduire en prison. J'étais électeur, j'ai donné ma démission, parce que je serai plus utile aux frontières. Je vous rends graces de votre décret, au nom de tous les patriotes qui marchent à l'ennemi. (On applaudit.)

L'assemblée ordonne que le nom de M. Gerbais soit consigné dans le procès-verbal avec mention honorable.

Une députation de la section du Mail vient demander des nouvelles de Verdun.

M. Bernard, de Saintes, annonce que le courrier qui a apporté celle que le ministre de la guerre a communiquée, a été arrêté, conduit au comité de surveillance, interrogé, s'est coupé sur plusieurs points. Il ajoute que ce courrier a été interpellé en allemand, qu'il a répondu en cette langue qu'il parle très-bien, que s'apercevant qu'il avait fait une imprudence, il a déclaré qu'il avait appris quelques mots d'allemand à Strasbourg. Le comité s'est assuré de sa personne.

Une députation de la Commune de Paris annonce que Paris est parfaitement tranquille.

La séance est suspendue à onze heures.

COMMUNE DE PARIS. — SÉANCE DU 5 SEPTEMBRE AU MATIN.

M. Huguenin occupe le fauteuil.

Le conseil-général arrête qu'il sera envoyé des commissaires au Palais-Bourbon, à l'effet de protéger les Suisses qui y sont renfermés, et de défendre leurs jours par tous les moyens possibles.

La section Mirabeau, ayant en son pouvoir le sieur Cahier, l'un des membres de cette section, le conseil arrête qu'elle en sera chargée sous sa responsabilité pour le représenter à toute réquisition.

Une députation de la section des Quinze-Vingts demande l'emprisonnement, comme otages, des femmes et enfans des émigrés, et la mort des conspirateurs avant le départ des citoyens pour l'armée.

Sur cette demande, le conseil passe à l'ordre du jour, motivé sur ce que les assemblées générales de section peuvent prendre dans leur sagesse les mesures qu'elles jugeront indispensables, sauf à se pourvoir ensuite par-devant qu'il appartiendra.

Le conseil-général arrête que les sections nommeront deux commissaires suppléans pour remplacer les membres du conseil qui sont chargés de commissions particulières, et pendant leur absence seulement.

Un prisonnier innocent, retiré de la Force, vient prêter son serment civique, et s'engage à partir pour les frontières.

Les commissaires du conseil de service au Temple font passer la note de différens objets que demande M. Capet. Ajourné à demain.

MM. Deltroy, Manuel et Robespierre sont nommés commissaires à l'effet de se rendre au Temple pour y assurer la tranquillité.

Arrêté que la liste de MM. les commissaires qui doivent se rendre dans les départemens, sera présentée à la sanction de l'assemblée nationale par MM. Hébert, Darnaudry et Joly.

Sur l'observation de M. Coulon, que plusieurs effets étaient détournés de la Conciergerie, le conseil-général arrête que MM. Coulon, Cochois et Charles se transporteront à la Conciergerie, à l'effet d'y poser les scellés et d'empêcher les déprédations.

Une députation de la section du Temple est venue dénoncer un dépôt d'armes très-considérable, et demande un passeport, avec force suffisante, pour se transporter dans le lieu dont il s'agit; et deux commissaires du conseil-général, MM. Lainé et Journé sont nommés commissaires pour cet objet, à la charge de se concerter avec les municipalités sur lesquelles ils se trouveront.

Le conseil-général arrête l'affiche et l'impression aux frais du Mont-de-Piété, du procès-verbal de perquisition d'armes dressé par la section du Marais dans les magasins de cet établissement, pour faire cesser les inquiétudes fondées sur le bruit répandu qu'il s'y trouvait une grande quantité d'armes.

M. Samson Duperron est réintégré dans les prisons.

Le conseil-général renvoie au comité de surveillance l'examen de ce qui peut se trouver dans une des poches de madame de Lamballe, prise sur elle au moment où elle a été immolée.

Un membre annonce qu'il se répand un bruit que les prisonniers de Bicêtre, munis d'armes à feu, se défendent contre ceux qui veulent pénétrer dans la maison; qu'ils ont déjà tué plusieurs citoyens. Il demande à être autorisé à se faire accompagner d'une force armée imposante pour les réduire le plus tôt possible, et parer aux conséquences terribles de leur effusion dans la ville.

Sur les plaintes multipliées qui sont portées contre la plupart des citoyens et guichetiers des prisons, le conseil-général arrête qu'ils seront tous consignés, et que les scellés seront apposés sur leurs papiers et effets, afin de mettre la commission des prisons à portée d'examiner leur conduite et d'en rendre compte au conseil-général, qui statuera définitivement.

MM. Deltroy et Venineux sont nommés commissaires pour l'apposition des scellés.

Un membre fait lecture de ce qui a été arrêté hier dans la conférence tenue chez M. le maire :

1° Les enrôlemens se feront dans les sections et sur les théâtres placés actuellement sur les places publiques.

2° Les citoyens étrangers s'enrôleront à la maison commune.

3° Le département de Paris fournira une armée de soixante mille hommes. On recevra d'abord les enrôlemens volontaires, et l'on complétera le nombre de soixante mille par la voie du sort.

4° Tous les armuriers, serruriers, forgerons, se rendront au comité militaire, pour déclarer le nombre d'armes que chacun d'eux peut fournir en fusils, piques, sabres, etc.

5° Il sera formé une commission de surveillance pour l'emploi des armes ; elle correspondra avec le pouvoir exécutif et le ministre de la guerre.

6° Indépendamment de la solde que recevront les volontaires qui vont se rendre aux frontières, il sera fait un fonds pour subvenir aux besoins de leurs familles. Ce fonds sera prélevé sur ceux qui ne partiront pas, à raison de leurs impositions et de leur fortune connue.

7° Il sera établi à la maison commune une commission qui recevra des commissaires de sections la déclaration du nombre des chevaux qui se trouvent dans leur arrondissement respectif.

8° Les cercueils de plomb seront fondus pour faire des balles. Les *invalides* s'occuperont de ce travail.

9° *Tous les charrons* seront occupés, jusqu'à nouvel ordre, à faire des affûts et des caissons.

Le conseil-général applaudit à ces articles et les adopte.

Sur les plaintes multipliées contre les commis de différentes administrations,

Le conseil-général arrête que les bureaux de tous les genres d'administration publique, soumis à l'inspection et sous les ordres de la Commune, doivent être purgés de tous les commis qui auraient donné des preuves d'incivisme, en assistant à des assemblées anti-populaires, ou en adhérant, par leur signature, à des pétitions et adresses contraires à la liberté publique et à la tranquillité de leurs concitoyens.

Arrête que, dans vingt-quatre heures pour tout délai, chaque administration ou chef d'administration remettra aux différentes sections les noms des commis demeurant dans son arrondissement, avec injonction à chacun des commis de se présenter sans délai dans les assemblées générales des sections, pour y subir la censure populaire, et que les commis qui seront rejetés par l'effet de cette censure seront remplacés par les sections qui auront rejeté lesdits commis.

Arrête, en outre, que, dans la huitaine, chacun des administrateurs rendra compte à l'assemblée générale des noms des commis qui se trouveront définitivement employés avec la confiance de leurs concitoyens.

Le conseil-général arrête que la proclamation suivante sera envoyée dans les quarante-huit sections :

« Citoyens, le conseil-général de la Commune ne croit pas devoir laisser votre patriotisme dans l'oisiveté; vos mains ne dédaigneront pas de concourir avec les citoyens au salut de la commune patrie; des tentes sont nécessaires pour le camp sous Paris; ces tentes ne sont pas encore faites, le temps presse; vous refuseriez-vous à hâter la sûreté de la capitale? C'est aux citoyens qu'il est réservé de vous défendre; c'est à vous que nous réservons le glorieux avantage d'y participer. Hâtez-vous de vous rendre dans nos églises; allez y travailler aux effets de campement : c'est un moyen de servir efficacement sa patrie, d'ennoblir le travail de vos mains, et de contribuer avec nous au salut public. »

Séance levée à trois heures.   Signé, Coulombeau.

SÉANCE DU LUNDI 3 SEPTEMBRE AU SOIR.

M. Huguenin occupe le fauteuil.

Sur la demande des administrateurs de police, membres de la commission de surveillance, pour le salut public,

Le conseil-général, le procureur de la Commune entendu, arrête :

Que les administrateurs de police prendront sur les sommes qui sont entre leurs mains, résultantes des saisies faites sur différentes personnes arrêtées ou émigrées, la somme de 12,000 livres, dont ils justifieront l'emploi pour le salut de la patrie.

Pouvoirs donnés aux commissaires qui partent pour les départemens.

Le conseil-général, voulant inviter les citoyens de tous les départemens de l'empire à se réunir à leurs frères d'armes, qui sont disposés à mourir plutôt que de se laisser replonger dans l'esclavage,

A arrêté que vingt-quatre commissaires seraient pris dans son sein pour engager les citoyens des départemens à se réunir à l'armée parisienne, et à employer tous les moyens qui sont en leur pouvoir pour repousser l'ennemi; en conséquence, a nommé le citoyen........ pour l'un des vingt-quatre membres ci-dessus énoncés, à l'effet de remplir la mission qui lui est déférée; prions tous ceux de nos concitoyens des cités et des campagnes de leur donner secours et protection à toute réquisition, et tout ce qui sera en leur pouvoir pour les aider dans leur mission.

Le conseil-général nomme pour inspecteur des commissions M. Bigau, l'un de ses membres.

On fait lecture d'un décret de l'assemblée nationale, qui ordonne que la municipalité et le conseil-général de la Commune feront rendre compte sur-le-champ de l'état de Paris.

M. Duplain, journaliste et imprimeur, est à la barre. On fait lecture d'un de ses numéros anticiviques; sa défense faible décèle sa conduite criminelle.

M. le substitut du procureur-syndic conclut seulement à débarrasser l'assemblée de l'odieuse présence de cet homme; mais, sur les réclamations d'un grand nombre de membres, et sur les preuves des intrigues révolutionnaires du sieur Duplain, il est envoyé en état d'arrestation à l'Abbaye.

Le sieur Lafond, rue de Grenelle-Saint-Honoré, est dénoncé comme rédacteur de la feuille de Duplain.

Une députation de la section des Sans-Culottes demande que l'on fasse la visite des magasins de poudres d'Essonne, et que la répartition des poudres soit faite dans les sections.

Une députation de la section du Pont-Neuf demande qu'il soit nommé des commissaires à l'effet de suspendre la vengeance du peuple, qui veut immoler M. Richard, concierge des prisons de la Conciergerie, que le peuple regarde comme coupable d'avoir coopéré à la fabrication de la fausse monnaie et de faux assignats.

Plusieurs membres demandent que tous les concierges et geôliers soient mis en état d'arrestation.

Deux prisonniers de la Conciergerie sont interrogés sur ce qui se passait à la Conciergerie, et prouvent qu'il s'y fabriquait de faux assignats, et que ce qu'on appelle les commissionnaires se chargeaient de les colporter au-dehors. L'un des prisonniers dénonce le nommé Louis, geôlier de la Conciergerie, comme colporteur de faux assignats.

Sur les réclamations multipliées au sujet de la négligence des anciens commissaires nommés au comité militaire, le conseil révoque leurs pouvoirs, et nomme MM. Marsenet, Michonis, Vincent, Mille, Dupont, Gilles, Robert et Maillé.

M. Codieu est nommé commissaire pour se rendre à la grande poste et y retirer toutes les lettres adressées à Bicêtre.

Sur la réquisition du procureur-syndic de la Commune, le conseil arrête qu'il sera fait une proclamation sur la nécessité de remettre à la loi législative qui doit frapper les coupables.

Le conseil-général arrête que, sur la demande d'une députation de la section de Bon-Conseil, M. Samson-Duperron sera gardé par ladite section pour être représenté à toute réquisition.

M. Louis Berzet, prisonnier de l'hôtel de la Force, dont l'innocence a été reconnue, est remis entre les mains de M. Tripier, demeurant à la foire Saint-Laurent, citoyen qui s'offre de donner généreusement l'hospitalité à un infortuné qu'il ne connaît pas, et aux premiers besoins duquel cependant il se charge de fournir.

L'humanité de M. Tripier et sa sensibilité obtiennent les plus vifs applaudissemens de l'assemblée, et la mention honorable de sa conduite est consignée au procès-verbal.

La section de la Réunion, dite ci-devant Beaubourg, demande que les sections de Paris soient autorisées à fournir aux volontaires qui se disposent à partir pour l'armée les besoins de première nécessité, sur les contributions volontaires qui ont été faites pour les besoins de la patrie dans chaque section.

L'assemblée écoute avec intérêt le discours de l'orateur de la députation, et arrête qu'il sera fait mention honorable au procès-verbal du civisme de ladite section.

Un citoyen inculpe M. Louvatière, l'un des aides-de-camp généraux. La dénonciation ne paraissant pas motivée, le conseil-général passe à l'ordre du jour.

Les commissaires nommés pour apposer les scellés aux petites écuries du roi, font apporter trois caisses d'armes qu'ils ont trouvées dans le garde-meuble de cette maison. Ces caisses sont renvoyées au comité militaire.

Plusieurs membres se plaignent des difficultés et de l'embarras qu'éprouvent ceux qui veulent partir pour les frontières. Renvoyé au comité militaire pour prendre les mesures les plus promptes à cet égard, et en rendre compte à l'ouverture de la séance.

Sur la proposition d'un de ses membres, le conseil arrête que les enrôlemens forcés seront rejetés, ainsi que le tirage au sort des citoyens qui doivent aller défendre les frontières, et que l'on s'en rapportera au civisme et à l'ardeur guerrière des habitans de Paris pour fournir le contingent déterminé.

Un secrétaire fait lecture du décret de l'assemblée nationale, rendu hier sur l'organisation du conseil-général, qui ordonne que ledit conseil sera formé de deux cent quatre-vingt-huit membres, non compris les officiers municipaux, le maire, le procureur de la Commune et ses substituts.

Les dispositions de ce décret sont renfermées en cinq articles.

La section de l'Arsenal demande, par ses députés, que le conseil-général assigne aux citoyens et citoyennes de leur section un espace de terrain où ils puissent travailler aux redoutes du camp. L'assemblée applaudit à leur civisme et renvoie leur demande à la commission du camp.

La section du Luxembourg demande que l'on déclare infâme et traître à la patrie tout ministre qui déserterait son poste. Le conseil répond que les mesures générales sont prises à cet égard.

Le conseil-général se fait donner lecture d'un décret de l'assemblée nationale, portant que la municipalité et le conseil-général rendront compte sur-le-champ de l'état de Paris.

MM. Grandmaison et Boula sont nommés commissaires, à l'effet de se rendre à la barre pour rendre le compte demandé.

M. Antoine-Nicolas Rouillon est nommé concierge provisoire des prisons de la Conciergerie; MM. Charles et Cochois sont nommés commissaires pour son installation.

Pierre Gilet et Henri-Étienne Leleu, guichetiers de la Conciergerie, sont mis en liberté par un arrêté du conseil-général.

Il est arrêté que l'on fera une pétition à l'assemblée nationale, pour lui demander qu'il y ait toujours deux membres du conseil-général présens aux séances, afin de rendre compte à la Commune des opérations et des travaux des législateurs.

On annonce au conseil-général que la nouvelle d'une insurrection armée, de la part des prisonniers de Bicêtre, contre la garde nationale, est absolument controuvée.

Le conseil-général, vivement alarmé et touché des moyens de rigueur que l'on emploie contre les prisonniers, nomme MM. Simon, Michonis, Jomar, Goupy, Dobernel, Proby, pour calmer l'effervescence et ramener aux principes ceux qui pourraient être égarés. Il est arrêté qu'ils seront accompagnés de deux gendarmes à cheval, et qu'ils pourront requérir la force armée.

Le conseil-général, considérant qu'il importe au salut de la chose publique que les mesures qui sont prises chaque jour dans les conjonctures présentes soient connues à l'instant même par la Commune, arrête, par amendement, que, dans la pétition à l'assemblée nationale, dont il est parlé ci-dessus, le corps législatif sera prié de vouloir bien s'entendre avec le conseil-général pour toutes les lois qui concernent en particulier la ville de Paris.

M. Bernot, citoyen de la section de l'Observatoire, vient témoigner son étonnement de ce qu'à la tête d'une compagnie franche qui se forme dans le sein de ladite section, il se trouve des gens suspects d'un royalisme outré, des gens qui déchiraient publiquement les affiches des Jacobins et de la mairie. Il rend justice à l'esprit qui anime en général les soldats de cette compagnie, et il dénonce leurs chefs.   Signé, COULOMBEAU.

JOURNÉES DE SEPTEMBRE.

Nous allons interrompre notre narration parlementaire pour exposer l'histoire de Paris.

Depuis le 10 août, et surtout depuis quelques jours l'aspect de cette ville avait changé. Tout y annonçait les graves préoccupations politiques qui tourmentaient la population ; tout tendait à les y entretenir. Nous ne voulons pas parler seulement de la terreur des visites domiciliaires, de ces recherches d'armes qui, parce qu'elles étaient opérées par tout le monde, occupaient tout le monde ; de ces préparatifs de départ auxquels chaque famille en quelque sorte était intéressée par quelqu'un de ses membres ; de ces enrôlemens où chaque sectionnaire était recruteur, allant en quelque sorte de porte en porte, choisir ceux que rien ne retenait, exciter leur zèle, promettre des armes et un uniforme ; de ces barrières tantôt ouvertes, tantôt fermées ; de ces nombreuses affiches appliquées sur les murs, par lesquelles tantôt le corps législatif, tantôt les ministres, tantôt la Commune, tantôt les sections, tantôt de simples citoyens, entraient journellement en communication avec le peuple, les uns pour lui recommander de la confiance et du calme, les autres pour lui demander de l'énergie, les autres pour exciter sa défiance, les autres pour lui recommander certains noms et le prémunir contre d'autres. Paris, en outre, présentait une décoration en quelque sorte théâtrale qui partout lui mettait sous les yeux, la révolution, ses dangers et ses sacrifices. Aux Tuileries, c'étaient les simulacres de la cérémonie funèbre faite dans le mois d'août. A l'Hôtel-de-Ville, c'était le grand drapeau appendu au jour de la déclaration du danger de la patrie; des canons chargés à ses portes; à chaque section, un drapeau et aussi des canons; sur les principales places publiques on avait rétabli les théâtres pyramidaux qui y avaient été élevés en juillet, et au sommet étaient les commissaires qui présidaient aux enrôlemens. Que l'on ajoute à cela un mouvement presque continuel d'hommes armés, le passage de longues bandes d'ouvriers allant travailler au camp devant Montmartre, les chants patriotiques dans les rues, en plusieurs lieux des travaux dont le but était révolutionnaire, en d'autres le vide qu'y laissaient les statues renversées, les emblèmes royaux détruits, et partout des empêchemens et des consignes, l'on concevra que toutes ces choses concouraient à exciter dans l'ame d'une population qui fut toujours facile à remuer et prompte dans ses mouvemens, un enthousiasme sombre et redoutable.

Il ne paraît pas que personne dans le parti révolutionnaire ait alors réellement envisagé ces préparatifs avec un œil de blâme. Nul doute que si le corps législatif eût voulu, il eût été encore plus puissant que la Commune. Aussi on ne peut pas affirmer que personne, parmi les Girondins, ait du fond du cœur désapprouvé ces mesures ni même les suites terribles qu'elles provoquaient. On voit, dans le mouvement de la presse du temps, qu'ils sont surtout préoccupés d'eux-mêmes, qu'ils voient avec chagrin le pouvoir sorti de leurs mains et passé dans celles de leurs adversaires. Ils sont jaloux; mais ils n'ont pas de motifs pour blâmer le mouvement qui se fait, et s'exaspère chaque jour jusqu'à ce qu'il fasse explosion. Ils ne se dissimulent pas que lui seul peut sauver l'indépendance nationale, et les garantir eux-mêmes de la vengeance de l'émigration armée. Ainsi, le *Patriote Français*, tout en cherchant à exalter de plus en plus l'énergie guerrière, s'échappe en mots aigres toutes les fois qu'il parle de la Commune. — « Les meneurs intrigans du conseil-général provisoire de la Commune, dit-il le 1ᵉʳ septembre, avaient formé le projet de renverser M. Pétion. Leurs partisans, leurs distributeurs de calomnies lançaient déjà contre lui des germes de diffamation, et le peignaient à leurs crédules sectateurs comme un homme faible et très-modéré. D'un autre côté, de bons citoyens se demandaient pourquoi le courageux Pétion ne démasquait pas les faux amis du peuple, qui marchaient à la tyrannie par le démagogisme. La lettre suivante du maire de Paris à la section des Halles répondra aux calomnies, lèvera les doutes, et expliquera la sage conduite de M. Pétion.

« Citoyens, mon devoir est de satisfaire au vœu que vous m'exprimez. Vous désirez savoir pourquoi j'ai assisté rarement au conseil-général ; le voici : Dans le passage de l'organisation ancienne à l'organisation nouvelle, je n'ai pas aperçu distinctement les fonctions qui m'étaient réservées ; pressé entre ceux dont on occupait la place, qui ne se croyaient pas pour cela destitués, et ceux qui s'en regardaient légitimement investis, ma position était délicate. La marche ordinaire des affaires étant interrompue, la partie administrative étant sans mouvement, mon activité se trouvait par cela même enchaînée et ma présence était moins nécessaire. Je ne me suis pas dissimulé à l'instant que, quelle que fût ma conduite, elle aurait des improbateurs ; je ne me suis pas dissimulé que je ne pouvais même pas prendre un parti fortement prononcé soit pour, soit contre, sans danger pour la chose publique. Balançant les services importans rendus par la commission avec ses erreurs, la nécessité de ne pas la détruire dans l'opinion avec les inconvéniens de laisser son empire s'accroître, voulant empêcher un choc dangereux et impolitique entre elle et l'assemblée nationale, je ne puis vous dire quelle a été, quelle est ma perplexité. C'est ici que j'ai vu que le temps était le grand maître, et que, dans toutes choses, il y avait un moment de maturité qu'il fallait savoir saisir. J'ai marché à travers ces écueils avec autant de prudence qu'il m'a été possible, ayant toujours pour guide ma conscience et le sentiment du bien.

» Je n'ignore pas qu'on me calomnie, je n'ignore pas qu'on cherche à égarer l'opinion sur mon compte. On n'ose pas encore me faire des inculpations graves et directes; on se contente de préparer les esprits à les recevoir : j'opposerai à ces manœuvres ma vie entière et quelques bonnes actions ; au besoin je dirai à mes amis et à mes ennemis de citer un seul fait dont un homme d'honneur ait à rougir ; je continuerai à remplir mes devoirs avec zèle, avec courage, et peut-être qu'en terminant ma carrière, j'obtiendrai l'estime de ceux qui chérissent leurs semblables et la liberté. — Le maire de Paris , *signé* PÉTION. »

C'était à l'occasion des élections que Pétion avait été attaqué. On lui reprochait ses hésitations, et son repos depuis le 10 août. Des placards dirigés contre lui avaient été apposés dans les rues ; quelques orateurs l'avaient maltraité dans les assemblées électorales. Il est certain qu'une particularité de son caractère nous frappe aujourd'hui, c'est l'extrême préoccupation de lui-même dont il était possédé.

Quant à la preuve que les Girondins ne blâmaient pas positivement ce qui se faisait, mais en voulaient surtout aux meneurs, nous la trouvons dans le *Courrier des départemens* par Gorsas (t. 40 , n° 17) ; lui aussi soutient *Pétion* , cite sa lettre , parle des souffleurs de désordres, de leurs grands mots, etc., et dans le même jour, il répète l'article suivant qui fut inséré vers la même époque dans la plupart des journaux, article fait pour exaspérer la rage du peuple de Paris, si cela eût encore été possible.

Plan des forces coalisées contre la France, reçu d'Allemagne, et de main sûre.

» Eviter de harceler les troupes des patriotes (*des factieux*), afin de ne pas les aguerrir. — Ne s'exposer à aucun échec considérable, pour ne pas leur donner d'encouragement ; quand on attaquera, le faire de plusieurs côtés à la fois.—Ne point perdre de vue que plus de deux cents chefs répartis dans divers cantons de la France, ont des *points de réunion*, et tiennent des signatures nombreuses des personnes *prêtes à se réunir aux armées des princes aussitôt qu'elles se présenteront.* Le premier devoir et la première action des contre-révolutionnaires sera d'arrêter les partisans de la révolution. — Les armées combinées marcheront sur les places comme pour en faire le siége, mais on ne s'emparera que de celles qui ouvriront leurs portes. On laissera des détachemens devant celles qui voudraient résister, afin de contenir les garnisons. — Arrivés sur les armées patriotes, se contenter de camper en leur présence ; ne jamais combattre qu'avec avantage ; cependant envoyer de forts détachemens pour s'emparer du pays et favoriser les mouvemens contre-révolutionnaires. — Arrivés en cet état, tandis que le duc de Brunswick contiendra les forces patriotes, le roi de Prusse avancera avec son armée, en majeure partie prussienne ; il se concertera avec l'armée autrichienne ; alors avancera celle des princes, grossie des contre-révolutionnaires de l'intérieur, et qui, depuis long-temps, ont ordre ou permission de rester en France pour y vaquer aux emplois divers qui leur ont été confiés. — Ceux que la peur aurait réunis à l'armée des princes, seront mis sous les ordres des détachemens restés en arrière. — Le roi de Prusse marchera sur Paris, *qu'on réduira d'abord par la famine,* alors AUCUNE CONSIDÉRATION, PAS MÊME CELLE DU DANGER DE LA FAMILLE ROYALE, ne pourra rien changer à ces dispositions. — Arrivés dans Paris, des habitans seront conduits en rase campagne, où on fera le triage ; les *révolutionnaires* seront suppliciés, les autres... (*voile jeté sur leur sort*) ; peut-être suivra-t-on le système de l'empereur de n'épargner que les femmes et les enfans. En cas d'inégalité de forces, *brûler les magasins, faire sauter les poudres, mettre le feu aux villes ; car* DES DÉSERTS SONT PRÉFÉRABLES A DES PEUPLES DE RÉVOLTÉS. (Expression des rois ligués.) — Dans tous les cas, les maisons des révolutionnaires seront sur l'instant livrées au pillage ; les biens épargnés confisqués pour le roi. — Accord entre toutes les cours coalisées de ne donner aucun asile à un révolutionnaire ; la liste de proscription s'étendra *sur ceux même déjà rendus en pays étranger.* — On déclarera la guerre à toutes les puissances qui n'accéderaient point à cet accord ou qui l'éluderaient ; on publiera un manifeste en conséquence. »

Tel est l'article inséré par Gorsas dans son *Courrier des départemens* du dimanche 2 septembre. Si le but des hommes de son opinion eût été de modérer l'effervescence populaire, ils se fussent gardés de donner de la publicité à une pièce pareille et si manifestement fabriquée. D'ailleurs, si, ce qui est très-probable, le massacre des prisons, ou quelque autre mesure non moins terrible exécutée en masse, étaient prémédités, il est impossible que les Girondins n'en aient pas eu connaissance ; et le silence qu'ils gardèrent, lorsqu'il était temps de tout prévenir, prouve certainement qu'ils ne les désapprouvaient pas. Voici, au reste, une note écrite par Desmoulins, qui est suffisamment positive. « N'est-ce pas un fait, dit-il, que J.-P. Brissot, ce Jérémie du 2 septembre, a dit, le 5 septembre, au conseil-exécutif (le conseil des ministres) en présence de Danton : *ils ont oublié Morande ;* ce Morande, qui avait presque mérité de la nation ses lettres de grace de tant de libelles, pour avoir dit tant de vérités de Brissot ? Chabot m'a assuré que, le 2 septembre, Brissot s'était également souvenu de Morande au comité de surveillance. Ce chagrin de Brissot de voir Morande sauvé prouve bien que ce tartufe d'humanité a l'ame des Tibères, des Médicis et de Charles IX, et que *le cadavre de son ennemi sentait bon pour lui.* » (*Histoire des Brissotins*, pag. 41.)

Les événemens de septembre laisseront toujours à résoudre le difficile problème de savoir comment et à quelle époque ils furent résolus, quels furent tous leurs auteurs, et quelle fut l'organisation des moyens d'exécution. A cet égard, il y a deux systèmes adoptés le plus généralement. Dans l'un, on considère le massacre des prisons comme le résultat d'un mouvement spontané de la part du peuple. Les patriotes, dit-on, saisis brusquement de la pensée de laisser tant d'ennemis de la cause révolutionnaire dans la capitale, lorsque eux-mêmes allaient la quitter pour aller à la frontière, préoccupés des dangers que devait courir la cause de la liberté, lorsqu'ils ne seraient plus là pour la défendre, coururent aux maisons de détention, et, en vertu du droit de souveraineté, agissant comme représentans du peuple duquel tout pouvoir émane ainsi qu'on le leur avait appris, ils improvisèrent des tribunaux et des exécuteurs, frappèrent les coupables, délivrèrent les innocens ; et dans cette extermination il n'y eût, dit plus tard Robespierre, à la Convention, qu'une seule victime qui eût été acquittée devant un autre tribunal.

Dans l'autre système, on assure que tout avait été préparé et résolu plusieurs jours à l'avance, les jurés et les exécuteurs désignés, et que l'on ne céda pas à un mouvement du peuple, mais qu'on le dirigea pour obtenir ce résultat de détruire en un jour tous les ennemis de la révolution; cette opinion fut celle des royalistes, celle qui fut indiquée par les récriminations des Girondins.

D'après les pièces que nous possédons, il nous paraît impossible de choisir, d'une manière absolue, entre ces deux versions. Il est certain que, dans les derniers jours d'août, la Commune, les sections, et surtout le comité de surveillance, s'occupèrent activement de saisir tous les individus coupables de conspiration contre la révolution, et tous les criminels ; nous nous servons de ce dernier mot pour désigner ceux qui s'étaient livrés à des actes que le Code pénal punit en tout temps et en tout pays. Mais cette activité prouve-t-elle qu'on se fût résolu déjà à en finir avec ses adversaires par quelque mesure générale? Non, nous ne le pensons pas. Tous les pouvoirs d'alors étaient provisoires ; ils le savaient donc probablement ; ils ne se proposaient d'abord que de mettre en accusation, sous la main du tribunal du 17 août, tous ceux qu'ils croyaient nécessaire de désigner à sa justice sévère et rapide. Nous ne voulons pas dire par là que quelques portions du peuple n'aient pas témoigné une haine capable d'excès contre quelques-uns des prisonniers. Ainsi, le 31 août, en apprenant l'acquittement de M. Montmorin, de Fontainebleau, par le tribunal du 17 août, il y eut une émeute qui ne fut apaisée que par l'incitation et l'espérance de faire casser cet arrêt par l'assemblée nationale ; c'est que le peuple confondait ce

M. Montmorin avec le Montmorin qui avait été ministre des affaires étrangères, et qui, le soir du même jour 31, fut décrété d'accusation par le corps législatif. Nous remarquerons à cette occasion que plusieurs écrivains se sont laissé tromper de la même manière par la similitude des noms, lorsqu'ils ont dit qu'on tua, dans le massacre des prisons, un homme acquitté par le tribunal ; mais rentrons dans la discussion que nous avons un instant abandonnée.

Il nous paraît très-probable que les arrestations n'eurent d'abord pas d'autre but que celui que nous lui assignions tout-à-l'heure, savoir, saisir les coupables afin de les placer sous la main de la justice, afin de les mettre dans l'impossibilité de nuire afin, en dernière analyse, de suppléer d'un seul coup l'action habituellement lente et paresseuse des pouvoirs réguliers ; mais il est également probable que lorsque la Commune vit le nombre des prisonniers, calcula la durée du procès, pesa le danger de tant d'hommes réunis par un même désespoir, elle pensa aux moyens d'en purger le sol de la France d'un seul coup. Nous savons que dans le mois de juillet quelques localités avaient adopté la mesure de la déportation ; tout fait présumer que ce fut la première mesure générale à laquelle on pensa à Paris. A l'appui de cette opinion nous citerons l'arrêté sur la déportation des prêtres insermentés que nous avons cité dans le mois précédent. Nous ferons remarquer que plusieurs départs paraissent avoir même eu lieu, au moins à en juger par quelques mots échappés aux journaux, les circonstances devenant pressantes, la terrible pensée d'un jugement prévôtal et par masse prit naissance et fut convertie enfin en une résolution arrêtée.

Lorsque ce parti fut décidement pris, le comité de surveillance procéda à de nouveaux interrogatoires, pour tous les cas douteux, et il ordonna par suite des mises en liberté. Les registres des écrous des prisons que nous avons consultés, constatent qu'un assez grand nombre de mises en liberté furent faites le 31 août et le premier septembre ; ajoutons un fait qui confirme que ce fut l'un des deux ou trois derniers jours d'août que l'exécution, dont il s'agit fut arrêtée : les concierges des prisons furent autorisés à laisser aux prisonniers toute liberté de commander eux-mêmes leurs repas, et à ne leur rien refuser. Les états et les comptes de ces fournitures existent encore ; ils constatent qu'en effet leur table, dans les deux ou trois jours qui précédèrent le massacre, fut servie avec une délicatesse inusitée. Il semble que les municipaux aient voulu, dans cette circonstance, rester fidèles à cet usage ancien en vertu duquel on ne refuse plus rien que le pardon et la liberté au criminel condamné à mort. Il paraît aussi que l'on ne pensa pas d'abord à frapper dans toutes les maisons de détention, car il y eut plusieurs transfèremens d'opérés.

Quant aux auteurs de cette décision, les historiens ont à peu près unanimement, et comme par habitude d'écrire en même temps certains noms lorsqu'il s'agissait de mesures révolutionnaires, cité Danton, Robespierre et Marat.

Nous doutons fort que Robespierre ait pris une part quelconque à cette détermination violente ; si son nom ne se trouvait habituellement sous la plume de quelques historiens de cette terrible période, nous ne verrions nulle raison de l'en accuser, nulle raison de l'en défendre ; mais la justice exige, qu'après tant d'accusations répétées d'après un premier ouï-dire, nous fassions connaître les motifs pour lesquels on doit, selon nous, rayer Robespierre du nombre des auteurs des journées de septembre ; et nous prions nos lecteurs de croire que nous ne nous proposons ici nullement de faire l'apologie d'un homme ; nous poursuivons seulement, pour eux comme pour nous, la solution du problème curieux de savoir à quel point ce conventionnel a mérité les accusations qu'on a dressées contre lui après sa mort.

Nous ferons remarquer, en premier lieu, qu'il avait à une époque antérieure refusé de faire partie du tribunal du 17 août, et qu'il s'était exposé à de singulières calomnies uniquement par respect pour ce principe de droit que le même homme ne doit pas être dénonciateur, accusateur et juge ; nous ajouterons, qu'avec son immense réputation d'intégrité, il n'est pas douteux qu'il n'eût fait partie du comité de surveillance, s'il eût voulu, s'il n'eût témoigné sa répugnance à y entrer. Or, son nom ne compte pas parmi ceux des hommes qui successivement composèrent ce tribunal. Il resta l'un des deux cent quatre-vingt-huit membres de la commune, sans titre et sans exercer d'autres fonctions que celle d'être quelquefois son orateur à la barre de l'assemblée nationale. Certes ces raisons sont plus que suffisantes. Il est vrai que dans le mois d'août, le *Moniteur* annonça que Paré, Collot-d'Herbois, Barrère et Robespierre formaient le conseil du ministre de la justice. (*Moniteur du 22.*) Mais il ne paraît pas que ce conseil ait été assemblé, ni que Danton l'ait consulté sur quoi que ce fût; ainsi, lorsqu'il vint à l'assemblée législative et à la commune provoquer les grandes mesures qui signalèrent la fin d'août, il se présenta seul, il parla en son seul nom, et, bien plus, jamais plus tard dans aucun de ses discours il ne s'associa à personne, même pour diminuer la responsabilité qu'on faisait retomber uniquement sur lui. D'ailleurs, ce conseil était institué uniquement pour être consulté sur les questions de législation, et nullement pour s'occuper d'administration. Or, les journées de septembre furent une affaire administrative.

Quant à Marat, il y prit certainement une part active, ainsi que nous allons voir. Il était membre du comité de surveillance. Au premier abord, cela paraît assez extraordinaire, car l'Ami du peuple ne faisait point partie des commissaires des sections. Mais un arrêté daté du 2 septembre, et signé Pierre Duplain, Panis, Sergent et Jourdueil, membres du comité de surveillance, porte qu'en vertu d'un arrêté de la municipalité, par lequel l'un d'eux (Panis) est autorisé à se choisir trois collègues pour former ce comité, les soussignés ont *statué que vu la crise des circonstances et les divers et importans travaux auxquels il leur faut vaquer*, ont choisi pour administrateurs adjoints leurs six concitoyens: Marat, l'Ami du peuple, Deforgues, chef de bureau à la mairie, l'Enfant, Guermeur, Leclerc et Durfort (1).

(1) Ce qui est assez singulier, c'est que l'arrêté cité de la municipalité n'a point été inséré sur le registre des procès-verbaux de la Commune; chose qui arrivait, au reste, assez souvent, ainsi que le constatent les brouillons qui ont

Que ce comité ait été l'ordonnateur des affaires de septembre, c'est sur quoi il ne peut rester nul doute. On trouve les noms des membres qui la composent, tantôt ceux-ci, tantôt ceux-là, apposés au bas de diverses mises en liberté, sur les registres d'écrous ; on les trouve de même comme autorisant l'écrou de quelques individus amenés au moment même du massacre, et qui furent exécutés. Nous en donnerons d'ailleurs, tout à l'heure, une preuve plus irrécusable, s'il est possible.

Nous voici arrivé à l'histoire de l'exécution elle-même. C'est un fait dont les périodes sont parfaitement connues et racontées unanimement de la même manière. Nous nous bornerons à cette simple narration ; nous négligerons complétement la partie dramatique que nos devanciers ont seuls à peu près exploitée, les pièces que nous sommes obligés de citer à titre de documens suppléeront à notre silence à cet égard. Mais nous insisterons particulièrement sur la manière dont les exécutions se sont faites, et sur le nombre des victimes et des criminels qui furent frappés. C'est là que l'exagération s'est exercée d'une manière qui serait incroyable, si nous n'en possédions les preuves imprimées.

Le 2 septembre était un dimanche. Selon l'usage, les travaux étaient interrompus, et le peuple désoccupé. Dans des temps ordinaires, chacun livré à la liberté de ses caprices s'abandonnait à la première dissipation qui venait le saisir et il se reposait en ce jour des fatigues de la semaine. A l'époque dont nous nous occupons, la première pensée qui devait s'emparer du peuple, était la pensée politique. C'était alors que les rumeurs de toute sorte avaient surtout chance d'être accueillies, et avec d'autant plus de faveur qu'elles étaient plus extraordinaires, plus conformes aux sentimens de méfiance qui depuis plusieurs années avaient pris racine dans la population, et elles se propageaient avec une rapidité extrême. Or, le 2 septembre ce furent des craintes sur les subsistances, la terreur des armées étrangères, le danger des trahisons

été conservés. Quant à la citation que nous faisons ici, nous la tenons d'une source sûre, mais que nous ne pouvons citer. *(Note des auteurs.)*

sur la frontière et des conspirations dans l'intérieur qui firent le sujet de toutes les conversations. On discutait, on s'effrayait, on se colérait. Tout ce que les journaux avaient dit, était rappelé ; une lettre maladroite de Roland, affichée la veille sur les murs de Paris, qui avait pour but de rassurer la nation sur les subsistances, et qui accusait les conspirateurs d'être les auteurs des bruits sinistres qui couraient dans les départemens sur les dangers d'une disette, cette lettre fut surtout l'objet des commentaires. Le peuple en un mot était échauffé et prêt à subir toutes les impressions violentes que l'on voudrait lui donner ou que les circonstances commanderaient.

A deux heures après midi, par ordre de la Commune, la publication suivante eut lieu dans les rues.

Extrait des arrêtés pris par le conseil général de la Commune, dans la séance d'aujourd'hui 2 septembre.

« Aux armes...... Citoyens..... aux armes, l'ennemi est à nos portes.

» Le procureur de la Commune ayant annoncé les dangers pressans de la patrie, les trahisons dont nous sommes menacés, l'état de dénuement de la ville de Verdun, assiégée en ce moment par les ennemis, qui, avant huit jours, sera peut-être en leur pouvoir.

» Le Conseil général arrête :

» 1° Les barrières seront à l'instant fermées.

» 2° Tous les chevaux en état de servir à ceux qui se rendent aux frontières seront sur-le-champ arrêtés.

» 3° Tous les citoyens se tiendront prêts à marcher au premier signal.

» 4° Tous les citoyens qui, par leur âge ou leurs infirmités, ne peuvent marcher en ce moment, déposeront leurs armes à leurs sections, et on en armera ceux des citoyens peu fortunés qui se destineront à voler sur les frontières.

» 5° Tous les hommes suspects, ou ceux qui, par lâcheté, refuseraient de marcher, seront à l'instant désarmés.

» 6° Vingt-quatre commissaires se rendront sur-le-champ aux armées pour leur annoncer cette résolution, et dans les départemens voisins, pour inviter les citoyens à se réunir à leurs frères de Paris, et marcher ensemble à l'ennemi.

» 7° Le Comité militaire sera permanent; il se réunira à la maison Commune, dans la salle ci-devant de la reine.

» 8° Le canon d'alarme sera tiré à l'instant, la générale sera battue dans toutes les sections pour annoncer aux citoyens les dangers de la patrie.

» 9° L'Assemblée nationale, le pouvoir exécutif provisoire, seront prévenus de cet arrêté.

» 10° Les membres du conseil général se rendront sur-le-champ dans leurs sections respectives, y annonceront les dispositions du présent arrêté, y peindront avec énergie à leurs concitoyens les dangers imminens de la patrie, les trahisons dont nous sommes environnés ou menacés; ils leur représenteront avec force la liberté menacée; le territoire français envahi; ils leur feront sentir que le retour à l'esclavage le plus ignominieux est le but de toutes les démarches de nos ennemis, et que nous devons, plutôt que de le souffrir, nous ensevelir sous les ruines de notre patrie, et ne livrer nos villes que lorsqu'elles ne seront plus qu'un monceau de cendres.

» 11° Le présent arrêté sera sur-le-champ imprimé, publié et affiché.

» *Signé* Huguenin, *président;* Tallien, *secrétaire-greffier.* »
(*Moniteur*, n° 247.)

Et en même temps l'on affichait cette proclamation que nous avons rapportée dans les procès-verbaux précédens : « *Citoyens, l'ennemi est aux portes de Paris*, etc. » et en cet instant le canon d'alarme commença à tirer, le tocsin sonna, la générale fut battue, et les barrières furent fermées.

Alors chacun courut à sa section. On arrêta dans les rues les gens à cheval, et les voitures de luxe; on les dépouilla de leurs chevaux, pour les conduire à la section, laissant les voitures abandonnées sur la voie publique. Qu'on juge de l'émotion qui tout d'un coup se répandit dans la grande ville.

Cependant les commissaires de la Commune étaient arrivés à leur poste dans les sections, laissant le comité de surveillance presque seul représentant du pouvoir municipal à l'Hôtel-de-Ville. Ils n'avaient reçu aucune instruction commune ; ils étaient envoyés pour transmettre aux citoyens l'énergie du conseil-général. Chacun d'eux y apporta donc ses sentimens particuliers et parla selon ses propres inspirations.

Ce fut là que fut dit ce mot : « qu'il ne reste pas derrière nous, à Paris, un seul de nos ennemis vivant pour se rejouir de nos revers, et frapper en notre absence nos femmes et nos enfans ! » ce fut là aussi sans doute que naquit ce bruit d'une conspiration ourdie dans les prisons, que répétèrent tous les journaux patriotes du temps afin de justifier les massacres ; voici, au reste, sur quel fait était fondé ce bruit qui, il faut bien le faire remarquer, fut alors une croyance, et que l'on ne mit en doute que lorsque la réflexion en eut montré l'improbabilité. La veille, on avait attaché au carcan, sur la place de Grève, un individu comdamné à dix ans de fer et à l'exposition. Du haut de l'échafaud, il avait insulté à tout ce que respectait la nation ; il avait crié : *vivent les étrangers, vivent nos libérateurs, vive le roi, vive la reine, vive La Fayette,* etc. Le peuple s'était rué sur lui ; mais, soustrait par Manuel à la colère de la foule, il avait été conduit sur le champ devant le tribunal criminel, qui le jugea sans désemparer. Interrogé, il persista dans le même système de provocation ; il dit qu'il serait vengé, qu'il y avait une conspiration dans les prisons, que, la nuit suivante, les détenus devaient en sortir armés, égorger les sentinelles et les patrouilles, mettre le feu dans Paris, et, à l'aide de ce désordre, tenter de sauver le roi, et de sortir de la ville. Les guichetiers du Châtelet, maison où l'on renfermait les criminels, déposèrent en effet qu'ils avaient entendu, pendant la nuit, les prisonniers crier, *vivent les Autrichiens, vive Condé, à bas la nation.* Le coupable fut condamné à mort, et exécuté le lendemain, c'est-à-dire le 2 septembre. Or, quel est l'homme du peuple qui, dans le mouvement de l'exaltation inspirée par les nouvelles de ce jour, et l'art terrible que déployait la Commune, pouvait se refuser à croire les aveux d'un homme qui allait mourir? On crut donc à la conspiration, et il n'y a plus à s'étonner de ce qui se passa dans le sein de quelques sections.

À la section des Postes, le commissaire de la Commune accusa les prisonniers de conspiration, et provoqua contre eux la fureur du peuple. La section Poissonnière prit l'arrêté suivant :

« La section Poissonnière, considérant les dangers imminens de la patrie et les manœuvres infernales des prêtres, arrête que tous les prêtres et personnes suspectes, enfermés dans les prisons de Paris, Orléans et autres, seront mis à mort. »

Dans la section du Luxembourg, le président disait « qu'il était temps que la justice du peuple s'exerçât sur ces hommes coupables, dont la grandeur passée faisait le crime, et que tout homme en arrestation était réputé coupable. » En conséquence, on écrivit sur le registre des délibérations ces mots : « Sur la motion d'un membre de purger les prisons.... avant de partir, les voix prises, elle a été adoptée. Trois commissaires ont été nommés.... pour aller à la Ville communiquer ce vœu, afin de pouvoir agir d'une manière uniforme. » La même proposition fut faite dans la section des Thermes (1).

En ce moment, des voitures escortées par des fédérés transféraient des prisonniers de l'Hôtel-de-Ville à l'Abbaye (2). Elles marchaient au pas, et étaient suivies d'une foule qui allait croissant. Rue Dauphine, un homme de l'escorte se prit de propos avec un des transférés, et celui-ci eut l'imprudence de frapper le fédéré à la tête d'un violent coup de canne. Il reçut un coup de sabre pour réponse; et, dès ce moment, les propos des assistans devinrent plus menaçans; le bruit se répandit même que l'un des détenus avait tiré un coup de pistolet. Les prisonniers

(1) Nous empruntons ces détails à l'*Histoire* de Maton-de-la-Varenne, auteur assez bien informé en général; il avait d'ailleurs été lui-même détenu à la Force. Il y fut jugé et acquitté.

(2) Voyez la relation de l'abbé Sicard dans les documens complémentaires.

voulurent fermer les portières des voitures, on les en empêcha et l'on commença à les frapper. Les voitures arrivèrent enfin à l'Abbaye ; la foule se rua sur les vingt-un malheureux qu'elles renfermaient au fur et à mesure qu'ils en sortirent. Trois furent sauvés par le comité de la section des Quatre-Nations, qui était en ce moment assemblé dans ce lieu (1). L'un d'eux était l'abbé Sicard.

Nous devons nous arrêter ici un moment pour faire remarquer que les relations contemporaines diffèrent quant au lieu d'où venaient les voitures dont il s'agit. Les uns disent qu'elles venaient de l'Hôtel-de-Ville, ce qui est vrai ; d'autres disent qu'elles venaient des barrières, et contenaient des prêtres qui obéissaient au décret de déportation. Il résulte de ces variations, que quelques historiens qui prirent la plume quelques années plus tard, crurent qu'il y avait eu deux massacres ; ils firent jouer un rôle aux prétendues voitures venues des barrières et à celles venues de l'Hôtel-de-Ville. Nous ferons remarquer aussi que l'acte de provocation que nous avons mentionné, mais dont on ne trouvera pas trace dans la relation de l'abbé Sicard, est un fait avéré. Il est cité même par des écrivains royalistes, entre autres par Maton-de-la-Varenne.

Mais nous voici arrivés au moment où commença l'exécution, en quelque sorte régulière, dans les prisons ; au moment, où nous devons user des renseignemens authentiques que nous nous sommes procurés sur ce sujet. On verra qu'ils donneront à ce grave événement, sur lequel tant d'écrivains se sont exercés, un caractère complétement neuf.

Elle commença, dit-on, aux Carmes, puis revint frapper sur l'Abbaye. C'est ainsi que le raconte une brochure que nous mentionnons dans les documens supplémentaires. Mais nous avons, pour en douter, quelques motifs que nos lecteurs connaîtront dans un instant. Nous ne suivrons donc pas l'ordre observé par tous les historiens d'après la narration déjà citée. Nous parlerons

---

(1) Voyez *la vérité toute entière*, etc., dans les documens complémentaires.

de ce qui se passa dans ce moment, en raison des renseignemens que nous avons recueillis, et dont la certitude, ainsi qu'on va le voir, est incontestable. Nous commencerons par la prison de l'Abbaye.

A l'Abbaye, un jury improvisé s'installa, dans une salle, sous la présidence de Maillard. Le registre des écrous fut apporté (1). Tous les détenus qui n'étaient ni Suisses, ni gardes du roi, furent appelés à tour de rôle, et interrogés. Leur cause fut débattue en leur présence, et enfin ils furent jugés. L'arrêt de condamnation était prononcé par Maillard, et indiqué par ces mots : à la Force. Alors le condamné était livré aux exécuteurs, qui attendaient, dans la cour, armés de piques et de sabres. L'arrêt de mise en liberté était prononcé avec assez de solennité, pour qu'il ne restât pas de doute, et que la vie du prisonnier fût sauve.

Le registre des écrous de l'Abbaye existe encore. Il est couvert de taches de vin. Quelques-unes de ces macules, d'une couleur plus foncée, peuvent être prises pour des taches de sang. Cela semblerait confirmer les accusations portées contre les jurés, et qui leur imputent de s'être encouragés par l'ivresse à leurs effrayantes fonctions. Cependant elles ne nous paraissent pas probables. On ne peut pas croire en effet qu'il ait pu se trouver des hommes assez durs pour avoir la possibilité même de boire au sein du spectacle terrible qui les entourait; on ne peut pas le croire, surtout lorsque l'on voit le nombre des mises en liberté. Quoi qu'il en soit, voici ce que nous a appris la lecture de ce registre.

Le nombre des Suisses écroués dans cette prison, du 10 au 11 août, avait été considérable. Mais il se réduisit successivement à trente-huit. D'abord, tous les officiers furent transférés, le 24, à la Conciergerie. M. d'Affry était de ce nombre. Il paraît qu'ils y furent transportés pour être, sous la main du Tribunal du 17 août, interrogés et jugés. En effet, M. d'Affry fut jugé et

(1) Dans toutes les prisons il existe un registre des écrous : une colonne est destinée à constater l'entrée des détenus, et une autre à indiquer leur sortie, quelle qu'en soit la cause. (*Note des auteurs.*)

acquitté. Cela prouve que le 24 on ne pensait pas à la mesure générale dont nous nous occupons en ce moment. Sur quarante-cinq soldats et sous-officiers restans, quatre furent transférés à l'hôpital du Gros-Caillou le 21, et un le 28; deux furent mis en liberté le 27 par ordre du comité de surveillance. Ainsi, trente-huit gardes suisses étaient enfermés à l'Abbaye le 2 septembre.

En marge de leurs écrous on trouve, à la colonne de sortie, ce seul mot, MORTS. Ainsi ils furent tués en masse, et probablement sans jugement.

Il en fut de même des ex-gardes du roi, qui étaient détenus au nombre de vingt-six. En marge de leurs écrous est écrit : MORTS, HORS UN SAUVÉ.

Viennent ensuite les notes qui constatent une sorte de régularité dans les jugemens. En marge des écrous on trouve porté, avec peu de variantes, tantôt ces mots : *Mis en liberté par jugement du peuple*, et tantôt ceux-ci : *Condamné à mort par jugement du peuple, et exécuté sur-le-champ*. Et, chose remarquable, toutes les notes portent la date, soit du 3, soit du 3 au 4, soit du 4 septembre, soit du 4 au 5.

La première note est cependant celle de la mise en liberté du député Jouneau. Elle est sans date; mais on sait que ce fut le 3 qu'il se rendit de la prison à l'Assemblée nationale.

— Nous allons faire connaître le résultat total que nous a donné l'examen du registre. Soixante-dix-neuf détenus comparurent, après Jouneau, devant le tribunal présidé par Maillard. Sur ce nombre, un fut mis en liberté par ordre du comité de surveillance; un autre par ordre du conseil-général de la Commune; quarante hommes et trois femmes furent libérés par jugement du peuple; trente-deux condamnés à mort et exécutés; deux sont portés incertains.

— Dans ces jugemens figurent trois Suisses échappés à la première exécution, parce que sans doute ils étaient séparés des autres, ayant été transférés de la Conciergerie à l'Abbaye, le 16 août.

— En marge de l'écrou de M. Sombreuil, on lit : *Du 4 septembre 1792, en liberté;* et plus bas, de la même écriture : *Le sieur Sombreuil a été jugé par le peuple, et sur-le-champ mis en liberté.*

— En marge de l'écrou de monsieur et mademoiselle Cazotte, qui avaient été emprisonnés ensemble le 24 août, on lit : *Du 4 septembre, ont été mis en liberté, monsieur et mademoiselle Cazotte, après leur jugement dudit jour.*

En marge de l'écrou de l'un de ceux que nous avons désignés comme incertains dans notre énumération générale, il y a : *4 septembre, le sieur Boisgelin a été jugé par le peuple et sur-le-champ* MIS A MORT (Ces trois derniers mots rayés et remplacés par celui d') INCERTAIN. — Et plus bas il y a : NOTA. *Le sieur Boisgelin a péri rue de Grenelle, à ce qu'a assuré le peuple.*

Ce M. Boisgelin avait été écroué le 27 août précédent. — Voici ensuite une liste contenant les noms de trente personnes, presque toutes portant la qualité de prêtre, quelques-unes sans titre, une ayant celui d'avoué. La date de cet écrou général est du 1ᵉʳ septembre. En marge on trouve cette note : *Par jugement du 4 et 5 septembre 1792, toutes les personnes cy-inclus dans cet écrou, au nombre de vingt-neuf ont été mis à mort sur-le-champ* (et d'une autre écriture), *à ce qu'une grande partie du peuple a assuré.*

Plus bas est en marge : *Du 4 au 5 septembre, le sieur Salomon, prêtre, a été mis en liberté par le peuple; et le sieur Benoît Louis-Simon, aussi prêtre.* Plus bas encore on lit en marge : *Simon, prêtre vivant, Villers, vivant.*

Enfin la dernière note porte : *Du 4 septembre, le sieur Claude Guyet est entré à la prison de l'Abbaye, et a été exécuté un quart d'heure après par le peuple.*

L'écrou de ce malheureux, tracé de l'écriture qu'on reconnaît être celle du greffier ordinaire de la prison, porte qu'il fut *emprisonné par ordre des administrateurs du comité de surveillance, signé* DEFORGUES *et autres.*

Ainsi à l'Abbaye furent mis à mort :

    En masse, Suisses 38
    En masse, gardes du roi . . 25
    Divers, après jugement . . 32
    En masse, prêtres ou autres. 27

    Total des morts 122

Furent mis en liberté par jugement :

    Hommes. . . 40
    Femmes. . . 3

Par ordre de la commune :

    Hommes. . . 2

    Total des mises en liberté. . . 45

Reste enfin, sous le titre d'*incertain* et comme ayant péri dans la rue, deux personnes. Certes ce résultat est effrayant par lui-même ; mais, lorsque l'on a vu le chiffre exagéré auquel on s'était plu à le porter, le premier mouvement est celui de la surprise ; on est étonné qu'il soit si peu élevé.

Le registre des écrous du Châtelet existe encore comme celui de l'Abbaye ; il en résulte que le nombre des exécutions fut beaucoup plus considérable dans cette prison et la proportion des mises en liberté beaucoup moindre. Il est vrai que cette maison ne renfermait que des criminels ordinaires ; au moins nous n'avons rencontré rien qui nous indiquât qu'il y eût un seul détenu politique. Les écrous ne font pas en général mention de la cause de la détention ; mais en marge de tous est écrit *criminel*. Ce mot paraît destiné à faire connaître la nature de l'accusation et du tribunal devant lequel ils devaient comparaître. Or, comme l'immense majorité des incarcérations se trouve être d'une date antérieure au 10 août, antérieure à la formation du tribunal du 17, il faut en conclure que le Châtelet était consacré à la détention des hommes qui étaient appelés devant les tribunaux criminels ordinaires. Ajoutons que toutes les fois que l'écrou fait mention des causes de la détention, il porte ces mots : *Prévenu de vol, prévenu de fabrication de fausse monnaie, prévenu d'assassinat, condamné aux galères*, etc. Quoi qu'il en soit, voici le résultat que ce registre nous a présenté.

Le Châtelet contenait, le 3 septembre, cent soixante détenus, dont l'incarcération avait eu lieu en 1791, du 1ᵉʳ avril au 31 décembre. Sur ce nombre, cent trente-cinq furent mis à mort; vingt-cinq furent mis en liberté. — Il contenait soixante-treize détenus écroués en 1792. Sur ce nombre, cinquante-quatre furent mis à mort et dix-neuf mis en liberté.

En marge de chaque écrou on trouve seulement ces mots : *3 septembre, mis à mort par le peuple*, ou, *3 septembre, mis en liberté par le peuple.*

Le total des morts au Châtelet est donc de   189.
Et celui des mises en liberté de. . . .   44.

Parmi les registres d'écrou qui ont échappé à la dispersion et à la destruction qui semble avoir été la destinée commune de toutes les pièces originales de l'époque révolutionnaire, les deux que nous venons de citer sont les seuls qui aient été tenus en ordre. Il reste encore deux registres semblables de deux autres prisons; mais l'un d'eux est peu important; et l'autre, qui est celui de la Force, présente la colonne des sorties complétement vide. Cependant on peut en tirer encore quelques inductions historiques.

Ces deux registres sont ceux de la *Grande-Force* et de la *Petite-Force*, prisons dont la première était destinée à renfermer des hommes seulement, et la seconde à détenir seulement des femmes.

Les écrous inscrits sur le registre de la Petite-Force constatent que toutes les prisonnières politiques, les dames de la reine, madame de Lamballe, y furent détenues; qu'elles se trouvèrent là, si ce n'est mêlées, au moins sous le même toit et le même verrou que des femmes arrêtées ou condamnées pour vol, que les filles publiques. En marge de tous les écrous dont la colonne de sortie était encore en blanc au mois de septembre, on trouve:

Mis en liberté le 3 septembre. Les dames renfermées après le 10 août furent relâchées en même temps que celles detenues pour délits. Un seul des écrous porte à sa marge une phrase différente ; c'est celui de madame de Lamballe. On y trouve écrit : *Transférée à la Grande-Force le 3 septembre*. Cette exception à l'égard de cette dame est remarquable ; elle prouve, ou que l'on voulait la juger, la croyant coupable, ou que l'on voulait la soumettre au danger d'un jugement.

Bien des bruits ont couru sur ce sujet ; mais, si notre devoir de journaliste nous commande de les rapporter, notre devoir d'historien nous ordonne aussi de dire qu'ils ne nous semblent mériter aucune foi.

Maton-de-la-Varenne (1) assure que 150,000 francs avaient été comptés à Manuel, afin qu'il sauvât madame de Lamballe. « Manuel, loyal dans sa scélératesse, continue Maton, donna des ordres pour l'aller délivrer (2) ; mais ceux du duc d'Orléans les rendirent nuls. Dévoré de haine contre elle, parce qu'elle lui avait fermé sa porte après le 5 octobre 1789 ; intéressé d'ailleurs à la faire périr, parce qu'alors il gagnait un douaire de cent mille écus, qu'elle avait à toucher sur la fortune de la duchesse sa femme, il se hâta d'envoyer à la Force, pendant le massacre, l'Italien *Rotondo*, sa créature ; *Grison*, dit *La Force*, qui avait coupé la tête au gouverneur de la Bastille, le 14 juillet 1799 ; *Gonor*, terrassier du faubourg Saint-Antoine, et plusieurs autres bandits, qui se chargèrent de servir à la fois sa vengeance et sa cupidité. » Ce fut, rapporte encore Maton, Gonor qui lui donna le bras pour la conduire devant le tribunal. Quelque précis que semblent ces détails, il suffit de bien peu de réflexion pour les infirmer. Il faut demander d'abord par quelle voie le narrateur a pu apprendre des choses pareilles, que tous les auteurs étaient si intéressés à cacher ? Quelles sont ses autorités ? Il n'en cite aucune. Peltier, qui certes ne s'épargna jamais la calomnie contre les

---

(1) Ouvrage cité, pag. 389 et suivantes.
(2) La note en marge de l'écrou que nous avons rapportée contredit ce fait.
(*Note des auteurs.*)

personnages révolutionnaires, Peltier n'en dit pas un mot. Enfin la condamnation de madame de Lamballe ne s'explique-t-elle pas tout simplement par la haine spéciale que le peuple lui portait. Il faut se souvenir ici de toutes les brochures scandaleuses dont nous avons parlé dans nos premiers volumes, et qui accusaient les mœurs de la reine; madame Lamballe n'y était pas ménagée, et on lui faisait même jouer un rôle de prostituée. Or, le peuple n'avait rien oublié, et cette dame paya de sa vie une mauvaise réputation, qui n'était peut-être pas méritée. La haine qu'on portait à la reine et aux mauvaises mœurs qu'on lui prêtait fut déversée tout entière sur sa tête; elle en fut la victime. Voici, ce nous semble, la vraie cause de l'exception qui frappa cette personne; car, disent les contemporains, on était en quelque sorte convenu d'épargner toutes les femmes.

Quoi qu'il en soit, voici son interrogatoire tel que le donne Peltier, « tel qu'il fut, dit-il, recueilli par la famille de la princesse, de la bouche d'un témoin oculaire. »

Demande. Qui êtes-vous?

Réponse. Marie-Louise, princesse de Savoie.

D. Votre qualité?

R. Surintendante de la maison de la reine.

D. Aviez-vous connaissance des complots de la cour au 10 août?

R. Je ne sais s'il y avait des complots au 10 août; mais je sais que je n'en avais aucune connaissance.

D. Jurez la liberté, l'égalité, la haine du roi, de la reine et de la royauté.

R. Je jurerai facilement les deux premiers; je ne puis jurer le dernier : il n'est pas dans mon cœur. (Ici un assistant lui dit tout bas : *Jurez donc; si vous ne jurez pas, vous êtes morte.* La princesse ne répondit rien, et fit un pas vers le guichet.)

Le juge. Qu'on élargisse madame (1)!

— Alors deux hommes la prirent sous les bras, et l'on ouvrit le guichet. On lui avait, dit-on, recommandé de crier *vive la nation*; et c'était les hommes qui la tenaient. Mais au lieu de ces

(1) Peltier, *Histoire de la révolution du 10 août*, t. XI, pag. 559.

mots, en paraissant dans la cour, elle laissa échapper ceux de *fi, l'horreur! ou je suis perdue!* alors elle fut frappée et mise à mort. Son cadavre, assure-t-on, fut horriblement mutilé, et d'une manière que nous ne pouvons y croire. D'ailleurs *Maton, Peltier, Mercier,* qui se sont particulièrement attachés aux détails de cette mort et de ce qui la suivit, ne s'accordent pas sur ce dernier sujet. L'un dit qu'on lui coupa les mamelles et les grandes-lèvres; un autre, qu'on lui arracha le cœur, qu'on le promena au bout d'une pique, et qu'enfin on le mangea; un autre, qu'on chargea un canon avec l'une de ses jambes. En vérité, c'est trop pour que cela soit croyable. Il est certain seulement qu'on lui trancha la tête, qu'on la promena dans Paris au bout d'une pique, et qu'on alla la porter autour du Temple.

Venons maintenant à l'examen du registre de la Grande-Force, et à ce s'y passait.

Nous avons trouvé à la colonne de sortie trois cent soixante-quinze blancs correspondant à trois cent soixante-quinze écrous mentionnés, depuis le premier juillet. Ces écrous dont la marge est vide, ne se suivent pas; ils sont entremêlés d'autres où sont constatés des transfèremens, ou des acquittemens par les tribunaux, des mises en liberté par ordre du comité de surveillance, toutes des derniers jours d'août, ou du 1er septembre, ou sans date, enfin une mise en liberté ordonnée par le même comité, sur la demande de la section de l'Arsenal.

Ces trois cent soixante-quinze écrous dont la sortie est en blanc, constatent évidemment que le tribunal qui s'établit à la Grande-Force prononça sur le sort de trois cent soixante-quinze détenus. Mais combien y en eut-il de condamnés, combien d'acquittés? nous restons dans l'ignorance, nous sommes réduits à invoquer le témoignage des contemporains.

Maton-de-la-Varenne a publié une liste des victimes de septembre. Nous nous sommes assurés qu'elle était assez exacte; car nous avons retrouvé, dans nos registres d'écrous, le plus grand nombre des noms qu'il a lui-même inscrits; seulement il se trompe quelquefois, quant à la désignation des prisons où les individus cités furent mis à mort. Or, cet auteur porte à cent soixante-sept le nombre des exécutés à la Grande-Force : il y aurait donc eu deux cent-huit mises en liberté de prononcées. Peltier ne porte le nombre des morts qu'à cent soixante-quatre, différence qui est expliquée par les erreurs de Maton sur les prisons où les exécutions eurent lieu.

D'après le même auteur qui, ainsi que nous l'avons dit déjà, était lui-même l'un des détenus, et fut mis en liberté, la composition du tribunal de la Force fut plusieurs fois changée. D'abord, le 2 à onze heures du soir, les nommés Dangé, Michonis, Monneuse et Laignelon, membres de la Commune, furent installés comme *grands-juges du peuple*; le nommé Pierre Chantreau remplissait les fonctions d'accusateur public. Ils se firent apporter le registre d'écrous, et appelèrent successivement ceux dont il constatait la présence : les mots *à l'Abbaye* étaient ceux de la condamnation. La composition du tribunal changea le lendemain matin, le tribunal était présidé par un individu que Maton désigne seulement par ces mots, C......, *pede claudo* ; ce fut là qu'il fut amené lui-même et mis en liberté. Enfin, au moment où madame de Lamballe fut amenée, Hébert, l'auteur du *Père Duchêne*, était président, et un sieur Lhuillier parmi les juges.

Nous ne possédons sur ce qui se passa dans les autres prisons aucun détail nouveau. Ces registres des écrous, qui nous ont servi jusqu'à ce moment, manquent entièrement. Ils ont sans doute été perdus. Nous renvoyons donc nos lecteurs aux documens complémentaires. Il ne nous reste plus qu'à donner le résultat de ces funèbres journées.

On s'est plu en général à exagérer le nombre des victimes. Voici, par exemple, quel est celui donné par M. Barrière dans une liste imprimée en 1825 (1) .Nous transcrivons ses propres chiffres.

(1) Collection des mémoires relatifs à la révolution française, par MM. Barrière et Berville, 44ᵉ livraison; Mémoires sur les journées de septembre. Paris, 1825.

SEPTEMBRE (1792).

A l'Abbaye	1,594
A la Conciergerie	2,214
A la Force	1,586
A Bicêtre	1,760
Au Grand-Châtelet	1,258
Au Cloître des Bernardins	82
Aux Carmes de Vaugirard	1,168
A Saint-Firmin	1,145
A la Salpêtrière	2,195
A Versailles	52
Total	12,852

On peut de suite apprécier l'exactitude de cette liste, en en comparant les chiffres avec ceux dont nous avons fait le relevé authentique.

Peltier, le royaliste Peltier, a été moins exagéré. Voici sa liste.

Aux Carmes et à Saint-Firmin	244
A l'Abbaye Saint Germain	180
Au Cloître des Bernardins	73
A l'Hôpital de la Salpêtrière	45
A la Conciergerie	85
Au Châtelet	214
A l'Hôtel de la Force	164
Total	1,005

Il est vrai que Peltier, peu satisfait sans doute de l'infériorité de ce chiffre que lui avaient procuré des recherches exactes et probablement peu difficiles au temps où il écrivait, chiffre si différent de celui qu'on colportait alors dans certaines sociétés, ajoute que d'autres malheureux, et surtout en bien plus grand nombre, furent mis à mort dans l'hôpital de Bicêtre, dans les cours de la Salpêtrière; furent noyés à la Force, tués sur le pont au Change; il n'hésite pas à porter le total de ces derniers à huit mille. Or, Peltier seul dit qu'on a tué ailleurs que dans les prisons, et bien plus, en cela, il est en contradiction avec tous les contemporains et avec le but de la mesure elle-même, et cependant il s'est trouvé des gens qui l'ont cru!

Maton-de-la-Varenne a donné (1) une liste alphabétique des noms des individus exécutés en septembre. Or, le total des mises à mort, ainsi désignées nominativement, aux Carmes, à Saint-Firmin, à l'Abbaye, à la Force, à la Conciergerie, au Châtelet, à Bicêtre, à la Salpêtrière, aux Bernardins, n'est que de mille quatre-vingt-six, auxquels il faut ajouter trois inconnus, un voleur tué aux Bernardins, et deux particuliers amenés du faubourg Saint-Antoine à la Force pendant la durée du massacre, ce qui en porte le nombre à mille quatre-vingt-neuf, dont deux cent-deux ecclésiastiques.

Les auteurs ne sont pas d'accord sur le moment où finirent les massacres. Dans les registres que nous avons consultés nous n'avons pas trouvé de dates qui dépassassent celle du 4 au 5. Cependant plusieurs personnes ont écrit, mais, il est vrai, d'une manière dubitative, qu'il y eut encore des exécutions *passé le 6* : il y a lieu de croire que tout était terminé le 6 au soir au plus tard. D'ailleurs, voici nos raisons; dès le 4, l'ordre suivant émanait du conseil de surveillance :

AU NOM DU PEUPLE.

« Mes camarades, il est enjoint de faire enlever les corps morts, de laver et nettoyer toutes les taches de sang, particulièrement dans les cours, chambres, escaliers de l'Abbaye. A cet effet, vous êtes autorisés à prendre des fossoyeurs, charretiers, ouvriers, etc.

» A l'Hôtel-de-Ville, le 4 septembre.

» PANIS, SERGENT, administrateurs; MÉHÉE, secrétaire-greffier. »

— Le 5 septembre, dans la séance du matin, le conseil-général autorisa l'ouverture des barrières, fit relever les postes qui y

(1) Ouvrage cité, pag. 419 à 460.

SEPTEMBRE (1792). 423

avaient été placés, ordonnant de n'y laisser que quatre hommes et un caporal pour vérifier les passeports des voyageurs : cet arrêté fut confirmé le lendemain. Enfin, le 6 septembre au matin, le même conseil-général délivra un mandat, sur le trésorier de la ville, de 1,463 livres, « pour le salaire de toutes les personnes qui avaient travaillé, au péril de leur vie, à conserver la salubrité de l'air dans les journées des 2, 3, 4 et 5 septembre dernier, ainsi que de ceux qui avaient présidé à ces opérations. » Il autorisa en outre le trésorier à se rembourser de cette avance sur les sommes qui proviendraient *des effets de toute espèce qui se trouvaient dans les prisons*, et dont le procureur-syndic était chargé de presser la vente. Enfin, le procès-verbal du même jour porte qu'à deux heures après midi, la séance fut suspendue, et que « les membres du conseil, M. le maire à leur tête, se transportent à l'hôtel de la Force, pour rappeler à l'exécution de la loi qui protége les personnes et les propriétés. *Signé* COULOMBEAU. » Il n'est pas douteux que cette démarche fut le terme des massacres, en dissipant le dernier rassemblement qui existait dans Paris. Les relations des journaux en sont la preuve. Ils ne commencèrent à parler que lorsque tout fut terminé. Ce n'était, en effet, qu'à ce moment, qu'ils pouvaient donner quelques détails. Voici ce que dit le *Moniteur* :

[Quelque déconcertés que dussent être les conjurés depuis la journée du 10 août, et depuis la découverte précieuse des preuves du plus horrible complot contre la liberté publique, ils n'avaient pas pour cela abandonné tout espoir de succès. Des projets absolument isolés leur avaient paru sans doute trop insensés ; mais en les calculant avec l'approche de l'armée ennemie, avec le système de terreur dont on l'a fait précéder, et surtout avec l'intention de faire évader ceux des leurs qu'une surveillance active avait mis hors d'état de nuire, ils entrevoyaient encore quelque possibilité de réussir, et préparaient une tentative.

On avait eu connaissance, par des indices particuliers, des aveux publics, des dénonciations signées, que, pendant la nuit, les prisons seraient ouvertes pour faire évader les conspirateurs;

que les autres détenus, dont le nombre était considérable, et auxquels on devait donner des armes, autant qu'il serait possible, se répandraient dans la ville, forceraient les corps-de-garde, désarmeraient les citoyens, et, réunis à quelques autres brigands, s'introduiraient dans les maisons pour piller et incendier.

Le dimanche 2, tandis que les citoyens, électrisés par la proclamation de la Commune provisoire, se rassemblaient dans leurs sections pour s'enrôler, et pour y délibérer sur les dangers de la patrie, seize particuliers, armés de pistolets et de poignards, avaient été arrêtés (l'archevêque d'Arles et le vicaire de Saint-Feréol, de Marseille, étaient du nombre) ; on les conduisait de la cour du Palais au comité des Quatre-Nations. Ils firent résistance, et l'un d'eux tira un coup de pistolet qui blessa mortellement un citoyen ; alors ils devinrent victimes de leur propre fureur.

Les bruits de l'évasion projetée des prisonniers inspirent plus de crainte ; ils s'accroissent par des indices plus certains, et prennent une telle consistance, que plusieurs sections arrêtent d'envoyer autour des prisons de nombreuses patrouilles pour les surveiller ; mais l'indignation du peuple était à son comble, et il formait déjà la résolution la plus hardie et la plus terrible. « Eh bien ! qu'ils meurent tous ! s'écrie un citoyen qui venait de s'enrôler ; le danger de la patrie nous appelle, partons ; mais en quittant nos familles, n'emportons pas la crainte que nos concitoyens, qui se privent pour nous de leurs armes, ne puissent défendre nos femmes et nos enfans contre de nouveaux complots ; que les scélérats meurent tous ! »

Cette résolution subite se propage avec une activité incroyable. Le peuple se porte de toutes parts aux prisons. La municipalité fait de vains efforts pour l'arrêter. Tout ce qui lui est possible, c'est de prendre des mesures de prudence, pour que du moins l'innocent ne soit pas confondu avec le coupable.

Un grand nombre de prisonniers, réclamés par des citoyens, ont été rendus ; et si la justice du peuple a été terrible, il est constant qu'il faisait éclater la plus grande joie, quand il n'avait point à punir. L'innocent était délivré et porté en triomphe au milieu des cris de *vive la nation!* On conduisait auprès d'un criminel expirant ceux qui n'étaient que légèrement coupables, et le spectacle de terreur dont ils étaient témoins précédait le moment de leur délivrance.

M. Jouneau, député, réclamé par ses collègues, a été accompagné jusqu'à l'assemblée nationale ; il avait le décret d'inviolabilité placé sur sa poitrine.

M. d'Affri a été sauvé et reconduit chez lui par le peuple.

Le lendemain, madame Lamballe a eu la tête coupée. Son corps a été traîné dans la ville, et plus particulièrement autour du Temple.

Madame Tourzelle et autres dames attachées à la femme du roi ont été sauvées par les commissaires de la Commune.

Madame Saint-Brice et mademoiselle de Tourzelle avaient été sauvées la veille par les soins de deux commissaires du conseil de la Commune, qui eux-mêmes ont manqué d'être victimes de leur zèle. Ces deux dames sont actuellement en sûreté.

L'abbé Salomon, ex-conseiller au parlement ; Duveyrier, ci-devant secrétaire du sceau ; l'abbé Sicard, Guillaumé, notaire, et plusieurs autres ont été sauvés.

M. Saint-Meart, accusé de travailler au journal de la cour et de la ville, a été épargné et reconduit chez un ami par son propre juge. Celui-ci a refusé de l'argent qui lui était offert dans un mouvement de joie et de reconnaissance : il n'a accepté qu'un verre d'eau-de-vie.

Il y a eu avant-hier quelque fermentation au Temple ; mais un ruban marquant la limite que le peuple ne devait pas dépasser, a été respecté et a suffi pour le contenir.

Madame de Staël a obtenu un passeport, et est allée rejoindre M. Necker, à sa terre de Copet.] (*Moniteur du 6 septembre.*)

La narration du *Moniteur* est la plus longue de celles que l'on trouve dans les journaux quotidiens, quand ils en contiennent une, c'est-à-dire quand ils contiennent plus qu'une simple annonce du fait lui-même. Prudhomme seul donne une relation assez étendue, et dans laquelle nous trouvons quelques détails intéressans.

D'abord il parle fort au long de la conspiration des prisons dans le même esprit que le *Moniteur*, et il approuve les massacres. Il parle du tribunal de *sans-culottes* qui avait été improvisé dans chaque prison. Il raconte la première visite à l'Abbaye d'une députation du corps législatif, et d'une députation de la municipalité, du discours fait au rassemblement. « Alors, ajoute-t-il, un homme sort de la foule et s'offre à eux, portant une lance de fer, de laquelle le sang coulait sur ses mains. « Ce » sang, leur dit-il, est celui de Montmorin et compagnie ; nous » sommes à notre poste, retournez au vôtre ; si tous ceux que » nous avons préposés à la justice eussent fait leur devoir, nous » ne serions pas ici ; nous faisons leur besogne, et nous sommes » à notre tâche ; plus nous tuons de coupables, plus nous ga- » gnons. » Prudhomme loue la justice du peuple ; il loue sa sévérité. « Le peuple est humain, dit-il ; mais il n'a point de faiblesse ; partout où il sent le crime, il se jette dessus, sans égard pour l'âge, le sexe, la condition du coupable..... Juges ! tout le sang versé du 2 au 5 septembre doit retomber sur vous. Ce sont vos criminelles lenteurs qui portèrent le peuple à des extrémités dont vous seuls devez être responsables. Le peuple impatient vous arracha des mains le glaive de la justice trop long-temps oisif, et remplit vos fonctions..... *Discite justiciam, moniti, et non temnere plebem.* » Il cherche ensuite à justifier *les indignités* (telle est son expression) faites au cadavre *de la Lamballe*. « Oui, le peuple n'avait que trop de motifs de se livrer à cette fureur..... Le *Bulletin de la guerre* a appris au peuple que les houlans coupent les oreilles à chaque officier municipal qu'ils peuvent attraper, et les lui clouent impitoyablement sur le sommet de la tête..... Il voit encore que, dans plusieurs hôtels de Paris, ceux des aristocrates qui n'ont pu s'échapper depuis l'affaire du 10, tuent leur temps auprès d'une petite guillotine d'acajou, qu'on apporte sur la table au dessert : on y fait passer successivement plusieurs poupées dont la tête, faite à la ressemblance de nos meilleurs magistrats ou représentans, en tombant, laisse sortir du corps, qui est un flacon, une liqueur rouge comme du sang. Tous les assistans, les femmes surtout, se hâtent de tremper leur mouchoir dans ce sang qui se trouve être une eau ambrée très-agréable..... On a promené la tête de la Lamballe autour du Temple; peut-être même que sans une barrière de rubans (1), posée par Pétion et Manuel, le peuple *eût porté* cette tête jusque sous les fenêtres de la salle à manger de l'ogre et de sa famille. Rien de plus naturel et de plus raisonnable que tout cela. Cet avertissement salutaire eût peut-être produit d'heureux effets..... ».

« Les habitans de Vaugirard voulurent prendre part au grand acte de justice qui s'exerçait à Paris. Ils allèrent droit au Palais-Bourbon, s'emparèrent des Suisses, et sous bonne escorte les emmenèrent dans la ci-devant abbaye Saint-Germain. Le peuple donna en cette circonstance une nouvelle preuve de sa modération et de son équité. Il aurait pu se jeter sur ces deux cents et tant de soldats, dont la présence réveillait en lui l'horrible massacre de la Saint-Laurent (le 10 août); mais sachant que tous ces Suisses n'étaient pas coupables, que plusieurs d'entre eux avaient abandonné leurs armes aux citoyens sous le vestibule du château des Tuileries, il consentit à ce qu'il fût sursis à leur jugement. Le jeudi suivant, ils furent conduits à la maison commune, au nombre de deux cent cinquante. On assure qu'ils vont être incorporés dans les différens corps de l'armée (2). Mais il ne fut point miséricordieux pour les galériens détenus aux Bernardins... » Voici comment Prudhomme raconte ensuite l'affaire de Bicêtre.

« Lundi (c'est à dire le 3 septembre), vers les trois heures,

---

(1) Cette barrière de ruban était faite à l'imitation de celle qui avait été établie sur la terrasse des Feuillans. On y lisait cette inscription : « Citoyens, respectez » cette barrière; elle est nécessaire à la responsabilité de vos magistrats. »
(*Note des auteurs.*)

(1) Le procès-verbal de la Commune, du 6 septembre, constate ce fait. Ils prêtèrent le serment civique sur la place de Grève; ils furent confiés à l'hospitalité des sections, puis dirigés sur l'armée. (*Note des auteurs.*)

on se transporta à Bicêtre avec sept pièces de canon, parce que le bruit courait qu'il y avait des armes, ce qui ne se vérifia point... On procéda à l'apurement de cette maison de force, avec le même ordre qu'on avait observé dans celles de Paris; on y trouva une fabrique de faux assignats; on en tua, sans rémission, tous les complices. Les prisonniers pour dettes, ou par jugement de la police correctionnelle, furent élargis et s'en allèrent sains et saufs. Le fameux Lamotte, mari de la comtesse de Valois, se nomma; le peuple le prit sous sa sauvegarde. Beaucoup de citoyens que la misère avait relégués là, ne coururent aucun danger; mais tout le reste tomba sous les coups de sabre, de piques, de massues du peuple-Hercule nettoyant les étables du roi Augias. Il y eut beaucoup de monde de tué. » (*Révolutions de Paris*, n. 165.)

Les autres journaux, le *Patriote Français*, les *Annales Patriotiques*, la *Chronique de Paris*, etc., dirent à peine quelques mots froids et indifférens sur les journées de septembre. Ils ont l'apparence d'être uniquement préoccupés et de ce qui se passe aux frontières, et de ce que l'on fait en France pour opérer une résistance efficace. Le *Courrier des départemens* promet également, de jour en jour, des détails; et n'en donne pas. Mais il ne tarit pas en phrases approbatives. *Qu'ils périssent!* dit-il le 5. *Périr par leurs mains ou qu'ils périssent par les nôtres*, telle est la cruelle alternative!... Il appelle cet événement, *la justice terrible mais nécessaire du peuple*. Nous insistons ainsi sur l'opinion du *Courrier des départemens*, parce que son rédacteur, Gorsas, devint plus tard un des accusateurs les plus ardens des hommes de septembre.

La proscription de ces journées menaça d'ailleurs un instant d'autres personnages que les royalistes; elle fut sur le point d'atteindre quelques-uns des Girondins qui s'étaient compromis avant le 10 août, par leurs intrigues avec la cour. On fit, le 5 septembre, par ordre du comité de surveillance une descente chez Brissot. Il s'en plaignit en ces termes dans le *Patriote Français* du 4.

J.-P. Brissot, député, à ses concitoyens.

« Je croyais avoir donné des preuves assez fortes et assez constantes de mon patriotisme, pour être au-dessus des soupçons ; mais la calomnie ne respecte rien.

» Hier dimanche, on m'a dénoncé à la Commune de Paris, ainsi que partie des députés de la Gironde, et d'autres hommes aussi vertueux. On nous accusait de vouloir livrer la France au duc de Brunswick, d'en avoir reçu des millions, et de nous être concertés pour nous sauver en Angleterre. Moi, l'éternel ennemi des rois, et qui n'ai pas attendu 1789 pour manifester ma haine à leur égard ; moi ! le partisan d'un duc ! plutôt périr mille fois, que de reconnaître jamais un despote ! Citoyens, on me dénonçait à dix heures du soir, et à cette heure on égorgeait dans les prisons ! Une pareille dénonciation était bien propre à exciter l'indignation du peuple contre moi, et elle l'excitait déjà. Des ames honnêtes, qui pensent qu'avant de croire et de punir, il faut convaincre, demandèrent que visite fût faite de mes papiers ; et, en conséquence, ce matin, sur les sept heures, trois commissaires de la Commune se sont présentés chez moi. J'aurais pu réclamer, comme député, contre une pareille recherche ; mais, dans le danger de la patrie, tout citoyen, quel qu'il soit, doit, à la première réquisition de la loi, se montrer à nu. Les commissaires ont examiné pendant trois heures, avec tout le soin possible, tous mes papiers ; je les leur ai livrés avec l'abandon d'un homme qui a la conscience la plus irréprochable. Je n'avais qu'un regret ; c'est que le peuple, ce peuple auprès duquel on me calomnie, et que je ne cesse de défendre ; c'est que ce peuple entier ne fût pas témoin de l'examen.

» En voici le résultat ; il sert de réponse à mes calomniateurs ; les momens sont trop précieux, les circonstances sont trop critiques, pour que je descende à les réfuter, et tels sont encore les motifs qui m'ont engagé à ne pas présenter ces faits à l'assemblée nationale. Il faut d'abord, et avant tout, battre nos ennemis, et ajourner nos débats personnels. Le peuple fait, tôt ou tard, justice des calomniateurs. »

Extrait du procès-verbal des recherches, etc... L'an quatrième de la liberté et premier de l'égalité, le 3 septembre.

Nous, etc. Après avoir fait *les recherches les plus exactes* dans les papiers dudit sieur Brissot, et après les avoir examinés, n'ayant ABSOLUMENT *rien trouvé qui nous parût contraire à l'intérêt du bien public,* lui avons laissé tous ses papiers.

Signé, BERTHELTON, GUERMEN, *commissaire adjoint,* COUSTSAUT, dit MIGNON. (*Patriote Français,* N. MCXXI.)

Le bruit courait que huit mandats d'amener avaient d'abord été lancés contre les Girondins, le 2 au soir, par la commission de surveillance et qu'ils furent ensuite convertis en simples mandats de perquisition. Mais nous ne connaissons pas d'autre fait à l'appui de cet *on dit* que l'anecdote relative à Brissot.

Quoi qu'il en soit, cette tentative hardie réveilla les ministres de son opinion. Roland écrivit très-vivement le 4 à Santerre.

Lettre de M. Roland, ministre de l'intérieur, à M. Santerre, commandant-général de la garde nationale parisienne, en date du 4 septembre, l'an 4 de la liberté.

« Au nom de la nation, et par ordre de l'assemblée nationale et du pouvoir exécutif, je vous enjoins, monsieur, d'employer toutes les forces que la loi met dans vos mains, pour empêcher que la sûreté des personnes et des biens soit violée; et je mets, sur votre responsabilité, tous attentats commis sur un citoyen quelconque dans la ville de Paris. Je vous envoie un exemplaire de la loi qui vous ordonne la surveillance et la sûreté que je recommande, et j'informe l'assemblée nationale et le maire de Paris des ordres que je vous soumets. »

Réponse de M. Santerre.

« Monsieur le ministre, je reçois à l'instant votre lettre. Elle me somme, au nom de la loi, de veiller à la sûreté des citoyens ;

vous renouvelez les plaies dont mon cœur est ulcéré, en apprenant à chaque instant la violation de ces mêmes lois, et les excès auxquels on s'est livré. J'ai l'honneur de vous représenter qu'aussitôt la nouvelle que le peuple était aux prisons, j'ai donné les ordres les plus précis aux commandans de bataillons, de former de nombreuses patrouilles, et aux commandans du Temple et autres voisins de la demeure du roi et de l'hôtel de la Force, à qui j'ai recommandé cette prison qui n'était pas encore attaquée.

» Je vais redoubler d'efforts auprès de la garde nationale, et je vous jure que si elle reste dans l'inertie, mon corps servira de bouclier au premier citoyen qu'on voudra insulter. » (*Moniteur*.)

Pour apprécier la valeur de cette réponse, il faut savoir que Santerre était beau-frère de Panis, le président du comité de surveillance. Au reste, Santerre parla très-vivement au conseil-générale de la Commune le lendemain; mais tout alors était terminé : car ce fut sans doute le jour où ce conseil, Pétion en tête, se transporta à la Force.

» Nous avons entendu, dit le *Moniteur*, M. Santerre, au conseil-général, s'expliquer ainsi en s'adressant aux tribunes : « Ne sentez-vous pas que si pour poursuivre un citoyen, il vous suffit d'avoir entendu dire qu'il a crié *vive le roi*, ou tenu quelque autre propos incivique, vous deviendrez à tout moment des instrumens de haines et de vengeances personnelles. Des scélérats, vos ennemis, se déguisant sous l'habit du pauvre, pour paraître patriotes, vous donneront de lâches conseils; le désordre sera sans terme; vous mériterez de perdre l'estime des hommes justes, et vous chasserez la liberté de votre patrie, après l'avoir rendue malheureuse. » Le reste de son discours tendait à justifier les utiles spéculations du commerce, et à les présenter comme une des principales causes de la prospérité publique; son éloquence simple et persuasive a fait beaucoup d'impression. » (*Moniteur* du 7.)

Maintenant, pour suivre l'ordre chronologique, nous devrions retourner à l'assemblée nationale; mais, nous croyons mieux faire en terminant tout d'un coup ce qui est relatif aux massacres. Le comité de surveillance écrivit aux municipalités de province, la lettre suivante, qui, malgré la recommandation que l'on trouve à la fin, ne fut cependant imprimée dans aucun journal du temps.

« Frères et amis,

» Un affreux complot tramé par la cour pour égorger tous les patriotes de l'empire français; complot dans lequel un grand nombre de membres de l'assemblée nationale se trouvent compromis, ayant réduit, le 9 du mois dernier, la Commune de Paris à la cruelle nécessité de se ressaisir de la puissance du peuple, pour sauver la nation, elle n'a rien négligé pour bien mériter de la patrie; témoignage honorable que vient de lui donner l'assemblée nationale elle-même. L'eût-on pensé! dès-lors de nouveaux complots, non moins atroces, se sont tramés dans le silence; ils éclataient au moment où l'assemblée nationale, oubliant qu'elle venait de déclarer que la Commune de Paris avait sauvé la patrie, s'empressait de la destituer pour prix de son brûlant civisme. A cette nouvelle, les clameurs publiques, élevées de toutes parts, ont fait sentir à l'assemblée nationale la nécessité urgente de s'unir au peuple, et de rendre à la Commune, par le rapport du décret de destitution, les pouvoirs dont il l'avait investie.

» Fière de jouir de toute la plénitude de la confiance nationale, qu'elle s'efforcera toujours de mériter de plus en plus, placée au foyer de toutes les conspirations, et déterminée de s'immoler pour le salut public, elle ne se glorifiera d'avoir pleinement rempli ses devoirs, que lorsqu'elle aura obtenu votre approbation, objet de tous ses vœux, et dont elle ne sera certaine qu'après que tous les départemens auront sanctionné ses mesures pour sauver la chose publique.

» Professant les principes de la plus parfaite égalité, n'ambitionnant d'autres priviléges que celui de se présenter la première à la brèche, elle s'empressera de se remettre au niveau de la commune la moins nombreuse de l'état, dès l'instant que la patrie n'aura plus rien à redouter des nuées de satellites féroces qui s'avancent contre la capitale.

» La Commune de Paris se hâte d'informer ses frères de tous les départemens qu'une partie des conspirateurs féroces détenus dans les prisons a été mise à mort par le peuple ; actes de justice qui lui ont paru indispensables pour retenir, par la terreur, ces légions de traîtres cachés dans ses murs, au moment où il allait marcher à l'ennemi; et sans doute la nation entière, après la longue suite de trahisons qui l'ont conduite sur les bords de l'abîme, s'empressera d'adopter ce moyen si nécessaire de salut public, et tous les Français s'écrieront comme les Parisiens : Nous marchons à l'ennemi ; mais nous ne laisserons pas derrière nous des brigands, pour égorger nos enfans et nos femmes.

» Frères et amis, nous nous attendons qu'une partie d'entre vous va voler à notre secours, et nous aider à repousser les légions innombrables de satellites des despotes conjurés à la perte des Français. Nous allons ensemble sauver la patrie, et nous vous devrons la gloire de l'avoir retirée de l'abîme.

» Les administrateurs du comité de *salut public* et les administrateurs adjoints réunis.

» Signé, PIERRE DUPLAIN, PANIS, SERGENT, LENFANT, JOURDEUIL, MARAT, l'ami du peuple, DEFORGUES, LECLERC, DUFORT, CALLY, constitués par la Commune et séans à la mairie.

« Paris, 3 septembre 1792.

» N. B. Nos frères sont invités à remettre cette lettre sous presse et à la faire passer à toutes les municipalités de leur arrondissement. » (*Chronique du mois, novembre*, 1792, *p.* 76.)

Il y eut en effet quelques massacres dans les provinces; ils eurent principalement lieu, au moins si nous pouvons en juger par le peu de renseignemens que nous trouvons là-dessus, sur la route militaire qui allait de Paris aux frontières. A Reims, huit personnes environ, prêtres et laïcs furent victimes. Cependant, lors de l'instruction sur les massacres de septembre, deux individus furent exécutés dans cette ville comme y ayant participé, les nommés *Souris* et *Leclerc*. — A Meaux, une bande que l'on dit venue de Paris, dirigea un mouvement sur la prison; quatorze détenus furent massacrés; on comptait parmi eux sept prêtres, six condamnés aux galères, et un prévenu d'assassinat. Parmi les auteurs de cette exécution, on trouve les noms de *François Lombard*, tisserand; de *Denis Petit*, frippier; de *Pierre Robert*, cordonnier; de *Pierre Lemoine* dit *Moreau*, portefaix, qui furent pour ce fait condamnés plus tard à mort à Melun; de *Adrien Leredde*, portefaix, condamné aux fers pour le même sujet; de *Goulat*, boucher, qui mourut en détention, etc. — A Lyon, une liste de deux cents personnes, dit-on, avait été formée. Le mouvement sur les prisons eut lieu : le rassemblement se porta d'abord au château de *Pierre-Scies*; sur neuf officiers de Royal-Dragons qui y étaient enfermés, huit furent tués, un s'échappa par-dessus la muraille. On alla ensuite à la prison de Roanne, où plusieurs ecclésiastiques étaient enfermés; mais ils s'échappèrent, graces à la concierge. Un seul fut saisi, et conduit sur la place des Terreaux où il eut la tête tranchée. On s'empara d'un autre prêtre, dans la rue, caché sous un costume de femme; il fut tué. La dernière victime fut un curé détenu dans la prison de Saint-Joseph. Ainsi, onze personnes seulement furent exécutées. Mais la garde nationale était sous les armes et empêcha les visites domiciliaires et les arrestations qui eussent suivi.

Il ne nous reste plus à parler que de ce qui se passa à Versailles, c'est-à-dire du massacre des prisonniers d'Orléans et de celui qui eut lieu à la maison de justice de cette ville.

Un corps armé, composé, dit-on, de deux cents Marseillais, et commandé par Lajouski, était parti, dans les derniers jours d'août, pour aller chercher les prévenus mis en accusation devant la haute-cour d'Orléans et les ramener à Paris. Il fut renforcé bientôt par une troupe nombreuse de volontaires levée dans les sections de Paris par Fournier, agissant, assure-t-on aussi, par les ordres du ministre de la justice. On arriva à Orléans le 30 août, où l'on avait été précédé pas les commissaires de l'assemblée, Léonard Bourdon et Prosper Dubail. Les Parisiens furent fêtés par la ville. La haute-cour avait précipité un de ses jugemens, elle avait condamné à mort un sieur du Lery ; en sorte que les nouveau-venus commencèrent par fournir une escorte pour la guillotine ; ensuite ils s'emparèrent de la prison. Les prisonniers (1) partirent le 4 septembre. L'escorte, commandée par Fournier, n'était pas de moins de quinze cents hommes, dit-on. On arriva à Versailles le 9 ; ce fut là que les prévenus furent massacrés. Nos lecteurs trouveront, dans les documens complémentaires, les procès-verbaux de la municipalité de Versailles, où tous les détails de la scène sont racontés. Selon Maton-de-la-Varenne, quarante-deux furent tués, huit échappèrent. Après cette exécution, le rassemblement se porta sur la prison, et du 9 au 10 il y mit à mort vingt-trois prisonniers. Le massacre fut arrêté sur les instances et par l'énergie de l'accusateur public. Au reste, parmi les hommes mis à mort, il n'y eut qu'un seul *prêtre*, chapelain de la chapelle du roi ; tous les autres étaient des condamnés ou des prévenus pour vol ou assassinat.

A Orléans un mouvement eut lieu le 16 ; plusieurs maisons furent attaquées et trois individus massacrés.

Enfin, pour terminer cette liste mortuaire, le 14, à Gisors, le duc de Larochefoucault de la Roche-Guyon, arrêté par ordre de la Commune, sur la demande, dit Maton, de Santerre, et, sur la recommandation de Condorcet, traversait la ville dans sa voiture, accompagné du commissaire envoyé de Paris ; là il fut tué d'un coup de pavé, qui lui fut lancé par un homme du peuple.

Telles furent les journées de septembre.

ASSEMBLÉE NATIONALE.

Depuis ces terribles jours jusqu'à la première séance de la Convention, le 21 septembre, l'assemblée ne fut plus qu'un corps

(1) Au nombre, selon Maton-de-la-Varenne, de cinquante, et, selon Peltier, de cinquante-trois.

administratif. Elle fit encore des lois, mais sans souveraineté; car elles ne furent exécutées que sous le bon plaisir de la municipalité de Paris; le 16 et le 17, elle fit un effort pour subalterniser son audacieuse rivale, mais ce fut sans succès. Nous allons brièvement recueillir tout ce que ses séances offrent de remarquable.

Séance du 4 septembre au matin.

M. Chabot, l'un des commissaires chargés de parcourir les sections de Paris. Vous n'ignorez pas que nos ennemis cherchent à désorganiser toutes les autorités constituées; qu'ils cherchent même à dépopulariser l'assemblée nationale, pour élever sur elle une autorité usurpatrice : je vous annonce qu'ils n'ont pas réussi à vous dépopulariser; car partout où vos commissaires passent, des cris, vive la nation, vive l'assemblée nationale, se font entendre; mais il ne serait pas impossible qu'ils y réussissent, et certes le moyen qu'ils emploient est le plus dangereux. On répand que vous n'avez suspendu Louis XVI que pour placer le duc de Brunswick ou le duc d'York sur le trône. (Il s'élève un mouvement d'indignation.) Je dois répéter ces calomnies atroces, parce que je les ai entendues; sans doute il ne vous appartient pas de juger la grande question de savoir si nous aurons encore des rois, vous n'êtes pas constituans; c'est à la Convention nationale à prononcer, et au peuple à ratifier, et vous avez fait l'acte généreux d'en appeler à la nation entière; mais pouvez-vous permettre que l'on calomnie vos intentions et vos principes? Pouvez-vous souffrir que l'on publie que vous êtes disposés à vous rendre au parti d'un prince étranger et à entrer en capitulation avec lui? Non, je lis dans tous vos cœurs que vous abhorrez d'une manière égale tous les rois quelconques. (Un cri unanime : *Oui, oui,* se fait entendre avec force dans l'assemblée et dans toutes les tribunes.) Voulez-vous ôter à vos ennemis cette arme dangereuse, la seule qui leur reste. Eh bien! laissant à la nation le droit de se donner le gouvernement qu'elle jugera convenable, déclarez individuellement que vous êtes convaincus, par une funeste expérience, des vices des rois et de la royauté, et que vous les détesterez jusqu'à la mort. (Nombreux applaudissemens.)

L'assemblée se lève tout entière, en criant : *Oui, nous le jurons; plus de roi!*

M. Chabot. Vous en faites le serment, eh bien ! avec cette déclaration, je m'engage à détruire toutes les calomnies, à déjouer, soit dans la capitale, soit dans l'armée, soit dans les départemens, toutes les manœuvres de nos ennemis. Je suis persuadé que le peuple français, qui ne veut plus d'autre roi que lui-même, d'autres lois que celles de la liberté et de l'égalité, nous conservera toute sa confiance, en dépit de nos calomniateurs.

M. Dubayet. Je demande que dans le moment où l'on répand les absurdes imputations dénoncées par M. Chabot, nous déclarions en même temps que nous ne souffrirons jamais qu'un étranger donne des lois à la France, et que jamais nous ne capitulerons avec lui. (Même acclamation de l'assemblée unanime.)

M. Larivière. Il n'est pas question seulement d'étrangers; nous jurons par tout ce qu'il y a de plus sacré, que jamais, de notre consentement, aucun monarque ni étranger, ni français, ne souillera la terre de la liberté. (On applaudit.) Je demande que M. Chabot soit invité à rédiger la formule de ce serment.

M. Guadet. La commission extraordinaire a prévenu le vœu du préopinant et celui de l'assemblée dans sa séance de cette nuit; elle s'est occupée de rédiger un projet d'adresse, qui contient le serment que vous venez de prêter; elle est jalouse de manifester hautement à cet égard quels sont ses sentimens.

M. Guadet lit un projet d'adresse.

M. Thuriot. Je demande à faire une observation sur cette adresse. Je déteste les tyrans autant que tous les membres de l'assemblée, et je ne crois pas qu'il soit possible d'avoir de rois sans tyrans; cependant nous devons rédiger notre déclaration avec beaucoup de précaution, afin de ne pas laisser croire que nous voulons anticiper sur le prononcé de la Convention nationale.

M. Fauchet. J'observe que l'adresse qui vient d'être lue ne laisse aucun doute à cet égard ; ce n'est pas comme législateurs, c'est comme citoyens que nous venons de prêter ce serment, et en cette qualité, quand même la Convention nationale rétablirait le roi sur le trône, nous aurions encore le droit de ne pas nous soumettre à la royauté, et de fuir un pays qui consentirait à vivre sous le joug des tyrans. (Il s'élève des applaudissemens unanimes et réitérés.)

L'adresse présentée par M. Guadet est adoptée.

M. Vergniaud. Depuis le 10, votre commission extraordinaire a reçu de la nature de circonstances une influence imprévue. La multiplicité de ses travaux a éloigné ses membres de vos séances. Déjà diverses raisons dont elle vous a rendu compte l'avaient engagée à demander son renouvellement. Vous le lui avez refusé. De nouveaux motifs l'engagent aujourd'hui à reproduire sa demande. Je sais quels sacrifices sont imposés à l'homme public. Mais lorsque tant de personnes peuvent si dignement remplir les fonctions qui nous sont confiées, nous serions coupables de sacrifier à notre amour-propre l'utilité générale. Telle est notre position. Votre commission est assez fière de sa conscience pour vous faire cet aveu. La calomnie est distillée contre elle par des hommes habiles; des bruits absurdes sont répandus sur son compte; ils ont été proclamés dans le sein de la Commune et de diverses sections de la capitale. Dans ces momens de crise la prudence vous commande d'adopter le projet de décret qu'elle vous propose.

« Il sera nommé un comité de huit membres auxquels seront remis tous les travaux de la commission qui demeure supprimée.

Dans toutes les parties de la salle on réclame l'ordre du jour.

M. Lasource. Le mouvement qui se manifeste en ce moment dans l'assemblée honore les membres de votre commission ; mais il leur est impossible de ne pas redoubler leurs instances. C'est au milieu de vous que nous voulons justifier ces marques de confiance. Au nom de l'intérêt public, remplacez-nous dans un poste où la calomnie nous assiége. Vous ne manquerez pas d'hommes qui, avec autant de zèle et plus de moyens peut-être, pourront rendre de plus grands services.

M. Cambon. La commission vous propose son renouvellement, parce que, dit-elle, on l'a calomniée dans le sein de la Commune et de sections. Eh! messieurs, quittons donc aussi cette tribune; car on nous calomniera aussi. Vous venez de jurer que vous combattriez les rois et la royauté, et déjà vous courbez la tête sous je ne sais quelle tyrannie. Si nous voulons que la Commune gouverne, soumettons-nous tranquillement. Lorsque la commission vous a fait des propositions qui pouvaient amener la confusion des pouvoirs, je l'ai combattue; je la défends aujourd'hui que des hommes qui prennent le masque du patriotisme, voudraient peut-être asservir leur patrie. Je termine par une leçon à ces agitateurs qui n'aspirent qu'à être nommés à la Convention. Ils cherchent à égarer le peuple contre l'assemblée; ils brûlent de nous remplacer. D'autres intrigans leur rendront avec usure ce qu'ils auront fait contre nous; et les Prussiens qui paient nos agitateurs, après avoir fait égorger les vrais défenseurs du peuple, ravageront nos moissons, et chargeront de fers nos femmes et nos enfans.

L'assemblée passe unanimement à l'ordre du jour.

Du 4 septembre, au soir.

Le ministre de la guerre fait passer à l'assemblée une lettre des administrateurs du département de la Meuse, par laquelle ils annoncent que la ville de Verdun s'est rendue le 2 septembre, à six heures du soir.

On fait lecture d'un extrait du procès-verbal de la Commune de Versailles, qui constate qu'il a été trouvé dans le château dix-sept cents marcs d'argent, et que les habitans de Versailles ont formé une masse de 100,000 livres pour les femmes et les enfans de citoyens qui partent pour la défense de la patrie.

Des officiers municipaux se présentent à la barre.

L'un d'eux portant la parole. Législateurs, les prisons sont vides, l'innocence a échappé au glaive de la vengeance du peuple. Des citoyens innocens étaient en état d'arrestation, leurs têtes étaient menacées; ils se sont adressés à nous. Nous avons volé à leur secours; nous avons dissipé les baïonnettes, et un ruban tricolore a suffi pour arrêter un peuple armé. (On applaudit.) Les jours de l'abbé Sicard, instituteur des sourds et muets, étaient menacés; il était au comité de la section des Quatre-Nations. Nous l'avons réclamé; on nous l'a rendu, et nous l'amenons à la barre de l'assemblée nationale; le voici. J'ai encore à dire que son collègue, qui avait été arrêté avec lui, est aussi élargi. Les braves citoyens de la section des Quatre-Nations les ont accompagnés jusqu'ici, en assurant qu'ils les défendraient contre toute violence.

L'abbé Sicard. Législateurs, je viens exprimer devant vous la vive reconnaissance dont je suis pénétré pour l'intérêt que vous avez pris de ma personne, en invitant la Commune à pourvoir à ma sûreté. Je rends grace à M. Monot, à qui je dois la vie, et à MM. les commissaires de la Commune, qui ont mis tant de soins et d'activité à me préserver de la fureur d'un peuple égaré, moi et mon collègue que vous voyez devant vous; mais vous ne voyez pas ici un homme dont le souvenir me sera toujours cher, et qui laissera dans mon ame d'éternels regrets, M. Laurent, qui avait été plongé avec moi dans les fers; il a été massacré à mes côtés... Législateurs, laissez-moi le pleurer. Vous avez beau faire en ma faveur, vous ne réparerez jamais la perte que j'ai faite en perdant cet ami. La seule consolation que vous puissiez me donner encore, la seule que je réclame de vous, c'est de me rendre à ma famille, à mes enfans, à qui l'on m'a si cruellement et si injustement arraché. Ces enfans sont venus à cette barre vous redemander leur père, et moi je viens vous redemander mes enfans. Jamais un seul mot injurieux à la cause de la liberté n'a pu sortir de ma plume, et cependant des scellés insultans pour une ame patriote ont été apposés sur mes papiers. Non, celui qui a juré avec profusion de cœur soumission à toutes vos lois; celui qui a juré de mourir pour elles, ne devait pas s'attendre à être traité comme un ennemi de la liberté. Pères de la patrie, apprenez à l'Europe que les pères de la patrie savent si bien réparer les maux du nouveau régime, que ceux même qui en sont les victimes sont forcés de le chérir et de le défendre. (On applaudit.)

M. le président. Ceux qui ont si bien mérité de l'humanité, en sauvant un homme si précieux pour la société, en ont trouvé la récompense dans leur cœur. L'assemblée prendra en considération les objets de votre pétition ; en attendant, elle vous invite à vous asseoir au milieu des législateurs qui ont la gloire et le bonheur de vous rendre à vos concitoyens. (On applaudit.)

M. Chabot. Je viens de la section des Quatre-Nations, c'est la section où la vengeance du peuple a été exercée avec le plus de fureur, ces jours derniers ; c'est la section de Paris la plus peuplée. En arrivant au milieu des citoyens de cette section, je leur ai fait lecture du décret que vous aviez rendu ; je leur ai ajouté qu'il était temps de mettre fin à leur vengeance. Aussitôt tous ces citoyens ont juré qu'il ne serait plus commis la moindre violence, ils ont pris l'arrêté de ne reconnaître d'autre autorité que celle de l'assemblée nationale, qu'il fallait que toutes les autres marchassent sous son ordre. Ils ont prêté entre mes mains le serment de maintenir la liberté et l'égalité, et de s'ensevelir pour l'assemblée nationale. Je leur ai demandé la liberté de M. l'abbé Sicard, M. l'abbé Sicard était libre avant que j'eusse fini de parler. Je demande, au nom de la section des Quatre-Nations, que M. l'abbé Sicard soit rendu à ses élèves.

Cette proposition est décrétée.

Le courrier extraordinaire qui a remis au ministre de la guerre les dépêches qui annoncent la prise de Verdun, est admis à la barre ; il obtient la parole.

« Monsieur le président, le 30 août, M. Dumourier a fait faire un mouvement à son armée. Il a vu que l'ennemi avait pour objet d'empêcher qu'il ne communiquât avec la garnison de Verdun. Alors le général a fait la plus habile manœuvre. Il a fait traverser à son artillerie toute la chaîne du Mont-Dieu. Il s'est porté sur les côtes d'Argonne ; cependant son but est de gagner Varennes, où il doit se joindre avec Kellermann, de manière qu'il ne doute pas que l'ennemi ne soit repoussé avec le plus grand avantage. Nous n'avons aucune nouvelle de Verdun. Quant à moi je parierais cent contre un que cette ville n'est pas prise. Lorsque l'ennemi s'est porté sur Stenay, il s'y est présenté guidé par des aristocrates de l'intérieur : les habitans et la garde nationale se sont battus comme des diables... Le général Dumourier occupe actuellement le gorges d'Argonne; il va se porter sur Sainte-Ménéhould; il est ami de ses soldats ; il couche sur la paille comme eux. Il est bon de vous dire qu'il a trouvé l'armée de La Fayette presque entièrement désorganisée ; mais que l'ordre y est déjà bien rétabli.

Le général Dumourier a reçu cette nuit des affiches, des ordres du maire de Stenay, qui assurent que l'ancien régime est parfaitement rétabli. Voici des pièces originales : « Nous maire et officiers municipaux de la ville de Stenay, pour le service de l'armée impériale, etc. » Cette pièce est relative à la taxe des denrées, fixées par sa majesté l'empereur et roi très-chrétien.

« Nous maire et officiers municipaux, en vertu d'un ordre des commissaires de sa majesté l'empereur et roi très-chrétien, ordonnons, etc. »

Je n'oublierai pas de dire qu'une femme a empoisonné deux tonneaux de vin, qu'elle en a bu la première et qu'elle en a fait boire à quatre cents Autrichiens qui en sont morts.

Je n'ai pas cru devoir taire tous ces détails, parce que je pense que l'exécution de ces projets sera accomplie avant que l'ennemi puisse en être instruit.

Un pétitionnaire admis à la barre lit une proclamation du général Dumourier à ses soldats, par laquelle il leur promet que quand ils auront dispersé les brigands qui ravagent le territoire français, il les conduira dans leur pays pour y propager les principes de cette liberté qu'ils veulent anéantir.

L'assemblée décrète l'impression et l'envoi aux quatre-vingt-trois départemens.

On fait lecture d'une lettre des commissaires de l'assemblée nationale envoyés dans le département d'Eure-et-Loir pour engager les citoyens à voler à la défense de la patrie. Ils annoncent que dans la ville de Chartres, où ils ont été très-favorablement accueillis, quatre cent six jeunes gens se sont présentés tout armés et équipés ; la ville de Dreux, sur douze cents hommes, en a fourni trois cents pareillement armés, outre les deux cents qu'elle a déjà fournis. (On applaudit.)

On lit une lettre du ministre de l'intérieur par laquelle il annonce que le peuple n'était pas encore calmé, et que rassemblé autour des prisons de l'Abbaye, il voulait encore égorger les signataires de la pétition Guillaume. — Il fait passer copie d'une lettre à M. Santerre dans laquelle il lui enjoint d'employer les moyens qui sont en son pouvoir pour empêcher que les personnes et les propriétés ne soient violées.

Les commissaires envoyés dans les sections de Paris, pour inviter les citoyens à se réunir, annoncent que tous ont juré de se rallier autour de l'assemblée nationale, qu'ils ne reconnaissent d'autre autorité que la sienne, et qu'ils combattront toujours et les rois et la royauté.

M. Rhul. Dans la section du Luxembourg, un citoyen a dénoncé la commission extraordinaire, et particulièrement l'un de ses membres, M. Brissot, qu'il a accusé d'avoir voulu vendre Paris à M. Brunswick. Je lui ai répondu que cette inculpation n'ayant aucun fondement, ne devait être regardée que comme une calomnie absurde. Le particulier a ajouté qu'il tenait ce fait de M. Robespierre : à quoi j'ai répondu que M. Robespierre ne pouvait être regardé que comme un calomniateur, tant qu'il n'aurait pas fourni des preuves de cette assertion. Les citoyens ont applaudi, et ont voulu chasser de la section l'auteur de la motion. Nous avons observé aux citoyens assemblés que le citoyen pouvait n'être que trompé, et que personne ne pouvait être exempt de l'erreur. Les habitans de la section se sont rendus à notre observation, et ils ont passé à l'ordre du jour.

M. Cambon annonce que dans la section des Postes, plus de cinq cents citoyennes étaient occupées à faire des équipemens, tandis que les jeunes gens venaient en foule s'enrôler.

Adresse de l'assemblée nationale aux Français.

« Citoyens, c'est par le mensonge que des Français parjures ont excité contre leur patrie les armes de l'Autriche et de la Prusse ; c'est à force de mensonges qu'une cour conspiratrice était parvenue à cacher la sourde destruction ou la destination perfide des moyens que vos représentans avaient préparés pour la défense des frontières ; c'est aussi en employant le mensonge que ceux de vos ennemis, qui sont encore au milieu de vous, se flattent d'égarer votre patriotisme ou de refroidir votre valeur, et qu'ils espèrent répandre parmi vous ou le découragement ou la défiance.

» Ils ont dit à ceux qu'ils voulaient irriter que l'assemblée nationale se préparait à rétablir Louis XVI ; ils ont dit à ceux dont ils voulaient décourager la résistance contre les soldats de la tyrannie, que l'assemblée nationale avait le projet d'élever sur le trône un prince étranger, et même le général des armées ennemies, ce duc de Brunswick qui s'est déclaré l'ennemi de la souveraineté des peuples et de la liberté du genre humain.

» Citoyens, vos représentans vous ont prouvé qu'ils ne voulaient pas d'un pouvoir qui ne leur aurait point été conféré par le peuple. Ils ont appelé une Convention nationale, et elle seule peut régler quelle forme de gouvernement convient à un peuple qui veut être libre, mais qui ne veut l'être que sous la loi de l'entière égalité : usurperaient-ils un pouvoir illégitime, après s'être renfermés avec scrupule dans les limites de ceux qu'ils avaient reçus de la Constitution, au moment même où des circonstances extraordinaires auraient pu les excuser.

» Dira-t-on qu'ils chercheraient alors à se couvrir du voile de la nécessité ? Non, en jurant de mourir à leur poste, ou de maintenir le droit du peuple, en jurant d'y attendre la Convention nationale, ils ont juré de ne point déshonorer par de lâches traités les derniers momens de leur existence : ils rempliront toute l'étendue de leur serment, et ils prêteraient celui que ces indignes calomnies semblent exiger d'eux, si le respect pour l'assemblée chargée par le peuple de déclarer la volonté nationale, si le respect pour le peuple lui-même, auquel il appartient d'accepter ou de refuser la Constitution qui lui est offerte, pouvaient leur permettre de prévenir, par leur résolution, ce qu'ils attendent de la nation française, de son courage et de son amour pour la liberté. Mais ce serment, qu'ils ne peuvent prêter comme représentans du peuple, ils le prêtent comme citoyens et comme individus; c'est celui *de combattre de toutes leurs forces les rois et la royauté.* »

SÉANCE DU 5 SEPTEMBRE.

Toute la matinée fut occupée par la délibération de décrets sur la prohibition de l'exportation des matières d'or et d'argent, sur les tabacs et sur l'organisation de la gendarmerie.

Le soir elle reçut diverses députations. Nous laissons parler *le Moniteur.*

[Une députation de seize citoyens envoyés par le peuple, qui garnit la terrasse des Feuillans, paraît à la barre, et dénonce une affiche intitulée *Marat, l'ami du peuple*, placardée avec beaucoup d'affectation; contenant les plus infâmes calomnies contre plusieurs citoyens et plusieurs membres de l'assemblée constituante et de cette législature, désignés par *la Sentinelle* pour la Convention nationale, et indiquant à l'opinion publique le choix que le peuple doit faire.

L'assemblée rend hommage au zèle des bons citoyens, et passe à l'ordre du jour.

Le bataillon de la section des Lombards, qui part demain matin à cinq heures, vient se plaindre des inculpations atroces vomies contre lui par des individus qui savent se targuer de patriotisme, mais ne savent point combattre pour la patrie. Dans l'excès de leur sensibilité, ils demandent réparation de ces outrages.

L'assemblée, applaudissant à leur noble dévouement, leur prouve combien elle les croit au-dessus de cette calomnie.

Députation de la section des Arcis. Elle jure qu'elle se ralliera toujours autour de l'assemblée nationale, et que la commission des vingt et un n'a jamais perdu sa confiance.

Députation de la section des Marais, ci-devant des Enfans-Rouges. Elle vient communiquer à l'assemblée une délibération par laquelle, reconnaissant qu'il ne suffit pas que l'assemblée fasse de bonnes lois, mais qu'il faut qu'elles ne soient pas infructueuses, la section a arrêté d'inviter M. le président du corps législatif à se faire rendre compte chaque jour, s'il est possible, par le commandant de la section armée, des ordres qu'il aura pu recevoir pour la sûreté des personnes et des propriétés, et pour l'exécution de la loi ; a arrêté en outre de mettre sous sa sauvegarde, d'après la loi, les signataires des pétitions, d'envoyer cette délibération aux quarante-sept autres sections, avec invitation d'y adhérer. (On applaudit.)

L'assemblée ordonne l'impression de cet arrêté.

M. Guirault, membre du conseil de la Commune, présente à l'assemblée un Anglais qu'il a sauvé du massacre au collège de Boncours, et demande qu'il soit mis sous la sauvegarde des lois et de la loyauté française. (On applaudit).

L'assemblée ordonne qu'il soit fait, au procès-verbal, mention honorable de la conduite de M. Guirault, et décrète sa proposition convertie en motion par M. Choudieu.

Députation de citoyens et citoyennes de la section du Contrat Social, ci-devant des Postes. Ils viennent rendre compte de l'enthousiasme et du délire qu'a excités parmi eux, hier, la visite des députés de l'assemblée nationale, au moment où les femmes et les enfans étaient occupés à travailler à l'équipement des volontaires qui partent pour défendre la patrie. Après avoir lu le décret à la section délibérante, ils ont annoncé le terme prochain de leurs travaux. « Ah! quels regrets n'emporteront pas les généreux défenseurs, les vrais amis du peuple ! Puissent ceux qui les suivront les prendre pour modèles ! » Les députés ont lu aussi le décret aux femmes, et ont quitté la section au milieu des applaudissemens universels, des embrassemens des citoyens et ci-

toyennes, et des cris de *Vive la nation! vivent la liberté et l'é-
galité! vive l'assemblée nationale!* (On applaudit.)]

— L'assemblée, encouragée par ces marques de dévouement, vota ensuite l'ouverture des barrières de Paris, et décréta qu'il ne serait pas besoin de passeport tant qu'on ne sortirait pas du département. La séance fut terminée par un décret en trente-sept articles sur l'organisation du camp sous Montmartre.

— Du 6 au 15 septembre, l'assemblée ne montra de l'activité que dans l'ordre administratif. Elle reçut de nombreuses nouvelles de l'armée; mais nous en traiterons dans un chapitre à part. Les dons patriotiques, les adresses de compagnies partant pour l'armée se succédant à sa barre, les nouvelles de l'enthousiasme militaire qui se développait sur toute la surface de la France occupèrent une partie de ses séances. Cependant Paris n'était pas tout-à-fait calme encore. Le 6, Pétion vint de sa personne assurer que *tout promettait* le retour à l'ordre et à la paix, et protester de son dévouement à l'assemblée. Son discours fut imprimé et affiché. Le 7, il écrivit qu'il y avait encore quelque agitation, mais qu'elle s'apaisait, et que *la journée du 6 serait la dernière qui aurait vu couler le sang*. Le 8, il écrivit encore ;

« Le calme renaît, disait-il; la vigilance des sections contribue beaucoup au rétablissement de l'ordre; les enrôlemens continuent toujours avec le plus grand succès; mais on se plaint de ce que des jeunes gens casernés ne marchent pas à l'ennemi, tandis que des pères de famille partent avec empressement. Hier, continue M. le maire, je fus témoin d'un trait bien digne du peuple français.

» Dans l'assemblée de la Commune, je m'élevais avec force contre les proscriptions, contre les agitateurs qui désignaient encore des victimes. Le grand concours du peuple qui était présent s'écria : Nous les poursuivrons, nous les arrêterons ! »

L'assemblée ordonna l'impression de cette lettre, et elle décréta de nouveau la libre circulation des personnes et des choses.

— Dans cette même séance du 8, l'assemblée ordonna que les originaux des pétitions dites des huit mille et des vingt mille seraient brûlés, afin qu'elles ne devinssent pas un sujet et un moyen de proscription. Mais, en cela, l'assemblée n'agit pas de son propre mouvement; elle y avait été provoquée par une adresse de la section des Lombards que voici :

« Législateurs, les citoyens, les citoyennes de la section des Lombards, toujours prêts à la voix de la patrie, viennent tous en corps, dans le sanctuaire des lois, jurer de défendre la liberté, l'égalité, et déclarer qu'ils maintiendront jusqu'à la mort la sûreté des personnes et des propriétés.

» Le peuple a porté une vengeance terrible, mais juste, mais nécessaire, sur les têtes des coupables et des conspirateurs; il vient d'y mettre un terme, mais nous savons que des agitateurs secrets, qui se cachent au milieu de nous sous le manteau du civisme, veulent étendre ces scènes terribles jusque dans nos foyers; mais qu'ils tremblent! les citoyens de toutes les sections ont fait une confédération sainte et conservatrice; ils ont mis sous leur sauvegarde et les propriétés et les personnes. Tous les yeux sont ouverts; nous veillons, nous chercherons et nous découvrirons les scélérats qui égarent le peuple, proscrivent les citoyens, fomentent le brigandage, entretiennent l'anarchie et mûrissent la guerre civile; nous les poursuivrons, et en les déclarant *infâmes et traîtres à la patrie*, nous les livrerons à la loi qu'ils voulaient anéantir, et son glaive seul vengera les citoyens et la liberté.

» Législateurs, vous le savez, une différence d'opinions avait éloigné de nous quelques citoyens trompés et égarés. Mais à la voix de la patrie ils se sont réveillés, ils ont repris l'énergie qui convient à des hommes libres; ils sont venus nous avouer franchement leurs fautes, et se jeter dans nos bras; la fraternité nous a réunis, et c'est sur l'autel de la patrie, c'est entre vos mains que nous jurons de ne faire qu'un. Ils viendront ces citoyens au milieu de nous dans nos assemblées; ils apprendront avec nous à bien servir la patrie, à défendre ses intérêts sacrés, et la haine des tyrans se placera dans leurs cœurs à côté de l'amour de la liberté.

» Législateurs, anéantissez donc ce germe de divisions; faites disparaître ces listes de proscription, ces pétitions anti-civiques, connues sous la dénomination des vingt mille et des huit mille, et qu'il n'en reste d'autre trace que notre générosité et le repentir des signataires.

» Législateurs, neuf cents de nos frères de la section des Lombards, tous armés et équipés, volent dans ce moment, avec deux pièces de canon, combattre les esclaves que des brigands couronnés ont fait venir à grands frais du fond du Nord.

» En ce moment de malheureux Suisses sont au milieu de nous, nous les traitons en frères; avec nous, ils combattront les tyrans. Oui, législateurs, en dépit des tyrans, vous resterez, nous resterons tous libres, nous en faisons le serment, et périsse le lâche qui oserait le violer.

» Législateurs, six mille de nos citoyens, tous prêts à vous couvrir de leurs corps, attendent l'honneur de défiler devant vous; déférez à leur impatience, et recevez la plus douce récompense de vos travaux, les bénédictions du peuple. »

Le lendemain 9, les fédérés des quatre-vingt-trois départemens se présentèrent à la barre.

[*L'orateur.* Les hommes du 10 août se sont vus avec douleur accusés à votre barre d'insouciance sur le salut de la patrie. On a osé vous dire que nous voyions d'un œil froid les pères de famille abandonner leurs foyers, et que nous restions tranquilles spectateurs; et nous aussi nous avons abandonné nos foyers, nos pères. Pourquoi? Pour réveiller avant Paris le patriotisme de ses habitans, engourdi dans la journée du 10. Ils ont rempli leur tâche; ils se sont montrés aux Tuileries, et ils osent dire que depuis ce jour la France est libre. Législateurs, nous brûlons de combattre les ennemis du dehors; mais nous n'avons pas d'armes : qu'on nous en délivre, et à l'instant nous partons.

Les fédérés prêtèrent ensuite le serment de maintenir la liberté et l'égalité.

Le pouvoir exécutif fut autorisé à fournir des armes aux fédérés.]

Le même jour 9, l'assemblée étendit à tous les départemens l'institution d'un tribunal spécial pour juger les crimes contre la révolution, c'est-à-dire le décret qui avait fondé le tribunal du 17 août. Elle voulait ainsi empêcher l'imitation des violences qui avaient frappé les prisonniers à Paris.

Le 13, on lut une lettre du ministre de l'intérieur, Roland, ainsi conçue :

« Je crois devoir instruire l'assemblée que des commissaires de la municipalité de Paris circulent dans les départemens, et y exercent une autorité qui a excité de l'inquiétude, et qui ne permettrait pas de supporter la responsabilité des événemens. Deux de ces commissaires viennent de se transporter dans le château de madame Louvois, et en ont enlevé l'argenterie. Leurs pouvoirs sont signés de quatre membres de la municipalité qui s'y qualifient d'administrateurs du salut public. Ils sont ainsi conçus : « Nous invitons nos concitoyens armés des villes où passeront MM..... commissaires de la municipalité de Paris, à leur prêter aide et assistance pour exécuter les ordres dont ils sont porteurs. Nous leur ordonnons principalement de se transporter dans la ville d'Arcy-le-Franc, pour s'emparer des personnes suspectes, et des effets précieux qui s'y trouvent. » — D'autres commissaires ont pouvoir d'examiner la conduite des personnes suspectes. — Le même comité du salut public a adressé aux administrateurs généraux des postes, des réquisitions pour qu'ils aient à fournir à leurs commissaires des chevaux, des voitures, et tout ce dont ils auront besoin pour opérer le salut public. — A Rouen, d'autres commissaires ont déployé une autorité qui donne de l'inquiétude aux corps administratifs ; ils veulent même rivaliser avec les commissaires du conseil exécutif.

» Deux autres se sont rendus dans l'assemblée électorale de Meaux, où (je copie leurs expressions) ils ont eu la satisfaction de voir prévaloir enfin les principes de la liberté et de l'égalité par une solennité imposante, dans un arrêté qui porte que les députés seront nommés à haute voix, en même nombre que ceux de la première assemblée constituante ; que les curés seront élus par les communes ; qu'il sera fondu une pièce de canon du calibre de la tête de Louis XVI, afin qu'en cas d'invasion, on puisse envoyer aux ennemis la tête de ce traître. »

L'assemblée chargea son comité de surveillance de lui faire un rapport sur ce sujet. En effet, le lendemain, sur le rapport de Vergniaud, elle défendit d'obéir aux ordres des commissaires d'une municipalité hors de son territoire.

Le 14, l'assemblée fut détournée de l'attention qu'elle prêtait aux nouvelles qui lui venaient de l'armée, et à la rédaction de la loi qui autorisait le divorce, par les événemens de Paris. Deux lettres successives, l'une du ministre de l'intérieur, l'autre de Pétion, vinrent ranimer ses craintes sur cette ville.

Lettre du ministre de l'intérieur.

« De nouveaux excès se commettent à Paris. On enlève aux passans les montres, les boucles d'argent et les boucles d'oreilles. Ces brigandages, s'ils n'étaient promptement réprimés, pourraient aller plus loin. J'écris en conséquence au maire de Paris :

» Monsieur, j'apprends à l'instant qu'il se commet dans Paris, et notamment sur le boulevart du Temple, des excès très-inquiétans. Vingt individus se jettent sur les passans, leur enlèvent leurs boucles, leurs chaînes de montre, etc. Un grand nombre de vols a été commis, et la force publique reste tranquille spectatrice de ces désordres ; elle se fonde, pour justifier cette inactivité, sur ce qu'elle n'est pas requise. Si cependant, lorsque des crimes se commettent ainsi publiquement, elle attend la réquisition au lieu de saisir les coupables en flagrant délit, elle n'est plus qu'une ressource presque illusoire. Avant que les ordres aient été donnés, les malveillans amassent le peuple, l'échauffent, l'entraînent dans leur parti, et le mal s'accroît. Je vous prie donc de donner le plus promptement les ordres nécessaires pour faire prêter force à la loi. Ces nouvelles scènes ne peuvent être l'ouvrage du peuple. Il s'est montré trop loyal dans toutes les circonstances, et il secondera, j'en suis garant, les efforts que vous ferez pour faire cesser ces brigandages, imaginés sans doute pour l'avilir par des horreurs dont il est incapable. *Signé* ROLAND. »

Lettre du maire de Paris.

« Au moment où j'allais vous annoncer que Paris était tranquille, on est venu me dire que des mouvemens se faisaient sentir : des scellés apposés sur les caisses des billets de dix à vingt sous; la suspension des paiemens, opérée par cette apposition, ont réuni au lieu de l'établissement un très-grand nombre de citoyens mécontens : des officiers municipaux s'y sont transportés pour les calmer; les scellés vont être levés, et le cours des paiemens se rétablira, en versant des fonds.

» Des bandits, répandus dans différens quartiers, ont voulu contraindre des citoyens à leur remettre leur chaînes de montre, leurs boucles de souliers, sous le prétexte d'en faire offrande à la patrie. J'ai donné les ordres les plus positifs pour qu'on arrêtât ces perturbateurs, et qu'on les conduisît d'abord devant les commissaires de section, sauf ensuite à les remettre aux tribunaux.

» M. le commandant-général, prévenu de ces excès, avait devancé mes ordres; des réserves sont commandées dans chaque section, des patrouilles ordonnées : des personnes que j'ai mises en marche ont été dans quelques-uns des endroits où l'on disait que ces désordres avaient lieu, elles n'ont rien vu de semblable; je me plais à croire qu'ils ont été rares, et qu'ils seront sévèrement réprimés.

» Des hommes qui ne veulent que l'anarchie sèment les bruits les plus alarmans pour échauffer le peuple, pour inquiéter les bons citoyens.

» Des ordres sont également donnés pour surveiller et arrêter les malveillans.

» Des malentendus ont fait arrêter des chevaux et des voitures destinés à conduire des effets de campemens; il faut espérer que l'expérience prouvera de plus en plus la nécessité de l'ordre et de l'unité dans l'action. » *Signé* PÉTION.

Ce même jour 14, à la séance du soir, sur la proposition de Brissot, au nom de la commission extraordinaire, l'assemblée décréta que le ministre de l'intérieur serait tenu de faire préparer aux Tuileries un emplacement propre à recevoir la Convention nationale, et qu'il serait mis à sa disposition une somme de 500,000 l., au-delà de laquelle ne pourraient s'élever les travaux qui seraient faits d'après le plan de M. Bignon.

SÉANCE DU 15 SEPTEMBRE AU SOIR.

Un pétitionnaire propose que, pour arrêter et punir l'incivisme de quelques habitans des villes frontières, il soit décrété que les maisons et les propriétés foncières de ceux qui seront convaincus de les avoir livrées à l'ennemi avant l'assaut, soient partagées entre les soldats qui auront repris ces villes.

L'assemblée passe à l'ordre du jour.

Lettre du maire de Paris.

« Les violences commises hier pour arracher des boucles et des chaînes de montres ont été apaisées en un instant. Le peuple a été le premier à s'indigner de ces excès. On a même répandu le bruit que plusieurs de ceux qui les avaient excités avaient payé de leur tête; mais rien ne m'a confirmé ce bruit. Des femmes réunies en un assez grand nombre dans des ateliers ont été attaquées par des vapeurs de charbon; cet accident a causé de vives inquiétudes. Paris, au surplus, est tranquille, tout en renfermant dans son sein des élémens inflammables. Il faut que tous les magistrats se réunissent pour veiller sans cesse. Signé, PÉTION. »

Lettre du ministre de l'intérieur. — *Paris, 15 septembre.*

« Les dilapidations qui se font journellement dans les domaines nationaux, me forcent de demander à l'assemblée les moyens de les arrêter. Déjà M. Palloi, à la faveur d'un décret qui l'autorisait à couper court à l'incendie des Tuileries, a fait pour 500,000 livres de dommages. L'hôtel de Coigny et plusieurs autres, garnis de meubles, qui appartiennent à la nation, ont été dépouillés. Tous les jours de nouveaux visages se présentent avec l'écharpe municipale, et des ordres d'enlever ou de briser les portes. Je ne dispute pas sur les droits de la Commune de Paris. Cependant elle n'en a pas plus sur les domaines nationaux que les Communes de Perpignan et de Graveline. On fait beaucoup trop d'abus de l'écharpe municipale. J'ai donné ordre aux gardiens des propriétés nationales de ne rien laisser sortir; cependant aujourd'hui même on a pillé. (On murmure.) Il est instant de prendre des mesures propres à arrêter une spoliation vraiment scandaleuse. *Signé*, ROLAND. »

M. *Masuyer*. Je convertis en motion les demandes du ministre de l'intérieur, et je propose à l'assemblée de décréter qu'il sera défendu à tous particuliers, se disant officiers municipaux, de se présenter dans les hôtels nationaux, et que, s'ils font enlever quelques objets, ils seront punis de mort. Si l'assemblée ne prend des mesures vigoureuses, la ville de Paris est pire que la forêt des Ardennes. Il faut savoir quels sont les souverains, ou de la nation, ou des brigands revêtus d'écharpes municipales? Je demande encore que quiconque sera trouvé revêtu d'une écharpe, sans avoir le droit de la porter, soit arrêté, traduit en prison et puni de mort. (On applaudit.)

Sur la proposition de M. Marbot, la commission extraordinaire est chargée de présenter une rédaction de ces différentes propositions.]

SÉANCE DU 16 SEPTEMBRE.

[*Le ministre de l'intérieur*. Chargé, par la place qui m'est confiée, de la surveillance générale de la police du royaume, j'ai cru devoir approfondir une rumeur répandue dans Paris. Il est question de la liberté naturelle, civile et politique des Français. On a répandu dans Paris que depuis le 4 ou 5 du mois, quatre ou cinq cents arrestations ont été faites, et que les prisons sont garnies au moins autant qu'avant la journée du 2 septembre : j'ai voulu vérifier ces faits, mais dans aucune prison je n'ai trouvé ni registres ni écrous. J'ai demandé quelles étaient les personnes qui avaient fait consigner ces prisonniers : les concierges ont été très-embarrassés de me le dire. J'ai exigé que les ordres me fussent apportés ; il résulte en effet de ces ordres que, depuis cette époque, quatre ou cinq cents personnes ont été emprisonnées par ordre, soit de la municipalité, soit des sections, soit du peuple, soit même d'individus ; quelques-uns de ces ordres sont motivés, la plupart ne le sont pas. Je n'ai examiné ni les personnes ni les choses ; j'ai cru devoir apporter à l'assemblée les ordres mêmes signés par les particuliers qui les ont donnés, et je les remets sur le bureau, pour que l'assemblée puisse les examiner, et ordonner ce qu'elle croira convenable.

M. Masuyer. Je demande que la commission extraordinaire nous fasse ce soir un rapport sur ces pièces ; la vie et l'honneur des citoyens sont compromis, il faut que la loi règne, que le sort des Français soit assuré, car on ne peut pas vivre dans l'état d'anxiété où on nous met.

La proposition de M. Masuyer est adoptée.

M. Coustard. On a cherché à agiter le peuple de Paris par des bruits tantôt exagérés, tantôt alarmans. Hier on répandait la nouvelle d'une grande victoire ; aujourd'hui on débite que notre armée a été complétement défaite ; que M. Dumourier a été fait prisonnier, etc. Je me suis transporté par ordre de la commission extraordinaire dans les bureaux du ministre de la guerre, pour vérifier les différens rapports qui s'y trouvent : il en résulte que M. Dumourier avec vingt-six mille hommes seulement a résisté à soixante mille, qui l'ont attaqué sur trois points ; qu'il les a repoussés sur deux de ces points ; mais que l'ennemi a pénétré sur le troisième. Dans le moment présent, M. Dumourier doit avoir quatre-vingt mille hommes ; savoir, son armée, vingt-deux mille hommes que lui donne le général Kellerman, onze mille hommes que lui amène M. Beurnonville, dix-huit mille hommes des bataillons de Paris ; ce qui fait quatre-vingt mille hommes, sans compter huit bataillons qui doivent lui arriver du midi, et les gardes nationales qui arrivent de toute part. Avec cette réunion de forces, il y a non pas probabilité, mais il y a certitude que la cause de la liberté triomphera.

M. Vergniaud. Les détails que vous a donnés M. Coustard sont sans doute très-rassurans; cependant il est impossible de se défendre de quelques inquiétudes quand on a été au camp sous Paris. Les travaux avancent très-lentement. Il y a beaucoup d'ouvriers, mais peu travaillent : un grand nombre se reposent. Ce qui afflige surtout, c'est de voir que les bêches ne sont maniées que par des mains salariées, et point par des mains que dirige l'intérêt commun. D'où vient cette espèce de torpeur dans laquelle paraissent ensevelis les citoyens restés à Paris ? Ne le dissimulons plus : il est temps enfin de dire la vérité. Les proscriptions passées, le bruit des proscriptions futures, les troubles intérieurs, ont répandu la consternation et l'effroi. L'homme de bien se cache, quand on est parvenu à cet état de choses que le crime se commette impunément. Il est des hommes, au contraire, qui ne se montrent que dans les calamités publiques, comme il est des insectes malfaisans que la terre ne produit que dans les orages. Ces hommes répandent sans cesse les soupçons, les méfiances, le jalousies, les haines, les vengeances, ils sont avides de sang; dans leurs propos séditieux, ils aristocratisent la vertu même, pour acquérir le droit de la fouler aux pieds ; ils démocratisent le crime, pour pouvoir s'en rassasier sans avoir à redouter le glaive de la justice. Tous leurs efforts tendent à déshonorer aujourd'hui la plus belle des causes, afin de soulever contre elle toutes les nations amies de l'humanité.

O citoyens de Paris, je vous le demande avec la plus profonde émotion, ne démasquerez-vous jamais ces hommes pervers, qui n'ont, pour obtenir votre confiance, d'autres droits que la bassesse de leurs moyens et l'audace de leurs prétentions? Citoyens, lorsque l'ennemi s'avance, et qu'un homme, au lieu de vous inviter à prendre l'épée pour le repousser, vous engage à égorger froidement des femmes ou des citoyens désarmés; celui-là est ennemi de votre gloire, de votre bonheur; il vous trompe pour vous perdre. Lorsqu'au contraire un homme ne vous parle des

Prussiens que pour vous indiquer le cœur où vous devez frapper, lorsqu'il ne vous propose la victoire que par des moyens dignes de votre courage, celui-là est ami de votre gloire, ami de votre bonheur, il veut vous sauver. Citoyens, abjurez donc vos dissensions intestines : que votre profonde indignation pour le crime encourage les hommes de bien à se montrer. Faites cesser les proscriptions, et vous verrez aussitôt se réunir à vous une foule de défenseurs de la liberté. Allez tous ensemble au camp, c'est là qu'est votre salut.

J'entends dire chaque jour : Nous pouvons éprouver une défaite ; que feront alors les Prussiens ? Viendront-ils à Paris ? Non, si Paris est dans un état de défense respectable ; si vous préparez des postes d'où vous puissiez opposer une forte résistance ; car alors l'ennemi craindrait d'être poursuivi et enveloppé par les débris mêmes des armées qu'il aurait vaincues, et d'en être écrasé comme Samson sous les ruines du temple qu'il renversa. Mais si une terreur panique ou une fausse sécurité engourdissent notre courage et nos bras, si nous livrons sans défense les postes d'où l'on pourra bombarder cette cité, il serait bien insensé de ne pas s'avancer vers une ville qui, par son inaction, aurait paru l'appeler elle-même ; qui n'aurait pas su s'emparer des positions où elle aurait pu le vaincre ! Au camp donc, citoyens, au camp ! Eh quoi ! tandis que vos frères, que vos concitoyens, par un dévouement héroïque, abandonnent ce que la nature doit leur faire chérir le plus, leurs femmes, leurs enfans, demeurerez-vous plongés dans une molle oisiveté ? N'avez-vous d'autre manière de prouver votre zèle qu'en demandant, comme les Athéniens : Qu'y a-t-il aujourd'hui de nouveau ? Au camp, citoyens, au camp ! Tandis que nos frères, pour notre défense, arrosent peut-être de leur sang les plaines de la Champagne, ne craignons pas d'arroser de quelques sueurs les plaines de Saint-Denis, pour protéger leur retraite.

Je demande que la commission du camp nous fasse ce soir un rapport sur l'état des travaux, et qu'il soit fait une proclamation pour inviter les citoyens à se réunir aux ouvriers ; car tout citoyen doit être ouvrier, puisqu'il s'agit de la défense de tous. (On applaudit.)

L'assemblée invite M. Vergniaud à lui présenter, ce soir, ce projet de proclamation.

Le maire de Paris écrit qu'aucun événement remarquable n'a troublé la tranquillité de cette ville. Le calme règne. Lorsqu'un aussi grand nombre de citoyens part pour les frontières, on est surpris d'en trouver encore autant pour veiller à la sûreté de l'intérieur. Les citoyens reconnaissent que la prospérité de Paris dépend de sa tranquillité, comme le salut de la France dépend de notre réunion.

M. Dubayet. Je demande la parole pour une motion d'ordre. Dans peu de jours, cette session sera terminée. Une partie des membres qui la composent actuellement, investie de la confiance publique, va concourir à préparer à la France un gouvernement sage autant que durable : une autre ira défendre sur les frontières, au prix de son sang, la cause sublime de la liberté et de l'égalité ; une autre enfin contribuera, par ses lumières et son patriotisme, à en propager les principes au milieu de ses concitoyens. La journée mémorable du 10 août a dessillé les yeux de ces hommes timides qui hésitent à croire à l'existence des traîtres ; elle a découvert l'abîme creusé sous nos pas. Toutes les pièces trouvées chez le roi, chez l'intendant de la liste civile, ont ajouté à la forte conviction que cette journée avait fait naître de la trahison de la cour. Ces pièces ont été examinées avec la plus grande solennité. Je désirerais que, par l'organe de M. le président, M. Gohier, l'un des commissaires chargés par l'assemblée de compulser ces archives de la perfidie, fût interpellé de déclarer s'il s'est trouvé la moindre indication de trahison contre un des membres de cette assemblée. (On applaudit.)

M. Gohier. Je n'aurais pas attendu l'interpellation de M. Dubayet, pour dénoncer à l'assemblée les traîtres qu'elle aurait pu avoir dans son sein, si nous eussions trouvé quoi que ce soit qui eût pu compromettre un de nos collègues ; mais j'aurais cru faire injure au corps législatif, de lui annoncer qu'aucun de ses membres ne se trouve désigné dans les pièces qui sont passées sous nos yeux. Nous les avons examinées avec la plus scrupuleuse attention, en présence des commissaires de la municipalité, et de toutes les sections de Paris, et je puis assurer qu'il ne s'est rien trouvé qui puisse porter le moindre soupçon sur l'un des membres de l'assemblée. Un seul a été traître, c'est Blancgily, et Blancgily est en état d'accusation.

M. Tartanac. Vainement la calomnie a cherché à perdre dans l'opinion certains représentans du peuple. Ceux qui se sont montrés constamment les amis de l'égalité et de la liberté, recueilleront, à leur retour sur leurs foyers, le témoignage d'estime et de confiance dû aux vertus civiques qu'ils n'ont cessé de faire éclater, et qu'ils se montreront de plus en plus jaloux de développer aux yeux de leurs concitoyens. Si ce témoignage, garanti par une conscience pure, et après lequel doit tendre tout fonctionnaire public, paraît avoir été suspendu dans plusieurs sections de la représentation nationale, n'attribuons cette erreur, purement du moment, et qui sera dissipée par la vérité et le patriotisme reconnus, qu'aux impressions subites que l'imposture s'était empressée de jeter. (On applaudit.)

L'assemblée passe à l'ordre du jour.

Les volontaires du district d'Évreux, département de l'Eure, armés et équipés, et prêts à voler aux frontières, défilent au milieu de l'assemblée, et prêtent leur serment.]

SÉANCE DU 16 AU SOIR.

Le ministre de la guerre. Je viens annoncer à l'assemblée un objet qui me paraît de la plus haute importance, et qui mérite, je crois, toute l'attention, et peut-être un décret de l'assemblée nationale. La municipalité de Rouen a pris l'arrêté de suspendre l'envoi de toutes farines et grains; elle a donné ordre au garde-magasin du Havre de faire passer à Rouen quatre mille sacs de grains et farines. Je crois qu'il est très-urgent de mettre un frein à ce désordre, d'autant plus que cet exemple pourrait être trèsfuneste. Déjà la ville de Perpignan s'oppose aussi au départ des farines pour les armées. Je prie donc l'assemblée de délibérer sur-le-champ sur cet objet.

M. Lacroix. L'assemblée doit prendre des mesures vigoureuses contre les citoyens qui s'opposent à la libre circulation des grains; mais ces mesures doivent porter principalement sur les corps administratifs et les agens du pouvoir exécutif. Les administrés doivent avoir du grain; mais les administrateurs doivent veiller à ce que les magasins nationaux ne servent qu'à l'usage auquel ils sont destinés. C'est aux cultivateurs à fournir les marchés de blé, et jamais les administrateurs ne doivent puiser dans les magasins pour fournir aux besoins des particuliers; car il arriverait que, ces magasins se trouvant épuisés, on n'aurait pas de quoi approvisionner nos armées. Je demande que l'assemblée renvoie la demande du ministre à la commission extraordinaire, pour en faire son rapport séance tenante; que la peine de mort soit prononcée contre les citoyens qui entraveraient la circulation des grains, et contre les administrateurs qui non-seulement ne protégeraient pas cette circulation, mais qui seraient assez lâches pour consentir à ce que l'on prît des farines dans les magasins destinés à approvisionner les défenseurs de la patrie. Je demande que les administrateurs soient autorisés à faire le recensement des grains dans toutes les communes, parce que les cultivateurs, à qui l'on inspire des craintes sur la valeur des assignats, aiment mieux garder leur blé que de les porter aux marchés. Lorsque ce recensement sera fait, alors les départemens enjoindront aux communes de fournir chacune leur contingent de grains dans les marchés. Par ce moyen les administrateurs, ayant des grains pour la subsistance des particuliers, ne seront pas forcés de toucher au magasins nationaux.

La proposition de M. Lacroix est adoptée.

Les deux commissaires nommés pour se rendre à Rouen sont MM. Lacroix et Arena.

Les citoyens de la section des Amis de la Patrie, ci-devant Ponceau, sont admis à la barre, et dénoncent l'incivisme d'une grande partie des hussards de la Liberté, casernés à l'École militaire. Ils disent que la plupart de ceux qui composent ces compagnies n'ont pas rempli les formalités prescrites par le décret qui porte que, pour être admis dans ce corps, il faudra produire des preuves de civisme et de patriotisme.

On demande que M. Boutidoux, qui est à la barre, soit entendu sur cet objet.

M. Boutidoux. J'ai été nommé commissaire provisoire pour divers objets militaires, entre autres pour faire la revue des individus qui s'enrôlent pour aller aux frontières, et qui sont actuellement casernés dans l'École-Militaire. Beaucoup de personnes m'avaient dénoncé ces compagnies comme étant très-mal composées; qu'on y trouvait des directeurs de maisons de jeu et autres lieux physiquement plus dangereux encore. Il y en a qui sont accusés d'avoir dit qu'ils n'attendaient que des chevaux pour aller se joindre à l'ennemi. Presque tous les chefs sont des hommes suspects, et plusieurs jeunes gens m'ont dit qu'ils ne voulaient point servir sous leurs ordres.

J'avais proposé de faire une nouvelle organisation, afin de dissoudre toute espèce de coterie; car on m'avait dit qu'un grand nombre d'individus étaient venus se présenter, et avaient formé ensemble des compagnies.

On m'a répondu que les compagnies resteraient formées comme elles l'avaient été d'abord. J'ai dit que j'exécuterais la loi, et qu'il faudrait bien qu'on s'y soumît.

Enfin je puis assurer l'assemblée que les compagnies sont très-mal composées, et que si elles ne sont pas purgées de trois ou quatre cents mauvais sujets, ce sera un repaire de contre-révolutionnaires.

L'assemblée ordonne le renvoi aux comités de surveillance et militaire pour en faire son rapport demain.

Du lundi 17 septembre, à 10 heures du matin.

Un de MM. les secrétaires fait lecture d'une lettre adressée par le ministre de l'intérieur à l'assemblée, pendant la nuit, annonçant que le Garde-Meuble a été forcé et volé. On a arrêté deux des voleurs; mais les diamans ont été emportés. Le ministre a requis la force publique.

Le conseil-général de la commune d'Amiens adresse, et dénonce à l'assemblée un écrit imprimé qui lui a été envoyé sous le contre-seing du ministre de la justice, cet écrit signé des administrateurs du conseil de sûreté publique à Paris, le 3 septembre, contient une inculpation contre plusieurs membres de l'assemblée nationale, qu'il accuse de se trouver compromis dans les complots du 10 août; des plaintes contre l'assemblée pour avoir prononcé la destitution de la Commune de Paris, de cette Commune qu'elle avait déclaré avoir mérité la reconnaissance de la partie; invitation à tous les départemens d'imiter la mesure par laquelle leurs frères de Paris se sont délivrés des conspirateurs féroces qui se trouvaient dans les prisons.

Le ministre de l'intérieur entre dans l'assemblée et obtient la parole.

M. Roland. Il a été commis cette nuit un grand attentat. Ce n'est pas d'aujourd'hui qu'on s'en occupe. On a volé au Garde-Meuble les diamans et d'autres effets précieux. Deux personnes ont été arrêtées. Leurs réponses dénotent des gens qui ont reçu de l'éducation, et qui tenaient à ce qu'on appelait autrefois des personnes au-dessus du commun. J'ai donné des ordres relativement à ce vol; mais il faut s'occuper de remédier aux abus qui menacent la tranquillité publique. On répand des bruits de grandes victoires et de grandes défaites. Ces bruits ne sont aucunement fondés : nous n'avons eu ni grands revers ni grands succès; mais cela sert à agiter les esprits. On déclama hier à la tribune de l'assemblée électorale contre le pouvoir exécutif; on veut porter aussi le peuple à la vengeance contre les députés qui ont voté pour La Fayette; on prépare des affiches pour couvrir les miennes qui ont été lues à l'assemblée et approuvées par elle. Il y a huit jours que j'ai prié l'assemblée (et dans les circonstances où nous nous trouvons, les jours sont des siècles) de prendre des mesures pour assurer force à la loi. Sans cela, non-seulement Paris, mais tout le royaume sera bouleversé.

L'assemblée ordonne l'impression et l'affiche du discours du ministre de l'intérieur.

On demande le renvoi à la commission extraordinaire.

M. Laffond-Ladebat occupe le fauteuil.

M. Cambon. Nous avons juré de mourir à notre poste ; ce serment ne sera pas vain. Nous avons juré d'abattre toutes les autorités despotiques, et nous pourrions renvoyer à des comités lorsque la souveraineté est usurpée ! et par qui ? par trente ou quarante personnes soudoyées par la nation. On nous a dit souvent que nous n'étions pas en état de nous élever à la hauteur des circonstances ; prouvons que nous sommes dignes de la France entière. On nous a promis de nous soutenir ; il est temps qu'on se lève. Nous avons fait notre devoir ; nous avons appelé une Convention nationale : mourrons s'il le faut pour sauver la France, et que la France soit sauvée. Aujourd'hui on publie, on imprime, on affiche que quatre cents députés sont des traîtres ; et nous resterions ici à nous le dire à l'oreille ! Crions, il en est temps, que tous les citoyens s'arment. Requérons la force armée, et la force armée écrasera ces esclaves, ces gens de boue qui vendent la liberté pour de l'or. (On applaudit à plusieurs reprises.) Je demande que les autorités constituées soient appelées à la barre, pour que l'assemblée leur donne connaissance de l'état de la capitale, et leur rappelle leurs sermens.

M. Thuriot. Je viens du Garde-Meuble, où j'ai vérifié un fait de la plus grande importance ; c'est que le juge de paix, qui est un homme de bien, n'a point les connaissances nécessaires pour accélérer cette affaire. Je demande qu'on lui adjoigne quatre membres du comité de surveillance ; il en résultera qu'aujourd'hui même on pourra arrêter la plupart des voleurs, et recouvrer la plus grande partie des effets. (On applaudit.)

L'assemblée adopte la proposition de M. Thuriot, et décrète qu'il sera du nombre.

Après quelques débats pour des amendemens, la proposition de M. Cambon est décrétée.

M. Cambon reprend le fauteuil.

Lettre du maire de Paris.

« Il s'est passé hier dans le Carrousel une scène affligeante. Au milieu des décombres des maisons qu'on a démolies, le public aperçut l'ouverture d'une cave. Plusieurs personnes y descendirent et s'y enivrèrent. On ouvrit une autre cave où il y avait des tonneaux d'huile. Quelques-uns furent emportés. Instruit de cette violence, j'arrivai sur la place; je parlai au peuple; je parvins à le dissiper, et je fis mettre des sentinelles aux caves. On avait persuadé au peuple que ces vins avaient été destinés aux Suisses, et que c'était des prises de conquêtes. Il y avait des hommes bien vêtus qui achetaient des bouteilles 5 liv. la pièce pour exciter le peuple à en prendre. J'aperçois des germes de division prêts à éclater entre l'assemblée électorale et les sections, entre la Commune et les sections. Est-il possible que nous nous déchirions ainsi nous-mêmes lorsque l'ennemi est à nos portes et que nous avons besoin de toutes nos forces pour le repousser !

» Pétion. »

Sur un rapport de la commission extraordinaire, l'assemblée décrète qu'il n'y a pas lieu à délibérer sur une demande formée par les Suisses qui rentrent dans leur patrie, d'être autorisés à marcher en corps jusqu'à la frontière avec armes et drapeaux. Ce décret est motivé sur notre besoin urgent d'armes, sur les troubles que pourrait faire naître la marche de ces troupes licenciées réunies en grandes masses; enfin, sur ce que l'honneur des soldats suisses n'est nullement compromis par ces dispositions de police, puisqu'à la tête du décret, qui les renferme, se trouve un témoignage solennel de la satisfaction de la nation française envers ces fidèles alliés.

M. *Lasource.* Vous avez renvoyé à votre commission l'examen d'une foule d'objets relatifs aux circonstances critiques dans lesquelles nous nous trouvons. Plusieurs rapports étaient prêts lorsqu'elle s'est aperçue que toutes ces mesures partielles étaient inutiles, et qu'il en fallait prendre une grande qui attaquât le mal dans sa racine. On n'a pu enchaîner la France, on veut la déshonorer; on fait courir le bruit que les députés à la législature actuelle seront égorgés; des émissaires répandus dans les départemens accréditent cette calomnie. Voulez-vous savoir quel est le but de ces manœuvres? d'intimider les membres de la Convention pour les empêcher de se réunir, de détruire ainsi le centre d'unité, et préparer par-là l'arrivée des troupes ennemies.

Pour dernière ressource, on veut piller et incendier Paris. Les bons citoyens veillent sans doute pour déjouer toutes ces conspirations. C'est par les haines individuelles qu'on peut amener cette désorganisation. Que le peuple sache donc que tous ceux qui lui conseillent le crime sont ses véritables ennemis, sont ceux qui veulent détruire la liberté publique. Au nom du serment que nous avons prêté, de l'honneur national que nous sommes chargés de maintenir, faisons un faisceau de courage que rien ne puisse ébranler. On ne peut trop le répéter: désunis, nous sommes vaincus; réunis, nous pouvons donner la liberté à l'Europe entière. Nous n'ignorons pas qu'il y a dans cette capitale cinq ou six cents soudoyés par Brunswick et Coblentz. J'annonce qu'on a pris contre eux des mesures sévères, et que bientôt on s'assurera de leurs personnes.

La séance est suspendue à trois heures et demie.

Du lundi 17 septembre, à six heures du soir.

Les prisonniers de Sainte-Pélagie adressent à l'assemblée une pétition pour la supplier, en attendant leur jugement, de veiller à leur sûreté. Ils craignent à chaque moment d'être égorgés.

Un membre fait observer que la commission extraordinaire et le comité de surveillance ont un rapport à présenter ce soir à ce sujet.

M. *Vergniaud.* La commission extraordinaire et le comité de surveillance se sont déjà concertés; mais il y a un grand nombre de pièces à examiner. Le rapport ne pourra être fait que demain, peut-être même à la séance du soir, et il importe de ne pas retarder les précautions. S'il n'y avait que le peuple à craindre, je dirais qu'il y a tout à espérer; car le peuple est juste, et il abhorre le crime. Mais il y a ici des satellites de Coblentz, il y a des scélérats soudoyés pour semer la discorde, répandre la consternation, et nous précipiter dans l'anarchie. (On applaudit.) Ils ont frémi de la démarche fraternelle que vous avez faite auprès des sections, du succès qu'elle a eu. Ils ont frémi du serment que les citoyens ont prêté de protéger de toutes leurs forces la sûreté des personnes, les propriétés et l'exécution de la loi; de la fédération qu'ils ont formée pour donner de l'efficacité à leur serment. Ils ont dit : On veut faire cesser les proscriptions, on veut nous arracher nos victimes, on ne veut pas que nous puissions les assassiner dans les bras de leurs femmes et de leurs enfans. Eh bien ! ayons recours aux mandats d'arrêt. Dénonçons, arrêtons, entassons dans les cachots ceux que nous voulons perdre. Nous agiterons ensuite le peuple, nous lâcherons nos sicaires; et, dans les prisons, nous établirons une boucherie de chair humaine, où nous pourrons à notre gré nous désaltérer de sang. (Applaudissemens unanimes et réitérés de l'assemblée et des tribunes.) Et savez-vous, messieurs, comment disposent de la liberté des citoyens ces hommes qui s'imaginent qu'on a fait la révolution pour eux, qui croient follement qu'on a envoyé Louis XVI au Temple pour les intrôner eux-mêmes aux Tuileries. (On applaudit.)

Savez-vous comment sont décernés les mandats d'arrêt? La Commune de Paris s'en repose à cet égard sur son comité de surveillance. Ce comité de surveillance, par un abus de tous les principes, ou une confiance bien folle, donne à des individus le terrible droit de faire arrêter ceux qui leur paraîtront suspects. Ceux-ci le subdélèguent encore à d'autres affidés dont il faut bien seconder les vengeances, si l'on veut en être secondé soi-même. Voilà de quelle étrange série dépendent la liberté et la vie des citoyens ; voilà entre quelles mains repose la sûreté publique.

Les Parisiens aveuglés osent se dire libres! Ah! ils ne sont plus esclaves, il est vrai, des tyrans couronnés, mais ils le sont des hommes les plus vils, des plus détestables scélérats. (Nouveaux applaudissemens.) Il est temps de briser ces chaînes honteuses, d'écraser cette nouvelle tyrannie; il est temps que ceux qui ont fait trembler les hommes de bien tremblent à leur tour. Je n'ignore pas qu'ils ont des poignards à leurs ordres. Eh! dans la nuit du 2 septembre, dans cette nuit de proscription, n'a-t-on pas voulu les diriger contre plusieurs députés, et contre moi? Ne nous a-t-on pas dénoncés au peuple comme des traîtres? Heureusement c'était en effet le peuple qui était là; les assassins étaient occupés ailleurs. La voix de la calomnie ne produisit aucun effet, et la mienne peut encore se faire entendre ici; et, je vous en atteste, elle tonnera de tout ce qu'elle a de force contre les crimes et les tyrans. Eh! que m'importe des poignards et des sicaires! qu'importe la vie aux représentans du peuple, quand il s'agit de son salut! Lorsque Guillaume Tell ajustait la flèche qui devait abattre la pomme fatale qu'un monstre avait placée sur la tête de son fils, il s'écriait: Périssent mon nom et ma mémoire, pourvu que la Suisse soit libre! (On applaudit.)

Et nous aussi nous dirons: Périsse l'assemblée nationale et sa mémoire, pourvu que la France soit libre! (Les députés se lèvent par un mouvement unanime, en criant: *Oui, oui, périsse notre mémoire, pourvu que la France soit libre!* — Les tribunes se lèvent en même temps, et répondent par des applaudisemens réitérés aux mouvemens de l'assemblée.) Périsse l'assemblée nationale et sa mémoire, si elle épargne un crime qui imprimerait une tache au nom français; si sa vigueur apprend aux nations de l'Europe que, malgré les calomnies dont on cherche à flétrir la France, il est encore, et au sein même de l'anarchie momentanée où des brigands nous ont plongés, il est encore dans notre patrie quelques vertus publiques, et qu'on y respecte l'humanité! Périsse l'assemblée nationale et sa mémoire, si, sur nos cendres, nos successeurs, plus heureux, peuvent établir l'édifice d'une Constitution qui assure le bonheur de la France, et consolide le règne de la liberté et de l'égalité! Je demande que les membres de la Commune répondent sur leurs têtes de la sûreté de tous les prisonniers. (Les applaudissemens recommencent et se prolongent.)

L'assemblée décrète unanimement la proposition.

Une députation de la Commune se présente à la barre.

M. le maire. Ma tête a toujours été dévouée à la liberté de mon pays : elle tombera avant que le maire de Paris cesse de remplir son devoir. (On applaudit.) Je ne suis pas à gémir des excès qui se commettent chaque jour. J'ai souvent été désespéré de mon impuissance; mais j'ai toujours fait ce qui a dépendu de moi pour le maintien de l'ordre et le rétablissement de la tranquillité. Il est temps qu'elle règne, et que Paris devienne la ville sûre pour tous les citoyens. Ce n'est pas le peuple qui se livre à ces excès; ce sont des hommes perfides qui se mêlent au milieu de lui, et, sous les dehors d'un patriotisme exagéré, lui font commettre des horreurs dont il est le premier à gémir. Aussitôt que vous pouvez l'éclairer, aussitôt il reconnaît ses torts. Nous avons parmi nous, personne n'en peut douter, des agens payés par nos ennemis. J'ai appris qu'il y avait de la fermentation autour des prisons. Je me suis rendu à la Conciergerie, et le peuple a promis que tous les prisonniers seront respectés. (On applaudit.) Je l'ai conjuré d'arrêter le premier qui porterait la main sur un prisonnier, et il l'a promis. Le moment premier, le moment d'insurrection est passé. On persuade au peuple qu'il est toujours en insurrection. On lui dit qu'on va faire une Constitution, on lui fait accroire qu'il est sans lois. On lui dit : Vous allez retomber dans les fers si vous ne continuez à déployer votre énergie. C'est par ces manœuvres abominables qu'on veut faire du peuple le plus doux un peuple sanguinaire et féroce. Ils veulent, ceux-là, non pas nous conduire à la liberté, mais nous entraîner à l'esclavage; car l'anarchie nous aurait bientôt replongés dans les fers. J'ai donné les ordres les plus précis et les plus vigoureux. M. le commandant-général était absent; je ne doute point qu'il ne vienne bientôt vous rendre compte des mesures qu'il aura prises. Dans ces momens de crises, il importerait que les magistrats fussent les premiers avertis. Eh bien! je le dis avec douleur, c'est toujours moi qu'on avertit le dernier. (On murmure d'indignation.) Les citoyens devraient toujours se porter à la municipalité, ils me trouveraient toujours prêt ; quand on est averti du mal avant qu'il commence, on le prévient toujours; mais il est bien difficile de l'arrêter lorsqu'on n'a pas été prévenu. Vous avez mandé la Commune par un décret. Elle attend vos ordres. (On applaudit.)

M. le président notifie à M. le maire et à la députation les décrets rendus ce matin, et celui qui vient de l'être sur la proposition de M. Vergniaud.

M. Pétion. On a parlé de mandats d'arrêts comme émanés de la Commune, mais la Commune n'en a aucune connaissance. Ces mandats ont été décernés par un comité de police de sûreté, duquel sont membres quelques représentans de la Commune.

M. Vergniaud. Dans la loi qui attribue à la Commune de Paris le droit de décerner des mandats d'arrêts, il n'y a pas un seul article qui l'autorise à déléguer ce droit. La Commune, qui a été soustraite à la surveillance de la commission administrative, aurait même dû informer le corps législatif, au moins dans les vingt-quatre heures, des mandats d'arrêt qu'elle aurait pu décerner. Mais enfin, puisque la loi ne s'explique pas à cet égard, il est de son devoir, et de son devoir rigoureux, de se faire rendre compte de ces mandats d'arrêt.

M. Kersaint. Je demande que la Commune soit tenue de nous rendre compte de tous les mandats d'arrêt qu'elle a décernés ou fait décerner, de la quantité de personnes qui ont été arrêtées, et de la nature des délits dont elles sont prévenues. (On applaudit.)

Cette proposition est décrétée.

M. Santerre, commandant général. Je viens de recevoir un de vos décrets qui me mande à votre barre. Je m'empresse de m'y rendre. Qu'il me soit permis de vous assurer que les désordres dont on nous menace n'auront point lieu. La garde nationale est active ; elle ne refuse aucun service. Cette nuit, quand j'ai été instruit du vol, j'ai requis une force nombreuse, et deux heures après toutes les barrières étaient gardées. Je vais encore doubler la force, c'est un reste d'aristocratie qui expire. Ne craignez rien, elle ne pourra jamais se relever. (On applaudit.)

La section armée du Théâtre-Français offre à l'assemblée une compagnie pour sa sûreté. (On applaudit.)

La députation est introduite aux honneurs de la séance.

Une députation de la section du Contrat-Social présente une pétition pour que la peine de mort soit portée contre le vol dans ce moment, afin d'arrêter les brigandages, et qu'il soit établi douze tribunaux criminels pour juger les prévenus dans les vingt-quatre heures.

Du 18 septembre, à neuf heures du matin.

Un député de l'administration du département d'Indre-et-Loire annonce qu'une disette effroyable se fait sentir à Tours, malgré les mesures multipliées prises pour la prévenir ; que la municipalité a été obligée, par l'autorité des commissaires de l'assemblée nationale, de réduire la taxe du pain de trois sous trois deniers, à deux sous la livre; ce qui l'oblige à des indemnités envers les boulangers de plus de 2,000 livres par jour. Il demande un secours de 500,000 livres pour subvenir à cette dépense momentanée, et pour l'établissement d'un atelier de charité, et se plaint de ce que dans ce moment de crise, plusieurs administrateurs ont donné leur démission. Il dénonce les émissaires qui semblent n'avoir été envoyés de Paris dans les départemens, que pour agiter le peuple et propager les séditions.

Sur la proposition de M. Baignoux, cette pétition est renvoyée au ministre de l'intérieur, qui pourvoira aux besoins de la ville de Tours, avec les fonds qui sont en sa disposition.

On lit une lettre du maréchal de camp Maskinski, commandant dans le département des Ardennes. Il annonce qu'en arrivant à Sedan il a trouvé cette ville dans une état de désolation inconcevable; que le peuple, agité par les craintes d'une invasion, et irrité par les trahisons des anciens chefs militaires, s'est porté à des violences envers plusieurs particuliers suspects ; mais que ses soins ont bientôt rétabli le calme. Il ajoute qu'il est parvenu à mettre cette place dans un état imposant de défense. Cinq mille hommes composent la garnison au-dedans. Ainsi, aucune inquiétude fondée ne peut être conçue sur la défense de cette place.

M. François de Neufchâteau. Puisqu'il est question de camps intermédiaires, je crois devoir vous communiquer des vues qui m'ont été fournies par M. Salles, ci-devant député à l'assemblée constituante, et actuellement à la Convention nationale. Dans les départemens de la Meurthe et des Vosges, on a considéré qu'il était impossible que les gardes nationaux sédentaires, malgré leur bonne volonté, pussent résister dans les villes et villages ouverts, et l'on en sent facilement les raisons. Mais, pour harceler l'ennemi, pour retarder, pour couper sa marche, ils peuvent faire un service très-utile dans des redoutes et dans de petits camps. Les administrations de ces deux départemens ont en conséquence chargé des ingénieurs de choisir des postes avantageux et des positions militaires. On y place de l'artillerie, et l'on y forme de petits camps où cent hommes campent pendant deux jours, et sont relevés par cent autres. Des signaux sont établis, au moyen desquels quatre à cinq mille gardes nationaux peuvent se réunir en un instant dans ces camps, où ils ont chacun un poste déterminé à l'avance. Ce système de défense est très-bon ; mais pour qu'il s'exécute d'une manière uniforme et complète, il faut qu'il soit dirigé par un centre unique d'autorité ; il faut que des règles soient établies pour l'établissement et l'approvisionnement de ces postes. Déjà M. Kersaint vous avait proposé un système de défense partielle à peu près semblable. Je demande que le comité militaire nous en fasse son rapport.

Cette proposition est décrétée.

On lit une lettre du maire de Paris.

« Monsieur le président, hier les esprits étaient agités. On répandait les bruits les plus alarmans; le peuple s'attroupait dans les lieux publics. Un homme qui était au carcan sur la place de la maison commune, courait des risques pour sa vie. Je m'y suis rendu à temps, et le peuple à écouté la voix de la raison et de la justice. On parlait de se rendre de nouveau aux prisons, notamment à celle de la Conciergerie. J'y suis allé sur-le-champ; j'ai harangué les citoyens égarés par des suggestions perfides; je leur ai proposé d'arrêter eux-mêmes le premier qui voudrait aller violer cet asile, et porter une main barbare sur la personne d'un prisonnier. J'ai été vivement applaudi. Il est aisé de s'apercevoir que ce n'est qu'un très-petit nombre d'hommes qui, dans les groupes, cherche à échauffer les esprits. J'ai requis le commandant général de faire doubler les postes de réserve, et de faire faire des patrouilles nombreuses. Il n'est arrivé ce matin aucun événement; mais il est besoin d'une surveillance très-active de la part des personnes qui ont l'autorité en main.

» *Signé* PÉTION. »

M. Charlier. Il y a des agitateurs de plusieurs espèces. Vous avez entendu, par exemple, M. Billaud de Varennes vous dénoncer la municipalité de Châlons comme contre-révolutionnaire. Cette dénonciation a été réfutée et par le témoignage des commissaires du conseil exécutif, et par une adresse remplie de sentimens patriotiques, qui vous a été envoyée par le conseil général de la Commune, et dont vous avez décrété l'impression avec une mention honorable. Eh bien! malgré ces témoignages, la dénonciation n'a pas moins produit son effet. Plusieurs de nos frères d'armes, trompés par ces suggestions, ont braqué leurs canons devant la maison commune, ont voulu assassiner le maire. Je demande que l'assemblée venge le civisme de cette commune, et qu'elle ordonne que le décret qu'elle a rendu à cet égard, soit envoyé sur-le-champ à Châlons, afin que ma malheureuse patrie ne soit pas exposée à un déchirement intestin, en même temps qu'à l'invasion des ennemis extérieurs.

La proposition de M. Charlier est adoptée.

— Nous terminons ici le dix-septième volume. Nous renvoyons au suivant la fin de la législature, ainsi que les documens complémentaires sur les journées de septembre.

FIN DU DIX-SEPTIÈME VOLUME.

TABLE DES MATIÈRES

DU DIX-SEPTIÈME VOLUME.

PRÉFACE. — Examen de cette question : l'humanité est-elle progressive ? — Définition du mot progrès. — Définition de l'idée progrès. — De la conformité de l'idée progrès avec la doctrine chrétienne et les dogmes catholiques. — Vérification historique de la doctrine du progrès.

AOUT 1792. (*Suite.*) Séance permanente de la nuit du 9 AU 10 AOUT, p. 2. — Depuis sept heures du matin jusqu'à neuf heures du soir, p. 8. — Décret par lequel est convoquée une convention nationale, et le pouvoir exécutif suspendu, p. 18. — CLUB DES JACOBINS. — Séance du 10 août, p. 30. — ASSEMBLÉE NATIONALE. — Samedi 11 août à sept heures du matin : on annonce que soixante soldats suisses recueillis dans le bâtiment des Feuillans courent risque d'être enlevés par le peuple, p. 31. — Ces soldats sont introduits dans l'assemblée, p. 34. — Chabot propose de les transférer à l'Abbaye ; Lacroix de faire juger tous les Suisses par une cour martiale, p. 34, 35. — Une députation de la nouvelle Commune se présente à la barre, p. 36. — MM. Roland, Clavières, Monge et Danton viennent prêter le serment de maintenir la liberté et l'égalité, p. 36. — Pétion à la barre, p. 37. — Bazire propose de licencier tous les officiers de l'armée, et de les remplacer au choix des soldats, p. 37. — Pétion, de nouveau à la barre, p. 40. — Les soldats suisses, au lieu d'être transférés à l'Abbaye où sont détenus leurs officiers, sont conduits au Palais-Bourbon, p. 41. — Lebrun, ministre des affaires étrangères, prête serment, p. 43. — Décret sur la forme de l'élection et de la convocation de la Convention nationale, p. 43. — COMMUNE. — Séance du 11 août, p. 45, 51. — Séance du

12, p. 51. — Réflexions des auteurs sur les événemens du 10, rôle des divers partis; rôle de divers personnages, p. 51, 55. — LETTRE INÉDITE DE NAPOLÉON, p. 56. — Histoire du mouvement révolutionnaire du 11 août au 1er septembre 1792, introduction, p. 57, 58. — Mouvement parlementaire, p. 58. — Blancgilly, député de Marseille est dénoncé par des pétitionnaires, p. 60. — Anacharcis Clootz à la barre, p. 62. — Décret sur le logement et le traitement de la famille royale, p. 64. Décret sur la police de sûreté, p. 65, 68. — L'assemblée laisse à la Commune le soin de fixer la demeure du roi et lui en confie la garde, p. 69. — La Commune demande qu'il ne soit pas nommé un second directoire de département, p. 70. — Guérin propose de nommer le gouverneur du prince royal, p. 72. — Une députation de la Commune demande la formation d'un tribunal criminel pour juger les conspirateurs du 10 août, p. 74. — Les fédérés demandent une cour martiale *pour venger le sang de leurs frères;* une députation de la Commune sollicite le même décret, p. 75. — Une seconde députation insiste sur le même objet, p. 76. — Robespierre à la barre, p. 76. — Lecture de diverses pièces trouvées dans un secrétaire aux Tuileries, p. 77, 79. — Députation de la Commune, Robespierre orateur, p. 79. — Décret portant que les femmes et les enfans des émigrés ainsi que Louis XVI, seront considérés comme otages, p. 81. — Goyer lit diverses pièces saisies aux Tuileries, p. 82, 86. — Adresse de l'assemblée nationale aux citoyens de Paris, p. 86, 88. — Une députation de la Commune demande l'élection des juges pour le tribunal criminel, p. 89, 92. — Décret à ce sujet, p. 93, 96. — Lecture de pièces trouvées au Château, p. 96, 98. — Organisation de la garde nationale de Paris, p. 101. — Interrogatoire du ministre Montmorin, p. 103, 104. — Députation de la Commune, Robespierre orateur, p. 114. — Serment de l'assemblée, p. 119. — Décret sur la déportation des prêtres insermentés, p. 119, 122. — Nouvelle sur la reddition de Longwi, p. 122. — Décret qui punit de mort quiconque, dans une ville assiegée, proposerait de se rendre, p. 126. — Réquisition de trente mille hommes dans le département de Paris et les départemens voisins, p. 129. — Discours de Danton, ministre de la justice, p. 135. — Nouvelles de la Vendée, p. 138. — Brochure royaliste dénoncée par Lamourette, p. 144. — Rapport sur la reddition de Longwi par le troisième bataillon des Ardennes, p. 148. — Lettre de Girey-Dupré à l'assemblée; il se plaint d'un arrêté de la Commune, p. 152. — Lettre de Danton à l'assemblée, p. 154. — Arrestation de Lavergne, commandant de Longwi, p. 157. — Sur la motion d'Aubert-Dubayet, l'assemblée décrète le divorce, p. 158. — Guadet, Grangeneuve, et Gensonné attaquent la Commune; décret pour l'élection régulière de la municipalité de Paris, p. 160, 161. — Un officier municipal à la barre, p. 161. — Rapport de Vergniaud sur le mandat d'arrêt lancé par la Commune contre Girey-Dupré, p. 162. — Attaques nouvelles contre la Commune, p. 165. — La Commune se justifie par l'organe de Tallien,

p. 160. — L'ex-ministre Montmorin est décrété d'accusation, p. 170.
— Rapport de Guadet sur la reddition de Longwi, p. 170. — Huguenin, président, et Méhée, secrétaire de la Commune, paraissent à la barre en vertu d'un décret, p. 172. — Coup d'œil sur la situation de la famille royale, p. 173, 177. — Histoire de Paris pendant la fin d'août, p. 177. — CLUB DES JACOBINS, p. 177, 185. — COMMUNE, p. 185, 203. — Paris pendant les derniers jours d'août, p. 209. — Fête funèbre pour les morts du 10 août, p. 206. — Nomination des juges du nouveau tribunal criminel, p. 211. — Robespierre refuse d'en faire partie; sa lettre de démission, *ibid.* — Bulletin du tribunal criminel; premières exécutions, p. 212. — Visites domiciliaires pendant la nuit du 29 au 30 août; narration de Peltier, p. 214. Élections pour la Convention, p. 216. — Situation des armées, p. 217, 225. — *Documens complémentaires sur le 10 août*. Mémoire de Lally-Tollendal au roi de Prusse pour réclamer la liberté de La Fayette, et pièces justificatives, p. 227, 251. — Conférence de Mantoue du 20 mai 1791, p. 251, 256. — Note sur les pièces trouvées chez M. Laporte, intendant de la liste civile, p. 256, 271. — Rapport de Gohier sur les papiers de la liste civile, p. 271, 294. — Lettre de Danton aux tribunaux, p. 294, 300. — Rapport du capitaine des canonniers de garde aux Tuileries, du jeudi 9 au vendredi 10 août, p. 301, 309. — Rapport par le commandant de garde à cette même époque aux portes des appartemens, p. 309, 318. — Sur les événemens du 10 août, par Robespierre, p. 318, 331.

SEPTEMBRE 1792. — Introduction, p. 331, 333. — Histoire parlementaire, du 1er au 21 septembre, p. 333. — Verdun est assiégé, p. 336, — Décret pour porter à deux cents quatre-vingt huit membres le conseil-général de la Commune, p. 337. — Décret au nom de la commission des armes, p. 339. — On demande que les prisonniers d'Orléans soient transférés à Paris, p. 340. — Rapport de Gensonné sur le conseil-général provisoire de la Commune, p. 341. — Mesures proposées par Vergniaud, p. 342. — Roland annonce qu'une conspiration a été découverte dans le Morbihan, p. 345. — Diverses propositions de Danton, ministre de la justice, p. 346. — On annonce à l'assemblée qu'il se fait des massacres dans les prisons, 359. — Trois commissaires de la Commune à la barre; détails sur ce qui s'est passé dans les prisons, p. 353. — COMMUNE DE PARIS, p. 354. — Séance du 1er septembre, p. 355. — Arrêté sur la réouverture des barrières et sur les passeports, p. *ibid.* — Propositions de Robespierre, p. 356. — La section du Temple retire ses pouvoirs aux commissaires provisoires, p. 358. — Effet des nouvelles de Verdun sur la Commune, p. 359. — Proclamation à ce sujet, p. 360. — On annonce au conseil le massacre des prisons; envoi de commissaires, p. 361. — Servan à la Commune, p. 262. — Nomination de commissaires pour les départemens, p. 363. — Arrestation et mise en liberté de madame de Staël, p. 365. — Séance du 2 au 3; diverses propositions et demandes des sections, p. 366, 368.

ASSEMBLÉE NATIONALE. Séance du 3 septembre, p. 368. — Lettres des commissaires; Merlin, Jean Debry, et Legendre, p. 372. — Lettres de Lecointre et Albite, p. 373. — Jouneau retiré de l'Abbaye par un décret, paraît à la barre, p. 373. — Lettre des commissaires de la Commune au Temple, p. 382. — Décret relatif aux demandes du ministre de la guerre, p. 379. — Liste des commissaires nommés par l'assemblée, p. 381. — Proclamation de l'assemblée nationale, *ibid.* — Lettre de Roland, ministre de l'intérieur, sur ce qui se passe dans la capitale, p. 382, 386. — COMMUNE. Séance du 3 septembre, p. 388, 396. — JOURNÉES DE SEPTEMBRE. Introduction, p. 396. — Lettre de Pétion à la section des Halles, p. 398. — Plan des forces coalisées contre la France, reçu d'Allemagne de main sûre. (Extrait de Gorsas.) p. 399. — Note d'un ouvrage de Desmoulins, sur la conduite de Brissot aux journées de septembre, p. 401. — Divers systèmes explicatifs de ces journées, p. 401, 404. — Rien n'établit que Robespierre y ait pris part, 404, 405. — Rôle de Danton, de Marat et du comité de surveillance de la Commune, *ibid.* — Publication d'un arrêté de la Commune à deux heures après midi, p. 407. — Conspiration dans les prisons révélée du haut de l'échafaud par un individu condamné à 10 ans de fers, p. 409. Ce qui se passe dans les sections, p. 410. — Cause occasionelle du massacre, *ibid.* — Dépouillement du LIVRE D'ÉCROU de la prison de l'Abbaye, et note sur cette pièce originale et inédite, p. 412, 414. — Total des individus égorgés dans cette prison, p. 415. Dépouillement du LIVRE D'ÉCROU de la prison du Châtelet, *ibid.* — Total des individus égorgés dans cette prison et de ceux mis en liberté, p. 416. — ÉCROU de la grande et de la petite Force, p. 416, 417. — Extrait de Maton-de-la-Varenne sur Manuel et la princesse de Lamballe, p. 417. — Interrogatoire de cette princesse, d'après Peltier, p. 418. — Détails sur sa mort, p. 449. — Examen de l'ÉCROU de la grande Force, p. 419. — La liste des individus massacrés dressée par Maton-de-la-Varenne est assez exacte, *ibid.* — Exagération étrange dans celle donnée par MM. Berville et Barrière dans leur collection, p. 421. — Comparée à celle du royaliste Peltier, qui n'en est pas le dixième, *ibid.* — Chiffre total des mises à mort selon Maton-de-la-Varenne, p. 422. — Ordre du conseil de surveillance, *ibid.* — Suite des journées; extraits des journaux, p. 423, 428. — Descente chez Brissot, le 3 septembre, p. 428. — Lettre de Brissot à ce sujet, p. 429. — Lettre de Roland à Santerre, et réponse de ce dernier, p. 430, 431. — Lettre du comité de surveillance aux départemens, p. 432. — Massacres dans les provinces, p. 434. — Massacre des prisonniers d'Orléans, au moment où ils arrivaient à Versailles, p. 435. ASSEMBLÉE NATIONALE, *ibid.* — Séance du 4 septembre. Rapport de Chabot; un des commissaires nommés pour parcourir les sections, p. 436. — L'abbé Sicard à la barre, p. 440. — Nouvelle de la prise de Verdun, p. 441. — Adresse de l'assemblée nationale aux Français, p. 444. — Un placard de Marat est dénoncé, p. 445. — Adresse de la section des Lombards pour que les pétitions dites des huit mille et des vingt mille, soient supprimées p. 448.—Lettre du ministre de l'intérieur sur de nouveaux excès commis dans Paris, p. 451.—Lettre du maire de Paris, p.452.—Nouvelle de Pétion, 453.—Nouvelle lettre du ministre de l'intérieur, *ibid.*—Vol du Garde-Meuble, 462.—Nouvelle lettre de Pétion, p. 464. — Discours de Vergniaud sur les événemens, p. 465. — La Commune à la barre, p. 468. — Santerre à la barre, p. 469. — Nouvelle lettre de Pétion, p. 472.

www.ingramcontent.com/pod-product-compliance
Lightning Source LLC
Chambersburg PA
CBHW060223230426
43664CB00011B/1534